中 国 高 教 研 究 名 家 论 丛

韩延明 张茂聪 主编

U0641232

高等教育发展论纲

卢晓中 著

山东教育出版社

·济南·

图书在版编目（CIP）数据

高等教育发展论纲／卢晓中著. -- 济南：山东教育出版社，2025.2. --（中国高教研究名家论丛／韩延明，张茂聪主编）. -- ISBN 978-7-5701-3316-1

Ⅰ. G64-53

中国国家版本馆 CIP 数据核字第 2024M43R39 号

ZHONGGUO GAOJIAO YANJIU MINGJIA LUN CONG
GAODENG JIAOYU FAZHAN LUNGANG

中国高教研究名家论丛　　　　　　　韩延明　张茂聪　主编
高等教育发展论纲　　　　　　　　　　　　卢晓中　著

主管单位：山东出版传媒股份有限公司
出版发行：山东教育出版社
　　　　　地址：济南市市中区二环南路 2066 号 4 区 1 号　邮编：250003
　　　　　电话：（0531）82092660　　网址：www.sjs.com.cn
印　　刷：济南精致印务有限公司
版　　次：2025 年 2 月第 1 版
印　　次：2025 年 2 月第 1 次印刷
开　　本：787 mm×1092 mm　1/16
印　　张：27.75
字　　数：373 千
定　　价：132.00 元

（如印装质量有问题，请与印刷厂联系调换）印厂电话：0531-88783898

总序

　　习近平总书记在党的二十大报告中强调，要"加快建设教育强国、科技强国、人才强国"，"加快建设高质量教育体系"，"加快建设中国特色、世界一流的大学和优势学科"。这些重要论述，为新时代高等教育高质量发展提供了根本遵循。在推进中国式现代化建设的当下，党和国家对高等教育高质量发展的期盼比以往任何时候都更为迫切。新形势下要实现高等教育高质量发展，需要有清醒的判断和正确的选择；需要进一步拓宽视野，守正创新；需要积极应对新技术和新方法给高等教育发展带来的新挑战；需要研究探索新时代高等教育服务治国理政和国家重大发展战略的新路径与新方法。

　　山东师范大学与山东教育出版社联袂推出的这套《中国高教研究名家论丛》（以下简称《论丛》），着眼于国家重大需求，探讨了高等教育发展的内在规律，回应了社会各界对高等教育发展的重大关切，是按照理论研究的科学范式和实践探索的应用要求编撰而成的一套高水平的高等教育书系。

《论丛》不拘一格，尊重每位学者的兴趣和专长，初定学术专著20本，分2辑出版，共600余万字。《论丛》站在高等教育的学科前沿，紧紧围绕"高等教育发展与前瞻"的主旨，遵循理论研究与实践应用相结合、应然建构与实然建设相结合、国际借鉴与国内经验相结合、历史回眸与未来前瞻相结合的原则，采用多学科、多视域、多元化的研究方法，以专题探索与体系构建为根基，以传承、改革、发展为主线，以国内外高等教育理论研究和实践经验探索为主题，从高等教育大系统、大拓展、大革新、大跨越的角度，对高等教育发展战略与宏观政策、高等教育组织与治理、高等教育研究何为、高等教育学及其理论问题、中国高等教育的时代命题、高等教育的理论探究、改革时代的高等教育发展、学科与研究生教育高质量发展，以及大学转型、大学治理、大学创新、大学文化、大学的未来等诸多层面和视角进行了全景式理论研究和全方位实践探索。《论丛》站位高远、立意新颖，中外结合、古今贯通，设计前卫、异彩纷呈，以国际视野打造中国高等教育的实践案例，彰显教育创新精神，凸显扎根中国大地办教育的理念，是新时代具有高等教育舆论导向、决策参考、理论指导和实践应用价值的精品力作。

本《论丛》的作者包括中国高等教育学科创始人、厦门大学资深教授潘懋元先生在内的20多位高等教育学界专家，分别来自厦门大学、北京大学、中国人民大学、浙江大学、中国教育科学研究院等全国知名高校和科研院所。这些作者绝大部分我都比较熟悉，有的已经认识、交往多年，也经常读到他们的论文或著作，他们在高等教育理论领域躬耕多年，贡献了许多真知灼见。他们扛起了高等教育学科理论大旗，创榛辟莽、研精覃思，坚守学术责任，攘袂引领国家教育改革决策，为中国高等教育改革和发展作出了重要贡献。

据韩延明教授介绍，潘懋元先生生前对这套《论丛》很支持、很关心，曾一度答应为丛书作序，这彰显了这位国内外著名教育家对我国高等教育研究的高度重视和对后辈学人的鼎力扶持。我和潘先生是多年的学界挚友，我一直视他为我的先辈，40多年来，我们的交往最多、最频繁、最亲密。现在他走了，但他的精神永存，我们永远怀念他！

"最是书香能致远"，欣闻《中国高教研究名家论丛》即将出版，甚为高兴，聊抒所感，是为序。

2023年5月25日于北京

编撰说明

党的十八大以来，习近平总书记站在中华民族伟大复兴战略全局的高度，对新时代教育强国、高等教育高质量发展、建设世界一流大学等，作出了一系列重要指示批示，深情似海，厚望如山。《中国高教研究名家论丛》（以下简称《论丛》）正是在这一宏阔发展愿景和踔厉奋进背景下由山东师范大学和山东教育出版社联袂策划、组织、编撰、出版的一套接续性大型理论研究丛书。

（一）《论丛》基于新时代教育强国建设的使命担当

习近平总书记在党的二十大报告中强调，要"加快建设教育强国、科技强国、人才强国"。2023年5月29日，他在主持中共中央政治局第五次集体学习时又明确指出："建设教育强国，是全面建成社会主义现代化强国的战略先导，是实现高水平科技自立自强的重要支撑，是促进全体人民共同富裕的有效途径，是以中国式现代化全面推进中华民族伟大复兴的基础工程。"而"建设教育强国，龙头是高等教育"。这些重要论述，指明了新时代教育强国和高等教育高质量发展的方向，开启了高等教育强国建设的新征程。我国高等教育要立足实现中华民族伟大复兴，心怀"国之大者"，勇攀世界高峰，提升高等教育服务强国建设的能力和水平，强化高质量高等教育支撑中国式现代化建设的责任意识和使命担当。

（二）《论丛》致力于打造高水平的高教研究智库

本丛书整合集聚了国内高等教育学界领航专家和全国知名高校教授有影响力、有代表性的创新学术成果，倾力打造高等教育高水平研究与高质量发展的理论智库、决策智库与实践智库，致力于为新时代高等教育发展编撰一套具有学术价值、实践指导、高水平决策咨询作用的精品书系。

作者队伍由来自北京大学、中国人民大学、北京师范大学、大连理工大学、华东师范大学、上海师范大学、苏州大学、南京师范大学、浙江大学、厦门大学、中国石油大学（华东）、山东师范大学、华南师范大学、云南大学、西北工业大学、兰州大学、中国教育科学研究院等全国知名高校（以教育部官网公布的《全国高等学校名单》排列）和科研院所的高等教育专家学者构成。这些作者扛起高等教育学科理论大旗，为高等教育研究、改革、发展作出重要贡献。特别是著名教育家、中国高等教育学科创始人、中国高等教育学会高等教育学专业委员会首任理事长、厦门大学原副校长、资深教授潘懋元先生，更是殚精竭虑、建言献策、著作等身，构建了中国高等教育的学科体系、学术体系、话语体系，开创了中国特色、中国风格、中国气派的高等教育理论。

在遴选内容上，《论丛》着眼于国家重大发展战略，聚焦于高等教育发展规律，旨在与国家发展大局同向同行、与社会发展布局同频共振、与教育发展格局相辅相成。书稿均是经作者反复斟酌、精心选择的具有较高学术价值的代表性学术成果。有的成果虽已公开发表，但作者也进行了适当的修改和完善，还有一些是首次正式发表的具有学术含量的论文、报告、演讲、随笔、访谈、政论等，凝练了高等教育的中国智慧、中国方案和中国实践。有的著作还研究、解析、借鉴了国外高等教育发展的经验和创见。

（三）《论丛》科学建构高等教育的理论研究体系

《论丛》站在高等教育研究与发展的前沿，以多学科、多视域、多元化研究路径，按照理论研究的科学范式和实践探索的应用要求，遵循高等教育科学方法论，深入探讨创新人才培养、科研成果转化、教学质量提升、大学文化传承以及人文精神培育等高等教育实践中的热点、难点和焦点问题，为高等教育理论研究"描全貌"，为高等教育实践探索"留档案"，为高等教育发展"绘蓝图"。

《论丛》由潘懋元先生担任编委会主任，教育部原副部长、教育部普通高等学校本科教育教学评估专家委员会主任、中国高等教育学会副会长（主持工作）林蕙青任编委会副主任，临沂大学原校长、山东师范大学特聘教授韩延明与山东师范大学副校长张茂聪教授任丛书主编，计划分2辑出版（共20册），倾力打造国内高等教育理论研究丛书中的标志性、创新性书系。

　　《论丛》在编撰出版过程中，得到了教育部领导、全国相关专家学者、山东省委宣传部、山东师范大学、山东教育出版社的大力支持。潘懋元先生生前多次电话催问和指导《论丛》的编撰工作；著名教育家、教育部教师教育专家委员会主任、中国教育学会名誉会长、北京师范大学原副校长、资深教授顾明远先生不仅多次悉心指导，还在百忙中为《论丛》撰写"总序"；林蕙青同志欣然担任《论丛》编委会副主任，为圆满完成潘先生的遗愿而尽心竭力；各位作者认真梳理、修改、完善文稿，精益求精，付出了艰辛劳动；厦门大学教育研究院副教授陈斌博士，为搜集、整理、校对潘懋元先生《教育的未来》一书的文稿精辑细核、倾情奉献；山东教育出版社杨大卫社长、孟旭虹总编辑积极筹划、悉心组织；李红主任、郑伟副教授协助丛书主编做了大量相关工作。在此，我们一并表示诚挚的感谢！

　　由于编撰出版时间紧迫，加之面广量大，难免有疏漏，不妥之处，恳请同人和读者批评指正。

韩延明　张茂聪　谨识

2023年11月10日于济南

目 录

第一章

高等教育学理论

第一节　高等教育：概念的发展及认识

高等教育是一个历史的概念范畴，对它的界定经历了一个历史发展的过程，而且，各国对高等教育的界定五花八门，有些界定之间甚至存在着明显的差异。特别是进入20世纪下半叶以来，随着终身教育思想的出现和由高等教育大众化带来的高等教育多样化，高等教育"出现的变化如此繁多，连给高等教育下定义都成了一项挑战性的工作"。本节将从国际角度对高等教育这一概念所作界定的情况进行历史考察，然后阐述对有关问题的认识。

一、从国际角度看高等教育概念的发展

从世界范围来看，由于各国之间高等教育制度的多样性和差异性比较显著，以至于在联合国教科文组织成立（1946年）多年后一直未能或难以对高等教育作出一个国际性界定。比较早，也是比较正式、颇具权威性的给高等教育作界定的国际行动是1962年联合国教科文组织在非洲召开的由44个国家参加的高等教育会议，这次会议对高等教育作了如下谨慎的诠释："高等教育是指大学、文学院、理工学院和师范学院等机构所提供的各种类型的教育，其基本入学条件为完成中等教育，一般入学年龄为18岁，学完课程后授予学位、文凭或证书，作为完成高等学业的证明。"[1]实际上，

---

[1] 《简明不列颠百科全书》编辑部译编：《简明不列颠百科全书（中文版）》，中国大百科全书出版社1987年版，第289页。

以上诠释并不是从严格意义上给高等教育作界定，而只是对国际高等教育的一些事实和现象所作的一个概括描述。

1976年，联合国教科文组织对世界许多国家的教育情况做了大量调查，并在联合国教科文组织第10届大会通过的关于国际教育统计标准的建议的基础上制订了《国际教育标准分类》[①]。该分类后在联合国教科文组织第20届大会上（1978年）获得通过。在该分类中，高等教育主要包括第三级第一阶段（授予不等同于大学第一级学位的学力证明）、第三级第一阶段（授予大学第一级学位或同等学力证明）和第三级第二阶段（授予大学研究生学位或同等学力证明）。按照该分类法所划分的8个层次，高等教育应当包括第5、6、7层次。高考教育起始层次则包括第5、6层次，其中第5层次的教育对象，是受完第二级第二阶段教育，准备继续学习某一专门课程的人，一般不授予大学学位。他们的年龄从17岁或18岁开始，期限约为3年。第6层次的教育对象也是修完第二级第二阶段教育必修课程和选择继续学习一般由大学提供的某种课程计划的人。他们的年龄也是从17岁或18岁开始，期限约为4年。从上面简单的分析可以看出，这里所说的高等教育，实际上指的就是中等后的教育，同时，此分类对高等教育的专业性还作出了规定。

1993年10月25日至11月16日，联合国教科文组织在巴黎举行的第27届会议上，发表了《关于承认高等教育学历和资格的建议》，该建议书对高等教育正式作了如下界定："高等教育"指的是国家主管当局批准的，作为高等教育机构的大学或其他教育机构提供的各类中等教育后水平的学习、培训或研究性培训。这一界定所强调的是两个方面：一个是提供高等教育的机构，另一个是提供中等教育后水平的教育。前者应是经国家主管当局批准的大学或其他教育机构，这类高等教育机构可包括综合性大学、技术学院、师范学院以及通常是专门为那些已完成中等教育并希望获得一种资

---

① 联合国教科文组织教育统计局编，国家教育委员会教育发展与政策研究中心译：《国际教育标准分类》，人民教育出版社1988年版。

格、毕业文凭或高等教育证书的学生开辟的可提供各类教育的机构（大学水平的、职业的、技术的、艺术的、师资培训以及远距离教育等等）；后者是提供中等教育后水平的教育，而且，这里并没有强调一定是专业教育。这不应被视为是一个疏忽，它实际上表明世界高等教育发展的一种重要趋势，即在许多国家和地区，大学本科教育已被视为是一种基础教育（通才教育），而不是专业教育。专业教育是放在研究生阶段去完成的。

1997年8月8日，联合国教科文组织在巴黎召开的第29届大会批准了经修订的《国际教育标准分类》。该分类对高等教育所包括的各教育层次作了重新修订，明确提出高等教育包括第三级教育（高等教育）的第一阶段（不可直接获得高级研究资格，第5层次）和第三级教育（高等教育）的第二阶段（可获得高级研究文凭，第6层次）。值得特别注意的是，该分类新设立了一个非高等的中等后教育层次（第4层次），对原来的高等教育即中等后教育的观点作了重要修正。从世界高等教育的现实来看，这种修正是必要的（表1-1）[①]。典型的例子是为学生进入第三级教育（高等教育）学习而设计的教学计划（如一些国家和地区设立的大学预科教育），这些学生虽然已经完成了中等教育的学业，但所学的并不是可以进入第三级教育的课程。如20世纪80、90年代我国的中等专业教育，也招收高中毕业生（完成中学教育学业的学生）。

1998年10月，联合国教科文组织在法国巴黎召开了首次世界高等教育大会，大会发表了《世界高等教育宣言》，其中《21世纪的高等教育：展望和行动世界宣言》对高等教育作了最新的界定，即采纳了1993年联合国教科文组织大会第27届会议批准的《关于承认高等教育学历与资格的建议》中的定义："高等教育包括'由大学或国家主管当局批准为高等学校的其他教育机构提供的各类中等教育后的学习、培训或研究性培训。'"这一界定除突出了高等教育的高等性外，还以尽可能宽泛的定义方式来体现其对世

---

① 联合国教科文组织：《从统计数字看世界高等教育》，载《教育参考资料》2000年第1期。

界各国各地区各种情况的包容性，这是符合联合国教科文组织的宗旨的，也与其所坚持的一贯立场是一致的。

表1-1　1976年版《国际教育标准分类》与1997年版《国际教育标准分类》对照表

层次	1976年版《国际教育标准分类》	层次	1997年版《国际教育标准分类》
0	一级前教育	0	学前教育
1	一级教育	1	初等教育或基础教育第一阶段
2	二级教育第一阶段	2	初级中等教育或基础教育第二阶段
3	二级教育第二阶段	3	（高级）中等教育
5	三级教育第一阶段可获文凭，但不相当于大学学位	4	非高等的中等后教育
6	三级教育第一阶段可获大学学位或相当学位	5	高等教育第一阶段（A和B）
7	三级教育第二阶段可获研究生学位或相当学位	6	高等教育第二阶段
9	无法用等级界定的教育		

从20世纪90年代以来的几次对高等教育的界定与划分来看，它们基本上是一致的。值得注意的是这几次界定与划分皆强调高等教育的"高等性"这一高等教育最为本质的属性，比如1993年对高等教育所作的界定与划分是通过强调高等教育机构承担高等教育任务来体现高等性的，而1997年所作的界定与划分则是通过明确划分非高等的中学后教育层次与高等教育的区别来强调这一点的。值得指出的是，联合国教科文组织致力于对高等教育作出界定的努力，并不期望能在世界范围内形成一个完全为各国各地区所接受的统一的对高等教育的理解。这是基于其对各国各地区高等教育的多样性和复杂性的认识，比如，1962年该组织在对高等教育这一概念进行诠释时就指出："各国对各级教育机构的命名不一，教育体制各不相同。这个解释必然不够全面。"[①]1976年在制订《国际教育标准分类》时，制订者也强调："当然，我们并不要求各会员国在进行教育统计时都采用本

---

① 《简明不列颠百科全书》编辑部译编：《简明不列颠百科全书（中文版）》，中国大百科全书出版社1987年版，第289页。

标准分类，更不要求那些已制订本国教育标准分类并正在使用的国家改用本标准分类。正好相反，我们完全理解各国对制订本国教育标准分类的要求。"1997年在修订《国际教育标准分类》时，联合国教科文组织又进一步强调和重申了类似的观点："《国际教育标准分类》无意对教育作出全面的定义，更不会硬性规定一种国际通用而标准化的哲学概念、教育目的或教育内容，也不想反映教育对文化方面的影响。的确，对任何一个国家来说，仅文化传统、地方习俗，以及社会和经济情况之间的相互作用就足以产生一个在许多方面都是那个国家特有的教育概念，试图强加一个通用的定义是无济于事的。"①

应当说，联合国教科文组织目前对高等教育所作的基本界定，即强调高等教育的高等性，以及在对高等教育作界定这一问题上所持的包容的观点与态度，实际上昭示着当代世界高等教育的一个重要发展趋向。

二、有关高等教育概念的若干认识

给一个概念下定义，不论是采用何种方式，最重要的是把反映该概念最本质、最内在的特点或特征（本质属性）揭示出来，这一特点或特征应是此事物（概念）区别于彼事物（概念）的标志。因为定义一种现象，"从本质上，它求助于一个或多个表示类属（分类）的术语，以说明该现象包括什么和排除什么"②，避免把"应该结合的内容区分开来，或把应该区分的内容结合进去"③。以上给概念下定义的有关原则和方法，对高等教育的界定亦不例外。那么，什么是高等教育最本质、最内在的特点或特征呢？按笔者的理解，高等教育的本质属性就是它的高等性。这可以从两方面来

① 联合国教科文组织：《〈国际教育标准分类〉第二次修订稿》，载《教育参考资料》1997年第2期。
② ［美］尼尔·J.斯梅尔塞著，王宏周、张平平译：《社会科学的比较方法》，社会科学文献出版社1992年版，第84页。
③ ［法］埃米尔·迪尔凯姆著，谢佩芸、舒云译：《自杀论》，台海出版社2016年版，第41页。

认识，一方面是从高等教育的发展历史来看，高等性一直是高等教育的一个本质属性。如果以欧洲中世纪以来大学（高等教育）的发展为例，从中世纪大学的诞生之日起，它们就把探求高深学问作为自己的使命。历经数百年的沧桑变化，不论大学在认识论哲学和政治论哲学间如何钟摆式地摆动，探求高深学问这一本质属性从未改变，尽管今天对高深学问的理解较之以前更为宽泛，即"高深学问不再是狭窄深奥的，而是由许多种专门知识（这种专门知识有的较深奥，有的较浅显）组成的"①。另一方面，正因为高等性作为本质属性存在于高等教育之中，也使之与基础教育等其他类型的教育区别开来。

至于通常所说的高等教育的专业性是否属其本质属性，我们可以从以下两个方面来认识：

第一，从总体上说，高等教育是专业性教育，即高等性一般会体现出专业性。但专业性教育不一定都是高等教育，比如，我国的中等专业教育显然不属于高等教育。

第二，专业性并不一定在高等教育的每一阶段明显地体现出来，比如，一些国家的高等教育在本科阶段已出现淡化专业性的趋势，这里主要有以下几个原因。一个是受高等教育发展水平的影响，即一些国家的高等教育已大众化乃至普及化，高等教育的专业性层次上移，以至出现本科教育成为基础教育、专业教育则是从研究生教育阶段才开始的趋势；另一个是受现代社会、经济及科学技术发展水平的影响，即现代社会、经济及科学技术发展水平要求人的整体素质提高，它也使得承担培养人这一使命的教育层次上移，具体来说，基础教育的时间延长至高等教育的本科阶段，而体现高等教育的专业性的层次则出现上移；再一个是受当代高等教育的价值取向日益多元化的影响，也就是说现在接受高等教育不完全是一个人为选择职业作准备的"再生产劳动能力"的过程，如在一些国家和地区出

---

① ［美］约翰·S. 布鲁贝克著，王承绪主编，郑继伟等译：《高等教育哲学》，浙江教育出版社1987年版，第70页。

现的"长者大学"（类似我国的"老年大学"），其教育内容主要是为了丰富老年人的精神生活，而不是职业取向的专业培训。

鉴于以上认识，笔者认为专业性应当是高等教育的一个基本属性（至少在一定阶段和一般意义上说），但非其所特有的本质属性。因此，对高等教育的界定在突出其高等性的情况下，专业性并非一个需特别加以强调的基本属性。

再就是高等教育的职业倾向性问题，在相当长的一个时期内，许多国家一般认为高等教育是具有职业倾向性的，且实际的情况也是如此。如在法国，1984年议会通过新的高等教育法，该法将大学的性质加上职业性，即大学为"公立、科学、职业性机构"[①]。与专业性相类似，高等教育是具有职业倾向性的教育（至少在一定阶段），但职业倾向性的教育并非高等教育所独有（如中等专业教育也具有职业倾向性，但非高等教育）。而且，从职业倾向性与专业性的关系来考察，职业倾向性与专业性是有密切联系的，或者说专业性的一个重要取向就是职业倾向性，即为学生进入具有专业特征的职业领域打下专业基础。所以说，当高等教育的专业性的层次和阶段出现上移趋势时，其职业倾向性的层次和阶段必然随之呈现上移趋势。至于上面提及的类似"长者大学"的高等教育，则无职业倾向性可言了。因此，职业倾向性在对高等教育作界定时并不一定要涵括进去。

此外，还有过去给高等教育作界定时所考虑的学生年龄、教育形式和方式等因素，随着终身教育等现代教育思想的发展和实践，以及各国的具体情况不同，正愈来愈成为非确定因素而不一定要在高等教育的界定里涵括进去。比如，关于高等教育的适龄阶段问题，各国及联合国教科文组织所给出的界定便存在明显的差异：1989年联合国教科文组织是以20～24岁作为高等教育的适龄阶段。由于这一划分与许多国家的学制实际出入较大，1997年联合国教科文组织作了相应的调整，即以18～22岁作为高等教

---

① 杨汉清、韩骅编著：《比较高等教育概论》，人民教育出版社1997年版，第61页。

育的适龄阶段。目前各国对高等教育适龄阶段的划分主要包括17～21岁、18～22岁（居多）和19～23岁三类。由于美国高等教育普及率较高，目前它通常使用18～24岁年龄段作为高等院校的适龄阶段。

（原载于《高教探索》2001年第3期，有改动。）

第二节　高等教育学的学科性质及相关问题

近来，由"双一流"建设和若干综合大学撤销以高等教育学科为主体的教育学院而引发的对高等教育学科建设的讨论正逐步走向深入，尤其是对我国高等教育学科发展前景的担忧，也多少为这次讨论增添了些许沉重。在众多的讨论和探索中，一个重要观点就是在学科建制上将高等教育学建设成为一级学科，在持此观点者看来，这既可摆脱目前高等教育学的困境，又可推动高等教育学发展进入到一个新阶段。对此，潘懋元教授认为，将高等教育学视为与教育学平行、并列的一级学科是有道理的，不过目前由于关系到学科分类建制的许多现实问题，如此处理尚不成熟[①]。笔者赞成潘先生的这一立场和观点，并认为应当从学理意义上努力使作为独立学科的高等教育学不断成熟和完善起来，因为高等教育学自身的成熟和完善也是促使学科建制改变和发展的基础和前提。在建设和完善高等教育学的过程中，我们一方面必须建立学科自信；另一方面又必须正视高等教育

---

① 潘懋元：《关于高等教育学科建设的反思》，载《中国教育科学》2014年第4期。

学作为一门独立学科存在的不成熟和不完善问题，并对学科发展中的一些"常识性"问题加以持续不懈的探讨和改进（笔者以为学科发展中"常识性"问题，往往是学界共识性问题，若回避或忽视这些问题，去寻求学科发展的"新趋势""新问题"，将需回答这些"常识性"问题何以成为"过时性"问题，并将面对更大范围的学术共同体对此的质询或认同）。唯有如此，才有可能真正走出当下高等教育学的困境并促使其持续健康发展。

学科性质决定了一门学科的发展方向，决定了学科研究范式、研究方法及学科表达方式。学科性质在学科建设与发展中占有重要地位，值得深入探讨。

一、学科的定性与高等教育学的学科性质

不论在自然系统还是社会系统，事物的性质往往指的都是"一种事物区别于其他事物的根本属性"[1]。根据这一界定，至少可以解读出两方面意蕴：一方面事物的性质在很大意义上具有与生俱来性，即指事物的原生性质，此事物之所以区别于彼事物，从此事物一出现便初见分晓，实际上事物的这种与生俱来性也就是自然生成的意思；另一方面它又具有与时俱进性，即事物的性质在发展过程中可以不断地丰富和变化，从而拥有了具有时代特征的某些"根本性"，实际上生物的进化过程便反映了生物性质的这种与时俱进性。在社会系统中一种事物的性质，往往不是自然生成的，在相当程度上是主观设定的，正因如此，其与时俱进性更为突出。

给人文社会学科定性并不是一件轻而易举的事情，它可能会出现以下三种主要情形：第一种情形是学科建立之初其创立者即对该学科有一个基本定性，如比较教育学，法国学者朱利安在其创立之初就给该学科作了一个基本定性。他认为"教育，像其他一切科学和艺术一样，是由研究客观现实和观察结果而构成的。所以，为了建立教育科学，正如建立其他各门

---

① 中国社会科学院语言研究所词典编辑室编：《现代汉语词典》，商务印书馆1996年版，第1212页。

科学那样，看来有必要把各种事实和观察结果所得的资料收集起来，并把它们排列成分析性图表，使其互相联系和便于进行比较，从而演绎出某些原理、确定一些规则，故而我们说教育可以成为一门近乎实证的科学"①。第二种情形是学科在创立后的发展过程中逐步明确了其性质和身份，如地理学在两千多年的发展过程中，就是在不断探讨和明确学科性质的过程中向前发展的。从我国教育社会学的学科发展史中，不难发现一个大致从"规范论"到"事实论"再到"事实与规范兼有论"的学科定性过程②。第三种情形是由于学科地位并不确定，其学科性质一直比较模糊，争议较多，始终未获得广泛认同。值得注意的是，从世界范围而言，学科建制非常复杂，学派众多，这一点从国际上一些有影响的大学排行榜中列出的学科排名状况便可见一斑。而对于具体的国家来说，学科建制是国家学术制度中的一种正式建制，由于不同国家对一门学科地位的认定不同，所以对学科性质的讨论需与具体的国家相关联。

在我国，属人文社会科学范畴的高等教育学，早在20世纪80年代初其学科地位就得到了国家的正式认定，因此，探讨高等教育学的学科性质便是一个"真命题"。但高等教育学在当时处在一种"经验形态"，对高等教育学的学科性质等一些基本理论问题并没有给出明确的界定，直至1995年潘懋元教授、王伟廉教授主编的《高等教育学》问世。这本著作专设一章对高等教育学的学科性质进行了探讨，可视为从经验体系向理论体系的过渡。在该著作中，研究者从学科门类和高等教育学与其他科学分支的关系两个角度考察了高等教育学的学科性质，认为"高等教育学主要是一门应用学科，而且是一门综合性很强的应用性学科。在当前，由于作为其基础的各门教育学科的不成熟性和不完善性，它还要同时进行一部分基础理论

---

① 朱勃：《比较教育史略》，广东高等教育出版社1988年版，第55页。

② 程天君：《价值中立与价值关联的交织——教育社会学学科性质的一个内在焦虑》，载《教育研究》2010年第12期。

研究"①。基于对高等教育学的学科性质的上述认识，研究者探讨了包括高等教育学的研究对象、研究任务和研究方略三个问题。

实际上，对一门学科的定性，可以从多个角度来进行。如托尼·比彻将广义上的学科分为"纯硬学科""纯软学科""应用硬学科""应用软学科"，而高等教育学与法学、行政管理学等应用社会科学一起，隶属于"应用软科学"，其特质是"实用性、功利性；注重专业（或半专业）实践；在很大程度上使用个案研究和判断法；研究成果为规约或程序的形成"②。

日本学者大河内一男等著的《教育学的理论问题》，从经验科学和规范科学"二分法"的角度对学科进行分类和定性，特别对比较教育学作了学科定性。在研究者看来，比较教育学是一门以教育事实的本来面目为研究对象的经验科学，而不是确定一定规范的规范科学。相对于经验科学的性质，该学科常用的研究方法包括理论研究、实验研究、实证研究和历史研究③。

若从经验科学与规范科学"二分法"的角度来考察，高等教育学究竟应当归属于哪种学科性质呢？如果我们把高等教育学定性为一门经验科学，主要研究的是高等教育的事实领域，即为"确认事实、假设关于事实的命题并加以验证的工作"，但这与高等教育学致力于人才培养模式、教学原则及教学方法等规范性问题的探讨和高等教育学"研究成果为规约或程序的形成"并不一致。如若将高等教育学定性为规范科学，即研究目的是确定具有明确价值判断的规约或规范，但高等教育本身就是"实在"或"具体"类的系统，并不是抽象或观念性的系统，对于如此系统，似乎又多属于经验科学的对象范畴。

① 潘懋元、王伟廉主编：《高等教育学》，福建教育出版社1995年版，第350页。
② 龚放：《把握学科特性，选准研究方法——高等教育学科建设必须解决的两个问题》，载《中国高教研究》2016年第9期。
③ ［日］大河内一男、海后宗臣等著，曲程、迟凤年译：《教育学的理论问题》，教育科学出版社1984年版，第241页。

由此看来，把高等教育学简单归属于经验科学，抑或规范科学都不科学，事实上它更多的是兼具经验科学与规范科学性质，是具有两类科学特点的学科。其中，学科的经验性特点所追求的是事实判断，强调的是价值无涉和客观事实，也就是学科研究过程中尽量排除或减少人为（如研究者等）的主观影响；而学科的规范性特点所注重的是价值判断，主张的是彰显价值和形成规范。

如何在高等教育学研究过程中厘清与调和这两个完全不同的学科研究取向呢？日本比较教育学者冲原丰提出的观点可为此提供某种思路。他认为尽管比较教育学属于经验科学，但在以下两种情形下可以有价值判断：一种是当一定的教育目的和政策目标已经确定，而为达到此目的需要从几种手段中选择最理想的手段时，要进行价值判断。这不是为了规定一定的教育目的和政策目标而进行的价值判断，而是为了达到作为其前提的目的和目标而选择技术性手段的价值判断。另一种是明确一定的立场，进行价值判断。因为研究者在事实判断的基础上声明了自己的价值立场，再对事实结果进行价值判断，这种价值判断当不会产生误导[1]。笔者曾提出"定性—定量—定性"教育研究的基本范式[2]，实际上是一个兼容事实判断与价值判断的研究范式。在这一研究范式中，第一个定性阶段就是一个初步的价值判断的研究过程，而后的定量则是一个基于量化数据的事实判断的过程，最后的定性则是在上一阶段事实判断结果的基础上进行更高层次的价值判断的过程，而冲原丰所说的可进行价值判断的两种情形通常就包括在前后两次定性阶段。

跨学科或多学科性长期被许多人认为是高等教育学的一个重要属性，特别是伯顿·克拉克等著的《高等教育新论——多学科的研究》和潘懋元

① ［日］冲原丰著，刘树范、李永连译：《比较教育学》，吉林人民出版社1984年版，第12页。
② 卢晓中、李康平：《教育研究中的定性与定量研究的哲学思考》，载《上海高教研究》1991年第3期。

教授主编的《多学科观点的高等教育研究》，运用多学科的观点和方法，对高等教育进行了深入研究，也提供了运用多学科的观点和方法开展高等教育学研究的成功范例。这被认为是为高等教育学具有多学科属性这一观点提供了有力的支持和例证。实际上，运用多学科的观点和方法开展学科研究，不仅在高等教育学研究中如是，在其他一些学科研究如比较教育学研究中也被普遍运用，并同样卓有成效。必须指出的是，一个学科运用多学科观点和方法开展研究并取得成果和成功，并不表明该学科研究就具有多学科性，更不意味着该学科就拥有了多学科属性。针对教育学科的多学科属性问题，人们担心会不会因此动摇教育学科独立存在的地位。迪尔凯姆曾说过："一门科学只有在真正建立起自己的个性并真正独立于其他学科时，才能成为一门真正的科学。"①而在阿根廷学者奥利韦拉看来②，赞成教育学科的多学科性，特别是把社会学、经济学和政治学等学科的抽象模式附加在教育之上并以此来研究教育的现象，将带来以下后果：一个是它表明自己事先就放弃了任何改善教育的努力，因为除非有根本的变革改变了社会或整个世界，否则什么事都别想干；另一个，也是更深层次的后果，就是使科学地研究教育的工作被扭曲。如果教育不是被看成一种自然完整的现实本身，而只是被当作一个多侧面的研究对象，每每按照某种科学模式的需要加以预先整理，那么，被研究的就不再是教育，而是我们自己对教育的观念了——往往也就是那些从未讲过课、教过书的人的观念。如果从一种"多学科"的角度把教育看作各学科的交叉点，或一切社会科学的某种归结，那么，教育作为一种过程或一种社会子系统的本体也就会融化在众多的认识论的理论之中了。显然，此后果是不可接受的，因为教育无论从其他学科学到多少关于它的知识，它总有一个其他学科无法穷尽的

---

① ［法］迪尔凯姆著，胡伟译：《社会学研究方法》，华夏出版社1988年版，第118页。

② ［阿根廷］奥利韦拉：《比较教育学：什么样的知识》，选自赵中建、顾建民选编：《比较教育的理论与方法——国外比较教育文选》，人民教育出版社1994年版，第313-314页。

"内核"。这个独一无二的"内核"具有某些外在的表现形式，一些仅属于教育而其他社会科学现在不能或永远不能处理的事物，如正规教育体系的结构、规定性课程的环境、教学的方法等。此外，"外面的"学科被用来说明教育过程时，它们往往被改得变了样，或不得不建立起一种"专业"。毕竟教育作为一个整体，对社会具有的某些影响无法归结于其社会、经济、心理或政治的因素：它们应归结于一个独特体系内发生的教育过程的那种独特和无法划分的本质。由此可见，高等教育学研究应当倡导运用多学科研究方法，因为正如伯顿·克拉克所指出的"没有一种研究方法能揭示一切，宽阔的论述必须是多学科的"①。但笔者并不认同高等教育学研究的多学科属性，特别是如果我们把高等教育学研究的多学科性强调到一个不适当的程度，或者把它作为高等教育学区别于其他学科的一个"根本属性"来认识，将可能会使高等教育学失去或找不到它的独一无二的"内核"，从而从根本上动摇其作为一门独立学科而存在的基础。

二、高等教育学研究的方法与术语问题

研究方法的独特性常常被认为是一门学科是否成熟的标志和表征。但事实上，研究方法的独特性也是一个时常引起人们争论不休的问题。由于学科性质在相当程度上决定该学科的研究方法，如经验科学的性质决定了高等教育学研究运用的主要方法包括理论研究、实证研究、实验研究和历史研究等，但这些方法都不是原创于高等教育学领域的。人文社会科学中的许多学科都具有经验科学的性质，这便意味着其研究方法都有相似性，再加上方法本身的工具意义，从而使之具有相当的通用性，所以，对独立学科的独特研究方法的要求和追求常常困扰着包括高等教育学者在内的人文社会学科学者，也是这些学科的学科身份常被质疑的一个主要方面。既

---

① ［美］伯顿·克拉克主编，王承绪等译：《高等教育新论——多学科的研究》，浙江教育出版社2001年版，第2页。

然方法的工具性在一定程度上决定了它的通用性，所以，方法从一个学科的运用移植到另一个学科的运用便成为一个不可避免，也是必需的事实。那么，这里自然便出现了一个关键性问题——方法的移植和借鉴能否体现出学科方法的独特性？要回答这一问题，首先必须对方法的移植有一个基本认识。任何一门学科的方法移植到另一门学科都必须具备两个前提条件：一是所移植的方法在其学科的运用应当是比较成熟和比较完善的；二是从需要引进方法的学科角度，一般也要对其学科的属性和研究对象的特点有较好的认知。只有满足了这两个前提条件，才可能发生有效的方法移植，而后一个前提条件正是可以体现所移植方法的独特性的地方，它要求移植的方法必须紧密结合高等教育学的学科性质和研究对象的特点，在进行必要的改造和再创造的过程中以体现独特性。以问卷调查为例，它是一种普遍运用于许多学科研究的社会学方法，它被移植并运用于高等教育学研究，对大学生的问卷设计方式甚至包括表达方式，与运用于中小学生的问卷调查的问卷设计方式及表达方式显然要有所差别，这种"差别"既能体现问卷设计的科学性和专业性，同时也彰显其独特性。

　　学科的表达方式即术语系统是否专业，同样是学科发展成熟与否的重要标志，正如美国学者诺亚所说的"对一门科学的发展程度的一项检验是其术语的获得"[①]。德国学者布列钦卡曾在《教育科学的基本概念——分析、批判和建议》一书中指出了教育科学概念的两个缺陷：多义和含糊不清[②]。对于高等教育学来说也存在类似的问题，一是包括所确立或使用的术语概念的含义不确定，容易产生歧义，或用词不规范；二是一些基本术语或"话语"，几乎都是来自其他学科、其他理论或日常用语，如筛选、流动、教育机会、发展、性别角色等都源自社会学，而这种"移植"又缺乏

---

　　① ［美］诺亚《比较教育学界说：概念》，选自赵中建、顾建民选编：《比较教育的理论与方法——国外比较教育文选》，人民教育出版社1994年版，第211页。
　　② ［德］沃尔夫冈·布列钦卡著，胡劲松译：《教育科学的基本概念——分析、批判和建议》，华东师范大学出版社2001年版，第11页。

必要的"内化"。对于"内化",用诺亚的话来说,就是如何从该术语的日常含义(或其他学科上的含义)转到"更为技术性的含义",这里所谓的"技术性",实际上就是如何转化为具有高等教育学特征的意思。笔者更认为,对于高等教育学研究来说,如果说研究方法的通用性使人们更注重对已有研究方法进行学科个性化改造,以使之"更为技术性"地彰显研究方法的学科独特性,那么,对于高等教育学科的表达方式即术语系统,则更需要拥有原创于本学科且具有学理性、专业性的适切的新术语。在学科术语或话语方面还有一个值得特别重视的问题,那就是高等教育学科的"国际性术语或话语"缺失,这里包括两方面情况:一是我们的术语或话语在国际上认同度不高,影响十分有限;二是国际通行的学术术语或话语在国内学术领域却不通行,甚至学界知之甚少,还有不少误读的现象。鉴于此,如何改变国际性术语或话语缺失状况,增强高等教育学的术语或话语的国际性,这对于我国高等教育学研究走向世界,乃至建设中国特色、世界水平的现代高等教育体系,并为世界高等教育改革发展提供中国方案,具有十分重要的现实意义。

值得提及的是,建立一门学科的表达方式和术语系统是一个持续的、不断完善的过程。"我们不能奢望一劳永逸地提出一个具有完整结构的'通用术语',这种术语永远处于形成之中。"①

(原载于《中国高教研究》2016年第11期,有改动。)

---

① [奥地利]奥托·纽拉特著,杨富斌译:《社会科学基础》,华夏出版社2000年版,第3页。

第三节　对高等教育学研究中若干问题的认识

近年来，关于高等教育学研究的问题正成为人们关心的热点。这一问题之所以会"热"起来，主要涉及两个方面，即一方面表明了高等教育学发展蕴藏的生机，另一方面也反映了高等教育学研究的确存在一些不容忽视的危机。

一、关于高等教育学研究的方向问题

在诸多有关高等教育学研究问题的探讨中有一种代表性的观点，即认为高等教育学研究逐渐走偏方向，就是仅重视高等教育实际问题的研究，忽视高等教育学科理论的研究，并认为对高等教育实际问题的研究（以下称"高等教育研究"）于完善高等教育学科理论无补。因为高等教育学研究所包括的是高等教育研究与高等教育学科研究两个概念，而这两个概念又是互不相同的，或者说有不同的目标取向。高等教育学研究这种偏向正导致高等教育学科研究乃至整个高等教育学研究的极大危机。

以上认识实际上涉及高等教育研究与高等教育学科研究之间的关系问题，应当说这是确立高等教育学研究的方向首先必须解决的问题。然而，上述的认识在厘清高等教育研究与高等教育学科研究之间差异的同时，却忽视了两个概念之间存在的密切联系。为了说明这两个概念之间的关系，这里有必要弄清楚以下四个既有区别又相联系的概念，即高等教育研究、高等教育研究方法、高等教育理论和高等教育学。这四个概念看似简单却常常被混用。下面我们仅从动态的视角对四者的关系（或联系与区别）作一简要的审视：高等教育研究是运用高等教育研究方法（科学研究方法）进行的一种科学研究活动，高等教育研究的成果形成高等教育理论，高等教育理论的体系化和学科结构化即为高等教育学。由此可见，这四个概念是密切相关的，形成了完整的高等教育学研究体系，把高等教育研究与高等教育学科研究完全割裂开来，以致认为高等教育研究与高等教育学科发展毫不相关，这显然是违背学科发展的基本规律的。

此外，高等教育研究对高等教育学研究的促进和推动作用还是由高等教育学科的性质、高等教育理论与实践的关系所决定的。因为高等教育研究的对象往往是高等教育实践中的一些重要的实际问题，关系到高等教育的发展。作为具有应用性质的高等教育学科，它是因应解决高等教育发展实际中的问题而产生和发展的，同时又以解决高等教育实际问题为其主要目的和归宿。甚至可以说，高等教育学科是在发现、探讨和解决高等教育实际问题的过程中获得其生命力的。在高等教育实践面临许多重大的实际问题、亟须高等教育理论指导的今天，如果高等教育学研究不去发挥其对高等教育实践的理论指导作用，也就失去了其存在的价值，更遑论发展。若从学科发展的一般意义上来认识，任何一门应用性学科如果不注意其应用价值的实现，它的前途是岌岌可危的。当前，许多应用性学科的发展所面临的困境，往往正源于此。所以，即使从这一意义上来说，重视对高等教育的实际问题的研究，也不是与高等教育学科建设无关的，更不应看成与高等教育学科发展相矛盾、相冲突。

如果说，目前的确存在疏于高等教育学科理论研究的情况，问题并不出在对高等教育实际问题研究的强调和重视上。因为从逻辑上我们还找不出一门学科若重视对实际问题的研究，便须以忽视对其自身学科发展的研究为代价的充分理由和必然联系。笔者倒认为，为了繁荣高等教育学科，以及加强对高等教育实践的指导，当前应从更广泛的意义上理解"理论与实际相结合"的问题，认真考虑从根本上改变和扭转高等教育实际问题研究与高等教育学科理论研究"两张皮"的状况，通过寻求它们之间的内在联系，把学科建设与实际问题的研究结合起来。值得注意的是，对学科建设的漠视，或一味与学科建设相脱离地研究实际问题，抑或由于高等教育学科存在尚难以定论的基本问题而"因噎废食"，只重视研究实际问题，无疑都将损害高等教育学科的发展及其对高等教育实践的指导作用。

二、关于高等教育学科研究的"规律性"问题

毋庸讳言，当前高等教育学科研究的确出现了一些令人担忧的现象，在寻求其原因时有人认为高等教育学研究最初产生于因应解决高等教育中的实际问题，以至以后便形成了固有的厚"问题"而薄"学科"的发展印迹。

从学科产生的"源"来看，因应解决实际问题并不是高等教育学科特有的产生与发展的印记或规律，任何应用性学科的产生和发展的一个重要起因，便是为了解决实际中碰到的问题。所谓"实践呼唤着理论"表达的正是这样一个意思。如果从一门学科得以产生和发展的两个前提条件来考察（即社会发展的需要和学科自身发展的逻辑规律），所谓社会发展需要，正是针对社会发展中（当然也包括高等教育发展）所碰到的实际问题而言的。至于发轫于实际问题，是否必然会出现厚"问题"而薄"学科"的倾向，目前似乎还没有足够的证据或理由说明这一点，因为我们同样可以找到一些学科具有同样的产生"源"但仍重视学科研究和发展的例证。如果说当前高等教育学科发展的确存在此倾向，只能说是该学科存在的，而非规律性的现象。我们不能因为"现实如此"而演绎出"必然如此"的结论。

高等教育学科发展目前面临的某些困境，是许多其他学科发展也曾面临过的。因为任何一门学科在发展到一定阶段后一般都会出现学科的"高原现象"，只不过有出现时间早晚、持续时间长短的差别（或许这也正是体现各学科发展个性的重要表征），高等教育学科发展目前出现的问题，从某种意义上来说是一门学科发展的必然的、规律性反映，即"规律性"问题。高等教育学科发展要尽快走出"高原"、取得突破性进展，虽取决于多

种因素，或者说有待解决的问题很多，但应更重视解决学科发展的"规律性"问题。比如，如何在高等教育学方法论上取得突破，便是一个极其重要和极富挑战性的规律性问题。

三、关于高等教育学研究的多学科参与问题

首先，高等教育学是一门具有跨学科性质的学科，这主要是因为创立高等教育学的先驱们从学科创立开始就意识到其研究对象的复杂、有赖于从多学科的角度进行研究和探讨。正如伯顿·克拉克在论及高等教育学研究时指出，"没有一种研究方法能揭示一切，宽阔的论述必须是多学科的"[1]。事实上，以后高等教育学的发展基本上是沿着这条路子行进的。

其次，教育的外部关系规律决定了探讨高等教育问题不能仅仅从高等教育内部来进行，从而也决定了高等教育研究的多学科性。实际上，早在21世纪初，英国著名教育学家萨德勒有一句名言："我们不应当忘记，学校之外的事情甚至比学校内部的事情更为重要，它制约并支配学校内的事情。"[2]他认为对教育问题的研究不能仅就教育论教育，而要从多种角度探讨、分析决定教育现实的各种因素。

再次，如果说在学科发展日益综合和交叉的当今时代，对于高等教育学这样一门经验学科，我们仍按精密学科的要求而在其发展过程中一味追求其所谓的"专业性"，不仅是不切实际的，而且也违背了高等教育学的学科性质及发展规律，与学科发展的时代趋势相背离。

如果说以上认识是清楚的，那么接下来的问题便是如何更好地进行多学科的参与。实际上这里涉及学科之间的借鉴与移植问题。比如，从其他学科的角度来研究和探讨高等教育问题，就有一个如何结合高等教育实际的问题。如前所述，如何使高等教育学方法论取得突破，直接关系到高等

---

① ［美］伯顿·克拉克主编，王承绪译：《高等教育新论——多学科的研究》，浙江教育出版社1988年版，第2页。
② 王承绪主编：《比较教育学史》，人民教育出版社1998年版，第66页。

教育学科发展问题，也关系到对一些实际问题的研究。而从其他学科适当进行方法的借鉴、移植既涉及多学科参与问题，也是构建高等教育学方法论的一个重要思路。下面就这一问题谈一点看法。

总的来说，研究方法的移植在科学发展的进程中是不可避免的，也是必要的。这是因为，一方面，研究方法作为解决问题的程序和工具，具有较大的通用性，构成研究方法的原理更具有一般性，完全不发生研究方法移植的学科是很少的；另一方面，在某种意义上研究方法的移植是一门学科及其方法论体系得以成熟并完善的必经途径。对于像高等教育学这样一门产生时间不长的学科，由于其科学体系尚不够成熟和稳定，在研究方法上主要是从其他学科中汲取方法论的营养，移植研究方法。唯有如此，才可能加速其方法论体系乃至科学体系的成熟。

这里还有必要对以下问题作出回答，即研究方法的移植会不会导致高等教育学方法论失去个性？这是当前高教理论界争议比较大、认识尚未统一的问题。笔者认为，这个问题的关键在于应如何认识方法论的个性及如何去移植研究方法。如果我们是根据高等教育的特点与性质，从其他学科适当地移植适合自身的研究方法，这不仅不能认为高等教育学的方法论体系缺乏个性，而恰恰正是其方法论个性的体现。众所周知，任何一门学科的研究方法要移植到另一门学科都必须具备两个基本的前提条件：一是所移植的研究方法在其母学科的运用应当是比较成熟、比较完善的；二是从需要引进其他学科的研究方法的那门学科的角度来说，一般也应当对它的研究对象的本质或属性有一定程度的认识。只有同时满足以上两个前提条件，才可能发生学科之间的方法移植，也才可能使移植的方法在移植的对象学科里真正地"安家落户"，得以充分有效地发挥其作用与功能。在这里，后一个前提条件恰恰体现了所移植方法在移植的对象学科里的个性。它要求移植的方法必须紧密结合高等教育学科的特点，进行必要的改造和再创造，使之"高等教育学化"。其方法论的个性体现也正在于此。否则，即使此方法在此学科运用得再成功，但不考虑彼学科的特点，机械地将其搬用至彼学科,它也是不可能运用得很好且收到好的效果的,更谈不上体现彼学科的方法论个性。在科学发展史上,既有科学研究方法移植取得完满成功的经验,同样也不乏移植失败的教训,其中一个重要的制约因素就是能否把握移植对象的学科特点与性质,并使所移植的方法有机地结合起来,以形成移植的对象学科自身独特的研究方法。如果有什么不足的话,也就是结合自身的特点不够,没有形成自己的鲜明特色。

（原载于《高教探索》2000年第3期,有改动。）

第四节　学科制度的中国特色与世界意义

学科制度是大学制度中最重要的制度之一。一种适宜的学科制度,对于学科发展和科学进步都是至关重要的,这也是大学发展的核心要素。所谓学科制度,是指学科的内在制度或学科的规范体系,同时,学科制度是多层类的,不同层类的学科制度是作为这一体系的子系统而存在的,从而构成了学科制度体系,而学科制度又是一种国家建制。所谓学科制度的国家建制,是指一个国家一般都有自己的学科制度,不同国家就有不同的学科制度。从这一意义上说,学科制度的国家建制决定了学科制度的国家特色,而且一个国家的学科制度又是动态变化的,随着社会、经济、科技、文化、教育的发展,不同时期同一国家的学科制度也会有差异。我国自改革开放以来,反映学科制度状态的学科目录经历了四次比较大的调整,而每一次调整都反映了学科因应社会需求变化及学科自身发展逻辑。学科作为科学的门类，其制度建构又必须遵循和把握科学的规律和特征，而科学的一个重要特征便是普适性，即无国家差异的世界意义，这也就是我们通常所说的"科学无国界"。这也决定了在学科制度建设上需要兼顾其所应有的世界意义。那么，存不存在一种在世界范围里具有普适性的学科制度呢？实际上，从学科制度体系意义上说，并不存在这样的普适性学科制度体系，但对具体层类的学科制度而言，在不同国家，有的学科制度普适性可能会更多一些，如自然科学的一些学科，而有的学科制度的普适性则可能更少一些，如人文社会科学的许多学科。当然，还有些国家，传统意义上的学科制度就根本不存在。

基于以上认识，我国学科制度必须坚持"中国特色与融通中外相结合"的建设原则。那么，如何从实践意义上真正做到"中国特色、融通中外"，这是一个值得深入思考的问题。我们不妨以"双一流"建设作为案例作一分析。"双一流"建设是我国高等教育重点建设政策在新时期的新样态、新导向，其中学科建设是整个"双一流"建设的基础和核心。而"双一流"建设的一个重要旨趣，就是扎根中国大地办中国特色社会主义的世界一流大学和一流学科，实际上这一重要旨趣已蕴含了"中国特色、融通中外"的思想。因为我们所说的世界一流大学和一流学科建设，显然对标的是世界一流大学和一流学科，这就要求"双一流"建设必须体现其世界意义。同时，我们是在中国大地建设中国特色社会主义的世界一流大学和一流学科，中国特色又是不可或缺的，这也是"双一流"建设的要旨所在。实际上，"双一流"建设的制度设计及遴选方式也是力求充分体现这一重要旨趣，比如，当时作为"双一流"建设的遴选入围学科的重要标准和依据有两个：一个是学科在教育部学位中心的学科评估中的全国排名情况；另一个是学科在基本科学指标数据库（ESI）中的世界排名状况。而教育部学位中心的学科评估是基于中国学科建制，显然更具中国特色。ESI学科排名则是在世界范围里进行的，并有其自设的学科建制及评价指标，而且因其在国际上有较大影响，以致其被不少国家视为反映本国科研实力的重要指标而受到重视，所以，从这一视角上它主要体现的是学科制度的世界意义。应当说，当时"双一流"建设的这种学科遴选方式实际上也旨在反映"中国特色、融通中外"的思想原则。进一步来比较以上两个学科评估或排名，不难发现，无论是学科的内部结构，还是评估价值选择及评估方式，两者都有较大的不同，即使是内部结构相同或相近的学科，由于评估的价值选择及评估方式的差异，其结果也相去甚远。比如，2017年7月，教育部、财政部、国家发展和改革委员会联合发布通知，正式确认了世界一流大学和一流学科建设高校及建设学科名单。这一计划名单甫一公布，立刻引发人们的热议和争议，甚至有的觉得很不好理解。比如，华南理工大学农学进入了一流学科建设，而华南农业大学的却没有进去，华南理工大学最好的建筑学又没有进入一流学科。这与人们对高校、学科排名的普遍认知产生了相当大的反差，完全不同于我们以往基于本国学科制度对学科的认知。这种现象在复旦大学、南京大学等高校同样存在。出现这种现象，显然与上面论及的"双一流"建设的学科遴选方式和两种不同的学科制度及不同的学科评估指标密切相关。

我们暂且不论这个世界一流学科建设的学科遴选方式的结果是否科学，或能否真正体现"中国特色、融通中外"这一思想原则，而仅从其对高校学科建设所产生的实际影响而言，由于学科遴选方式对高校利益关系重大，因而对高校办学实践有着极强烈的导向作用与效应，尤其是对以后学科建设的路向选择影响重大。如果今后继续使用以上学科遴选方式，那么高校就会针对这一学科遴选方式，来选择学科建设路向，即无外乎以下两种路向：一种是以教育部学位中心的学科评估作为建设标准和导向的学科建设路向（简称为"路向一"）；另一种是以ESI学科排名为建设标准和导向的学科建设路向（简称"路向二"）。两种遴选方式的结果往往不一致，这就很可能会导致一些高校在学科建设的实施过程中无所适从，甚至还可能造成在校内学科制度建设和管理中的种种矛盾。当然，出于利益最大化和回避矛盾的考量，更多的高校也可能会选择两者兼顾的建设路向，即根据学科的具体情况，基于排名优先的原则，来选择路向一或路向二。但这似乎又面临着难以兼顾"中国特色、融通中外"的思想原则，也不能体现学科制度的国家建制这一基本特征。

因此，无论是学科制度的国家建制特征，还是高校学科建设的实际运行，都非常有必要确立并明确一种能兼顾两种路向的学科建设方向。从学科制度作为国家建制这一特征出发，这一学科建设方向首先必须坚持扎根中国大地、体现中国特色这一根本，建构具有中国特色的学科制度。同时，将具有较强的普适性并代表现代学科发展方向的学科元素，适当植入学科制度中。要实现这一目标，以教育部学位中心的学科评估（路向一）作为基础和依据无疑是一个适当的选择，但这里需要解决两方面的问题：一是路向一与路向二相比，一个最大的区别在于，后者更多的是评价高校学科的科研状态，而前者不仅评价高校学科的科研状态，而且也充分考虑了高校学科在人才培养、社会服务、国际合作与交流等方面的情况，相对而言更加全面和综合。由于当时路向一主要是针对研究生层面的学科评估而进行的设计，因而在人才培养方面仅仅考虑了研究生层面，并没有关注本科层面，而高校学科作为与人才培养关联密切（笔者一直认为高校学科建设应当包括人才培养，或者说人才培养是学科的题中应有之义，作为人才培养载体的专业应包括在学科之中）的学科，仅涉及研究生层面的人才培养，显然是不够全面的。所以，如果要建立更为全面、更为综合的学科制度，就需要在路向一中补充本科层次的人才培养的制度设计。二是根据具体学科的实际情况（基于学科制度的普适性），特别是依据学科交叉、综合以及回应社会发展需求这一现代学科发展趋势，对一些学科进行重构，在这一过程中须注意参考国际上一些与学科制度建构相关的学科结构及评估指标设计，使之能更好地回应学科制度的世界意义。

再具体回到"双一流"建设这一话题上，要办好中国的世界一流大学，就是要办扎根中国大地的一流大学，这就需要与中国国情相结合，特别要注意寻求中国特色与世界一流的一致性和结合点。由于我国高校类型、学科分布的不同，决定了世界一流大学和一流学科建设呈现出大学及学科类型的多样化、特色化与差异化发展态势。就高校学科制度体系构建而言，这里有几个值得关注的重要问题：一是要做好世界一流学科和非一流学科的协调，形成健全良性的学科制度体系。值得注意的是，不能因为当前的"双一流"建设使少数学科卓越或"被卓越"，而多数学科（或专业）平庸或"被平庸"，因为这些高校可能因此而自甘平庸，长此以往就真正平庸起来了，这显然不会是一个良性健全的学科生态系统。二是要加强学科群或学科集群的建设，充分发挥学科群或学科集群形成的学科交叉、融合的优势，并注意从中寻求学科发展新的生长点。学科集群的构成，与学科制度的世界意义，往往会存在某种交集，需寻求其间的融通，从而体现学科制度体系构建的"融通中外"。比较德国的卓越大学战略以"集群"为基础与我国"双一流"建设以"学科"为基础的差异时，陈洪捷教授指出，我们的"双一流"建设，在注重学科基础建设的同时，应考虑"如何缩小学科之间的距离，模糊学科的界限，为大学内部学科之间的合作与整合，为跨学科的研究团队的涌现多创造一些制度性条件"。这实际上反映了现代学科发展的一个重要趋势。需要特别提及的是，学科群或学科集群的组建必须建立在各学科间有着内在学理联系的基础上，并且能真正体现学科交叉和融合的发展方向与趋势，而非简单地拼凑起一个学科群，更不是为了借此扩大高校的世界一流学科资源的覆盖面（这种扩大只是形式意义上的扩大，而非实质性的扩大）。

（原载于《大学与学科》2020年第1期，有改动。）

第五节　中国高等教育学研究的历史特征与时代方位

如果以被国务院学位委员会列入学科专业目录为学科正式设立的标志，中国高等教育学已走过了40个春秋。高等教育学研究在中国是一个很值得关注的学术现象，这是因为中国是一个高等教育大国，正在迈向高等教育强国，在成为高等教育大国、迈向高等教育强国的过程中高等教育学研究发挥了独特作用，作出了巨大贡献。而且，中国不仅是高等教育大国，至少在从事高等教育学研究的研究机构、研究人员和研究成果的规模和数量上也称得上是"高等教育学研究大国"。纵观中国高等教育学研究发展的历史，有以下几个特征。

一、中国高等教育学研究的历史不长

高等教育的历史可以从各种维度去梳理，就近现代意义上的高等教育而言，中国高等教育的历史并不长，从19世纪末算起，也就是120多年的时间。高等教育学研究的历史，从学术史的意义上来说就更短了，高等教育学研究是新中国成立以后的20世纪50年代中后期才受到一定的关注。特别是1957年由潘懋元先生等倡导和组织编写的《高等学校教育学讲义》印刷发行，这是建立高等教育学学科的一次探索[①]。高等教育学作为一个专门的研究领域，并从国家学科建制的角度受到更多的重视则是在"文革"结束之后，即在潘懋元等老一代高等教育研究者的极力推动下，先后建立了高

[①] 李均：《中国高等教育研究史》，广东高等教育出版社2005年版，第75页。

等教育研究机构，成立了高等教育学会，出版了《高等教育学》等，特别是促成了高等教育学被国务院学位委员会列入《高等学校和科研机构授予博士和硕士学位的学科专业目录（试行草案）》，这对发展历史相对较短的高等教育学研究来说实属不易。同时，历史短也意味着高等教育学研究无论是科学化的学科体系、学术体系，还是专业化的话语体系等都尚处在构建与成熟之中。

二、中国高等教育学研究坚持学科建设与服务需求并重

从20世纪70年代末80年代初重新起步，便以学科制度的建构与现实问题的研究并举推进，并很快形成了国家建制的高等教育学学科、全国性的高等教育学术社团和专门的高等教育研究机构。如1978年5月中国第一个高等教育研究的专门机构厦门大学高等教育科学研究室成立，1983年5月中国高等教育学会几经周折得以成立，1983年高等教育学作为一门新学科被列入国务院学位委员会的学科专业目录。与此同时，在潘懋元先生、刘佛年先生、朱九思先生等老一辈高等教育学者的大力倡导和推动下，全国范围内的高等教育研究蓬勃兴起，许多高校纷纷成立了高等教育研究机构并开展高等教育研究。这些研究以对高等教育现实问题的探讨为主，既有对高等教育宏观问题的研究，也有对高校办学过程中一些微观问题的探讨。在诸多因素的共同作用下，中国高等教育学研究在不长的时间内形成了规模大、多样化、涉面广的学术态势。例如，到1987年全国高等教育研究机构已超过700个，且在机构名称、管理体制、承担任务等方面也非常多样化，涉及的高校之多、研究范围之大、参与人员之广（包括专兼职人员）等都是其他许多学科所不可企及的。

三、中国高等教育学研究受高等教育发展实践，尤其是国家政策的影响较大

这可从以下方面来认识：一是高等教育学在中国被定性为一门应用性

学科，这决定了其研究的应用性，即回应高等教育发展实践提出的问题（包括现状性问题和发展性问题），来开展有针对性和前瞻性的研究。例如，在我国高等教育进入大众化和普及化两个阶段前后，大众化高等教育和普及化高等教育有什么发展特征及如何发展等问题都分别成为高等教育学研究关注的焦点。二是中国特色的高等教育管理体制，决定了高等教育学研究受政策的影响比较大，具有明显的"为政策"的特点，包括前政策时期的咨政研究和后政策时期的政策过程研究。政策对高等教育学研究的影响还包括对高等教育学研究的政策支持，实际上在中国高等教育学研究史上有过几次大的起伏，从中都可以明显地看出受政策支持影响的痕迹。如2004年教育部办公厅印发的《关于进一步加强高等教育研究机构建设的意见》，对高等教育研究机构的作用、组织建设、队伍建设、制度建设、条件保障、交流与合作、人才培养等提出了明确的意见和建议，这对当时正处于相对低迷状态的高等教育学研究起到了十分重要的提振作用。对此，潘懋元先生提出了三点看法："第一，该文件是我国高教研究界20多年期盼的结果，是我国高等教育研究领域的一个里程碑，对推动全国高等教育研究机构的建设将起到重要影响。第二，各高等教育研究机构应进行分类，按各自定位发展。第三，中国高等教育发展过程中出现了大量问题，这是中国高等教育发展的好事情。有发展，才有问题；有问题，高等教育研究人员才有了作为的广阔空间。而研究的成果迟早会得到各部门和上级领导的重视和采纳。我们要对高等教育研究充满信心。"①

2011年开始，国家在学科建设方面的政策作出重大调整，即学科建设的重心放在一级学科，并对原二级学科进行了适当调整，教育学一级学科除保留原10个二级学科（改称为方向领域）外，新增了5个方向领域。这必将对作为原二级学科的高等教育学学科建设和高等教育学研究产生较大影响，从而也引起了高等教育学研究界的高度关注和热烈讨论，不少学者呼

---

① 李均：《中国高等教育研究史》，广东高等教育出版社2005年版，第295页。

吁把高等教育学作为教育学科门类中的一级学科来建设。2020年国家新设立交叉学科门类，再次引起有关"将高等教育学列入交叉学科门类中的一级学科来建设"的话题，有学者认为"高等教育学作为一门复杂的、具有多层结构的应用性学科，多学科交叉融合是其显著优势和内在需求。将高等教育学作为一级学科纳入国家学科专业目录'交叉学科'门类，进而密切与相关学科的实质性联系、完善交叉学科研究评价机制、汇聚高素质交叉学科研究队伍，有助于完善高等教育学学科的外部建制、创新高等教育学学科理论成果，以更好地为科学研究和经济社会发展服务"①。由此可见，国家政策导向对高等教育学研究起着重要的作用。

四、中国高等教育学研究注重分支学科研究和学术性社团建设

中国高等教育学研究起步不久就逐步开展了高等教育学科的多个分支学科研究，比如高等教育管理学科、高等教育史学科、比较高等教育学科等众多分支学科和方向领域的研究，并取得了比较丰富的研究成果，各分支学科也初步形成，高等教育学科体系初步构建。实际上，围绕高等教育学这些分支学科展开的研究及取得的成果也是十分丰富的。同时，作为一级学会的中国高等教育学会，自1983年5月成立以来，经过近40年的发展壮大，已成为中国高等教育领域成立时间最早、规模最大、影响力最广的全国学术性社团组织。目前，中国高等教育学会有分支机构68个、单位会员1600余个，分支机构还有大量会员，形成了联系全国高等学校、覆盖众多学科和管理领域的平台组织。尽管每个分支机构（分会或专业委员会等）开展高等教育学研究的情况各异，研究水平参差不齐，但产出的研究成果还是比较可观的，为繁荣高等教育学研究、推动我国高等教育改革发展作出了重要贡献。中国高等教育学研究的这一盛况对于教育学科的其他二级学科来说，并不多见。

---

① 潘懋元、陈斌：《论作为交叉学科的高等教育学》，载《高等教育研究》2021年第4期。

　　展望未来，面对百年未有之大变局，高等教育在科教兴国战略、人才强国战略、创新驱动发展战略中扮演着极其重要的角色。这便决定了当代中国高等教育学研究的时代方位必须以习近平新时代中国特色社会主义思想和关于高等教育系列重要讲话为根本遵循，以服务国家建设高等教育强国和助推国家高等教育现代化的重大需求为旨趣，以发展和繁荣高等教育科学为导向，不断提升高等教育学研究水平，将宏观研究与微观研究相结合、现实问题研究与学科理论研究相结合、量化研究与质性研究相结合、中国立场与国际视野相结合，用系统思维加快构建中国特色高等教育学的学科体系、学术体系、话语体系，推动中国高等教育学学科的高质量发展。这也是对潘懋元先生等这些开启山林、创立中国高等教育学学科的已故学界前辈最好的缅怀和纪念。

（原载于《高等教育研究》2023年第1期，有改动。）

第二章

高等教育发展理论

第一节 高等教育发展研究

一、对发展与高等教育发展的认识

（一）作为时代主题的发展

发展是一切事物、现象、过程的共有属性。近代以来，社会的发展变迁无论在广度上还是在深度上都达到了前所未有的水平，发展问题越来越受到关注。"发展"的范畴逐渐专指以经济增长为基础的社会经济、政治、文化等方面结构、体制的演进和变革，特别是指从传统社会向现代社会的转化和变迁[①]。"发展的最终目标必须是为了个人的福利持续地得到改进，并使所有人都得到好处"[②]，"发展意味着'良性'的成长与'可欲'的现代化"[③]。"发展有别于进化之处在于它是有意识的行动。发展是社会或至少是那些有权代表社会的人们自觉努力的结果；进而并非在任何时候、任何场合都需要自觉意识。"[④]"'发展'的动力来源于事物的内部矛盾，发展的表征是事物由小到大、由简到繁、由低级到高级、从旧质到新质的运动和变化。总之，作为一个学术范畴，发展指的是那些包含着现代的价值选择、

---

① 庞元正、丁冬红主编：《当代社会发展理论新词典》，吉林人民出版社2001年版，第80页。

② 肖枫编著：《西方发展学和拉美的发展理论》，世界知识出版社1990年版，第14页。

③ 庞元正、丁冬红主编：《当代社会发展理论新词典》，吉林人民出版社2001年版，第4页。

④ ［埃及］伊斯梅尔·萨布里·阿卜杜拉：《在联合国组织的关于"现代性和个性"的巴黎会议上的发言》，载《国际社会科学（中文版）》1990年第1期。

需要人类为之付出自觉努力，并且期望获得正面效果的实践类型。"①

第一，发展问题日益受到世界各国的高度重视。从国际上看，1972年发布的《增长的极限》、1987年发布的《我们共同的未来》等文件，1992年在巴西召开的世界首脑会议、2002年在南非召开的"可持续发展问题世界首脑会议"等，都体现了国际社会对发展问题的高度关注。邓小平同志提出"发展是硬道理"，党的十六大把发展确立为党执政兴国的第一要务，尤其是十六届三中全会提出以人为本，全面、协调和可持续发展的科学发展观，这些都表明发展在中国已经成为时代的主题。

第二，发展战略获得了"双重含义"。一方面，发展在世界各国获得了战略意义，各国都从战略高度重视发展问题；另一方面，发展战略的制定备受关注，并引发了一股席卷全球的"发展战略热"②。

第三，发展研究和发展学日益成为当代社会科学的一门"显学"。发展研究"是一个跨学科的学科组，研究的对象集中于分析和解决发展问题……以这种方式组合在一起的这类学科包括经济学、地理学、政治科学、公共管理、社会学和人类学等，而且越来越多的技术学科也渐渐加入进来"③。发展研究的盛行，逐渐导致发展学的兴起，进而形成了包括发展哲学、发展经济学、发展政治学和发展社会学等分支学科在内的庞大的发展学科群。出现了一批具有国际影响力的发展学研究专家和研究机构，发展理论和发展研究方法日趋成熟，发展研究成果日益丰富。

（二）多重视角下的高等教育发展问题

在发展成为时代主题的背景下，对于正走向"社会的中心"的高等教育，则可以从多重视角来审视其发展问题。

---

① 刘森林：《发展哲学引论》，广东人民出版社2000年版，第5页。

② 张瑞璠、王承绪主编：《中外教育比较史纲（现代卷）》，山东教育出版社1997年版，第664页。

③ ［美］亚当·库珀、杰西卡·库珀主编：《社会科学百科全书》，上海译文出版社1989年版，第198页。

首先，从组织学的角度看，高等教育机构日益成为结构复杂、职能多样的社会"轴心机构"。现代高等教育机构的组成要素已不再单纯限于教学组织，联结高等教育系统与社会之间不同层次和类型关系的"外围组织"层出不穷。现代高等教育的职能不断拓展[1]，除了传统的教学、科研、直接为社会服务等职能之外，还产生了许多新的职能，比如"国际合作与交往"职能[2]、"技术创新"职能[3]、"创造新产业"职能[4]、"改造社会"职能[5]等。高等教育越来越明显地成为国家的"脑库"、社会的"良心"、世俗的"教会"、人类精神的"家园"、社会的"轴心机构"。

其次，从实践论的角度看，当前高等教育发展面临的问题极富挑战性。挑战之一——全球化的冲击日益强劲。经济、政治和社会发展的全球化趋势，一方面使与经济活动密切相关的知识基础日益全球化，进而要求现代高等教育必须"面向全球"培养人才，并通过文化批判、文化选择、文化传承和文化创新活动，培养和提高人类的跨文化生存与发展能力；另一方面加快了现代高等教育活动的国际化、全球化进程。教育服务被世界贸易组织列为12项世界服务贸易中的第五类，可以通过跨境交付、境外消费、商业存在、自然人流动等方式进行全球性供给。挑战之二——以信息、生物技术为主导的现代科学技术的发展。现代科技的发展，"特别是生物技术与信息技术相结合，将会给科学、技术、经济、社会的许多方面和领域带来目前还难以想象的变化"[6]。它不仅在价值定向方面对高等教育的生存与发展带来冲击，即高等教育如何适应现代科学技术的发展要求，培

---

① 薛秀珍：《高等学校"第四职能"述评》，载《清华大学教育研究》2005年第3期。

② 张应强：《高等学校社会职能及相关问题研究评析》，载《汕头大学学报（人文科学版）》1997年第3期，第72—76页。

③ 方展画：《高等教育"第四职能"：技术创新》，载《教育研究》2000年第11期。

④ 朱国仁：《高等学校职能论》，黑龙江教育出版社1999年版。

⑤ 眭依凡：《改造社会：未来大学新职能》，载《上海高教研究》1995年第3期。

⑥ 周远清：《21世纪：建设一个什么样的高等教育》，载《中国教育报》2001年2月16日。

养适应信息时代要求的人才；也在技术操作层面对高等教育的实践方式带来挑战，即现代高等教育如何适应技术的变化，组织教育教学、科学研究活动并履行其直接服务社会的职能。

再次，从价值论的角度看，高等教育日益从社会的边缘走向"社会的中心"①。由于现代高等教育知识操作能力的不断增强，也由于"以知识为基础"的知识经济时代的到来，以追求"高深学问"为其本质属性和基本使命、作为知识的主要发生地和集散地的现代高等教育系统，必然成为满足社会人才和知识需求的"中心"。随着高等教育价值的日益上升，社会对高等教育的投资赋予了更多的热情。世界银行长期以来认为投资初等教育的回报最大，但近年来，这一认识逐渐发生变化，即认为投资高等教育的回报同样是非常丰厚的。这一认识的变化实际上强化了高等教育作为"社会中心"的地位。

从以上三个角度审视当今高等教育面临的新问题、新认识，无疑都是高等教育发展不可回避、必须作出回应的时代命题。

二、高等教育发展研究的分析框架

如何进行高等教育发展研究，是一个尚未得到解决的问题，因此，选择一个适宜的分析框架就显得必需而且重要。

（一）建构高等教育发展研究分析框架的三个关键性支点

确立关键性支点是建构高等教育发展研究分析框架首先要考虑的问题。基于从理论到实践的逻辑考量，笔者为高等教育发展研究确立了三个关键性支点，即高等教育发展理论、高等教育发展理念和高等教育发展战略，并试图通过这三个关键性支点建构高等教育发展研究的基本分析框架，从而囊括高等教育发展研究不同理论抽象层次的核心内容②。

---

① 卢晓中：《走向"社会的中心"——现代大学发展理念简论》，载《教育研究》2002年第9期。

② 卢晓中：《现代高等教育发展论纲》，广东教育出版社2005年版。

发展理论主要探讨事物、现象或过程的发展、变化规律。发展理论其实就是研究社会现代化的理论，并且主要研究二战以后发展中国家和地区如何实现现代化的问题，从广义上看，它也研究发达国家从传统农业社会转变为现代工业社会并向信息社会变迁的过程和规律[①]。还有学者认为，发展理论研究的是具有普遍意义的发展规律，从广义上看，它重在探讨人类社会宏观发展的总体进程；从狭义上看，它的研究焦点集中在一个特定领域——发展问题[②]。相应地，高等教育发展理论研究的，是在社会不断变革的背景下高等教育作出适应性变革与发展的诸种规律。

对高等教育发展理念的深入理解，必须以清晰界定理念的内涵为前提。作为哲学史的一个重要范畴，"理念"在其使用范围不断扩大的条件下，逐渐获得了以下三大规定性：首先，理念是主体的思想观念，它是主体运用思想手段对客观对象进行理性认识和观念把握的成果，是主体在思维领域对客观对象的再现。其次，理念反映主体的理想期待，特别是反映主体正向的、积极的价值期待，它为客观事物的未来发展确定了方向，为主体改造世界的实践指明了重点，能对主体的实践发挥价值导向作用。再次，理念所表达的内容往往可供实践操作。理念并非空穴来风，亦非主观臆造，科学的理念应该以对客观对象的本质性认识为前提，理念所表达的价值诉求应与认识本质、把握规律、确定战略甚至形成操作策略的活动紧密相关。科学的理念不仅在思想观念中具有思维操作性，在现实实践中具有实践操作性，而且还能从总体上指导实践操作。台湾中原大学校长张光正先生指出，"所谓'理念'乃是共同分享的价值观，有理念即有方向感，即有目标性；有理念方有准绳，方有标杆"。"一个无理念之组织，犹如无舵之舟，无弦之弓，何之治？……有理念之组织方能长治久安，有理念之组

---

① 庞元正、丁冬红主编：《当代社会发展理论新词典》，吉林人民出版社2001年版，第4页。

② 许先春：《走向未来之路——可持续发展的理论与实践》，中国广播电视出版社2002年版，第3-4页。

织方能塑造优质之组织文化，有理念之组织方能凝聚组织之共识，有理念之组织方能分享共同价值观。"[1]相应地，高等教育发展理念是指高等教育理论研究者或实践工作者以高等教育的历史实践和现实存在条件为基础，通过不断深入、日益全面的思想认识和观念把握所形成的，有关高等教育改革、发展和适应性变迁的思想观念。

高等教育发展战略指的是特定主体对一定层次和范围内的高等教育体系（比如，某一个地区、国家或民族的高等教育系统，或在联合国教科文组织等国际组织视野中的世界高等教育体系）在宏观、整体和中长期的发展方面所作出的重大谋划和主动部署。完整的高等教育发展战略，应该包含高等教育发展的指导思想、战略目标、战略重点、战略步骤以及战略措施。以发展战略为指导，进而可以制订出更为具体的高等教育发展规划。

（二）三个关键性支点之间的逻辑关系

发展理论是从形而上层面对发展问题进行哲学思考的产物，旨在探讨和把握事物、现象和过程发展变化的客观规律；发展战略关注的则是事物、现象发展变化过程中的实践操作和主观调控，体现了实践主体如何根据合目的性原则发挥其改造世界的功用；发展理念是发展理论与发展战略之间实现逻辑链接的中介，是协调和整合事实与价值、实然与应然之间矛盾关系的"缓冲带"。

就高等教育发展研究而言，高等教育发展理论是研究者基于改革和发展的需要，从理性思维领域甚至从哲学高度，认识和把握高等教育发展变化规律所获得的成果；高等教育发展理念则是主体针对高等教育在改革和发展过程中的实践方向和价值追求而提出的理想预设，是理论研究者与实践工作者通过彼此互动、相互交流而形成的改革和发展的奋斗目标及其相应的实践方式。发展理念的形成与传播，其实就是发展理论日益与社会现实相联系并据此而得以实践落实的重要环节和根本途径；发展理念的实践

---

① 黄俊杰编：《大学理念与校长遴选》，台湾通识教育学会1997年版。

落实，必须通过发展战略的制定与实施才能真正实现。可以说，理论探讨是前提和基础，理念的生成和广泛传播是中介，战略的制定与实施是关键。高等教育发展意图能否得到有效推行和切实落实，关键在于能否将正确的高等教育发展理论转变为现实的发展理念，进而具体化为可供操作的发展战略。

（三）基于三个关键性支点的分析框架

高等教育的发展理论和高等教育的发展理念、发展战略具有两大特点。一是多元性，在长期的历史变革过程中，不同国家和地区必然形成类型多样、层次复杂的发展理论、发展理念和发展战略。二是发展性，多样化的发展理论、发展理念、发展战略，会随着时间的推移、社会的变迁而不断改变其名称和形式，即使保留同一个名称，它们的内涵也会发生变化。比如高等教育的"质量"概念，在18世纪的英国，表示的是大学是否成功地培养了绅士；而在19世纪的德国，则表示是否按照"教学与研究相统一"的原则发展了科学、培养了作为教师的"研究伙伴"的学生；在20世纪的美国，则侧重于表示大学能否培养适合经济、社会发展需要的专门人才。

复杂多元且不断发展变化的高等教育发展理论、发展理念、发展战略，能够通过整合，形成一个逻辑清晰的研究体系和理论解释框架。

首先，高等教育发展理论、发展理念、发展战略三者之间存在着密切的逻辑联系。贯穿于"发展理论—发展理念—发展战略"这三个关键性支点的逻辑线索是"从理论到实践，从普遍到特殊，从抽象到具体，从理性思维到实际行动"，而使理论与实践、普遍与特殊、抽象与具体、理性思维与实际行动等二元组合得以彼此沟通、相互整合，它们之间本就存在无数类似"鱼鳞"的"部分交叉"（绝不是完全等同）和联结[①]。在这些"鱼鳞式"的联系中，也许A与C没有直接的联系，但通过B分别与A、C建立

---

① Burton.R C. The Academic Life：Small Words, Different Words. The Carnegic Foundation For the Advancement of Teaching, 1987：140-145.

联系，进而形成了"A—B—C"式的逻辑联结。这种逻辑联结方式，不仅存在于"发展理论—发展理念—发展战略"之间，也存在于三个关键点本身所包含的复杂、多元的内容之中。以高等教育发展理念为例，其内容也是多类型、多层次的。根据理论抽象层次方面的差异，可以将它分成两大类：一类是基于理论和表达价值的理念（简称为价值性理念），这类理念主要从高等教育发展的理论演绎出发，探讨高等教育发展的价值倾向和理想追求。具体而言，可能包括可持续发展理念、终身教育理念、教育民主化理念、高等教育大众化理念、国际化理念等内容。另一类是指向实践和重在操作的理念（简称为实践性理念），这类理念属于前一类理念的下位概念，在理论抽象层次和实践涉及范围方面要小于前者，并且它与高等教育的实践，甚至与高等院校的办学实践联系得更为紧密。它包括的内容其实就是联合国教科文组织所提出的高等教育的适切性理念、质量理念以及在实践操作范围内予以讨论的高等教育的国际化理念[1]等。

其次，发展理论、发展理念、发展战略及其内部所包含的内容，在有关高等教育发展的价值定向、目标定位等方面，虽然存在理论抽象层次的差异，但实质内涵相互贯通。以实践性理念与价值性理念之间的关系为例，为了促进高等教育的可持续发展，进而推动人类社会的可持续发展，必须不断提高高等教育实践的适切性；而提高高等教育的适切性，就意味着必须坚持以"多维度、多层面"的视角全面理解高等教育的质量，这种质量标准在实践中表现为坚持高等教育的民主化理念、重视发展终身教育和大众化教育，在时间维度上强调针对个体的整个生命历程，在空间维度上强调针对全体公众。

借助发展理论、发展理念、发展战略之间的"鱼鳞式"逻辑联结，更是由于其实质内涵的彼此贯通，发展理论、发展理念、发展战略三个关键

---

① 联合国教科文组织：《关于高等教育的变革与发展的政策性文件》，选自赵中建选编：《全球教育发展的研究热点——90年代来自联合国教科文组织的报告》，教育科学出版社2003年版。

点完全能够整合为一个逻辑严密、内涵丰富、解释力强的高等教育发展研究分析框架。

三、高等教育发展研究的多学科性

发展理论、发展理念、发展战略等三个关键性支点所确立的研究高等教育发展问题的分析框架，需要还原高等教育学研究的多学科性，即广泛借鉴多学科的研究方法，批判吸收各种流派理论成果。

首先，高等教育发展研究必须借鉴多学科研究方法。哲学、管理学、组织学、发展学等，都是应该予以重点借鉴的学科。其中，对于普遍意义上的发展理论以及自20世纪中叶逐渐兴起的发展学，高等教育的发展理论研究更需重点学习。高等教育的发展战略研究，须充分借鉴战略学、发展战略学、战略管理学的研究方法。

其次，高等教育的发展研究，必须借鉴多学科、多流派的理论成果。对于发展问题，每一种发展理论流派都有自己的分析框架。比如，新古典主义提出的"增长=发展"、结构功能主义的"结构—功能"、现代化理论的"传统—现代"、依附理论的"中心—边陲"、世界体系理论的"中心—半边陲—边陲"等，都是比较成熟的发展研究框架。这些分析框架，都已经在事实上对高等教育的发展研究产生了重要影响，必须予以批判借鉴。

值得注意的是，多学科的研究方法、诸种流派的理论成果，是人类认识特定对象的思想成就，但都不可能作为绝对的放之四海而皆准的真理，只在特定程度和范围内才有其适用性。当将其应用于高等教育的发展研究时，必然会面临"水土不服"的问题，原因主要有两个方面。

一是多学科研究方法、不同流派的理论成果本身可能存在缺陷和不足。任何发展理论，都既有合理的一面，也有不足的地方，都不可能十全十美，而且，特定的发展理论还会受到不同国家具体国情的制约。以教育发展研究领域颇为盛行的依附理论、世界体系理论为例，露丝·海霍认为，依附理论、现代化理论并不适合中国的国情[1]。诺亚和埃克斯坦指出，世界体系分析方法源于依附理论，存在着"新的简单化"（new simplicitude）倾向，即把主要注意力集中在第三世界和工业化国家之间不均等的力量关系上，并预设性地认为，第三世界国家是工业化国家的被动受害者，第三世界国家当前的经济困难应归因于长期的殖民统治。这种预设的分析基础显然站不住脚，因为从逻辑上说，"如果世界体系分析有任何效果的话，那它不可能解释第三世界一些地区的社会革命或其他地区的发展"[2]。西卡和普雷希尔发现，西式教育的传播和经济依附之间并无多大联系，教育的入学措施和依附关系之间也没有重大联系[3]。因此，当我们把依附理论、世界体系理论及其他理论应用于高等教育发展研究时，虽然能够获得一些有益的结论，但同时也可能带来新的问题。

二是多学科研究方法、不同流派的理论成果往往不会完全适用于高等教育的发展研究。对于高等教育的发展研究而言，任何一种学科研究方法、任何一个流派的理论，可能既有利，也有弊；既有可用之处，也有无能为力之处。以发展经济学为例，发展经济学必然会研究高等教育的职能和价值问题，并且常常会基于经济发展的需要而提倡高等教育的发展，甚至把高等教育置于宁可牺牲经济也要"超前发展"的地位。表面上看，它似乎凸显了高等教育的地位和价值，但实际上降低了高等教育的作用。原因在于，高等教育本身具有多种价值属性。美国社会学家戴维·波普诺指出，"人们已确认了教育的5个主要目的：（1）社会化；（2）社会控制；（3）选择和分配各种社会角色；（4）同化新来者和维护亚文化；（5）为社会变革和变化作准备"[4]。所有这些职能或目的，都不是直接创造物质财富

---

[1] Ruth.H. A Chinese Puzzle. Comparative Education Review, 1989（2）：33.

[2] Harold.N，Max E.Dependency Theory in Comparative Education：The New Simplicitude. Prospects, 198（2）.

[3] Alan.S，Harland P. National Political—Economic Dependency in the Global Economy and Education Development. Comparative Education Review, 1981.

[4] ［美］戴维·波普诺著，刘云德、王戈译：《社会学（下册）》，辽宁人民出版社1987年版，第291页。

的活动，而是参与综合调整生产力与生产关系、经济基础与上层建筑之间关系的活动。教育既可作为国家的一项公共福利事业，成为调节国民收入再分配，进而调整生产关系和阶级关系的有力砝码，也可作为塑造公民灵魂、解决社会政治矛盾的民主手段。教育的功能和价值远远超过单纯的经济领域，如果单纯强调教育在经济领域的价值，而忽视其他许多更为重要和根本的价值属性，其结果只能是降低而不是提高教育的地位。

鉴于此，多学科的研究方法、不同流派的理论成果在运用于高等教育发展研究时，有必要进行"高等教育化"改造。这就要求不能盲目信仰多学科研究方法和其他理论流派的研究成果，对于那些本身就存在问题、需要进一步修正的发展理论和研究方法，必须进行合理选择、积极修正、科学扬弃；对于那些本身已经比较成熟但在运用于高等教育发展研究时可能会出现"水土不服"的发展理论和研究方法，则必须科学限定它们在高等教育发展研究中的应用范围。唯有如此，才能真正促使高等教育发展研究在借鉴中不断发展，在批判中走向成熟。

（原载于《教育发展研究》2007年第8期，有改动。）

第二节　社会变革视野下高等教育发展理论创新

世界处在一个社会大变革时代。社会变革究竟对高等教育发展有哪些影响？面对社会变革，高等教育发展究竟需要什么样的发展理论？这是当前高等教育理论界必须认真回答的问题。本节在社会变革与高等教育发展理论的关系的认识基础上，着重从理论构建视角、要素和"问题域"等诸方面对高等教育发展理论的发展与创新作一初步探讨。

一、社会变革与高等教育发展理论的关系

所谓高等教育发展理论，主要研究高等教育发展与国家、社会发展的关系，以及在这一关系框架下的高等教育自身发展问题。因此，要探讨社会变革与高等教育发展理论的关系，必须弄清以下两对关系：一是高等教育发展与社会变革的关系；二是高等教育发展实践与高等教育发展理论的关系。

就高等教育与社会的关系而言，高等教育发展总是与社会变革（包括社会危机，变革与危机常常是相关联的，危机中常常预示着变革，而变革往往也是充满着风险甚至危机）密切相关的，这可以从两方面来认识：一是从"适应论"的角度来看，一种社会变革往往会对高等教育发展提出新需求，它要求高等教育发展适应这种变革；二是从"引领论"的角度来说，今天高等教育发展愈来愈具有对社会变革的引领功能，也就是说高等教育发展可以在相当程度上促使社会变革，这种"促使"，不仅指高等教育发展可能引起社会变革，更是要主动、自觉地引领社会变革。尤其是在高等教育走向"社会的中心"、高等教育的社会功能日益彰显的条件下，高等教育发展对社会变革的这种"引领"功能正愈加显著。

对于高等教育发展实践与高等教育发展理论的关系，我们同样可从理论与实践关系的一般意义来认识，即实践是理论发展的源泉，理论引导实践的发展。但值得注意的是，不同时期的高等教育发展理论对高等教育发展实践的引导作用并不一样。比如，在高等教育发展理论相对贫乏的时代，如欧洲中世纪大学早期，大学的发展实践基本是自发的，很难谈得上有明确的发展理论的指导。所以，人们常常认为早期的中世纪大学的创建和发展是"实践在先、理论在后"。真正的"理论在先、实践在后"则是在19世纪以后，尤其是1809年德国柏林大学的创建与发展，从一开始便有了

明确的办学思想或理念。进入20世纪下半叶以来，随着现代高等教育逐渐进入"社会的中心"，高等院校成为社会的"轴心机构"，高等教育发展对于国家和社会的发展变得愈来愈重要，而且高等教育无论是自身的运作，还是服务的对象，都日益复杂和多样，这就使得高等教育发展理论对高等教育发展实践的先导作用愈加彰显。一个国家和地区有没有正确的高等教育发展理论，对这个国家和地区的高等教育发展至关重要。同样，一个高等教育机构有没有正确的高等教育发展理论，直接关系到这个高等教育机构的生存和发展。这也是当前在世界范围内重视探索高等教育发展理论的重要缘由。1998年10月，联合国教科文组织在巴黎召开的首次世界高等教育大会，实际上就是世界范围内的一次高等教育发展理论的大讨论，正如联合国教科文组织高级官员季米特里·别里泽所言："这次会议也将因此成为'地球村'新大学的'思想实验室'。"事实证明，这次世界高等教育大会给世界各国高等教育发展实践所带来的影响是非常广泛和深远的。在中国，高等教育发展理论对高等教育发展实践的影响，从有关高等教育大众化理论对近十年我国高等教育大众化发展进程的影响可见一斑，尽管这种影响未必都是积极的，甚至也出现过由于对高等教育大众化理论的误读而导致某些实践出现误区的情况。

正是以上两种关系，在相当程度上决定了社会变革与高等教育发展理论的关系，即高等教育发展理论通过引领高等教育发展实践，以适应社会变革甚或引领社会变革；而同时高等教育发展理论在这一过程中也不断丰富和创新。

20世纪后半叶出现的较有代表性的高等教育发展理论[①]，如马丁·特罗的"高等教育发展阶段论"、本·戴维的"学术中心论"、阿什比的"遗传环境论"、克拉克·克尔的"高等教育论"及天野郁夫的"高等教育制度类型论"等理论，也都是因剧烈的社会变革引起的高等教育大变革、大发展而产生的。如二战后世界各国都处在一个大变革、大发展的时期，社会变革

[①] 史朝：《国际高等教育发展理论述评（上、下）》，载《外国教育研究》1998年第6、7期。

既对高等教育发展提出了要求，提供了机遇，又使高等教育发展面临许多挑战和危机。比如，这一时期发达国家高等教育发展迅猛，集中表现在规模迅速扩大，数量显著增长，同时又面临着深刻的危机。大学的所有方面（如管理、经营、财经、课程、教师录用及培养、学生选拔、科研资助、师生关系等）都充满着矛盾，都等待教育来一个质的变化。正是在这一背景下，特罗论述了高等教育发展阶段的普遍趋势和规律，阐明了数量与质量的辩证关系，并指出了高等教育阶段转移时必然出现的矛盾及必须解决的问题；戴维告诉人们世界学术中心是不断变化的，伴随着这种学术中心的转移，是各国大学教育的发展变化，大学教育实际上引导着这一转移，学术中心国家的大学模式影响着世界各国的大学模式；阿什比则用比较生态学的方法通过研究世界高等教育发展历程，提出了大学是遗传与环境的产物，从大学发展动力的角度阐述了大学与政府、社会的关系，以及科技革命与大学教育变革的关系；克尔则从历史的角度阐述了各种大学观与社会变革的关系，提出了面对社会变革的"多元化巨型大学观"；天野郁夫提出了高等教育的阶级结构、教育结构和职业结构的"三种结构论"、日本高等教育的"二元二质结构"及"高等教育制度类型论"。

值得注意的是，重大的社会变革常常意味着认识论及方法论的大发展、大突破，这种大发展、大突破往往具有普适意义，对高等教育发展理论的丰富和发展同样具有重要的启迪意义。如中国社会处在一个变革和转型的重要时期，高等教育在20世纪90年代以来获得了前所未有的大发展。新时期中国高等教育将进入新的发展阶段，那么，如何确立适宜的高等教育发展理论为中国高等教育的新时期发展提供理论引领？近年来科学发展观的提出，包容性增长作为新的发展观，无疑可以对高等教育发展理论的中国发展提供认识论和方法论上的指引。

二、新时期高等教育发展究竟需要什么样的高等教育发展理论

面对新时期的社会变革和转型，高等教育发展理论亟须创新。

（一）高等教育发展理论的创新应当重视引领社会变革，从"高等教育适应论"视角，到"高等教育引领论"视角

如果说以往的高等教育发展理论更多的是回应社会变革对高等教育发展提出的新需求，呈现出明显的"适应性"特征，那么，在新时期，随着高等教育日益进入"社会的中心"和高等教育在国家发展、人的发展中的作用日益彰显，高等教育发展理论应充分发挥对高等教育发展的引导作用，并通过这一引导作用进而对社会变革在一定程度上发挥引领功能。

高等学校的社会职能是一个历史范畴，正如克尔所认为的"高等教育的漫长的历史，包括一个从少数职能到很多职能的延续几个世纪的运动，最初缓缓地增加，但是比较新近，迅速地增加"①。今天的高等学校，除了人才培养、发展科学和直接为社会服务三大社会职能外，还应承担起促进甚至在一定意义上引领社会变革的社会职能。胡锦涛同志在清华大学百年校庆上提出高等学校全面提高高等教育质量的"四个必须"，其中包括要全面提高高等教育质量，"必须大力推进文化传承创新"。所谓"文化创新"，实际上提出了高等学校促进和引领文化变革与发展这一重要问题，应当说这是对高等学校的社会职能的新认知和新发展。引领社会变革的高等教育，迫切需要能够正确引导高等教育发展的高等教育发展理论，高等教育发展理论也是通过引导高等教育发展，进而引领社会变革的，其典型案例是印度"人才外储"的高等教育发展理论。正是在这一发展理论的引导下，印度实施大力发展高等教育的战略，尤其是加强信息产业的高层次人才培养，从而有效引领了印度产业转型升级和高科技产业的发展。20世纪90年代联合国教科文组织提出的一个十分重要的思想，就是怎样使高校培养的大学毕业生不仅成为现有工作岗位的"求职者"，还要使他们成为未来工作岗位的"创造者"，这就有赖于高等教育在人才培养上的适应与创新的统一。在我国，从长期以来高等教育是一种"求职者"的教育，到今天对高

---

① ［美］克拉克·克尔著，王承绪译：《高等教育不能回避历史》，浙江教育出版社2001年版，第263页。

等教育的认识，不仅是"求职者"的教育，更是"创业者"的教育。高等
教育的这一重要转变实际上表征着高等教育发展理论正从单纯的"高等教
育适应论"视角向"高等教育引领论"视角转变的趋势。

**（二）高等教育发展理论的创新应当避免理论的"依附"，从发展理论的
借鉴与移植，到"高等教育化"的改造与创新**

历史上曾有过三种不同的教育理论建构模式，即"经验—理论"模式、
"心理理论—教育理论"模式以及"相关学科理论—教育理论"模式[①]，
显然，高等教育发展理论应属于第三种模式，即通过对相关学科有关理论
（主要是发展理论）的"借鉴"或"移植"而形成的高等教育发展理论；
但"借鉴"或"移植"容易形成"依附"[②]，一旦形成"依附"，则是理论
发展的误区。如何避免这一误区，"高等教育化"的改造是必不可少的，这
就需要回答这样一个问题：研究社会发展问题的发展理论，它所确立的理
论分析框架，以及与之相关的基本概念或术语等，是否仍适用于高等教育
发展问题的研究？比如，不论是现代化理论，还是依附理论或世界体系理
论，它们所确立的分析框架，诸如"传统—现代""中心—边陲""中心—半
边陲—边陲"等，以及诸如"先发内生型""后发外生型"等概念或术语，
是否能合理地被运用于对高等教育发展问题的探讨。对于这一问题，我们
可以着重从研究对象和内容与理论分析框架的关系角度来考察。由于研究
对象和内容在很大程度上决定了理论的分析框架，以及与之相关的概念和
术语，这就需要考察运用发展理论所研究的社会发展问题与运用发展理论
所研究的高等教育发展问题之间的关系。由于不同时期和不同国家（地
区）的社会发展与高等教育发展的关系不尽相同，因而有必要从时间和国
（地）别这两个维度及其相关联的角度，来考察社会发展与高等教育发展

---

① 方展画：《教育理论研究的认识定位问题》，载《华东师范大学学报（教育科学
版）》1995年第2期。

② 潘懋元、陈兴德：《依附、借鉴、创新？——中国高等教育学科建设之路》，载
《北京大学教育评论》2005年第1期。

的关系。众所周知，教育是伴随着人类社会的产生和发展而产生和发展的，而人类社会发展和教育发展的进程，是由社会发展与教育发展的内在关系规律所决定的。当人类社会进入现代以来，教育与社会发展的关系，从总体上说呈现一种正向互动关系，也就是说教育发展对社会发展是起积极推动作用的，而社会发展反过来也推动着教育的发展，这也是从教育学原理的角度可以获得的一种认识。那么，这是否意味着社会发展处在一种什么样的发展状态和水平，教育也必然就处在同样或类似的发展状态和水平呢？我们似乎还很难简单地得出这样一个结论，而必须依据具体的国家和地区的情况，这就需要一种比较教育学（发展教育）的视角。比如，对于早期的后发外生型国家，其教育却可能是后发内生型的，甚至是先发内生型的。德国通常被认为是后发外生型国家，但其教育在相当程度上被认为是先发内生型的。另有研究数据表明，教育规模扩大与经济发展之间并无多大联系[1]。这一从比较教育学（发展教育）角度获得的结论或认识与从教育学原理角度得出的认识似乎并不一致。这就有一个如何认识和处理普遍与特殊、本质与现象的关系问题，即教育学原理角度的"深度"更多是揭示教育发展的普遍性，而比较教育学角度的"宽度"则时常反映教育发展的特殊性。而特殊性可以是普遍性的个案，通常包括由个案归纳出来的普遍性和由普遍性演绎出来的个案；也可以是普遍性的例外，虽然这种情况并不多见，但又是值得高度关注的地方。普遍性通常反映的是教育发展的本质，而作为普遍性例外的特殊性可能有以下两种情形：一是这种特殊性可能是教育发展的一种现象，深究其本质，与普遍性所反映的教育发展的本质并无二致；二是这种特殊性也可能反映的是教育发展的本质。不论是何种情形，我们都需要"透过现象看本质"。这正是在教育的发展研究中把教育学原理角度与比较教育学角度相联系、相结合的关键所在，也应是发展理论的"高等教育化"改造需要特别注意的地方。

---

① Sica.A，Prechel. H. National Political—Economic Dependency in the Global Economy and Education Development. Comparative Education Review, 1981.

高等教育发展理论在探讨高等教育发展问题尤其是高等教育发展与社会发展的关系时，应当关注从单一的线性关系到多维的非线性关系的转变，力求避免发展理论的传统分析框架或术语运用的"简单化倾向"。高等教育作为人类社会活动的产物，"它不同于自然事物之组合那样单纯、机械，可以用化学分析去解释，揭示它的因素构成，社会现象中的事物，其促成它的因素都不是单一的，不是线性因果的联系"[1]，而是多种历史力量交互作用的合力的结果。而以往的发展理论如现代化理论的"传统—现代"、依附理论的"边缘—中心"的分析框架，以及"后发外生型""先发内生型"概念术语的使用都不同程度地存在简单化倾向。诺亚和埃克斯坦对世界体系理论及其分析框架进行过抨击，认为世界体系分析这种方法源于依附理论，它是"新的简单化"（new simplicitude）[2]。所以，探讨高等教育发展问题时运用何种发展理论或如何运用某种发展理论，以及综合运用发展理论的问题，这本身就有一个选择、修正和扬弃的问题，而这里的"选择""修正"和"扬弃"，实际上就是一个"高等教育化"的创新过程。

（三）高等教育发展理论的创新应当倡导理论发展的多样性，从寻求普适性的发展理论，到主张发展理论的特殊性和多元发展理论的兼容

任何一种发展理论运用于探讨发展问题，都有其合理的一面和不足的地方，没有哪种发展理论是十全十美的，而且它还受到具体国家的国情的制约。比如海霍就认为，依附理论和现代化理论并不适合中国的具体国情[3]。高等教育发展理论也是如此，每当一种新的高等教育发展理论出现以后，都经历了不断反思、修正和遭受质疑的过程，这里既包括来自理论创立者本人的反思、修正，也有其他人的质疑。如特罗在1978年的文章《精英和大众高等教育：美国模式与欧洲现实》中，反复强调国家间的差异，尤其是欧洲模式与美国模式的不同。不仅如此，在后来论及高等教育发展

---

① 么加利：《走向复杂：教育视角的转换》，华东师范大学博士学位论文，2002年。

② Noah.H, Eckstein.M. Dependency Theory in Comparative Education：The New Simplicitude. Prospect, 1985（2）.

③ Hayhoe.R. A Chinese Puzzle. Comparative Education Review, 1989, 33（2）.

阶段理论的时候，他又强调，大众化理论反映的是高等教育发展中的一般问题，它"并不打算描述和解释具体社会在特定阶段的高等教育系统的发展"，因为每个国家的发展必然"反映着这一社会独特的历史、社会、经济、文化和政治特性"。在这篇文章中，特罗进一步阐述了其"阶段论"11个方面的"量变"与"质变"的不平衡性，修正了早先关于量变和质变的划一性的观点。1998年5月31日，特罗教授参加了在日本广岛召开的"日本高等教育研究学会学术研讨会"，在其提交的论文《从大众高等教育走向普及》中，对自己早先提出的高等教育发展"三阶段论"中的"普及教育"的内涵作了新的解说，他认为大众高等教育与普及高等教育的区别不再是越来越多的学生进入各种各样的学校学习，今后普及高等教育不在于注册人数，而在于参与和分享，即与社会大部分人，几乎包括在家里或在工作单位的全体成年人，密切相连的"继续教育"。法格林兰和沙哈在《教育与国家发展——一个比较的观点》一书中认为第二次世界大战（以下简称二战）后的教育发展经历了"天真时期（age of innocence）"和"怀疑主义时代"，也经历了人力资本理论、现代化理论和依附理论三个理论范式，每个理论范式都试图在对先前理论范式的反思过程中进行修正。天野郁夫针对特罗的"高等教育发展阶段论"提出了"高等教育制度类型论"，在他看来，一国高等教育能否顺利发展，是否由精英阶段进入大众阶段，关键取决于该国高等教育创办时期形成的"原型结构"，由于原型不同，各国规模发展具有不同的道路。美国有美国的道路，欧洲有欧洲的道路，因此，要说明以前的高等教育发展过程，要进一步预测今后的方向时，需要提出"制度类型论"，即"相应其类型的不同，设定阶段转移的多重道路"[①]。应当说，这些反思、修正或质疑，除了高等教育发展理论本身的不完善外，实际上也有人们对发展理论的普适期待的因素。

劳丹认为，理论有两种不同的类型：一种是一组比较特殊的学说，可

---

① 史朝：《国际高等教育发展理论述评（下）》，载《外国教育研究》1998年第6期。

用特殊的实验进行检验，可用来做实验方面的预测并解释自然现象；另一种是由比较普遍、不易受检验的各种学说或假说组成的，它们涉及的不是某一理论，而是一系列理论，是理论的整个谱系。他将后一种理论称为"研究传统"。在他看来，每一门学科都有一部充满研究传统的历史，如社会学中的功能主义等，这些研究传统都有共同的特征：一是都有许多特殊理论，有的是同时代的，有的是前后相继的，可以用来说明并构成这一传统；二是都有某些区别于其他研究传统的形而上学规定和方法论规定；三是都经历过许多不同的、表述往往相互矛盾的、长期的发展形式。研究传统为发展特殊理论提供了一套指导方针和合适的研究方法。根据劳丹"研究传统"的概念[①]，白玫博士把二战后出现的高等教育发展理论划分为五个研究传统：注重高等教育发展内在逻辑的进化论范型、注重高等教育功能的结构功能范型、注重量与质互动的结构历史范型、注重冲突的依附论范型、注重高等教育发展与人的发展的辩证统一范型。而这些"研究传统"时常冲突和对立，在发展过程中也此消彼长，比如，"进化论范型对于大学内在逻辑的坚决捍卫和结构功能范型对于摧毁大学传统的决心之间始终存在一条不可逾越的鸿沟"[②]。这也使得寻求发展理论的普适性变得并不容易，而基于发展理论的特殊性所主张的多元发展理论的兼容似乎更加符合实际。正如波普尔所说："科学家的目的不在于发现绝对的确定性，而在于发现越来越好的理论。"[③]

（四）高等教育发展理论的创新应当不断拓展自身的问题域，从关注高等教育发展的工具理性，到对高等教育发展的价值理性的追寻

波普尔认为，科学理论的发展是从"问题到问题的不断进步——从问题到愈来愈深刻的问题"。问题不仅构成了科学发现的起点，而且还构成了

---

① ［美］拉瑞·劳丹著，刘新民译：《进步及其问题》，华夏出版社1990年版，第80页。

② 白玫：《高等教育发展理论研究》，华南师范大学博士学位论文，2010年。

③ ［英］卡尔·波普尔著，舒炜光、卓如飞、周柏乔等译：《客观知识：一个进化论的研究》，上海译文出版社1987年版，第378页。

科学发展运行的轨迹。二战以后，所有发展中国家都面临着国家工业化和现代化的现实问题，这时人们关心的是经济发展，而教育不过是经济发展的一个重要前提条件而已，所以发展教育理论更多的是从工具意义上关注教育与国家、社会的关系，及其在这一关系框架下的教育发展问题。后来一些发展理论也开始关注人的发展及其与经济社会发展的关系，如英克尔斯认为，在任何社会与任何时代，人都是现代化进程中最基本的因素。只有国民在心理与行为上都发生了转变，形成了现代的人格，现代的政治、经济、科技、教育与文化机构中的工作人员都具有人格的现代性，这个社会才能成为现代社会。但是，不可否认，人的现代化在英克尔斯的理论中仍然处于为社会现代化服务的"工具性"地位，而不是现代化的目的，即其理论逻辑是"人的现代化—机械现代化—国家（社会）现代化模式"[①]。

随着时代的发展，发展理论从社会发展观开始向人的发展观转变，"人的发展"也逐渐成为整个发展研究的重要组成部分和问题域。如1985年在伊斯坦布尔举行的一次国际圆桌会议上，各国代表指出，忽视人的发展的状况日趋严重。会议声明提醒人们，"人的发展"正处在危机之中，应当使各国和全世界都意识到这种危机，意识到忽视"人的发展"的代价和危险，意识到在"人的发展"方面还有采取行动的机会，并呼吁各国学者要从各个方面对"人的发展"进行研究。也正是在这一时代背景下，作为"培养人的社会活动"的教育主体性才得以确立，在新发展教育理论看来，教育不仅是社会、经济发展的基础，而且它是为人本身服务的，是人的基本权利和基本需求之一；教育不仅仅是促进社会发展的工具，而且它本身就是发展的核心。同时，作为社会大系统的子系统，教育在社会文化的再生产、社会流动、文化传统的继承和保护等方面都起着不可替代的作用。这时，教育系统的发展才真正被人们所认识，因此，"人的发展"和教育的系统发展成为发展教育理论的重要问题域。

---

① 张应强：《高等教育现代化的反思与建构》，黑龙江教育出版社2000年版，第182页。

如同其他发展理论一样，高等教育发展理论一开始也是以工具意义的高等教育发展与国家、社会发展的关系作为主要研究对象和问题域，同样也存在忽略人的发展的问题。及至今天，一些高等教育发展理论对高等教育发展问题，仍不是从人的角度而更多是从经济、政治等角度来探讨的，人们对高等教育发展理论的解读往往也会出现类似的情况。理论上的偏颇或误读必然带来实践上的偏差。比如，中国在20世纪末启动高等教育大众化进程，特罗的"高等教育发展阶段论"成为这一时期的重要指导理论。但不能不注意到，特罗的理论经常被误读，如把数量规模增长（即高等教育毛入学率）作为高等教育发展的主要表征。这一理论误读的结果是高等教育发展的实践误区，如在许多地方，高等教育的规模（高等教育毛入学率）成为衡量高等教育发展的主要甚至唯一指标，使高等教育发展脱离了科学发展的轨道，可能也就远离了高等教育发展的本质价值。出现以上问题，究其原因，与发展理论的价值预设有一定的关联，因为在发展理论看来，发展一定是"良性"的，而所谓的"良性"，实际上表明了一种价值预设。正是在这一价值预设下，高等教育发展理论更多地关注高等教育发展的工具意义，而疏于对高等教育发展的价值追问，即什么样的高等教育发展才是良性的？我们究竟需要什么样的高等教育发展？

当今社会变革使得高等教育在国家和社会发展中扮演着越来越重要的角色，"高等教育从来没有变得像今天一样对发展中国家具有举足轻重的作用，虽然它不能保证高速的经济增长，但是缺少它持续的进步就不可能实现"，因此，"在越来越多的国家，高等教育无可争议地成为教育发展的重点"[1]。作为引导高等教育发展的高等教育发展理论，应当不断地拓展"问题域"，不仅要关注高等教育发展与国家、社会发展的关系，而且更要关注高等教育发展与人的发展的关系，并将两个关系密切联系起来。近几年来中国高等教育界对大学素质教育、高等教育与可持续发展、科技教育人文化，

---

① 世界银行、联合国教科文组织高等教育与社会特别工作组编著，蒋凯主译：《发展中国家的高等教育：危机与出路》，教育科学出版社2001年版，第14、15、22页。

以及高等教育发展的良性与发展的代价的关系等问题的探讨，表明人们已开始重视高等教育发展理论中人的发展问题，重视对高等教育发展的价值取向的重新思考，由此也体现了高等教育发展理论的问题域正从关注高等教育发展的工具理性，到对高等教育发展的价值理性的追寻的一种时代趋向。

（原载于《高等教育研究》2011年第10期，有改动。）

第三节　高等教育变革背景下高等教育发展研究

我们正处于一个大变革时代，不但社会正在经历快速的变革和转型，高等教育自身的变革也如火如荼。高等教育的变革必将对高等教育发展研究提出新的要求，如何对高等教育的现代变革进行超前引领，是高等教育发展研究必须面对的一个重大课题。

一、高等教育的现代变革呼唤高等教育发展研究的超前引领

（一）高等教育的现代变革趋势

1995年，联合国教科文组织在《高等教育变革与发展的政策性文件》中指出，在迅速变革的时代高等教育所面临的主要挑战可归纳为三个方面："适切性""质量"和"国际化"，并将促进高等教育多样性视为应对这三大挑战的共同行动纲领——"多样化是当今高等教育中一种最受欢迎的趋

势，理应得到全力支持"①。将近20年过去了，回顾世界范围的高等教育变革历程，我们可以发现这份文件的精确预见——多样化已成为现代高等教育变革最为主要的趋势和特征，而且在回应上述三大挑战中发挥了极其重要的作用。

一方面，高等教育体系的多样化适应和满足了不断增加的高等教育需求。"对高等教育的社会需求大大增加，因而必须满足越来越多样化的顾客的需要。"②在过去的10多年中，包括中国在内的很多发展中国家的高等教育最为显著的变革就是经历了从精英教育到大众化教育的转变过程。高等教育的多样化是与高等教育大众化相伴相生的，高等教育大众化必然带来高等教育需求的多样化，并引发各国高等教育体系的变革——"在大众化过程中，针对各种不同需求的高等教育机构类型不断涌现出来，单一的精英型高等教育体系逐步转变为多层次、多类型的可以满足大众多样化教育需求的高等教育体系"③。在这个变革过程中，中国很多民办高校和高职院校获得了更多的发展机遇，同时也促进了以公立高校为主的传统普通高校的主动变革。

另一方面，高等教育办学方式和教育模式的多样化回应了知识获取方式的变革。20世纪下半叶以来，以信息技术为标志的新科技革命对知识获取方式产生了深远影响，并要求高等教育必须进行相应的调适和改变——"知识的进步、发展、传播和应用方面出现的深刻变化，也要求作为知识

---

① 联合国教科文组织：《关于高等教育的变革与发展的政策性文件》，选自赵中建选编：《全球教育发展的研究热点：90年代来自联合国教科文组织的报告》，教育科学出版社1999年版，第142页。

② 联合国教科文组织：《关于高等教育的变革与发展的政策性文件》，选自赵中建选编：《全球教育发展的研究热点：90年代来自联合国教科文组织的报告》，教育科学出版社1999年版，第139页。

③ 项贤明：《大众化与高等教育体制变革的理论观察》，载《北京师范大学学报（社会科学版）》2003年第3期，第40-47页。

之组成部分的高等教育进行革新和改革"①。虽然技术并不会完全取代现场课堂教学的模式，也不可能完全取代大学，但技术对大学确实已经产生了广泛的影响，互联网已经使知识获取的方式发生了很大的改变，并且已经开始深入地影响教与学。美国麻省理工学院网络公开课的开放课程模式，彻底改变了知识分享的面貌，迅速蔓延至全世界并引发其他大学大规模的跟进，现在很多国家的主要大学都开设了网络公开课。如今，不但远程高等教育在全球范围已得到蓬勃的发展，网络上的竞争也正成为大学竞争的新动向，在"大数据时代"，大规模开放在线课堂所掀起的风潮正席卷全球。在未来的"云时代"，更有可能对人类的知识获取方式带来更为深远的影响，并要求高等教育办学方式和教育模式作出新的回应。

（二）高等教育发展研究的超前引领

高等教育现代变革的多样化趋势，使得高等教育系统日益纷繁复杂，并直接引发不同国家和高校的适应性改革——"各国政府当局和高等院校本身，都已经或正在对高等院校的结构与形式以及教学、训练和学习方法等进行深刻的改革"②。但正因为高等教育系统的复杂性，仅仅有顺应潮流的适应性改革是远远不够的，更需要对高等教育系统作出正确认识和预判，并尽可能对改革实践作出超前引领。对以高等教育变革与发展作为主要论域的高等教育发展研究来说，尤其需要从规律层面把握这种变革的趋势，来超前引领高等教育的发展。

所谓超前，主要指向认识层面，即超前的认识，这种超前的认识依据事物发展的客观规律，反映事物发展的正确方向。比如，20世纪六七十年

---

① 联合国教科文组织：《关于高等教育的变革与发展的政策性文件》，选自赵中建选编：《全球教育发展的研究热点：90年代来自联合国教科文组织的报告》，教育科学出版社1999年版，第176页。

② 联合国教科文组织：《关于高等教育的变革与发展的政策性文件》，选自赵中建选编：《全球教育发展的研究热点：90年代来自联合国教科文组织的报告》，教育科学出版社1999年版，第139页。

代联合国教科文组织提出的"教育先行论"和"终身教育"思想①，无疑都是超前的思想认识，这已被世界教育发展的历史进程所证明。而引领则是指向实践的，即实践的引领，应当说任何一种实践行动都是基于某种认识的。超前引领则是将超前与引领建立起内在联系，构成一种思想理念，同时又指向一种行动策略，它反映出认识与实践的内在关系，即只有超前的认识，才能正确地引领实践，也就是说引领必须建立在超前的认识基础上，如果没有超前的认识，甚至出现错误的认识，尽管引领仍然存在，但很有可能使实践误入歧途，最终导致事业的失败。对于高等教育发展研究而言，其旨趣和价值就在于为高等教育发展提供一种超前引领。笔者曾提出"发展理论—发展理念—发展战略"②这一高等教育发展研究的基本分析框架，实际上便体现了这种超前引领。

高等教育发展研究主要借鉴发展理论并用于探讨高等教育发展问题，因此首先需要解决发展理论"教育化"的问题，即源于社会经济领域的发展理论的概念系统和分析框架通过适当的改造可适用于高等教育领域③。但是，在这个"教育化"的过程中，又不可避免产生另外一个问题——高等教育发展研究对于发展理论过于依附，容易使社会经济的发展规律成为高等教育自身发展规律的直接替代。潘懋元先生认为："教育是一个特殊的社会子系统，一种特殊的社会活动。它的运行，除了与整个社会大系统和社会其他子系统的活动存在内在的必然联系，要遵循教育的外部关系规律之外，还要遵循其本身的特殊规律，这就是教育的内部关系规律。"④教育的

---

① 1965年联合国教科文组织成人教育局局长保罗·朗格朗正式提出"终身教育"概念，并于1970年出版《终身教育引论》一书；1972年联合国教科文组织《学会生存——教育世界的今天和明天》提出了"教育先行"的观点和学习型社会建设的思想。尽管当时这些思想或观点不为人们普遍认识和接受，但今天已成为世界教育发展的共同趋势并形成了广泛共识。

② 卢晓中、陈伟：《试论高等教育发展研究》，载《高等教育研究》2007年第8期。

③ 笔者曾从社会经济与教育的关系角度论述过发展理论应用于教育发展研究的适切性问题。参见《现代高等教育发展研究》，中国海洋大学出版社2009年版，第295页。

④ 潘懋元、王伟廉主编：《高等教育学》，福建教育出版社1997年版，第44—45页。

内外部关系规律都非常重要，两者不可偏废，而且两个规律密切相关，有着内在的联系。但在研究和实践过程中，经常出现过于偏重外部规律而忽视内部规律的现象，更未能重视两者之间的联系。尤其是发展研究的研究范式，固有地具有明显的"社会工程学"[①]特征，这也使得借助这种范式的高等教育发展研究往往更偏重回应社会经济的变革，而对高等教育自身的变革缺乏应有的关注与回应。而且，这种研究取向在运用于高等教育发展实践的过程中又得到进一步强化。

因此，高等教育的现代变革不仅需要高等教育发展研究的理论回应和研究支持，更呼唤高等教育发展研究的超前引领。如果说以往的高等教育发展研究更多的是回应社会变革对高等教育发展提出的新需求而呈现明显的"适应性"特征，那么在高等教育自身发生重大变革的当今时代，认识与把握其自身的发展规律则显得尤为重要。这便决定了高等教育发展研究需高度关注和回应高等教育自身的变革，因为只有围绕高等教育自身的变革与发展进行深入的探寻，才有可能获得对高等教育变革的自身规律更为准确的认识，进而实现对高等教育变革与发展的实践引领。

二、高等教育变革中高等教育发展研究亟须观照的几对关系

在以多样化为主要趋势与特征的高等教育现代变革中，高等教育发展研究只有观照以下几对关系且不可偏废任何一方，才能全面认识高等教育系统变革的复杂性，从而实现对高等教育发展实践的超前引领。

（一）研究取向："宏大"与"具象"

如同其他发展研究一样，高等教育发展研究从一开始也是以高等教育发展与国家、社会发展的关系作为主要研究对象和问题域，因此在研究取向上不可避免地偏于宏大叙事。以往许多高等教育发展研究，亦大都是从

---

① ［英］卡尔·波普尔著，郑一明等译：《开放社会及其敌人（第二卷）》，中国社会科学出版社1999年版，第338页。

国家或地区的战略高度出发，着眼宏大。"发展理论—发展理念—发展战略"这一高等教育发展研究的基本分析框架，便体现了这样一种整体性的逻辑考量：高等教育发展理论是研究者基于变革和发展的需要，从理性思维领域甚至从哲学高度认识和把握高等教育发展变化规律所获得的成果，作为高等教育发展实践的理论依据并对发展实践起指导作用；高等教育发展理念则是主体针对高等教育在变革与发展过程中的实践方向和价值追求而提出的理想预设，是理论研究者与实践工作者通过彼此互动、相互交流而形成的奋斗目标及相应的实践方式；而高等教育发展理念的实践落实，必须通过发展战略的制定与实施才能真正实现。在这个分析框架中，理论探讨是前提和基础，理念的生成和广泛传播是中介，战略的制定与实施是关键。高等教育发展意图能否得到有效推行和切实落实，关键在于能否将正确的高等教育发展理论转变为现实的发展理念，进而具体化为可操作的发展战略。

以上分析框架的建立，主要是基于对国家或地区的高等教育发展实践的需求，所以在研究取向上具有偏于"宏大"的特点。事实上这种偏于"宏大"的研究取向，一直处于高等教育发展研究的主流地位，尤其是满足了国家或地区的高等教育发展战略规划需要，并因其将高等教育发展理论和发展理念纳入观照视野，使得高等教育战略规划更为合理、科学。应该说，在世界高等教育变革的恢宏背景下，在高等教育发展的"中国模式"探索和尝试中，这种研究取向依然具有其合理性。

同时，我们也必须看到，高等教育多样化已经成为当前最为重要的变革趋势，这种趋势要求高等教育发展研究在关注"宏大"的同时，也亟须关注"具象"。现代高等教育发展研究，根据研究取向的不同，大致可划分为两类，一类是宏观层面的"宏大"研究，一类是微观层面的"具象"研究。前一类主要包括一个国家或地区高等教育的宏观发展研究，后一类则主要包括特定院校或特定群体的微观发展研究。

在"具象"研究中，院校研究是重要的一支。"二战之后，西方高等教育的大发展导致传统的整体层面上的高等教育管理模式难以适应规模扩张以及复杂化的院校管理和发展的需要，院校研究应运而生。"①院校研究在美国取得较大的进展后，近年来我国高等教育研究界也积极开展了院校研究，以适应高等教育变革以及高校发展新形势的需要。在"具象"研究中，"院校"显然是一个比较合适的分析单位。费孝通的《江村经济》提到，A.拉德克利夫·布朗教授、吴文藻博士和雷蒙德·费思博士曾经讨论过社会研究的分析单位问题，皆认为把一个村庄作为单位最为合适。因为村庄作为一个社区，麻雀虽小，五脏俱全，"能提供人们社会生活的较完整的切片"②，往往具备社会结构二重性的各种元素，可"以小见大"。在高等教育发展研究中，与"村庄"类似的分析单位即为"院校"：不同类型的院校，不但可以自成一个小社会，具备"麻雀虽小，五脏俱全"的特征；而且是身处高等教育变革的宏观大背景中的命运共同体，通过不同类型的院校研究，亦可"一叶知秋"。

当然，院校研究只是"具象"研究的一部分，因为院校研究是"自我研究、管理研究、咨询研究、应用研究"③，主要是服务于院校战略决策的"实践取向"，并不能代表"具象"发展研究的全部。高等教育发展研究，还有更为微观的"具象"，比如某个群体（包括教师群体、学生群体、管理人员和辅导员群体等）局部问题的发展研究。这些局部，是"宏大"取向容易忽略甚至无从关注的，但这些"局部"又很重要，它们往往"被时代影响又被时代忽略"，是"在大历史中气若游丝的小局部"④。比如当前国家和高校都十分重视的大学青年教师发展问题，即高等教育发展中某个群体的局部问题，在作为整体的高等教育发展中，只是一个小局部，但正是无

---

① 刘献君、赵炬明、陈敏：《加强院校研究：高等学校改革和发展的必然要求》，载《高等教育研究》2002年第2期。

② 费孝通：《江村经济——中国农民的生活》，商务印书馆2001年版，第24页。

③ 刘献君：《中国院校研究将从初步形成走向规范发展》，载《高等教育研究》2011年第7期。

④ 熊培云：《一个村庄里的中国》，新星出版社2011年版，序言I。

数个这样的小"局部"构成了高等教育发展的"全部"。

因此，多样化变革背景下的高等教育发展研究，"宏大"与"具象"缺一不可。而且，在被"宏大"取向占据的高等教育发展研究领域，有意识地关注"具象"取向，是更为必要和值得鼓励的。因为从某个局部切入，通过深入细致的调查研究去发现问题、呈现结论并进行反思，正是当下高等教育发展研究较为缺乏和最为迫切需要的。并且，"宏大"与"具象"往往相得益彰："宏大"赋予"具象"背景与意义；"具象"亦常能"见微知著"，并通向更为真实的"宏大"。

（二）研究视角："普适"与"多样"

高等教育发展研究的"宏大"取向决定了其对"普适"规律的追求，因此其研究视角往往更偏重对理论"深度"的追求，但在高等教育变革的趋势中，高等教育体系和办学方式的多元决定了要对"多样"作出探寻，因此在研究视角上也需要追求"宽度"。为此，笔者曾提出，在高等教育发展研究视角上，一是要从教育学原理的角度出发，从教育的本质及其发展规律来探究教育发展问题，为认识高等教育发展问题提供"深度"，从而实现对"普适"规律的追求；二是要从比较教育学角度出发，分析研判不同国家与地区高等教育发展的特殊性，为认识高等教育发展问题提供"宽度"，从而实现对"多样"的探寻。通过"深度"和"宽度"的纵横向度，最终使高等教育发展研究的"普适"与"多样"视角得以建构。

侧重"普适"视角的追求使高等教育发展研究更重理论研究，如同发展理论研究一样，高等教育发展理论主要致力于研究高等教育在变革与发展中的诸种规律。因此，对于"普适"规律的探寻，一直是高等教育发展研究坚持的方向。随之而来的问题是可不可能建构起一种普适性的高等教育发展理论？我们可从劳丹的"研究传统"说[①]来认识这一问题。劳丹认为，理论有两种不同的类型：一种是一组比较特殊的学说，可用特殊的实

---

① ［美］拉瑞·劳丹著，刘新民译：《进步及其问题》，华夏出版社1990年版，第80页。

验进行检验，可用来作试验方面的预测并解释自然现象；另一种是由比较普遍、不易受检验的各种学说或假说组成的，它们涉及的不是某一理论，而是一系列理论，是理论的整个谱系。他将后一种理论称为"研究传统"。研究传统为发展特殊理论提供了一套指导方针和合适的研究方法。根据劳丹"研究传统"的概念，白玫将二战后出现的高等教育发展理论划分为五个研究传统：注重高等教育发展内在逻辑的进化论范型、注重高等教育功能的结构功能范型、注重量与质互动的结构历史范型、注重冲突的依附论范型、注重高等教育发展与人的发展的辩证统一范型[①]。对研究传统的梳理，有利于我们通过理论的整个谱系来实现对高等教育发展"普适"规律的探寻。尽管这些研究传统时常冲突和对立，而且在发展过程中此消彼长，但这并不应动摇我们对"普适"规律追求的决心。因为"普适"规律并不是绝对的，而常常是有限定的，正如波普尔所说："科学家的目的不在于发现绝对的确定性，而在于发现越来越好的理论。"[②]显然，这"越来越好的理论"不是唯一的和绝对的。

实际上，追求高等教育发展的"普适"规律并不容易，所以从一种更宽广的视野来致力于高等教育发展的特殊性和多样性的探索就显得更为必要。"既然高等教育是一种服务，那么随着社会、经济发展日益呈现出多元化的趋势，社会公众对高等教育提出了类型日益繁多、要求日益苛刻的价值期待，高等教育系统必须自觉承诺、应和与满足多样化的社会需求。"[③]当然，高等教育发展研究也必须对此作出回应，尤其在研究视角上也应趋于"多样"，这就需要一种比较教育学视角，去认识不同国家和地区的高等教育发展情况。世界银行与联合国教科文组织曾对高等教育机构的多样化进行过具体界定：把高校的不同层次称为"纵向多样化"，而把高校的举办

---

① 白玫：《现代高等教育发展理论研究》，华南师范大学博士学位论文，2010年。

② ［英］卡尔·波普尔著，舒炜光、卓如飞、周柏乔等译：《客观知识：一个进化论的研究》，上海译文出版社1987年版，第378页。

③ 卢晓中：《现代高等教育发展论纲》，广东教育出版社2005年版，第110页。

主体不同（国家、公立、私营机构、教会等）和办学形式不同（全日制、利用广播电视网络等远程教育、夜大学等）称为"横向多样化"①。要根据这种多样化特征，扩大研究视角的"宽度"：在高校的办学层次上，要将更多的目光投向不断涌现并蓬勃发展的高职院校、民办院校；在高校办学形式上，不可忽视成人教育和远程高等教育等研究对象。比如在美国高等教育变革过程中，除私立院校、公立院校和社区学院之外，还出现了不同于私立院校的营利性高等教育机构和不同于公立院校的特许学院，这些高等教育类型满足了不断增长的高等教育需求，甚至带来了制度上的创新与变革，特许学院便是在公立高等教育机构改革过程中产生的。特许学院作为公立高等教育机构但又具有"准私立"性质——具有独立的校董事会，并享有更多的程序性自治和履行更多的绩效责任。广东省在2013年出台文件，明确支持公办高校成立校董事会，进一步落实高校办学自主权②。这也可借鉴美国特许学院制度协调"自主"与"尽责"关系的探索实践。高等教育发展研究的"多样"视角也因而体现出其贡献与意义。

（三）研究理路："通常"与"反常"

发展研究基本上有两条研究理路：一是从正面探讨发展的目标、动力、道路、方式和条件，探讨经济、社会、文化和人的协调发展的进步过程；二是从反面分析发展所可能付出的代价以及扬弃代价的途径和方式。高等教育发展研究也大致沿袭了这两条理路，或可将之称为"通常"与"反常"的理路。当前的高等教育发展研究多是从"通常"理路出发的，而"反常"理路似乎与发展研究语境下"发展意味着'良性'的成长与'可欲'的现代化"③这一认识并不一致，所以往往较少被运用。事实上，

① 世界银行、联合国教科文组织高等教育与社会特别工作组编著，蒋凯主译：《发展中国家的高等教育：危机与出路》，教育科学出版社2001年版，第39—41页。

② 详见：《广东省人民政府办公厅转发省教育厅关于进一步扩大和落实高校办学自主权促进高校加快发展若干意见的通知》（粤府办〔2013〕26号）。

③ ［美］彼得·佰格著，蔡启明译：《发展理论的反省——第三世界发展的困境》，台北巨流图书公司1981年版，第37—38页。

在高等教育变革过程中，总是发展与代价并存、繁荣与危机齐在，"反常"寓于"通常"之中的，因此两种理路的研究都不可偏废。

"通常"理路事实上主要是服务于以上论及的我们对"普适"规律的追求。因此，持"通常"理路的高等教育发展研究，其焦点往往集中在高等教育的发展道路、发展模式、发展战略等旨在促进高等教育发展的正向研究上。这个理路的研究，伴随着人类对发展问题认识的不断深入而形成的发展观演变。如今我们对发展的认识，早已不再是单一经济增长的物本导向，而更具有公平、民主、稳定和自由等与福祉有关的人本特性。随着"可持续发展观"和"科学发展观"的提出和达成共识，从物本主义转向人本主义已成为一种发展观的整体转向。高等教育发展观也是如此，我们对高等教育发展内涵的考察，也需要经历从重视"物的发展"观到重视"人的发展"观的变化过程。

我国高等教育在经历了10余年的跨越式发展之后，基本解决了高等教育发展的规模和速度等"物的发展"问题，但高等教育发展的质量和内涵等"人的发展"问题却日益严峻。人们越来越认识到，高等教育发展的核心是人的全面发展。高等教育作为联系人与社会的最直接的桥梁与纽带，必须把培养现代人作为己任，通过培养现代人来构建现代社会。因此，迫切需要用"人的发展"为主导的高等教育发展观来引领和推进高等教育发展，同时，这种发展观也为"通常"研究理路指明方向，从而推动我国高等教育从重视发展速度、规模的不可持续发展方式向重视质量和内涵发展的可持续发展方式的转变。立足于正面探讨的"通常"理路，一定要在科学发展观的指导下与时俱进，否则就会出现错把反面当正面的情况，并很可能引发高等教育发展实践的谬误。

马克思说："在我们这个时代，每一种事物都好像包含有自己的反面。"[1]进步会带来伤害，繁荣的背后隐藏着危机，人类在获得发展的同时

---

① 中共中央马克思恩格斯列宁斯大林著作编译局编译：《马克思恩格斯选集（第二卷）》，人民出版社1972年版，第78页。

也要付出代价。代价与发展共同存在相伴而生，没有离开发展的代价，每一种代价都是在发展中付出的；没有离开代价的发展，付出代价换取发展是社会进步的一种规则。因此，要获得对高等教育发展的全面认识，就必须顾及这种"反常"理路，关注高等教育发展代价问题的研究。而且，从研究的角度看，"反常"理路往往更容易获得创新和发现。

高等教育发展代价研究对于正确和全面认识高等教育发展具有认识论与方法论意义。代价以否定的形式蕴含着进一步发展的新目标，它是高等教育发展过程中的一种对发展具有反省、刺激和推动作用的因素。我国现在提出的重视高等教育发展质量的思想，便是建立在对过去10余年高等教育扩招一定程度上存在的只追求规模扩张而导致学生培养质量下降的代价反思基础之上的，因为追求单一的主导性发展目标，必会抑制和牺牲其他发展目标的实现。而代价研究的反省，便有利于发展目标之间的多元化与平衡。虽然高等教育发展代价具有抵消和否定发展成果的消极性，但同时也具有通过制约机制来引导高等教育发展目标与途径的作用，从而实现代价向发展的转化。高等教育发展代价有利于促进高等教育主体的觉醒和对代价付出的再认识、再改造和再利用，修正、丰富和补充高等教育实践活动的发展目标和主体行为，从而拓宽高等教育主体的视野，获取高等教育发展的途径，这便是代价向发展转化的生动体现。

（四）研究方法："量化"与"质性"

量化研究与质性研究是社会科学领域两种截然不同的研究范式，两者在研究目标、对象及方法上都存在着明显区别。量化研究主要遵循实证主义范式，质性研究则主要遵循解释主义范式；量化研究侧重于验证研究假设，而质性研究则侧重于发现事物的异质性。这些特质决定了这两种研究方法的使用倾向："质性研究比较倾向与个案式解释模式结合，而量化研究比较容易达到通则式的解释。"[①]陈向明就此进行过专门的区分："一般来

---

① ［美］艾尔·巴比著，邱泽奇译：《社会研究方法（第十一版）》，华夏出版社2009年版，第26页。

说，量的方法比较适合在宏观层面对事物进行大规模的调查和预测；而质的研究比较适合在微观层面对个别事物进行细致、动态的描述和分析。量的研究证实的是有关社会现象的平均情况，因而对抽样总体具有代表性；而质的研究擅长于对特殊现象进行探讨，以求发现问题或提出新的看问题的视角。"①

因此，在高等教育发展研究中，"宏大"取向和"普适"视角的研究更适合采取量化研究方法。由于持"宏大"取向的高等教育发展研究，需要在抽象演绎的基础上理解现实，寻求发展规律的"普适性"，并通过现实对抽象演绎的反馈，让规律接受事实的检验。要达到普适性的规律探寻，特别需要量化研究的支持。比如我们往往需要通过对一个国家或一个省域的大规模的样本数据采集，使用量化研究方法将数量关系中有意义的关系呈现出来，并探究各种要素之间的相关或因果关系，才有望达到验证或者揭示某种高等教育发展规律的效果。只有通过这种大规模的数据分析，表明高等教育发展的规模、水平、速度、比例与效益等，才可能反映高等教育发展变化的规律性，从而达到透过现象看本质之目的。

"在测量某些性质的时候，用数字表示的定量数据就比用词语表示的数据更好。另一方面，定量数据也同时附带了数字本身的不足，其中包括意义丰富性的潜在损失。"②在高等教育发展研究中，量化研究并不能解决一切问题。在持"具象"取向和"多样"视角的发展研究中，质性研究更能发挥其优势。比如，在研究大学青年教师发展问题上，一方面我们要通过大规模收集相关数据进行量化分析，但即便是规模宏大、样本量大的量化研究，也往往容易陷入数据的纵比、横比的官方表述，仅仅得出"大学青年教师待遇低、压力大，处于边缘化状态，需要关注和重视"等常识性的结论或呼吁，无法对形塑大学青年教师的思想和行为的真正原因作深入细

---

① 陈向明：《质的研究方法与社会科学研究》，教育科学出版社2000年版，第10页。

② ［美］艾尔·巴比著，邱泽奇译：《社会研究方法（第十一版）》，华夏出版社2009年版，第28页。

致的分析。因此，进行质性研究非常有必要，通过深入研究现场，收集大量一手资料，全面呈现大学青年教师丰富生动的日常生活图景，深入细致再现他们具体的生活细节和复杂的内心世界，可以发现更有意义的问题。这个过程没有固定公式和模板，需要研究者把自己当作研究工具，但也正是在此过程中，大学青年教师的真实"具象"及其发展中的"多样"问题才能得以呈现和揭示。

　　现代以来，科学主义已成为影响人类世界的强大力量，量化研究方法也因而得到最大范围的拥护和支持，教育领域也不例外。埃伦·康德利夫·拉格曼便认为："如果有人说，20世纪影响教育学术的最为强大的社会力量把这个领域推向令人遗憾的方向，即逃离与政策和实践的紧密接触，转向过分的定量化与科学主义，我相信，这不会是不准确的。"①但单一的研究方法显然无法解释高等教育变革中的多种形态，也无法令高等教育发展研究的超前引领具有足够的说服力，两种方法的交叉使用与交融，才是未来的发展方向。

　　　　　　　（原载于《高等教育研究》2013年第12期，有改动。）

---

　　① ［美］埃伦·康德利夫·拉格曼著，花海燕译：《一门捉摸不定的科学：困扰不断的教育研究的历史》，教育科学出版社2006年版，英文版序言。

第四节 扎根中国大地办大学视域下高等教育发展理论中国化

近年来，随着高等教育在国家发展、民族复兴中所扮演的角色越来越重要，高等教育在我国受到前所未有的重视，并经历着一场波澜壮阔的变革，"双一流"建设、高等教育分类发展、高等教育"管办评分离"等诸多改革发展的重大举措，正深刻影响着我国高等教育的发展进程，推动着我国从高等教育大国向高等教育强国迈进。

习近平总书记在哲学社会科学工作座谈会上提出："坚持和发展中国特色社会主义，需要不断在实践和理论上进行探索、用发展着的理论指导发展着的实践。"并进一步指出要"结合新的实践不断作出新的理论创造"。我国高等教育改革发展的实践亟须发展着的高等教育发展理论给予指导和引领。而高等教育改革发展作为一种历史进程，显然它又是一种发展着的实践，面对国际上形形色色的高等教育发展理论，如何为我国高等教育改革发展寻求和确立科学、适宜的高等教育发展理论，应成为当前高等教育研究界必须面对并作出解答的重大课题。

长期以来，在国家或地方层面，我国高等教育改革发展不同程度地存在一个误区，就是盲目借鉴国外高等教育发展理论，时常食"洋"不化。比较借鉴是必需的，但如果不能结合中国高等教育发展实际，进行中国化的改造和建构，就有可能对中国高等教育发展实践产生误导。比如，20世纪末开始的我国高等教育由精英化转向大众化的过程中，马丁·特罗的有关高等教育大众化理论，很有市场。但是，主要源于欧美背景的特罗理论并不完全适合中国的实际，其解释力和指导作用是有局限的。

"扎根中国大地办大学"，亟须高等教育发展理论的中国化，建构起中国特色的现代高等教育发展理论体系。对此，笔者认为，可从如下几方面进行思考。

一、用发展着的马克思主义理论作为高等教育发展的理论基础

这包括以下双重含义：一是马克思主义的经典发展理论，是以宏观的唯物史观为基础的，并融哲学、经济学、科学社会主义为一体，这对于高等教育发展问题同样具有解释力；二是马克思主义发展理论也是伴随着社会实践的发展而不断发展的。高等教育实践也是发展着的实践，只有用发展着的马克思主义发展理论，才能更好地解释和回答高等教育改革发展中不断出现的新情况和遇到的新问题，这也是强调马克思主义发展理论作为高等教育发展理论的理论基础的发展性之缘由所在。

建构中国特色的现代高等教育发展理论体系需要理论的兼容。以马克思主义发展理论作为高等教育发展理论的理论基础，并不排斥高等教育发展适当借鉴其他发展理论、汲取其合理的养分。而且，如前所述，马克思主义发展理论本身也是发展的，这种适当借鉴和汲取对于丰富和发展以马克思主义发展理论为理论基础的高等教育发展理论无疑是有益的。

二、以多样性作为现代高等教育发展理论的逻辑起点

多样性是当前乃至今后相当长的一个时期中国高等教育发展的基本样态，多样化也是现代高等教育发展的主流趋势。与传统高等教育发展不同，现代高等教育发展的一个最为普遍的现象，也是最为本质的现象，即多样性，这既与教育的价值追求（满足每个人的教育需求和社会对教育的多样化需求）有关，同时也是高等教育发展到现代以降的阶段性的特殊现象。应当说，高等教育多样性既是高等教育发展到现代的结果性现象，同

时又是现代高等教育发展出现的种种新现象、新特征和新问题的原因或根源所在，或可称之为原因性现象。比如高等教育大众化与多样化的互为因果关系也反映了高等教育多样性作为现代高等教育发展的结果性现象和出现新现象、新特征和新问题的原因或根源的这一现象。现代高等教育发展理论需要解释这一现象，回答这一现象带来的高等教育发展的种种问题。

当高等教育进入到普及化阶段，这种多样性特征会更加明显，而且因为同时面临新的外部环境而变得更加错综复杂。比如，"互联网+"时代已经到来，人工智能正以人们难以预料的势头迅速发展。在这样的背景下，很多创新型的新业态会不断涌现。为了适应这些新业态的发展，大学的办学模式很可能出现颠覆性的变化。因慕课的兴起而带动的"线上大学"已经在挑战传统大学的地位了，随着新业态的发展，新兴的高等教育机构也必将争取"大学"身份并产生变革性的影响。这就更加要求多样性成为高等教育现代化理论的逻辑起点，如果不承认这个逻辑起点，那就意味着可能要接受"大学的消逝"甚至"大学的终结"的结局。如果说大众化高等教育阶段更多的还是传统大学规模扩张的话，那么普及化高等教育阶段将更大程度上会面临各种新式大学类型的变化和传统大学职能的转变。

三、从高等教育原理与国际比较的视角建立现代高等教育发展理论体系

教育发展理论首先是源于比较教育学的发展而出现的，即在20世纪七八十年代，比较教育学逐步发展为两个主要分支领域，一个是国际教育，另一个就是发展教育。在我国，从发展学的角度研究教育发展问题相对晚一些，发轫于20世纪90年代。21世纪初人们又提出从教育原理的角度构建发展教育学，即从教育的本质及其规律来探究教育发展问题，甚至有人提出"教育的本质就是发展"。

由此也提出了一个问题，即如何将高等教育原理的角度与国际比较高等教育的角度相联系，来寻求对高等教育发展问题的正确认识。如果说国

际比较高等教育为人们认识高等教育发展问题提供了一个"宽度",那么高等教育原理则为认识高等教育发展问题提供了一个"深度",这"深度"和"宽度"两个向度就构成了现代高等教育发展研究的基本视角。其中,国际比较高等教育的视角,一方面可为发现高等教育发展的普遍规律提供案例依据(如高等教育大众化理论);另一方面,它也可为发现特殊规律提供个案(如印度高等教育发展的"人才外储理论")。高等教育原理的视角更多的是揭示高等教育发展的普遍性规律,而国际比较教育角度的"宽度"则时常反映的是高等教育发展的特殊性。而特殊性可以是普遍性的个案,通常包括由个案归纳出来的普遍性和由普遍性演绎出来的个案,也可以是普遍性的例外,而作为普遍性例外的特殊性可能有以下两种情形:一是这种特殊性可能是高等教育发展的一种现象,深究其本质,与普遍性所反映的高等教育发展本质并无二致;二是这种特殊性所反映的也可能就是高等教育发展的本质。不论何种情形,我们都需要"透过现象看本质",这正是高等教育原理的本体功用。

四、构建"发展理论—发展理念—发展实践"现代高等教育发展理论的分析框架

高等教育发展理论作为高等教育发展的理论基础,它是高等教育发展实践的理论依据,对高等教育发展实践起指导和引领作用。但高等教育发展理论对高等教育发展实践的指导和引领往往难以直接实现,这里需要通过一个中介,这个中介就是高等教育发展理念。高等教育发展理念是在一定的高等教育发展理论指导下形成的(广义的高等教育发展理论可包括高等教育发展理念),它实际上是高等教育发展主体对高等教育发展理论的一种主观认识、主观态度和价值选择,对于高等教育发展实践可以起直接的指导和引领作用。高等教育发展战略是具有实践性特征的,如果说高等教育发展理论是对高等教育发展问题、发展实践的感性认识上升到了理性认识,那么高等教育发展战略则使高等教育发展理论以另一种精确的形式重

新走向高等教育发展实践。因此，这个中介及其主体很重要，比如熟悉高等教育发展理论并具有高等教育理念的教育主管部门的决策者以及大学校长群体。高等教育发展理论对高等教育发展实践的指导和引领程度，很大程度上取决于这个主体的成长水平、程度和规模。

值得提及的是，在"发展理论—发展理念—发展实践"的分析框架中，首先，高等教育发展理论应走出理论依附、盲目借鉴的窠臼，在立足于对中国特色高等教育道路实践进行针对性研究的基础上，真正扎根中国大地建构中国特色的高等教育发展理论。其次，要大力推进高等教育治理现代化体系建设，加大对熟悉高等教育发展理论并具有高等教育发展理念的管理者群体的培育力度，搭建好衔接高等教育发展理论与高等教育发展实践的桥梁。再次，在发展实践上要告别理论被实践带着走或实践根本不顾理论的局面。以往经常出现这种情况，导致我们所关注的问题常常就只能是现状性问题，而非发展性问题。所谓现状性问题，指的是国家或地区高等教育业已存在的问题；而所谓发展性问题，指的则是国家或地区高等教育未来发展可能出现或遇到的问题，虽然这些发展性问题在目前并不一定出现或很突出。而正在到来的普及化高等教育时代所面临的问题，恰恰属于这种发展性问题，但这类问题又是影响未来高等教育全局的问题，如果没有足够的预判，很可能会出现措手不及的情况，因此必须予以重视和研究。如果没有科学的理论研究和指引，依然会面临高等教育大众化时代的理论与实践的窘境。最后，要实现现代高等教育发展理论从工具理性向价值理性转变，更多地关注高等教育自身的发展，尤其是人的发展问题，这是跟传统的高等教育发展理论更多地关注教育与国家、与社会经济的关系等宏观问题明显不同的地方。在当今时代，教育不仅是社会、经济发展的基础，而且它是为人的发展本身服务的，是人的基本权利和基本需求之一；教育不仅仅是促进社会发展的工具，而且它本身就是发展的核心。近年来，我国高等教育界对大学素质教育、教学与科研关系、人才培养模式、课程、学生发展等问题的再度关注和深入探讨，都表明人们在重视高等教育发展理论中人的发展问题，重新思考高等教育发展的价值取向。由此也体现了高等教育发展理论的问题域正从关注高等教育发展的工具理性，到对高等教育发展的价值理性追寻的一种时代趋向。

（原载于《光明日报》2017年9月5日第13版，有改动。）

第五节　对教育政策研究的若干思考

教育政策研究是教育研究的应用性的重要体现，也是一种特殊的教育研究，在研究的问题性质、组织形式、分析框架、方法工具及文本类型等诸多方面都有其自身的特点。按照卢乃桂、柯政等学者的分类，教育政策研究通常包括以下两种类型：一种是有关政策和政策过程的研究，即以教育政策为分析因素，来对一定的教育现象进行分析；另一种是教育政策研制，人们也称之为"为政策"的教育研究，这种研究主要有两种情形，一种是对备择的教育政策方案进行分析和选择，另一种则是直接研制教育政策的备择方案。实际上许多"为政策"的教育研究常常融合了这两种情形。本文从科学性、适切性的角度，对教育政策研究中三个密切相关的问题作一探讨。

一、教育政策研究的问题导向

一项教育政策的出台无疑是针对确定的教育问题的，而教育问题通常包括两大类：一类是现状性教育问题，即在现行教育中业已存在的问题，比如义务教育发展不均衡问题；另一类是发展性教育问题，指的是教育未来发展可能出现或遇到的问题，尽管这类发展性问题在目前教育领域并不一定出现或特别突出，比如，新时代的新需求、新目标给教育带来的新挑战、新压力，显然就是典型的发展性问题。从这一意义上讲，"问题导向"实际上也是"需求导向"和"目标导向"。

在教育政策研究的实际过程中，人们往往比较重视现状性问题，而对一些发展性问题关注不够，这导致教育政策研究的前瞻性不强。比如，普及化高等教育问题便是这种发展性问题。当前，无论是国家政策规划还是一些省市的政策规划，尽管也提到了高等教育毛入学率将会达到或超过50%，高等教育将在"十三五"期间进入普及化时代，但多数只是轻描淡写，在政策规划上尚未见到具体详细的应对举措，特别是缺乏对即将到来的普及化可能带来的高等教育质变的准确预判。如果没有准确的预判，当普及化高等教育到来的时候我们很可能会措手不及，这会影响我国未来高等教育发展的全局。而要准确预判，值得探讨的问题又有很多，比如，普及化时代高等教育毛入学率到底多少才是比较适当的？普及化给高等教育带来的变化究竟有哪些？当年特罗教授谈及的普及型高等教育的十大变化在高等教育普及化的新时代有哪些变化，我们又该如何应对？普及化高等教育时代给招生考试将带来哪些挑战和冲击？普及化高等教育时代给精英教育与大众教育的共生发展将带来哪些挑战和冲击？普及化高等教育时代给高等教育办学模式将带来哪些挑战和冲击？所有这些发展性问题，都亟须相关教育政策研究给予应有的关注和预判。

二、教育政策研究的分析框架

教育政策研究的分析框架通常包括三个研究视角：第一是科学预测的视角，第二是国际国内比较的视角，第三是现状分析的视角。实际上，在教育政策研究过程中时常需要对以上三个视角综合考量。

基于数据的科学预测。对标社会经济发展的需要和趋势，准确预测教育发展的基本态势，并将其作为教育政策研究的重要依据，对于保证教育政策研究的科学性极其重要，尤其是在大数据时代，更应充分运用好大数据及其相关技术来确保教育政策的科学研制。

基于借鉴的比较分析。我们在教育政策研究过程中，通常要通过比较的方式根据其他国家或区域教育发展的状况来确定本国或本区域的教育政策目标。在进行国际国内比较分析时需注意两个问题：第一个是比较参照标准的普适性与特色化的问题，一方面要厘清哪些是具有普适意义的国际通行标准，另一方面要搞清楚哪些是需要根据国情进行本土化的标准（比如各国财政体制、税收制度不一样）。比较研究要审慎、科学地选择比较参照对象，确保不同对象间的可比性。值得特别注意的是，两个或多个对象的比较可能会出现经济等其他领域具有可比性，但在教育领域又未必具有可比性的情况；第二是比较参照标准的实然与应然的问题，在比较参照的过程中经常碰到的一个现象是，用一个国家或地区教育的实然状态数据，作为确立目标的一个参照标准（即应然参照），很多这样的比较并没有对这一实然状态数据本身进行全面、深入的比较分析。比如，分析国外或其他地区的教育实然状态数据是基于一个什么样的国情、区情，这种实然状态数据是一种理想状态，还是一种发展中状态。如果是理想状态，其普适意义如何？如果是发展中状态，其比较参照的意义又在哪里？这些问题都是我们在使用比较参照标准时必须进行深入分析的，尤其是在进行教育政策目标定位时，更不能简单地用某个国家或区域的教育已达到的水平，来确定本国或本区域相应的目标水平。

基于问题的现状分析，这包括两方面意蕴：一是在动态分析的基础上，通过国际国内的比较，进一步发现和确定教育的现状性问题；二是如前所述，更要关注寻求教育的发展性问题，并关注教育现状性问题与教育发展性问题的内在关联，在进行教育政策研究时将解决两类问题紧密结合起来。

三、教育政策研究的政策分类

教育政策可划分为教育改革政策与教育发展政策两类。对这两类教育政策进行的研究既有差异性又有相关性，教育政策研究兼具两类政策研究的性质。教育改革政策研究，侧重于教育现状性问题，政策着力点为体制机制的创新。如果将"改革"和"发展"视作一个概念，模糊了改革与发展的区别，把一些正常的教育发展问题甚至做法当成是教育改革问题，就会消弭改革的创新度，降低改革的难度预期，从而影响教育改革政策研究的适切性和可行性。教育发展政策研究，则侧重于教育发展性问题，着力点则是教育未来目标的设立和达成，如"中国教育现代化2035"的制定，首先要明确适当的中国教育现代化2035年的目标及相关指标，然后才是确立达成目标的策略、措施及保障条件。

教育改革政策研究与教育发展政策研究很多时候也难以截然分开。教育发展政策的落实措施往往涉及教育改革政策，而教育改革政策的着眼点往往又与教育发展政策密切相关。许多围绕着《国家中长期教育改革和发展规划纲要（2010—2020年）》所作的政策研究，就体现了两类研究交互影响的特征。确保"改革"与"发展"的高度一致，应当是当今教育改革发展的重要的时代特征，也是教育政策研制的一个重要趋向。

（原载于《华东师范大学学报（教育科学版）》2018年第2期，有改动。）

第三章

高等教育发展理念

第一节 20世纪90年代以来世界高等教育的核心理念

20世纪90年代是世界高等教育发展的旺盛时期，也是高等教育新理念不断涌现的时期。这些新理念，往往反映在有代表性的国际组织和国际会议所发布的高等教育政策里，同时也体现在种种世界性教育发展思潮和趋势中。它们大致可以分为三类：一是全新的高等教育理念，比如，使毕业生不仅是求职者，而且是新工作岗位的创造者。二是赋予已有高等教育理念新的时代内涵，比如关于高等教育的针对性，显然与以前的理解不一样而有新的含义。三是传统的高等教育理念的重申，比如，高等教育中的学术自由和机构自治、高等教育机会均等等理念，过去主要是针对发达国家，或为其更多、更早地接受，但随着时代的发展，这些理念已经成为世界各国共同的高等教育理念，昭示着世界高等教育发展的某种新趋势。

1995年联合国教科文组织发表的《关于高等教育的变革与发展的政策性文件》，将高等教育的针对性、质量和国际化作为高等教育回应不断变革的世界的指导思想，这一指导思想在1998年召开的世界高等教育大会上得到重申和强调。事实上，高等教育的针对性、质量和国际化已成为当代世界高等教育的三个核心理念，应引起我们的关注和重视。

一、高等教育的针对性

所谓高等教育的针对性，指的是高等院校的作为与社会期望的符合程度。过去我们对针对性的理解，主要是指高等教育针对社会的现实需要（更多的是表现为现有的工作岗位）来培养适应这种需要的人才，自然，高等学校的毕业生就只能是一个求职者的角色。如今人们对针对性的认识，已经有了与过去大为不同的新内涵，"因为现代经济要求毕业生能不断更新知识、掌握新的技能并具有在不断变化的劳务市场中不仅能善于找到工作，还能创造工作岗位的素质"。所以，"高等教育必须重新考虑其任务，重新确定本身的许多职能，尤其要考虑终身学习与培训方面的社会需要"①。

由此，我们可以从针对性中衍生出以下两个具体的理念：一是培养学生的首创精神与创造工作岗位的素质，使毕业生不仅是现有岗位的求职者，而且是新工作岗位的创造者；二是满足终身学习与培训方面的社会需要，为接受高等教育和终身教育提供各种机会，使学生有各种选择的自由，包括入学、退学的灵活性。

（一）使毕业生不仅是现有岗位的求职者，而且是新工作岗位的创造者

这一高等教育理念体现了"教育的适应性与教育的创造性的一致性"的教育理念。长期以来，学校教育（不仅仅是高等学校教育）的培养目标比较多地强调所培养的人才对环境和社会的适应，而这种适应只是在外界环境压力下被迫作出的反应性调整，或对一个预想的定型的未来社会的被动调适。未来社会则要求人极大地发挥主观能动性和创造潜力，主动地去改造环境、创造未来，使环境、社会与人处在一种良性互动的适应状态。在这种状态下，人将遵循自然与社会发展的客观规律，并按照自己的主观意志，促使环境与社会产生积极的变化，同时又自觉地与之相适应。

这里实际上还提出了一个高等教育必须面对的非常重要的问题，那就是如何培养毕业生"创造工作岗位的素质"。毫无疑问，创新素质的培养尤

---

① 联合国教科文组织：《关于高等教育的变革与发展的政策性文件》，载《教育参考资料》1999年第7-8期。

为重要。客观地说，创新并不是一个新命题，创新之所以在20世纪90年代再度引起人们广泛的重视，有两个很重要的原因：一个是人类社会正在进入知识经济时代，时代呼唤着人的创新精神和创新能力；另一个是现实的教育中的确存在忽视人的创新素质培养的情况，许多国家将其发展缺乏后劲、潜力不足，归因于教育没有培养出具有创新素质的人才。所以，这也启示我们应当从"面向未来"和"检讨过去"的两维角度来审视当前高等教育的创新问题，构建我国高等教育的创新模式。

（二）为接受高等教育和终身教育提供各种机会，使学生有各种选择的自由，包括入学、退学的灵活性

首先，现代教育发展的一个重要特征，乃是学生主体意识的高扬。这不仅仅表现在学生的学习过程之中（以往人们对这方面关注较多），而且体现在学生在学习活动开始之前对所受教育的选择，包括时间、地点和形式等多方面的选择。过去，无论在理念上还是实践上，更多地体现出教育对受教育者的单向选择，而今天则强调受教育者对教育的选择（教育对受教育者的选择仍然存在，比如"高等教育根据成绩对一切人平等开放"）。

其次，从社会需求来说，人们对高等教育的需求不仅大为增强，而且这种需求由于学习者的情况不同而体现出多样性，其中包括时间、地点和形式的多样性选择。

再次，高等教育资源的相对丰富是这一理念得以实现的基础和条件，比如这一理念在发达国家和地区较早地被接受，而发展中国家和地区则较少关注这一问题。这一理念的实现，除了资源因素外，还有一个关键因素，那便是教育制度的变革，即通过建立相应的教育制度（比如学分制及学分的保留和转移认可等），来确保学生这种选择的自由。这一理念在更宽泛的意义上，与终身教育的理念和素质教育思想相联系。终身教育的核心，就是建立一种现代教育制度（终身教育制度），当任何人在任何时候、任何地方需要接受教育时，教育援助将来到他的身边。也就是说，通过建立这种现代教育制度和形成学习化社会，来关怀人的一生所必需的素质养成。这实际上是一种大素质教育观，体现了教育对人的终极关怀。

二、高等教育的质量观

国际社会对高等教育质量问题的重视，始于20世纪80年代中期。当时有两个重要的起因，一个是许多国家的高等教育在这一时期进入大众化阶段。高等教育的大发展，带来的一个直接问题，就是高等教育质量下降，从而引发了人们对高等教育质量下降的担忧和责难，这在20世纪80年代达到了高潮。另一个原因是人们对高等教育质量的不同认识。有人认为，对于高等教育质量问题的种种指责或争议，并非高等教育质量真的有什么问题，而是人们仍然在用传统的或精英型的高等教育质量观和质量标准，来衡量大众化高等教育的质量，比如，马丁·特罗认为，这种双重的赞成——既赞成不断增长又赞成高质量的教育——形成了两难问题[1]。他认为这个两难问题包括三个方面：第一，强烈的平等主义观点，即高等教育的所有规定都应该有利于实现质量平等；第二，大众化高等教育所依赖的评价标准仍然主要是精英高等教育的原有标准；第三，高等教育在迅速甚至无限制地增长，而每个学生的消费水平仍然是精英高等教育的消费水平。还有一种观点认为，现代高等教育的大发展，使高等教育这一概念本身变得模糊起来而难以确定，因而高等教育的质量更不易把握，据此，有人提出了高等教育质量的"不可知观"。对高等教育质量的这些不同认识，自然引起了国际社会对这一问题的关注。

进入20世纪90年代以来，随着现代科学技术的发展，特别是知识经济时代的到来，国际社会更加关注高等教育质量问题。这一方面是因为以高科技、信息化为特征的知识经济时代，对培养高层次人才的高等教育提出

---

[1] ［美］马丁·特罗：《从精英向大众高等教育转变中的问题》，载《外国高等教育资料》1999年第1期。

了新的质量要求；另一方面是由于20世纪80年代各国对高等教育质量的重视，虽然对高等教育质量下滑的势头起到了一定的遏制作用，但并没有从根本上解决质量问题。面对知识经济时代的到来，社会经济发展急需高质量人才与高质量人才匮乏的矛盾在许多国家日益尖锐起来。

国际社会对高等教育质量的重视主要表现在两方面：第一，强调高等教育质量问题在现代高等教育体系中的重要地位。如20世纪80年代中期以来，"质量"一直是联合国教科文组织有关高等教育发展的三个核心概念之一。当前，高等教育质量保障问题已成为联合国教科文组织在确立当代世界高等教育理念时所关注的焦点。"随着高等教育在范围和规模上的发展，责任制和质量保证问题也变得越来越突出"[1]。第二，阐述对现代高等教育质量的理解和认识。关于高等教育质量这一概念，目前的界定很多，大致可以分为不可知观、产品质量观、测量观或达成度观、替代观、实用观、绩效观、内适应或学术观、学校本位观、准备观等[2]。虽然这些界定各有侧重，但综合起来有一个共同点，即高等教育质量特指教育的产品（学生），而不是指生产出这些产品的资源和过程。如瑞典的胡森教授认为，"高等教育质量的高低，就是指高等教育活动所产生的结果（或效果）达到既定目标的程度，或者说满足社会及受教育者需求的程度"[3]。

与上面有关高等教育质量的界定相比较，当代世界高等教育理念对高等教育质量的理解和认识出现了一些新观点。比如认为，"高等教育的质量是一个多层面的概念，应包括高等教育的所有功能和活动，如各种教学与学术计划、研究与学术成就、教学人员、学生、校舍、设施、设备、社区服务和学术环境等"；"高等教育的质量还应包括国际交往方面的工作，如

---

[1] 联合国教科文组织：《从统计数字看世界高等教育》，载《教育参考资料》2000年第1—2期。

[2] 安心：《高等教育质量保证体系研究》，甘肃教育出版社1999年版，第62—66页。

[3] ［瑞典］托斯坦·胡森：《论教育质量》，载《华东师范大学学报（教育科学版）》1987年第3期。

知识的交流、相互联网、教师和学生的流动以及国际研究项目等，当然也要注意本民族的文化价值和本国的情况"；"应建立独立的国家评估机构和确定国际公认的可比较的质量标准。但对学校、国家和地区的具体情况应予以应有的重视，以考虑多样性和避免用一个统一的尺度来衡量"。[1]以上对高等教育质量的理解和认识有以下几个值得重视的地方：一是高等教育质量是一个"多层面的概念"，不仅包括高等教育的产品（学生），而且包括高等教育的"所有功能和活动"。应当说，这是对以往关于高等教育质量的界定的一个突破。二是强调高等教育质量评估的公正性、科学性和国际性，包括建立独立的评估机构和确定国际公认的可比较的质量标准。三是强调高等教育质量评估的多样性，防止不顾学校、国家和地区的实际情况而用统一的尺度去衡量高等教育质量。应当说，对高等教育质量的"多层面"的解释，反映了现代高等教育日益成为"社会的轴心机构"后的基本特征，即高等教育对社会的"多层面"的责任、高等院校的质量与人才培养质量的联系与区别，以及人才培养的过程与结果的辩证关系。

三、高等教育的国际化

高等教育国际化并不是一个新命题，自12世纪产生了严格意义上的大学——中世纪大学，它便有了自然生成的国际性，而真正意义上的高等教育国际化是出现在第二次世界大战以后（国际性与国际化有程度及性质上的区别）。如果说高等教育国际化在20世纪80年代以前主要发生在工业国家，那么20世纪80年代以后它已成为一种全球性的趋势。特别是进入20世纪90年代以后，高等教育国际化作为一种重要的当代世界高等教育理念，受到了特别的重视。

国际社会对高等教育国际化的特别重视，源于一些重要的时代因素，

---

① 联合国教科文组织：《21世纪的高等教育：展望和行动世界宣言》，载《教育参考资料》1999年第3期。

同时，这些时代因素也反映了高等教育国际化的一些新思想和新观点。这些新思想和新观点正日益影响着当代高等教育发展的进程。

第一，经济的全球一体化进程对高等教育国际化提出了要求。现代高等教育日益从社会的边缘进入社会的中心，经济发展与高等教育的联系愈来愈密切。当经济走向全球一体化时，一方面国际经济联系日益密切；另一方面各国在经济领域的国际竞争也愈来愈激烈。这就必然要求高等教育的国际化与之相适应，比如，通过高等教育国际化培养拥有国际知识和经验的国际性人才，通过高等教育的国际合作开展和开发研究项目，进行产学研合作，来适应经济全球一体化的需要。

第二，多元文化的融合对高等教育国际化提出了要求。冷战结束后，一方面意识形态的冲突开始淡化，各国、各地区和不同集团之间的学术文化交流大量增加；另一方面国际社会也面临着一个突出的问题，那就是多元文化之间如何更好地相处和相融。高等教育是文化的重要载体，具有继承、传播、选择和创造文化的功能，因而，加强高等教育的国际化，无疑有助于促进异质文化之间的相互理解，进而推动多元文化的融合，特别是"和平文化"的形成。这里所说的"和平文化"已远远超出了没有战争状态的含义，而是可以兼容其他民族、其他文化、其他人以及异质物质的一种文化状态和形式。

第三，信息技术的发展既对高等教育国际化提出了要求，又为其提供了可能。20世纪90年代以来信息技术突飞猛进的发展，使偌大的地球真正变成了一个名副其实的"地球村"，使得每个人都成为这个"地球村"的"村民"。这既为人们之间的交往带来了极大的便利，同时更使这种交往成为必需。很难想象高等教育能置身于正给社会带来巨大变化的信息技术的影响之外。对高等教育国际化的强调无疑是适应和回应信息技术发展的重要选择，而且，信息技术也同样为高等教育国际化带来了便利，成为高等教育国际化不可或缺的手段和工具，如世界性网络的形成，使知识与技术的国际传播瞬间即成。正因为如此，近年来，许多发达国家提供的跨校、跨国、跨地区的学位课程已变得日益普遍起来，跨国、跨地区的网络（虚拟）大学正在成为一种国际时尚。

第四，高等教育自身质量的提高对高等教育国际化提出了要求。如果说中世纪大学的国际性曾促进了当时学术的繁荣，那么现代高等教育的国际化对高等教育质量的提高就有着更加直接的推动作用，如高校学者的国际流动和学术资源的共享等，对高等教育质量的提高都是有力的促进。在科学技术日益全球化的今天，这种直接的推动作用已变得愈来愈必不可少。

第五，高等教育资源的共享对高等教育国际化提出了要求。高等教育资源无疑是一种重要的人类资源，而且在一定意义上也是一种"可再生的人类资源"。通过高等教育的国际化来共享高等教育资源，一方面可以极大地提高资源的利用效益，提高高等教育质量；另一方面也是高等教育资源"再生"的重要途径，即在分享原有资源的过程中不断"再生"出新的资源。这是一种发展型资源再生模式，在这一模式中，资源分享不仅不会或很少导致资源损耗，而且可能使原资源所有者获得更多的新资源。

高等教育国际化的另一个重要使命是解决发展中国家的人才外流问题，正如世界高等教育大会所指出的："国际高等教育合作最紧迫的需要是，扭转发展中国家，特别是最不发达国家中的学校出现的衰落现象。"[①]以往高等教育国际化往往是与发展中国家的人才外流相关联的。伴随高等教育国际化的往往是一些后发型的发展中国家，尤其是落后国家的人才严重流失。作为高等教育国际化的新视野，其着眼点定位在解决发展中国家的人才外流的问题，进而致力于消除正日益拉大的贫富国家之间的差距上，这是有其重要现实意义的。而且，就更广泛的意义而言，高等教育国际化"将有助于缩小国家之间和地区之间在科技方面的差距，有助于促进

---

① 联合国教科文组织：《21世纪的高等教育：展望和行动世界宣言》，载《教育参考资料》1999年第3期。

人与人之间和民族与民族之间的了解，从而有助于宣传和平文化"①。

第六，高等教育的平衡发展对高等教育国际化提出了要求。所谓高等教育的平衡发展，主要是就克服以往在高等教育国际化中存在的"西方中心主义"倾向来说的，它强调各国、各地区结合自身的实际，选择自己的教育发展道路。这实际上涉及高等教育的国际化与民族化、多样性与统一性之间的关系，正如《关于高等教育的变革与发展的政策性文件》所指出的："历史证明，最有生命力的高等教育体制，是那些能够处理好统一性和多样性之间相互平衡的体制。这种平衡反映出应对知识的共同性和对社会、经济、文化需要的特殊性并重。"

跨国、跨地区性的网络（虚拟）大学作为高等教育国际化的一种重要体现形式，正日益受到重视。它的一个突出特征，就是通过网络改变了传统意义上的大学时空、地域、师生的概念。这里同样有一个如何保持本民族的传统的问题。《21世纪的高等教育：展望和行动世界宣言》指出："务必确保这些在各地区、各大洲和全球网络上建立的虚拟教育机构尊重不同的文化与社会特性。"还有学者告诫，如果信息技术、网络设施及其控制过程过于集中，也可能会出现"新的信息或文化殖民主义"②。

（原载于《高等教育研究》2000年第5期，有改动。）

---

① 联合国教科文组织：《关于高等教育的变革与发展的政策性文件》，载《教育参考资料》1999年第7—8期。
② 王一兵：《高等教育国际化——背景、趋势与战略选择》，载《教育发展研究》1999年第2期。

第二节　高等教育理念与社会需求

高等教育是适应社会的发展而发展的。高等教育理念在高等教育发展
中起着十分重要的作用。这便决定了社会需求对高等教育理念形成与发展
的影响。本节从以下两个视角来探讨高等教育理念与社会需求的关系：一
是从历史的视角对社会需求在现代高等教育理念形成和发展中所起的作用
进行考察；二是从现实的视角对当今时代的社会需求在当代高等教育理念
形成中所起的作用进行分析和探讨。

一、社会需求在高等教育理念形成中所起作用的历史考察

哈罗德·珀金说过："一个人如果不理解过去不同时代和地点存在过的
不同的大学概念，他就不能真正理解现代大学。"[①]同样，如果我们不理解
过去不同时代和地点社会需求对高等教育理念形成的影响，那么就不能真
正理解社会需求对当代世界高等教育理念的影响。鉴于严格意义上的大学
产生于欧洲中世纪，下面的历史考察即以中世纪大学为起点。

（一）中世纪的大学理念与社会需求

12世纪前后以意大利的波洛那大学、萨特诺大学，英国的牛津大学、
剑桥大学和法国的巴黎大学的诞生为标志，产生了人类文化史上被称作

---

① ［美］伯顿·克拉克主编，王承绪译：《高等教育新论——多学科的研究》，浙
江教育出版社1988年版，第45页。

"智慧的花朵"的中世纪大学。当时大学主要是一种学者行会（以波洛那大学为代表的学生行会和以巴黎大学为代表的教师行会），而且从大学（University）一词来看，其词源来自拉丁文"Universitas"一词，此词的原意也是一种社会团体、行会等。建立这样一种组织在当时来说完全出于学者的自愿和自发，并没有像今天我们建立大学那样要有明确的办学理念、周密计划和可行性论证及获得一种资格批准。如果要说当时建立大学的初衷，那就是志趣相投的学者们对知识的追求，满足一种精神上的需要，同时它也有世俗的目的，那就是"为了满足人口日益增长并且日益城市化的社会需要"①，并且期望通过建立大学这样一种行会组织来寻求对其所作所为的保护。由于这种对知识的探求是没有国界的，当时大学都是国际性的，聚集来自世界各地的学者，教授"七艺"，而且使用中世纪欧洲的通用语——拉丁语。它不属于任何一个国家，也不承诺担负国家发展的责任，尽管当时像波洛那大学那种以学生为中心的大学，还是以满足市场需要为世俗目标，但国家和社会对大学并没有主动提出什么需求和期望（这里把需求与需要加以区别：需求是主动的，有明确的需求对象；而需要是客观现实，是从一般意义而言的，并无特定的需求对象）。中世纪大学从一开始就企图把自己构建成"象牙塔"。这种"象牙塔"，一方面是大学表明自身对知识和精神追求的超然与执着；另一方面起着对自己权益的保护、免遭外界侵害的作用，包括学者自由地发表言论，自己管理大学事务等。由此可见，从中世纪大学开始形成的自治性和国际性的大学理念的"萌芽"，并不主要是社会需求的直接结果，而更多的是大学自然生成的性质和自我保护使然。大学甚至为了表明对知识和精神追求的超然，有时还着意通过自治去摆脱和抵抗社会需求的功利性诱惑。

随着中世纪大学的发展，尤其是欧洲出现的文艺复兴所带来的巨大变革，人文主义精神得到极大张扬。这使得一方面世俗政府加大了对大学的

———————————

① ［美］伯顿·克拉克主编，王承绪译：《高等教育新论——多学科的研究》，浙江教育出版社1988年版，第45页。

控制；另一方面大学在冲破神学桎梏的同时也面临着发展的困惑。这一发展困惑主要源于"大学能做什么？"这一诘问，如英国的剑桥和牛津，其医学"已成了陈旧的理论科目，只有极少数虽然威望甚高却毫无实际意义的医生团体研究它，而绝大多数看病医疗则由学徒出身的外科医生和药剂师来进行。留给大学的只有七艺和神学部，培养的只有少数为国家控制的、规模甚小的教会服务的教士，他们大多不能在世俗任职"[①]。显然，这一发展困惑是因社会开始对大学提出了需求、大学却不能满足这一矛盾而引起的，所以，摆脱这一发展困惑的唯一途径就是回应社会需求，"让它们在培养教区僧侣的同时培养一种新的世俗对象"[②]。正是由于这一社会职能的改变和调整，大学开始进入一个蓬勃发展时期，学生人数大为增加。

（二）19世纪的大学理念与社会需求

大学发展这一"黄金时代"的结束是在17世纪，这一时期人文主义逐渐蜕变为一种烦琐的经院哲学，大学越来越远离社会现实的需求，成为落后保守的机构。其结果是社会逐渐失去了对大学的信心和信任，以致大学学生人数剧减。大学发展又一次迷失了方向，而面临着被抛弃或被其他机构所取代的生存危机，因为"如果社会不能从原有机构中获得它需要的东西，它将导致其他机构的产生"[③]。在这种情况下，大学的变革已经是刻不容缓了。而且从18世纪末开始，人们更多的是从理性层面来思考和审视大学的变革和发展问题。19世纪经典的大学理念正是在这一背景下应运而生的。从这里我们可以看出，这一时期社会需求已成为影响大学理念形成的主要因素之一。

19世纪最有影响力和最具代表性的大学理念莫过于德国的威廉·冯·洪

---

① ［美］伯顿·克拉克主编，王承绪译：《高等教育新论——多学科的研究》，浙江教育出版社1988年版，第26-27页。

② ［美］伯顿·克拉克主编，王承绪译：《高等教育新论——多学科的研究》，浙江教育出版社1988年版，第30页。

③ 同上。

堡和英国的约翰·亨利·纽曼所倡导的大学理念。洪堡的大学理念最集中地体现在他创办柏林大学上。当1806年拿破仑打败普鲁士，取得了包括哈雷大学所在地在内的大片土地的占领权时，哈雷大学的教授请愿团向腓特烈·威廉三世呼吁在其他地方重建该大学。威廉三世当即表示支持："国家在物力上的损失，必须以精神的力量来重新获得。"①并委任洪堡为普鲁士内政部教育大臣，负责全面改革普鲁士教育制度，创办柏林大学。1809年到1810年，洪堡把主要精力放在建立柏林大学上，并系统地提出和形成了他的大学发展理念。如果要说柏林大学的创建在当时有什么"与众（前）不同"的话，那就是柏林大学创始人抱有强烈的民族主义或国家主义思想，并从一开始就明确提出了办学理念，如"大学自治""学术自由"和"教学与研究相统一"等办学理念。大学则是在这些理念的导引下创建、运作和发展的。这与早期的中世纪大学建立的自发性和大学理念的自然生成性完全不一样，更确切地说，早期的中世纪大学的创建与发展是"实践在先、理念在后"（有的理念是后人根据其实践进行综合和提升的），而柏林大学的创建与发展则是"理念在先，实践在后"。这也是人们为什么要把19世纪作为经典大学理念的形成时期的重要理由。或许人们自然还会提出这样一个问题：这些大学理念提出的基础和依据是什么？答案之一是社会需求。这里所指的社会需求，主要包括两方面的意涵：一个是从社会思想观念的角度来说，当旧的思想观念面临困境时，必然会对新的思想观念产生需求；另一个是从社会现实的角度，即大学应依据一个什么样的理念办学，才能满足社会现实的需求。下面我们从这两个角度对洪堡的主要大学理念作一考察。

1. 大学自治和学术自由

早期的中世纪大学就已经出现了对大学自治和学术自由的向往和追求，但当时更多的是学者们自发的实践活动，并没有上升到系统的理性层面来

---

① 周志宏：《学术自由与大学法》，台湾蔚理法律出版社1989年版，第15页。

认识，更没有自觉地把其作为一种大学理念来践行，而且，大学自治与学术自由往往是脱节的。"在中世纪大学中，虽然拥有高度的自治权，但当时的学者并无学术自由可言，因为在当时由罗马教会的最高权力所担保并巩固的'教会一元化真理体系'支配下，人类的理性只能在教会有权者所设定的范围内进行活动，任何对正统教义的怀疑和挑战，都被视为异端而加以镇压"[①]。虽然地理上的新发现带来了"从偏见中解放"的新思想，特别是欧洲开始的文艺复兴运动，其所倡导的人文主义为大学冲破神学的桎梏、繁荣学术和艺术带来了契机，但可惜的是大学本身并没有进行积极、主动的回应，这与当时大学外面的新文化与艺术、新哲学与科学的繁荣景象形成了强烈的反差。而当文艺复兴后期人文主义开始走向颓废，成为一种烦琐的经院哲学时，大学则更成为"一种僵化保守的机构"。

首先打破大学内部思想学术封闭性的是启蒙运动者，他们将"哲学自由"思想引入大学，而所谓哲学自由，就是"要求学者的研究及理论，除了各研究者的良心与责任以外，应有免于一切权威的自由"[②]。德国17世纪末18世纪初所建立的哈雷大学（1694）和哥廷根大学（1737），正是秉承"哲学自由"的思想建立起来的。这是德国大学发展史上的第一次思想解放，也是社会需求在大学思想观念上的体现。这次思想解放使德国成为近代大学的发祥地。第二次思想解放是洪堡等人在柏林大学创建中所提出的"大学自治和学术自由"的办学理念。洪堡等人所坚持的新人文主义观，一方面是对走向颓废的人文主义的否定，而提出复兴"文艺复兴"的主张；另一方面它又不同于启蒙运动者所持的轻视大学维持一般性学术、主张学术的实用性的学术观。它"强调德国人或希腊人的创作和创造精神与国家民族要建立在哲学、科学、文学和艺术等精神或思想因素的基础之上的信念或原则"[③]。柏林大学第一任校长、德国著名思想家费希特认为，大

---

① 周志宏：《学术自由与大学法》，台湾蔚理法律出版社1989年版，第11页。
② 周志宏：《学术自由与大学法》，台湾蔚理法律出版社1989年版，第13页。
③ 李盛兵：《研究生教育模式的嬗变》，教育科学出版社1997年版，第40页。

学的学术任务是"对世界的进一步创造",而要获得创造的灵感,就需要宁静和自由的环境。在他看来,"自由是必需的,宁静是有益的,大学全部的外在组织即以这两点为依据"。尤为可贵的是,当时的威廉三世也像当年威廉一世支持大学的"哲学自由"一样,对大学自治和学术自由给予了强有力的支持:"大学是科学工作者无所不包的广阔天地,科学无禁区,科学无权威,科学自由。"①

从社会现实需求来看,虽然以"哲学自由"为思想基础建立的哈雷大学和哥廷根大学打破了教会对学术的垄断,并在大学学术研究方面开思想自由之风,但世俗政府对学术自由的限制依然存在,如在哈雷大学,国王同时也是大学的校长。而在普鲁士"禁止写作一切违反王室和国家利益的东西",则是套在大学学者头上的一个"紧箍咒"。所以,当时的大学自治并不是保障学术自由的真正自治。这就从社会现实需求上对如何建立起真正意义上的大学自治和学术自由提出了要求。

2. 教学与研究相统一

这是与上一理念相联系的,也可以认为是上一理念的延伸和继续。上一理念是从"大学自治和学术自由"这一发展学术的角度表达了对科学与研究的尊敬,"教学与研究相统一"则进一步从教学发展的角度强化了这种尊敬。在洪堡看来,大学所肩负的培养人的目的,是通过科学研究来达到的,用他的话来说,就是"由科学而达致修养",所以,柏林大学"从最初就把致力于专门科学研究作为主要要求,把授课效能仅作为次要的问题来考虑"②。洪堡认为:"教授不是给予之人,学生亦非接受之人,两者都是研究者及创造者。教授不是为学生而在这里,学生也非为了教授而在这里,两者都是为了学术而在大学。"③由此可见,在洪堡时期的柏林大学,

---

① 李工真:《德意志道路——现代化进程研究》,武汉大学出版社1997年版,第58页。
② [德]弗·鲍尔生著,滕大春、滕大生译:《德国教育史》,人民教育出版社1986年版,第125页。
③ 周志宏:《学术自由与大学法》,台湾蔚理法律出版社1989年版,第15页。

科学已被推崇至极。

18世纪后半叶，以蒸汽机的发明并广泛使用为标志的第一次工业技术革命，很快在欧洲大陆传播开来，其结果是带来了对科学技术的普遍崇尚。沐浴着欧洲近代工业化的春风，德国近代工业化运动也如火如荼，它对大学提出了要求，同时大学也作出了积极的回应。比如，柏林大学哲学系被置于神、法、医各系之上，而且其内容不断丰富，涉及面日益广泛。除了包括人文、社会科学方面的内容外，自然科学方面的科目占有相当的比例，在1890年到1910年开设的78门课里面有32门属于自然科学方面的内容。[①]这也反映了当时洪堡等人主张哲学统摄除神学、法学和医学以外所有的自然、人文和社会等学科的思想。然而，技术性课程当时并没有受到重视，甚至到20世纪初尚没有开设有关技术方面的课程，而且哲学系所有课程都强调基础理论研究，反对课程的应用性、功利性。这一方面反映了当时洪堡对科学的诠释，即大学所追求的科学主要指纯科学，其目的在于探求真理，而不是直接去满足社会现实需求。在洪堡看来，大学去追求这种纯科学，也是满足社会生活的需要。对此，他说过一句意味深长、颇富哲理的话："当科学似乎多少忘记生活时，它常常才会为生活带来至善的福祉。"[②]另一方面也说明在洪堡关于科学的诠释的影响下，当时柏林大学对社会现实需求的直接回应必然是有限的。需要指出的是，尽管洪堡的思想当时在柏林大学占主导地位，但在柏林大学以后的办学实践中并没有像一些人想象的那样得到完全贯彻。其中的原因很多，但恐怕与洪堡本身思想中的矛盾之处有直接关系，即他一方面从振兴国家和复兴民族的角度来建设柏林大学；另一方面却在实际上漠视国家工业化进程对大学的现实需求。这不能不造成其大学理念与大学实践的联结障碍，以致大学实践对其大学理念的抗拒。

---

① 黄福涛：《欧洲高等教育近代化——法、英、德近代高等教育制度的形成》，厦门大学出版社1998年版，第132页。

② 肖海涛：《中国现代大学的理想》，华中理工大学博士学位论文，1999年。

纽曼的有关大学理念的思想，集中反映在他于1853年整理出版的《大学的理念》(*The Idea of University*)一书中，这是第一本书名直接冠以"大学理念"且比较系统论述大学理念的著作。英国是资产阶级革命和工业革命的发祥地，到19世纪中叶，英国已成为世界首屈一指的工业强国。对大量人才的需求而大学无力回应和满足这一需求的事实导致了英国新型教育机构的产生，如1828年和1829年创办的伦敦大学学院和英王学院，1836年两所学校合并为伦敦大学，1832年创办的圣公会的达勒姆大学。到1851年，全国（包括英属领地）附属伦敦大学的普通学院有29所，医学院60所。[①]这些大学和学院办学取向及所开设的课程有明显的回应和满足工业社会需求的实用性倾向。而对于剑桥、牛津这两所老牌大学，英国议会在19世纪50年代也对其进行了改革，促使它们向不信奉国教者和新兴资产阶级开放。这些变化在有着悠久的古典主义教育传统的英国，引起争议是必然的。纽曼对大学理念的思考正是在这样一种社会背景下进行的。纽曼的大学理念主要体现在以下三方面。

（1）纽曼认为必须重新诠释知识的含义并审视知识的作用。虽然他也主张"知识就是力量"，但他所指的知识并非培根所说的"知识就是力量"中的实用性知识，而是一种能陶冶人的心智、与古典人文学科类似的知识。这种知识的习得，不是通过专业的教育，而是靠自由教育。他甚至对培根的知识观提出了针锋相对的观点："知识可以有它自己的目的，这就是人类智慧的积累，任何一种知识，只要它果真如此，就是对它自己的报答。"[②]从这里我们可以看到纽曼思想中所具有的明显的人文古典教育的思想印记。所不同的是，他强调这种自由教育并不是完全游离世俗社会的现实需求，相反，恰恰是从养成人的理智和能力的更高境界去回应社会的现

① ［美］伯顿·克拉克主编，王承绪译：《高等教育新论——多学科的研究》，浙江教育出版社1988年版，第33页。
② ［美］克拉克·科尔著，陈学飞等译：《大学的功用》，江西教育出版社1993年版，第2页。

实需求。在他看来，知识的力量正体现于此。从这一点上说，他与洪堡的思想有相同的地方，尽管洪堡所说的科学（纯科学）与纽曼的自由教育及获得的知识有很大的不同。纽曼的这一理念既是对当时有关大学发展的社会思潮的回应，又是对社会现实需求——"大学如何办"这一问题的回答。

（2）与洪堡的"由科学而达致修养"明显不同的是，纽曼认为大学的主要目的是教学，而非科学。在《大学的理念》前言中，他写道："我对大学采取了下述看法——它是一个传授所有知识的场所，这意味着，一方面大学的目的是理智的而非道德的；另一方面，它是以传播和推广知识而非增扩知识为目的。"为了表明和坚持这样一种思想，他甚至还提出了如此严厉的诘问："如果大学的目的是进行科学和哲学的发现，我不明白为什么一所大学要有学生。"[①]纽曼这一大学理念对当时有着广泛影响的洪堡的崇尚科研的大学理念提出了挑战。

（3）纽曼与洪堡相同的，也是最能体现大学理念精髓的则是关于如何确立大学的培养目标，即回答大学应培养什么样的人这一问题。他们都主张大学要培养人的理性、理智和心灵，并不为当时由于自然科学发展和国家工业化的兴起所带来的实用的、功利的目标所动。也正是在这一点上，以纽曼和洪堡为代表的经典大学理念赢得了人们的广泛赞誉和推崇。

（三）20世纪的大学理念与社会需求

随着19世纪末20世纪初国家主义和民族主义思潮的泛起，大学不可能完全置身于其外，特别是当大学从教会控制的桎梏中逐步挣脱出来成为世俗大学后，它不能不回应"为国家服务"这样一个由世俗政府普遍提出的社会需求问题。应当说，这与当时洪堡把大学理念建立在民族主义和国家主义之上是一致的。所不同的是，这一时期大学"为国家服务"，有了更多的实用主义色彩，它不再相信大学专注于对"理性""理智"和"心灵"的训练这样一些看似至高无上、实则虚无缥缈的理念能够解决国家发展的问

---

① John Henry Newman. The Idea of A University. University of Nofre Dame Press, 1982：80.

题，而主张大学应"下嫁"，直接介入解决国家发展的实际问题。比如，大学的教学和科学研究应直接面向工农业生产，并由工农业发展而引发了一系列社会问题。较有代表性的争论来自美国高等教育界的思想家们。19世纪末20世纪初，美国初级学院的诞生和发展，尤其是威斯康星理念的出现并广为传播，使得大学与社会、与政府的关系异常密切，适应社会的现实需要成为大学发展的重要取向，"为社会服务"继教学、科研后，逐渐成为大学的又一新的基本职能。这也是大学"下嫁"的一个重要表征。而首先激烈反对大学"下嫁"的是托斯泰恩·布伦，他在1918年出版的《美国的高等教育》一书中极力主张研究性大学不受价值约束的客观性并反对"工业巨头"污浊腐坏的影响①。另一位坚决的反对者是罗伯特·赫钦斯，这位20世纪30年代的芝加哥大学校长在他的《美国的高等教育》（1936）一书中，对大学过分注重实用目的而造成的知识狭隘和残缺表示了深深的忧虑和极大的愤慨，如他认为现在的课程"已经把古典作品和自由艺术摒弃在外，过分强调经验科学"。为此，基于从亚里士多德和托马斯·阿奎纳那里引出的关于人的本质、真理的本质和价值的本质的永恒不变的抽象理论，赫钦斯提出了大学教育的目的是"改善人"，即训练和发展人的理智，而这种理智的训练和发展的目的必须通过将"那些经历了许多世纪而达到经典著作水平"的东西教给学生来达到。

对经典大学理念的维护似乎并没有阻挡住大学理念实用化趋势的形成。这里，社会需求扮演了一个主导型的角色。特别是在第二次世界大战之后，随着高等教育逐渐由社会的边缘进入社会的中心，高等教育理念的实用化更加高歌猛进。这里出现了两种情形，一种情形是传统大学、研究型大学的一些经典大学理念开始引起争议和发生动摇，甚至不得不"低下高贵的头"而出现某种转向，即社会需求成为确立大学发展理念的重要甚至主导因素。以美国芝加哥大学为例，这所曾以英国女王伊丽莎白"缺乏

---

① ［美］约翰·S. 布鲁贝克著，王承绪主编，郑继伟等译：《高等教育哲学》，浙江教育出版社1987年版，第7页。

学术资格"而拒绝颁予其名誉学位的大学,是美国中西部一所备受学术界尊敬的学校。历史上它共产生过70位诺贝尔奖奖金获得者(包括学校教授和校友)。它的与众不同之处,就在于它坚持传统教学标准,四年学制中有二年是必修课,包括物理、微积分学以及人文科学与社会科学的艰难科目,然而,"在什么都是商业化的形势下,芝加哥大学自持清高的立场已不可维持"。因为"一所大学最为关注的两点:一是申请入学新生的数量众多,二是慈善基金会捐款的高额"①。为了迁就和争取到新生,近年来芝加哥大学已经开始减少两年必修课,而以较为轻松的科目替代。

另一种情形是一些新型大学应运而生,其与传统大学有着完全不同的大学理念,如服务型大学(Service University)的出现,一开始它的发展就是以市场为导向的。服务型大学的"一个最突出的特点就是与市场驱动的机构有类似之处,为了生存,服务型大学不得不发展能够在知识市场里有竞争力的产品"。英国新近出现的产业大学(University of Industry,也有译作"企业大学"),它的办学完全不同于以往那种仅在校园里教书育人的传统模式,而是作为一种产业,向全社会开放并提供相应的产品与服务。

第二次世界大战以后,对高等教育发展问题的争论日益激烈,有关高等教育发展的理念也五花八门,以至布鲁贝克发出如此感慨:"今天,我们的高等教育哲学流派已经太多了。面对相互矛盾的现实,每个作者都阐述各自的哲学理论,而且每个人都认为自己的哲学意境妥善地将高等教育的各种主张融汇到一种连贯统一的政策中。"②布鲁贝克把出现的种种高等教育哲学概分为两类,一类是认识论哲学,另一类是政治论哲学。所谓认识论哲学,指的是高等教育"趋向于把以'闲逸的好奇'精神追求知识作为目的";所谓政治论哲学,指的是"人们探讨深奥的知识并不仅出于闲逸的好奇,而且还因为它对国家有着深远影响"。由此看来,认识论哲学更接近

---

① 白雪:《美国大学学府的变质》,载《世界教育信息》1999年第4期。
② [美]约翰·S.布鲁贝克著,王承绪主编,郑继伟等译:《高等教育哲学》,浙江教育出版社1987年版,第8页。

纽曼的"大学的理念";政治论哲学则是与实用主义的高等教育理念表现出相当的一致性。布鲁贝克认为,这两种哲学在历史上曾"交替地在美国的高等学府占据统治地位"。如由19世纪20年代的《耶鲁学院1828年报告》所确立的高等教育认识论哲学和19世纪后半叶由《摩雷尔土地捐赠法》所确立的高等教育政治论哲学,都曾在一定时期和在很大程度上影响着美国的高等教育。但到了20世纪下半叶,认识论哲学在高等教育的发展实践中日渐式微。在布鲁贝克看来,如果说19世纪末工农业生产的需要导致了"政治论的高等教育哲学与认识论的高等教育哲学并驾齐驱,甚至压倒了认识论的哲学",那么在20世纪下半叶,社会现实需要则成为政治论高等教育哲学占支配地位的决定因素。比如,"社区的需要是决定课程和学位这类学术要求的最后标准",而且"为了生存并产生影响,大学的组织和职能必须适应周围人们的需要"①。由此可见,"真所谓物竞天择,适者生存"不仅是自然界的一个重要法则,而且同样成为现代高等教育发展的一个重要法则,它影响甚至决定着高等教育的发展理念及其实践。

二、社会需求在现代高等教育理念形成中所起的作用

没有什么时候会比当今时代的社会需求对高等教育发展的影响更直接、更深远的了,社会需求影响着高等教育的发展理念、发展战略和行动策略等方方面面。总的来说,当今时代对高等教育的社会需求是在现代社会、经济及科技发展的大背景下形成的。

(一)知识经济和经济全球化为特征的现代社会、经济发展对高等教育提出了社会需求

众所周知,人类进入或即将进入知识经济社会。什么是知识经济?用经济合作与发展组织(OECD)的一句非常经典的话可以简要地概括之:

---

① [美]约翰·S.布鲁贝克著,王承绪主编,郑继伟等译:《高等教育哲学》,浙江教育出版社1987年版,第16页。

"以知识为基础的经济。"这便决定了知识经济社会的一个重要特征，即社会、经济发展对知识的依赖程度愈来愈高。这种知识是与高科技、信息化时代相适应的知识，它的主要发生地和集散地是在以追求"高深学问"为其基本使命的高等院校。这就对高等教育形成了使之成为社会的中心或"主要组成部分"、主导经济与社会的发展的社会需求。之所以把高等教育成为社会的中心或"主要组成部分"看作是社会需求而不是社会现实，主要是因为高等教育能否真正成为社会的中心或"主要组成部分"、主导经济与社会的发展，有赖于高等教育本身作出积极的回应，包括在知识经济的条件下认真履行高等院校的三个基本职能（教学、科研及直接为社会服务）和根据知识经济的发展需要创设新的职能。[①]

经济全球化是与知识经济相联系的、对高等教育产生重大影响的另一个不可忽视的重要因素。经济全球化在知识经济条件下，首先是与经济活动密切相关的知识基础的全球化，进而是拥有这些知识基础的人才的全球化，最终是肩负培养人才重任的教育尤其是高等教育的全球化。这就对高等教育提出了社会需求，即高等教育必须"面向全球"培养人才，同时高等教育发展面临愈来愈多的全球性问题，需要提出全球性的解决办法。所谓"面向全球"培养人才，一句话，就是要培养在知识、能力及心理、精神等诸多方面能主动适应经济全球化需要的人才。

经济全球化还带来了一个文化问题，即多元文化如何共处和交流？作为肩负着文化传播、选择和创造责任的高等教育自然要对此做出回答。

（二）以信息技术和生物技术为核心的科学技术发展对高等教育提出了社会需求

自20世纪下半叶以来，现代科学技术迅猛发展，特别是八九十年代信息技术的发展，给许多学科、技术带来了革命性变化，这同时也向高等教育提出了一个非常严峻的命题：高等教育如何去适应信息技术的发展需

---

① 方展画：《高等教育"第四职能"：技术创新》，载《教育研究》2000年第11期。

求。这一命题又可以分解成以下两个相互联系的方面：一个是高等教育如何去培养适应信息时代需要的人才；另一个是高等教育在教育观念、教育制度、教育内容、教育方法和手段及教育组织形式等诸多方面如何与信息时代相适应、体现信息时代的特征。

至于生物技术的发展，在20世纪末已愈来愈显示出其强大的生命力和良好的发展前景，"特别是生物技术与信息技术相结合，将会给科学、技术、经济、社会的许多方面和领域带来目前还难以想象的变化"[①]。这就要求高等教育未雨绸缪，及早做好准备，以迎接新技术革命的挑战。

以上的社会需求，无疑首先要求高等教育从其发展理念层面上做出回应。应当说，现代高等教育理念正是在对社会需求的回应中形成和发展的。下面我们选择若干现代高等教育的典型理念，从与社会现实需求相联系的角度作简要考察。

1. 高等教育的院校自治和学术自由

这是高等教育的一个有着悠久传统的经典理念，现在这一理念依然受到极大的重视和强调，而且，除了保持其原生含义外，它还被赋予了具有时代意义的新内涵：一是不仅强调学术自由和院校自治，同时也强调对社会所负的责任，即它是在承担社会责任的基础上的院校自治和学术自由；二是把院校自治和学术自由与增强高等教育的针对性联系起来，即通过坚持院校自治和学术自由，使高等教育的作为更好地符合和满足社会的期望（需求）。除了历史根源，学术自由与大学自治对于确保大学在高等教育机构中充分发挥其特殊作用至关重要。这并非有关机构或学术界人士的特权，而是大学完成自身使命和履行国家职责的先决条件。很显然，从这种意义上说，院校自治和学术自由之所以成为现代高等教育的重要理念，主要是由于社会的需求。

---

① 周远清：《21世纪：建设一个什么样的高等教育》，载《中国教育报》2001年2月16日。

2. 高等教育的多样化

高等教育的多样化是一个比较典型的因应社会需求而出现的理念。现代社会发展的一个重要特征就是它的多元性，这就决定了社会需求的多样性。比如，从个人对高等教育的需求来看，有的是出于寻求谋生手段和工具的功利要求，有的是出于使自己的生活更加丰富多彩、更加富有意义的精神需要；有的需要一个全日制的学习，有的由于受工作、时间、家庭及经济等因素制约，只能参加兼读制的学习等。所有这些皆有赖于高等教育以其多样性来满足。高等教育多样化所涵括的内容是多方面的，它包括办学形式、教育教学制度、教育对象来源等方面的多样性。值得注意的是，资金来源的多样化受到特别强调，它被看成是既体现了社会对高等教育的支持，又是高等教育适应社会需求的一个重要表征。因为只有当高等教育适应了社会发展需求，高等教育才可能获得来自社会各方的资金支助。这在日益世俗化和市场化的现代社会更是如此，所以说，高等教育的多样化这一理念，同样与社会需求有着密切的联系。

3. 高等教育的全民化

作为20世纪90年代出现的一个新理念，它有着明显的适应社会需求和为社会及教育发展提供可能的时代特征。首先，从社会需求来说，这里包括两个方面：一个方面是个人需求。在当今时代，个人对教育的需求呈现出空前高涨的趋势，而且随着高科技、信息化时代的到来，这一趋势具有明显的"高走势"特征，即对高等教育的需求日益旺盛。另一个方面是社会集团对教育尤其是高等教育的需求。任何一个社会集团的发展，都与高等教育的关系越来越密切。这与前面所说的高科技、信息化的时代性也是密切相关的。值得提及的是，这一社会需求的出现，跟个人和社会集团对教育，尤其是对高等教育的认知有密切关系，比如，现在没有谁（或至少很少有人）还会怀疑高等教育在现代社会中对人、对社会集团发展的重要作用和所具有的不可替代的独特功能。《教育——财富蕴藏其中》在论及高等教育的全民化时对高等教育在促进人的发展方面的独特功能有一个精辟的概括："大学有一些使自己成为独特场所的特点。大学是保存人类遗产的活宝库，这些遗产由于教师和研究人员的使用而不断具有新的生命力。大学通常都是多学科的，这有助于每个人超越自己原初的文化环境的界限。与其他教育机构相比，大学通常与国际社会有更多的接触。"[1]

再从为社会及教育发展提供的可能来说，社会物质财富的不断增长，人们生活水平和质量的日益提高，无疑是高等教育全民化的现实基础。现代教育信息技术的发展也为高等教育的全民化提供了技术可能。现代教育制度，尤其是现代终身教育制度的建立与完善，则为高等教育的全民化提供了制度保障。

4. 高等教育的质量观

现代高等教育理念的质量观强调质量的多层面性，这是高等教育的多样化在质量问题上的具体体现。它一方面认为质量是当前高等教育发展的三大主要问题之一（另外两个问题为针对性和国际性），另一方面则指出了传统质量观的不足，倡导一种新的质量观，即多层面质量观。也就是说，我们在审视高等教育的质量问题时，"对学校、国家和地区的具体情况应予以应有的重视，以考虑多样性和避免用一个统一的尺度来衡量"[2]。由此可见，高等教育的多层面质量观是对社会需求（包括国家的、地区的和学校本身的）的一种适应。比如，对于高等教育的新型机构（如我国的职业技术学院、美国的社区学院和英国的多科技术学院等），它们本身就是适应社会需求的产物，对这些高等教育机构的质量要求，显然不能按照传统大学的质量来衡量。根据美国卡内基基金会的大学分类法，美国的高等教育分为十大类型（1994年），这十类高等教育机构实际上通过不同的质量标准来反映社会对高等教育的不同需求。布鲁贝克在《高等教育哲学》里认

---

① 联合国教科文组织总部著，联合国教科文组织中文科译：《教育——财富蕴藏其中》，教育科学出版社1997年版，第127页。

② 联合国教科文组织：《21世纪的高等教育：展望与行动世界宣言》，载《教育参考资料》1999年第3期。

为，"在高等教育从社会边缘转向社会中心时，当相应地有更多的青年人认识到如果他们要去从事各种可以获得的令人激动的新职业，有必要接受中学后教育时，英才主义开始变得站不住脚了"①，随之而来的是英才主义的高等教育传统开始动摇，非英才的其他人有可能进入学院或大学就读。于是，这就对传统意义上孕育"高深学问"的高等教育的质量水平形成了挑战，因为非英才的生源和为适应生源的这一状况而设计的课程，都与传统上的"高深学问"相违背，这就产生了两种水平的高等教育的问题。这里实际上出现了一个必须做出说明的情况，就是高等教育"高深学问"的性质如何在现实中得到合理的诠释。对此，布鲁贝克的解释是，现代意义上的高等教育的"高深"，不再是传统意义上的"狭窄深奥"，而是由许多种专门知识（这些知识有的较深奥，有的较浅显）组成的②。

从以上探讨中，至少可以得出以下两点结论：一点是随着高等教育的发展，高等教育愈来愈重视对自身理念的探求；另一点是随着时代的发展，社会需求与高等教育理念的关系日益密切，或者更确切地说，社会需求在高等教育理念形成和发展中越来越起主导作用。这两点结论则源于一个事实——高等教育已成为社会的中心或"主要组成部分"。

（原载于《高等教育》2001年第4期，有改动。）

---

① ［美］约翰·S.布鲁贝克著，王承绪主编，郑继伟等译：《高等教育哲学》，浙江教育出版社1987年版，第70页。

②同上。

第三节　现代高等教育发展理念与实践

　　近年来，随着现代高等教育发展理念问题的探讨日益深入，人们开始更多地关注现代高等教育发展理念与高等教育发展实践的关系。这一关注无疑表明了现代高等教育发展理念与高等教育发展实践的一种发展趋势，即与实践结合的高等教育发展理念是富有生命力的，有发展理念导引的高等教育发展实践是真正的长青之树。本节试对现代高等教育发展理念与高等教育发展实践的关系作简要探讨。

一、高等教育发展理念是高等教育发展实践的先导

　　众所周知，理念来源于实践，同时它又对新的实践活动起导引作用，并接受实践的检验。"马克思主义的哲学认为十分重要的问题，不在于懂得了客观世界的规律性，因而能够解释世界，而在于拿了这种对于客观规律性的认识去能动地改造世界。"①同样地，高等教育发展理念对高等教育发展实践发挥着重要的导引作用。

　　但应当注意的是，不同时期的高等教育发展理念对高等教育实践的导引作用是不一样的。比如，在高等教育发展理念相对贫乏的时代，如欧洲中世纪大学早期，大学的发展实践基本上是自发的，很难谈得上有明确的思想或理念的指导。所以，人们常常认为早期的中世纪大学的创建和发展

----

　　① 毛泽东：《实践论》，选自《毛泽东选集　第一卷》，人民出版社1991年版，第268页。

是"实践在先、理念在后"。真正的"理念在先、实践在后"则是在19世纪以后。1809年德国柏林大学的创建与发展，从一开始便有了明确的办学思想或理念。进入20世纪以来，随着现代高等教育逐渐进入"社会的中心"，高等院校成为社会的轴心机构，高等教育发展对于国家和社会的发展变得愈来愈重要，而且高等教育无论是自身的运作，还是服务的对象，都日益复杂和多样，这就使得高等教育发展理念对高等教育发展实践的先导作用愈加彰显。

一个国家和地区有没有正确的高等教育发展理念，对这个国家和地区的高等教育发展至关重要；同样，一个高等教育机构有没有正确的高等教育发展理念，直接关系到这个高等教育机构的生存和发展。这也是当前在世界范围内人们重视探索高等教育发展理念的重要原因。1998年10月联合国教科文组织在巴黎召开的首次世界高等教育大会，实际上就是世界范围内的一次高等教育发展思想和理念的大讨论，正如联合国教科文组织高级官员季米特里·别里泽所说："这次会议也将因此成为'地球村'新大学的'思想实验室'。"事实证明，这次世界高等教育大会给世界各国高等教育发展实践所带来的影响是非常广泛和深远的。

二、高等教育发展实践是高等教育发展理念丰富和发展的源泉

辩证唯物主义认为，社会实践是人类认识的基本来源，同时也是认识发展的根本动力。应当说，这一基本观点对于认识高等教育的发展实践是高等教育发展理念丰富和发展的源泉这一问题来说是极为重要的。

实际上，在世界高等教育发展史上，由高等教育的发展实践而使高等教育发展理念得以丰富和发展的事例并不鲜见，甚至由于高等教育发展理念的影响而产生的高等教育发展实践，其本身就可以成为一种高等教育发展理念。比如，在美国高等教育发展史上，几次重要的与大学有关的诉讼案，对美国高等教育乃至世界高等教育的发展，特别是对形成一些重要的高等教育发展理念具有里程碑的意义。如1816年新罕布什尔州议会通过一

项法案，授权州政府改变私立达默思学院的特许权，使州政府拥有更广泛的权力。经诉诸联邦最高法院，1819年裁决：任何"损害契约责任"的法律，都是违宪的。这个裁决案例，严格划分了政府和私立学院的权力界限，鼓励民间的创业精神，并促成了公立大学与私立大学并存的多元化办学理念的形成，对美国高等教育的发展产生过重要且深远的影响。与教育相关的诉讼案对美国高等教育发展理念形成的意义由此可见一斑。对此，美国高等教育学家布鲁贝克在他的《高等教育哲学》里曾作过意味深长的描述："注意像法官之类的重要的门外汉，他们开庭审判了诸如'贝克对加利福尼亚大学董事会诉讼案'（1978）、'狄克逊对亚拉巴马州大学诉讼案'（1961）和'美国劳资关系委员会对耶希佛大学诉讼案'（1980），这些诉讼案的判决可视为重要的里程碑。"这里所说的"里程碑"，实际上标示着一种崭新的高等教育的哲学思想和发展理念的形成。

特别值得提及的是，高等教育大众化这一理念实际上始于美国高等教育发展的实践。1944年5月8日，美国国会为缓解第二次世界大战结束后1200万从战场上归来的复员军人所形成的巨大的就业压力和报偿他们为国家所作出的贡献，通过了著名的《1944年军人权利法案》，从而开启了美国高等教育大众化的进程。换句话说，美国高等教育大众化这一战略措施的实施，起初"并非超前研究的结果，或者事先拟定的计划"①，抑或是为了遵循高等教育的某个发展规律。与其说它是由某个理念引导的，不如说它是由某一偶然性事件引发的，具有明显的不得已和应急的色彩。但这一做法后来通过美国政府加以因势利导，最后成为适应美国社会与经济发展需要的高等教育发展的重要趋势，并影响着世界高等教育大众化进程。欧洲高等教育大众化则是受另一事件的影响，即1957年苏联发射的世界上第一颗人造地球卫星带来的影响和冲击。苏联人造卫星上天，使西方世界清醒地意识到自己不仅在基础教育方面落后于苏联，而且在高等教育方面也

---

① 王一兵：《知识经济、信息化与高等教育大众化——中国面临的挑战和战略选择》，载《上海高教研究》1998年第6期。

与苏联有明显的差距。于是，1961年10月16日至20日经济合作与发展组织（OECD）在华盛顿召开经济发展与教育投资大会，对西方高等教育发展作出了一系列重要决策，其中包括增加教育投入，扩大高等教育的发展规模。到1975年，所有经济合作与发展组织国家的高等教育毛入学率从1965年的不到15%，提高到20%～30%。由这一系列实践中的偶然事件促成的一些国家高等教育大众化进程，到20世纪八九十年代已呈全球性趋势，并作为世界高等教育发展的重要理念，为人们所广泛认同。如果检视中国1999年高等学校扩大招生和启动高等教育大众化进程的成因，恐怕也不能不在相当程度上归于受当时中国的经济形势的影响和从教育拉动内需的思路中获得的灵感，而并非对高等教育发展的长期规划使然。另外，中国香港20世纪80年代末突然启动的高等教育扩张型发展进程，与当时香港回归中国这一重大事件也是密切相关的。

由此可见，通过高等教育发展实践中的某些偶然性事件，找到事物发展的必然规律，因势利导，使这些偶然性事件发展成为适应社会与经济发展需要的高等教育发展的重要政策和趋势，后获得国际性的认同或倡导，并经过理论提升，最终成为现代高等教育发展理念，这是现代高等教育发展理念丰富和发展的一个重要特征。

三、现代高等教育发展理念对高等教育发展实践的影响是"与时俱进"的，呈现出鲜明的时代特征

每一个时代的高等教育发展理念对高等教育发展实践的影响都会烙上这个时代的印迹。对现代高等教育发展来说，高等教育发展理念对高等教育发展实践的影响是"与时俱进"的，主要体现在以下两个方面。

第一，随着时代的发展，现代高等教育发展理念对高等教育发展实践的影响日益显著，或者说高等教育发展实践愈来愈依赖于适宜的高等教育发展理念的导引，否则，高等教育发展实践就可能误入歧途或者脱离时代发展的潮流，甚至遭受挫折和损失。这实际上要求高等教育发展的实践主

体必须高度重视高等教育发展理念的影响，尤其应注意对高等教育发展理念问题的探讨及其与实际的结合。

对于现代高等教育发展理念对高等教育发展实践的影响，我们可以从实然与应然两种视角来认识。一般而言，高等教育发展理念对高等教育发展实践的影响可能出现以下两种情况：第一种情况是影响已经产生，这表征着影响的一种实然形态；第二种情况是影响应当产生，这所表征的是影响的一种应然形态。在这两种情况里面，前一种更多地体现出影响的客观性，即客观存在的影响；后一种则是从主观意义而言的，体现出影响的主体性，但这一主体性又不是纯粹主观的，而是建立在一定的客观必然性的基础上，是主观与客观的统一体。而这一主体性从影响主体（施加影响者）和影响受体（接受影响者）的角度，则又可分为以下两种情形：一种是影响主体的主体性，即影响主体主动施加或拒绝施加影响；另一种是影响受体的主体性，即影响受体主动接受影响或拒绝接受影响。如果从时态意义而言，第一种情况的影响是一种现在时态，第二种情况的影响则是一种将来时态。影响的实然与应然既有区别，同时也是密切相关的。所谓密切相关，主要体现在以下两方面：一是理念影响的连续性，指已经产生影响的高等教育发展理念，如果在新的时代仍与社会发展和高等教育自身的发展相适应，那么它将继续产生影响，导引高等教育发展实践；二是理念本身的相关性，指高等教育发展理念是一个历史范畴，在许多情况下新时代的高等教育发展理念与业已产生影响的高等教育发展理念是一种继承与发展的关系，由此也体现出高等教育发展理念影响的"与时俱进"。

第二，现代高等教育发展理念对高等教育发展实践的影响呈多元化趋势。如果说过去高等教育发展实践往往是受某一种高等教育发展理念的影响或为其所主导的话，那么，随着时代的发展，特别是高等教育价值取向的多元化，以至高等教育发展理念日益呈现出"百花齐放"的多样化局面，这就使得高等教育发展的实践主体在接受高等教育发展理念的影响之时常常是"兼容并蓄"的。也就是说，高等教育发展理念对高等教育发展实践的影响是综合的，各种各样的高等教育发展理念从不同方面和各种角度对高等教育发展实践都产生着或多或少的影响，从而形成影响的"综合效应"。我们一般很难把一种高等教育发展实践简单归之于仅仅是受这一种或那一种高等教育发展理念的影响，尽管对某一具体的高等教育发展实践影响的主导理念在许多时候仍然存在。而为了使现代高等教育发展理念对高等教育发展实践影响的"综合效应"得以有效实现，对现代高等教育发展理念进行整合和实践一体化就是必要的①。

（原载于《教育研究》2002年第9期，有改动。）

第四节　现代高等教育发展理念的整合

现代高等教育发展的一个重要特征是以理念的突破和更新为先导，再在高等教育实践上引起巨大的变革。正因为理念在现代高等教育发展中的重要地位和作用，人们非常重视理念的更新，从而极大地促进了现代高等教育发展理念的繁荣，但应当注意到，现代高等教育发展理念的繁荣，既表征了现代高等教育发展的勃勃生机，同时也给高等教育理论发展及其实践带来了某些困惑。作为高等教育理论体系中的一个重要问题，高等教育发展理念的发展方向在哪里？面对如此丰富多彩的现代高等教育发展理念，高等教育实践活动究竟应选择和体现哪一种或哪几种理念？这种选择

---

① 卢晓中：《试论现代高等教育发展理念的整合》，载《高等教育研究》2004年第1期；《走向社会的中心——现代大学发展理念简述》，载《教育研究》2002年第9期。

和体现会不会造成高等教育实践上的偏颇？对于这些困惑，笔者认为，解"困"的途径就是寻求高等教育发展理念的整合。早在1985年，德国著名学者赫尔曼·勒尔斯就曾阐述过整合高等教育发展理念的必要性："大学独立自治、学术自由、教学与科研相结合以及支持它们的通才教育，这一切都是经典大学观念发展的组成部分。为了有可能用理念论的哲学观点制定内部纪律和培养学术界的精英，必须将上述几个组成部分结合为一体。"①本节拟对现代高等教育发展理念的整合基础及其思路作初步探讨。

一、现代高等教育发展理念的整合基础

对于现代高等教育发展理念的整合问题，首先必须回答整合的基础是什么，或者说为什么能够整合这一问题。根据马克思主义的观点，任何事物、现象之间及其内部诸要素之间都是普遍联系的，它们相互影响、相互作用和相互制约。"当我们深思熟虑地考察自然界或我们自己的精神活动的时候，首先呈现在我们眼前的，是一幅由种种联系和相互作用无穷无尽地交织起来的画面。"②现代系统理论则从系统的角度，进一步丰富和发展了马克思主义的普遍联系的思想，或者说使马克思主义的这一思想得以具体化。在现代系统理论看来，所谓系统，是指由一定数量的相互联系的要素以一定的结构方式所组成的具有一定的功能的有机整体。由于社会存在决定社会意识（观念），因而总的来说，"观念的次序和联系与事物的次序和联系是相同的"③。这实际上为属观念范畴的现代高等教育发展理念的整合找到了其学理依据和基础。

从现代高等教育发展理念所涵盖的具体内容来考察，它们亦是相互联

---

① ［德］赫尔曼·勒尔斯：《经典的大学观念：洪堡构想的大学观念的起源及其意义》，载《外国高等教育资料》1990年第4期。

② ［德］弗里德里希·恩格斯：《反杜林论》，选自中共中央马克思恩格斯列宁斯大林著作编译局编：《马克思恩格斯选集（第三卷）》，人民出版社1972年版，第60页。

③ ［荷兰］斯宾诺莎：《伦理学》，商务印书馆1958年版，第45页。

系、相互包含的，甚至不少在本质上是一致的，这也为现代高等教育发展
理念的整合提供了现实可能性，如高等教育的创新与学术自由是一对联系
相当密切的现代高等教育发展理念。没有学术自由，就不会有创新。在一
个缺乏学术自由、充满学术专制的教育环境里，我们很难想象如何去培养
学生的创新意识和创新能力，因为学术专制的本质就是压制人的创造性和
想象力，比如中世纪的西欧教育，教会赋予整个教育以宗教的性质，使教
育建立在学生盲目服从所谓的"圣书"及其讲解人——教师的权威上，不
允许学生有任何的探索与创造，科学沦为神学的"婢女"。夸美纽斯曾把这
种畸形教育，比喻成"人类智慧的屠宰场"。

高等教育的可持续发展理念与终身教育理念的关系也是如此。可持续
发展理念的一个核心，是通过培养可持续发展的人来促进社会的可持续发
展。而终身教育理念有两个基本点：一个是建立现代教育制度，即当任何
人在任何时候、任何地方，不论是出于谋生或其他原因，需要教育时，这
一现代教育制度将能满足其需要，也就是说，现代教育制度是与人的可持
续发展的需要相适应的，它能为人的可持续发展提供教育制度的保证。另
一个是构建现代教学模式和活动，即它着眼于人们今后生存和可持续发展
的终身受用的素质养成，来组织教学内容和开展教学活动。所以，从这一
意义来说，可持续发展的理念与终身教育的理念表现出高度的一致性。

当今时代，什么是人的可持续发展的最重要、最核心的素质？答案无
疑是创新素质。什么是社会可持续发展的基本动力？答案同样是拥有创新
素质的社会个体和鼓励创新的社会制度与机制。柯林·博尔在向经济合作
与发展组织教育研究与革新中心提交的一份报告中提出，一个人在未来社
会必须掌握三张教育"通行证"（passport），即学术通行证，职业通行证，
以及事业心和开拓技能（创新能力）[1]。一个人要想在未来社会很好地发展

---

① 国家教委国家教育发展研究中心、中国教科文组织全委会秘书处编：《未来教
育面临的困惑与挑战——面向21世纪教育国际研讨会论文集》，人民教育出版社1991年
版，第45页。

下去，除前面两张通行证外，第三张通行证也是不可缺少的，甚至更为重要。由此可见，无论是从社会发展的角度还是人的发展的角度，创新的理念与可持续发展的理念都体现出了高度的一致性。

关于可持续发展理念与全面发展理念，我们至少可从以下两个方面来认识：一个是全面发展的理念对人和社会的可持续发展的影响；另一个是对全面发展这一概念本身理解和认识的"全面"与否对人和社会可持续发展的影响。关于前者，过去我们是有许多教训的，比如，高等教育更多的是注意学生的学科专业素质的发展，至于学生心理、精神等素质的养成和良好情操的陶冶，我们却很少顾及，以致直接影响到人的可持续发展。对于后者，长期以来我们也有许多认识误区，比如"学好数理化，走遍天下都不怕"，实际上就透出了对全面发展的认识误区。如果说过去这一说法还有一定的道理，那么，假若今天我们还以此来理解全面发展，不要说走遍天下，恐怕连家门也出不了，更遑论可持续发展了。所以，这便决定了可持续发展与全面发展在理念上的整合，除了要坚持全面发展这一理念以外，还要对什么是全面发展，以及它包括哪些内容有一个全面的认识，这里特别要体现出时代性和超前性。以对"全面发展"的认识为例，今天我们所说的全面发展与过去所说的全面发展有所不同，就像我们今天所说的文盲（功能性文盲和没有学会如何学习的人等）与过去所说的文盲（目不识丁）完全不是同一个概念一样。

从以上所列举的现代高等教育发展理念与其他的现代高等教育发展理念之间，我们还可以找到它们之间的内在联系及其整合点，也就是说，这些理念之间联系与整合的"排列组合"还可以继续下去，最终形成现代高等教育发展理念的整合体系。

二、现代高等教育发展理念的整合思路

整合现代高等教育发展理念，亟须解决的一个关键问题是如何整合。应当说，现代高等教育发展理念的整合可以有各种思路，下面着重从传统

与现代相统一、过程与目标相统一、外部规律与内部规律相统一，以及认识逻辑与客观过程相统一的思路来认识这一问题。

（一）现代高等教育发展理念中的传统与现代

恩格斯曾说过："历史从哪里开始，思想进程也应当从哪里开始，而且思想进程的进一步发展不过是历史过程在抽象的、理论上前后一贯的形式上的反映。"①现代高等教育发展理念的发展进程同样遵循这一规律。在赫尔曼·勒尔斯看来："经典的大学观念形成以来的175年中表现出惊人的内在一致性。尽管历经政治变革，尽管不断建立了许多新型大学，但经典的大学观念至今仍是持不同学术立场的学者所能接受和理解的一个理想、完美的观念。"

对于现代高等教育发展理念的形成和发展来说，主要包括以下两种情形：一是对传统的高等教育发展理念赋予时代的内涵，比如，关于高等教育的针对性的理念，显然与过去的理解不一样而有了新的含义，甚至包括有关高等教育的某些概念或词如"图书馆"，也被赋予了新含义，即它已不再是通常用于收集、整理和保存各种书籍和其他与教学和科研有关的印刷材料的场所，而日益成为现代学习、教学和科研十分需要的一种能在信息的提供者与用户之间进行对话的中心。另一种是对传统的高等教育发展理念的坚持，比如学术自由和学术自治、高等教育民主化、高等教育国际化及终身教育理念等。

从现代高等教育发展理念的形成和发展来看，这两种情形实际上有时是很难区分的，因为许多时候对传统理念的坚持也常常不同程度地伴随着赋予其时代内涵的过程，完全保持原生含义的传统理念是很少的。

无论是对传统的高等教育发展理念赋予时代的内涵，还是对传统的高等教育发展理念的坚持，其动因主要涉及以下三方面：一是过去尽管有此

---

① ［德］弗里德里希·恩格斯、［德］卡尔·马克思：《政治经济学批判》，选自中共中央马克思恩格斯列宁斯大林著作编译局编：《马克思恩格斯选集（第三卷）》，人民出版社1972年版，第122页。

理念，但接受和共识程度皆比较低，在实践上也存在诸多问题，所以需要进一步强调。二是过去这些理念可能主要是针对发达国家（工业化国家），或为其更早地接受（如终身教育和高等教育机会均等的理念），但随着时代的发展，有关理念已经或应当成为世界各国共同的高等教育发展理念，实际上它们昭示着现代高等教育发展的某种或某些新趋势。三是有关理念随着时代的发展需要被赋予新的内涵。

由此可见，现代高等教育发展理念的形成和发展，并不是简单地不断创立新理念、摒弃旧理念，而是一个继承与发展相统一、传统与现代相统一的过程。这实际上提供了整合现代高等教育发展理念的一种重要思路。

（二）现代高等教育发展理念中的过程与目标

现代高等教育发展理念可以分为过程意义上的理念和目标意义上的理念两类。过程意义上的理念所涉及的是高等教育的发展过程，即高等教育的发展过程应按照一个什么理念来推进，或者说什么才是高等教育的理想发展过程；目标意义上的理念所涉及的是高等教育的发展目标，即高等教育的发展目标的确立应持的理念，或者说什么才是高等教育发展的理想目标，比如大学理念，要回答的就是"大学（应）是什么"这样一类问题。

应当注意到，如果按以上标准对现代高等教育发展理念进行实际分类，人们将不得不面对这样一个难题：哪些理念属于过程意义上的理念？哪些理念属于目标意义上的理念？有时这本身就难以厘清，在很多时候这一分类标准只有相对的意义，比如，高等教育发展的大众化理念既可以作为高等教育发展的一个过程去理解（如扩大招生的政策和措施），同时又可作为高等教育发展的一个目标来诠释（如达到高等教育适龄人口的一定百分比的入学率）。

把现代高等教育发展理念分为目标意义上的理念和过程意义上的理念，揭示了高等教育发展理念中的目标与过程的关系，即过程意义上的理念的践行旨在实现目标意义上的理念，而目标意义上的理念将为过程意义上的理念的践行提供指引。所以说，这两类理念是相互联系、相辅相成的，形成了一个包括过程与目标在内的完整的理念体系。这实际上又为现代高等教育发展理念的整合提供了一个重要思路，即不论是高等教育发展理念的确定，还是在其践行过程中，我们都不能把目标意义上的理念与过程意义上的理念割裂开来，而应当作为一个理念整体来考虑。

（三）现代高等教育发展理念中的内部规律与外部规律

对于理念与规律的关系，人们从教育理念的角度对此作了一个阐释："理念是反映对象深层次本质和规律的观念。所谓教育理念，是关于教育基本问题的深层次本质和规律的观念。教育理念是教育的灵魂和根本性指导思想，对教育全局具有决定性影响。"[1]教育理念"是建立在教育规律的基础之上的。科学的教育理念是一种'远见卓识'，它能正确地反映教育的本质和时代的特征，科学地指明教育前进的方向"[2]。笔者基本赞同这一阐释。概而言之，理念是主观（观念、认识）对客观（存在、规律）的反映，科学的理念能够正确反映客观事物的发展规律，从而对事物的发展起指向和导引作用。同样地，对于现代高等教育发展理念来说，它是建立在遵循高等教育发展规律基础之上的，或者更确切地说，高等教育发展理念是建立在高等教育发展规律基础上的对高等教育发展问题的主观认识。因此，高等教育发展理念的主观性和主体性应当依据高等教育的发展规律来加以约束和规范。任何超越或违背高等教育发展规律的"主观性"和"主体性"，都应属限制和克服之列。

依据高等教育发展规律来认识现代高等教育发展理念及其整合问题，无疑是比较适当的。现在的问题是，应如何依据高等教育发展规律对高等教育发展理念进行整合？笔者认为，教育的内、外部关系规律及其在高等教育上的应用，不仅是对教育规律问题在认识上的发展和深化，而且也为现代高等教育发展理念的分类整合提供了一个清晰的思路。

所谓教育的外部关系规律（以下简称教育的外部规律），指的是"教

---

① 陈秉公、陈卓：《21世纪教育本质的理念》，载《教师博览》2000年第3期。
② 王冀生：《试论现代大学的教育理念》，载《中国高等教育》1999年第4期。

育必须与社会发展相适应，适应，包含着两个方面的含义。一方面，教育要受一定的经济、政治、文化等制约；另一方面，教育要对一定社会的经济、政治、文化的发展起作用，以推动社会的进步"[1]。对于教育的内部关系规律（以下简称教育的内部规律），潘懋元教授作了这样的阐述："教育是一个特殊的社会子系统，一种特殊的社会活动。它的运行，除了与整个社会大系统和社会其他子系统的活动存在内在的必然联系，要遵循教育的外部关系规律之外，还要遵循其本身的特殊规律，这就是教育的内部关系规律。"[2]而且，"教育内部规律要受教育外部规律所制约，教育外部规律要通过内部规律来实现"[3]。依据这两条规律及其关系，我们可以对现代高等教育发展理念作出一个清晰的划分，即分为符合教育的外部规律的理念和符合教育的内部规律的理念。比如，高等教育促进整个社会的可持续发展的理念，显然属于符合教育的外部规律的理念范畴；而高等院校的教学与科研互动的理念，无疑当归属于符合教育的内部规律的理念范畴。如果再深究一下，上述两个理念之间的关系，实际上也反映了上述两条教育规律之间的关系。

从现代高等教育发展理念的形成和发展及其整合的角度来看，我们不仅应该重视遵循教育的外部规律或内部规律，而且要注意从两者的相互关联，特别是相辅相成的角度来构建理念之间的联系，最终构建现代高等教育发展理念的整合体系。

（四）现代高等教育发展理念中的认识逻辑与客观过程

认识的逻辑和客观过程的一致性表明，逻辑的东西是客观现实历史的反映，逻辑的起点应当和历史的起点相一致。根据社会存在决定社会意识的观点，现代高等教育发展理念作为一种主观意识的东西，同样是由社会存在所决定的。因此，社会发展的逻辑规律无疑促使与之密切相关的高等

---

[1] 潘懋元、王伟廉主编：《高等教育学》，福建教育出版社1997年版，第36页。
[2] 潘懋元、王伟廉主编：《高等教育学》，福建教育出版社1997年版，第44-45页。
[3] 潘懋元、王伟廉主编：《高等教育学》，福建教育出版社1997年版，第53页。

教育发展理念的形成和发展呈现一定的逻辑规律，这是因为"逻辑规律就是客观事物在人的主观意识中的反映"①。

依据这一逻辑规律，我们就可以对现代高等教育发展理念进行整合。以世界高等教育大会的有关理念形成为例，它基本上是沿着"生成理念—目标理念（展望理念）—行动理念"这样一个逻辑发展的，即生成理念的主题是整个理念系统的指导理念，它决定着现代高等教育发展理念（包括目标理念、展望理念和行动理念）的形成取向。目标理念的主题则决定着行动理念的主题，或者说行动理念的主题是以目标理念的主题为其依据。依据这一逻辑，"生成理念—目标理念—展望理念—行动理念"构成一个相互联系、前后呼应的理念整体。如果从具体的理念来说，高等教育促进社会的可持续发展（即理念1）—加强高等教育的针对性（即以高等院校的作为是否符合社会的期望来衡量，即理念2）—加强与职业界的合作和对社会预期需求的分析与预测（这里需要注意的是，应从长远的观点和广义的角度来看待高等教育与产业界的关系，即理念3）—使毕业生不仅仅是求职者，而且是工作岗位的创造者（即理念4），这四者构成的高等教育发展理念"链"，通过一条主线促进社会的可持续发展，把这四个理念连成一个整体。又如，"资金来源的多样化体现了社会对高等教育的支持并应进一步加强，以确保发展高等教育，提高其效率和保持其质量及针对性"，这里把"资金来源""社会对高等教育的态度""效率""质量"和"针对性"这几个概念相互联系起来加以认识，彼此之间形成了一个有机联系的理念整体。同样，从现代高等教育的大众化、普及化理念与多样化理念之间，我们也不难找到其内在的联系和整合"链"。

高等教育的自治、高等教育的竞争和高等教育的特色化这三个理念之间的逻辑关系，我们可以简单地作如下阐述：高等教育自治的获得与扩大是世界高等教育发展的一般趋势；而自治的获得与扩大又必然带来或伴随

---

① ［苏联］列宁：《黑格尔〈逻辑学〉一书摘要》，选自中共中央马克思恩格斯列宁斯大林著作编译局编：《列宁全集（第38卷）》，人民出版社1959年版，第195页。

的是高等教育内部的竞争；如何在竞争中立于不败之地并谋求更大的发展则有赖于高等教育的特色化，即它们之间的逻辑关系可表示为"高等教育的自治—高等教育的竞争—高等教育的特色化"。

高等教育的普及化（大众化）、高等教育的多样化和高等教育的信息化三者之间的逻辑关系，同样可作如下表述：高等教育的普及化（大众化）是世界高等教育发展的一个总体趋势；实现高等教育的普及化（大众化）有赖于高等教育的多样化；高等教育的多样化需要信息技术等的支持，即它们之间的逻辑关系可表示为"高等教育的普及化（大众化）—高等教育的多样化—高等教育的信息化"。

（原载于《高等教育研究》2004年第1期，有改动。）

第五节　当代高等教育理念与中国高等教育改革

自20世纪90年代以来，伴随着世界范围内高等教育大众化进程，人们开始更多地关注高等教育应该如何大众化，如何发展的问题。同样地，我国20世纪90年代对高等教育发展问题的重视也是前所未有的，随之而来的是对先导高等教育发展实践的思想理念问题的重视。虽然高等教育思想理念问题并不是一个新的问题，却是一个可以常论常新的主题，因为思想理念的与时俱进是永无止境的，而且思想理念的更新和发展与今天高等教育的发展越来越密切地联系起来了，思想理念对现代高等教育发展实践的引领作用已变得日益突出。

一、对高等教育理念的一种基本理解

简言之，高等教育理念是对高等教育的一个总的看法，它包括对高等教育是什么，具有什么使命，发挥什么作用，以及如何履行使命、发挥作用这样一些基本问题的认识。对高校具体来讲，则包括学校的办学理念、教师的教育理念、管理人员的管理理念、学生的学习理念等。高等教育理念可以通过学校的人、事、物来具体地承载和彰显，如学校的办学理念通过校长的一些办学思想来体现，学生的学习理念则可以在学习过程中体现出来。所谓学校的"事"诸如教学制度、管理制度等，以及师生关系等，也都能在相当程度上反映出这所学校的办学理念。至于学校的"物"，许多学校，特别是一些有悠久历史的学校都非常重视使学校里一些物化的东西不仅成为教育的元素，而且成为学校理念的载体，比如对于学校建筑这样一种比较典型的物，它在一定程度上也能反映学校的办学理念。学校建筑物的第一要素或者说基本要求，无疑首先要解决的是该建筑物的基本功能，比如教学楼是上课用的，所以要具有作为教学楼的应有功能；第二要素，或者说更高的要求，学校的建筑应该有一种意蕴或者说"物语"，它可以诉说着一种思想理念。这是建筑的一种高境界、高追求。

高校的人、事、物对办学理念的承载可以是显性的，也可以是隐性的。高校办学理念最显性的承载之一就是校训。尽管每所学校都有自己的校训，但在许多学校的办学实践、教师的教学实践以及学生的学习实践中并不一定都得到很好的践行。隐性的承载则包括校园的建筑、环境等，以及学校的各种制度，比如，人们经常论及的现代大学制度建设，首先必须用先进的理念来引领。如果说一种制度，找不出其所承载的思想理念，这种制度本身就有问题。

二、当代高等教育理念的两个重要来源

高等教育理念是发展的。作为高等教育理念与时俱进的产物，当代高等教育理念非常丰富，本节着重从以下两个重要来源来考察。第一个是

1995年联合国教科文组织发表的《关于高等教育的变革与发展的政策性文件》，它蕴含着丰富的高等教育理念，尤其是在世纪之交那样一个特殊时期发表这份文件，无疑有非常明显的面向新世纪的旨趣，包括它里面论及的思想理念问题。第二个是1998年10月在巴黎召开的首次世界高等教育大会发表的两份重要的文件：一份是《21世纪的高等教育：展望与行动世界宣言》，另一份是《高等教育的改革和发展的优先行动框架》。虽然历史上关于高等教育的会议开过很多，但是在1998年千年转换之际召开的这次会议，层次之高、参加国家之多、涉及的问题之重要都是空前的，所以它被称为首次世界高等教育大会。这两份文件，同样蕴含了丰富的高等教育思想理念。正如有学者评价这次大会及发表的文件是"地球村"新大学的"思想实验室"。

把以上会议文献所蕴含的高等教育理念加以概括，主要有三个核心理念，即高等教育的针对性（或适切性）、质量、国际化，其他理念大多是从这三个核心理念派生出来的，或者说是为其所包含。值得注意的是，在20世纪七八十年代以来，联合国教科文组织开始提出有关高等教育发展的关键性理念，如80年代提出的三个核心理念是针对性、质量、效率。当时提出这三个核心理念的主要依据或着眼点，一个是当前高等教育发展的最关键要素是什么？另一个是当前高等教育发展遇到的最大问题是什么？比如效率问题，对于大学来说，效率是一个长期被忽视的问题，其中一个主要表征是大学办学不计成本，甚至到今天，大学生的培养成本仍然是模糊的。这在一定程度上是源于大学"出于闲逸爱好追求高深学问"的传统。在我国，长期的计划经济体制和"大一统"的高教管理体制也使得大学无须考虑成本、重视效率。1992年、1993年，我国开始全面向市场经济体制转型，人们常常说高等教育是计划经济的最后一个堡垒，指的也正是这个问题，因为市场经济是追求效率的，唯有大学不讲究效率。这种情况不唯我国存在，在世界其他一些国家也都有一定的普遍性，所以效率问题是高等教育发展遇到的障碍性、关键性问题之一。20世纪90年代，联合国教科文组织提出的三个核心理念，用国际化替代了效率，这并不是说高等教育的效率问题解决好了，而是因为国际化问题在现代高等教育发展中的重要性更加凸显了。

三、新理念下对中国高等教育改革的思考

（一）高等教育的针对性

所谓高等教育的针对性，《关于高等教育的变革与发展的政策性文件》给出了这样的诠释，即高校的作为与社会期望的符合程度，其要旨是高校发展如何与经济社会发展相适应的问题。高校最大的作为是什么？无疑主要是人才培养。而所谓的符合程度，则包括高校的数量规模、质量规格、学科专业等与社会经济发展的适应程度。

从严格意义上的中世纪大学算起，大学经历了八九百年的历史，在相当长的一个时期里大学更多的是在象牙塔里追求着高深学问，它们与经济社会基本上处于一种相互疏离的状态，甚至到了18世纪后期开始的工业革命，英国的剑桥、牛津对工业革命几乎没有什么贡献。所以当时有一种社会舆论：如果大学对经济社会不起作用，办其何用？"如果社会不能从原有机构中获得它需要的东西，它将导致其他机构的产生"[①]。到了19世纪、20世纪以后，大学开始注重与经济社会的联系了。经济社会的要求，尤其是经济社会的发展，越来越依赖于大学。正是在这一背景下，大学开始从社会的边缘走向社会的中心，尤其是今天所面临的以高科技、信息化为特征的知识经济时代，大学的社会中心位置愈发凸显，经济社会的活动越来越离不开高等教育、离不开大学。在这样一种背景下，高等教育的针对性与处于社会边缘的状况是完全不一样的，也就是说无论是高校的实际作为还是社会期望都发生了很大的变化。而且，进入社会中心的高校主要通过履行高校的三大基本职能和高等教育四大功能来强化针对性，以符合和满

---

① ［美］伯顿·克拉克主编，王承绪译：《高等教育新论——多学科的研究》，浙江教育出版社1988年版，第32页。

足社会期望。高校的三大职能包括培养人才、发展科学、直接为社会服务，通过履行这三大职能来体现社会中心。高等教育的四大功能，指的是国家的"脑库"、社会的"良心"、世俗的"教会"、精神的"家园"。那么高校又是怎样体现国家"脑库"作用的呢？国外许多政府机构都注意依托高校来提供一些思想，特别是政府的一些重大决策，一些高校都直接地参与其中，高校里面也有一些专门为政府服务的学术机构。社会的"良心"这一点更是不言而喻，高校本应该是最能体现社会良心的地方，敢于弘扬正气、伸张正义。所以，这就要求高校不仅要洁身自好，而且应敢于对社会的不良现象进行批判。再就是高校作为世俗的"教会"、精神的"家园"，这里主要涉及大学生在高校净化心灵、接受教化的问题。学生来学校求学不仅仅是学习知识、发展能力，他们也在寻找精神的家园，从而净化心灵，受到精神上心灵上的陶冶。不可否认，近年来大学精神的衰微是一个普遍现象。虽然在物质家园建设方面大学已经有了比较好的基础，但是在精神家园方面却有失落的危险，大学生进了高校找不到精神的家园，没有精神的寄托。当前大学生中出现的许多问题与此不无关联。特别要强调的是，精神家园的营造，是全体高校师生共同的责任，也就是说精神家园需要高校师生共同去营造。

高校从社会的边缘走向社会的中心是以高科技信息化为特征的知识经济时代出现以后必然出现的趋势，但并不意味着每一所高校都能自然而然地走到社会的中心，这还取决于高校的针对性，取决于每一所高校三大职能履行的情况：履行得好，就可能走到社会的中心；履行得不好，它还在原地（边缘），甚至在市场经济的大潮下，就可能会被淘汰出局，办不下去了。例如，华南师范大学要走向社会的中心，至少要在华南地区成为教师教育中心，在教师教育这一块办出特色，办出优势。华南师范大学所确立的办学目标和定位，明确提出要办出特色鲜明、开放式、综合式的教学研究型大学，其中一个主要特色就是教师教育特色。如果说华南师范大学的针对性还有待加强，就是在教师教育方面还没有真正体现出应有的特色、优势，还存在特色不特、优势不优的问题。教师教育的特色究竟"特"在什么地方？优势究竟"优"在哪些地方？比如经过我们高师院校师范专业培养的大学毕业生去做教师，理应比其他类型的学校的毕业生当老师有一定的优势。这种优势不仅体现在能够适应教学的需要、教学改革的需要，还体现在能引领教育教学的发展方向，先导课程改革。这一点是教师教育中非常重要的方面，但以往不太重视。现在教师教育的课程基本上是处于一种被动式的、应急式的状态，往往是迫于某种教育教学改革形势（如新课程改革）而进行被动的调适。教师教育没有成为教育教学改革的先导——这一点值得我们去反思现行的教师教育。

如果把针对性具体到高校的培养目标、人才规格和课程设置上，联合国教科文组织提出的一个十分重要的思想，就是怎么样使高校培养出来的学生不仅仅是针对现有工作岗位的需要，而且要使大学毕业生成为未来工作岗位的创造者，这就有赖于适应与创新的统一。近几年伴随着高等教育大众化进程，我们国家大学毕业生就业形势严峻，其中一个原因就是我们在如何把学生培养成为未来工作岗位的创造者这方面是不足的。

在大学生的创业问题上，从教育部的政策到学校的政策都是鼓励的，如建立灵活的学籍管理制度、提供小额资金的贷款资助等，但是经过这么多年，大学生创业的情况并不理想，走出校门真正把事业创起来的，少之又少。这里面因素很多，笔者认为在鼓励大学生创业的同时对大学生的创业意识和创业能力的培养非常重要。这里需要强调的一个观点是教育怎么从一种适应未来的工作岗位需要，发展到把适应与创新统一起来，使两者体现出一致性。因为学生在校学习的时间有限，而知识发展是无限的；人们的眼界有限，世界变化是无限（常）的。这两对矛盾决定了我们的教育要以不变应万变，也就是要实现从适应型教育到超前型教育、再到发展型教育的转变，发展型教育的核心就是培养学生的创新素质，这是教育永恒的"不变"。

高等教育对社会的需求既要主动去回应它，但又不能"有求必应"，两者之间保持一定张力的是必要的，否则高等教育的发展就可能迷失自我，随波逐流，也就是说大学既要去适应整个社会的需要，但由于社会需要是多方面的，尤其是在市场经济条件下，社会的很多需要是短期的，非常功利的，这就要求大学要有选择，而不是有求必应的。大学要有对社会的批判能力、改造能力、引领能力，如果随波逐流、没有自我，就不可能进入社会的中心。而对大学生来说，在进行自我设计的时候，眼光不能太短浅。比如，现在可供学生选择的选修课程很多，在选修课程的时候眼光要长远一点，不能过于功利。

还有一个问题是高等教育规模扩大的问题。规模扩大是从20世纪90年代末开始的，这与当时的经济社会需求有密切关系。扩招之后的一个事实是学生跟老师的接触机会少了，特别是一些知名教授更少见到。高等教育规模扩大要有一个控制，要加以选择，不能一味地去迎合社会需要。

（二）高等教育的质量

1. 对高等教育质量的基本认识

联合国教科文组织认为高等教育的质量是一个多层面的概念。那么，何谓"多层面"？这里包括两方面含义：一个是层次问题，即多层次的质量；另一个是多方面的质量。

所谓多层次，主要是从高等教育系统来说的，也就是说现代高等教育系统可以分成好几个层类，如在我国，高校类型通常可分为研究型、教学研究型、教学型、高职高专。应当说每一个层类都有自己的质量标准和人才培养规格，比如理工大学主要是培养理论工程师，而高职院校则主要培养现场工程师，即如何使理论工程师的图纸更好地在生产线上得以实现。两者在人才培养的标准和规格上有明显的差异，而这种差异不是质量高低的差异。这两类人才的培养都有自己的一流，都有自己的高质量，但实际的情况又如何呢？每一所高校似乎都觉得自己层次不够高，都要争取高层次。专科院校想着要升本科，本科院校想着要成为硕士学位授予单位，硕士学位授予单位的院校又想着怎么成为一个博士学位授予单位。这实际上是高等教育发展中的一种无序状态。当然，这也不能完全归咎于学校，因为学校是根据政府的政策导向、资源配置来办学的，而政府的资源配置往往是层次越高资源配置越丰厚，并且人们常常把这个层次当成了质量高低的标志，也就是高层次就是高质量。在这种情形下，哪所高校也不甘各安其位，其结果必然是出现一哄而起地力争上位的无序状态，但从社会的实际需要来看，它是多层次的。为什么这几年许多高职高专的学生非常抢手，就业形势很好，而一些本科高校，学生的就业反倒很困难呢？这除了前面所述的招生规模扩大的因素外，与高等教育的无序发展不无关联。

要解决高等教育无序发展的问题，除了政府正确的政策导向和制度安排外，更为重要的是高校自身的适当定位。一所高校"位"的确立（定位）不是也不能随心所欲，正如英国著名教育家阿什比讲的一句话："任何类型的大学，都是遗传与环境的产物。"[①]遗传也就是历史传统这一问题。应当说现在高校对自身的历史不能说不重视，都希望把自己学校的历史追溯得越远越好。这说明对高校这样的文化机构来讲悠长的历史是一笔财富，但我们不能仅仅注意其外在形式诸如"百年学府"的光环，更主要的是这百年积淀下来的文化遗产、精神遗产、办学特色，这才是百年学府的历史价值。现在一些高校在对待学校的历史传统这一问题上比较重视一种形式上的东西，而并没有真正弄明白悠久的历史传统对今天的高校发展究竟意味着什么、价值何在。至于环境问题，就是高校如何办、如何定位，不能不考虑各种环境因素，如文化环境、经济环境、地理环境等等。可以说，确定高校的发展方向、发展定位不是找几个人关起门来拍拍脑袋、规划规划就能搞出来的。所谓按教育规律办学，高度重视高校的遗传和环境应当是一个重要的体现。

所谓多方面的质量，用联合国教科文组织的原话就是"包括高等教育所有功能和活动：各种教学学术计划、研究与学术成就，教师、学生、校

---

① ［英］阿什比著，滕大春、滕大生译：《科技发达时代的大学教育》，人民教育出版社1983年版，第7页。

舍、设施、设备、社区服务和学术环境等"①。这与我们过去对质量的理解已有些许变化,过去所指的质量就是学生学得怎么样,也就是学生的质量。无疑,这是质量的一个主要方面,但还应当包括一些其他方面,如我们有没有高质量的师资群体、大师级的学术人才,学校里的整个文化氛围、学术氛围怎么样,有没有高水平的学术讲座。再如学校的图书馆是反映学校学术氛围的一个有代表性的地方,虽然现在图书馆的条件非常好,但利用得不够,利用得不充分,利用的质量也不够高,比如一些花高价钱购进的外文资料借阅的人很少。

2. 高等教育质量的保障

第一个是观念保障。即从精英型高等教育单层面的质量观过渡到大众型高等教育的多层面质量观;从一张"护照"到柯林·博尔所强调的三张"护照"②。过去的一张"护照"就是学科专业护照,比如数学专业、物理专业、化学专业、计算机专业等,谁拿了这张护照就能够通行天下。到现在要三张护照才能立足,其中第二张护照指的是职业护照,比如师范专业的学生,除了学好数学、化学、物理等学科专业知识以外,也要学好以后从事教师职业的教育教学理论、教育教学技能、教育教学方法,加强师德修养。职业护照的状况,关系到这一职业的生存状况,也关系到这一职业的地位高低。第三张护照是事业心、开拓技能。首先是事业心、敬业精神,一个人不一定要在一个单位从一而终,但是,必须忠于自己的事业,必须有敬业精神。再就是开拓精神,开拓技能,从IQ(智商)到EQ(情商),这是个老生常谈的话题了,经常讲的两句话是"知识改变命运","性格决定命运"。知识改变命运比较好理解,很多人都是通过读书、考大学走出了偏僻的大山,告别了祖祖辈辈的生存方式,命运发生了根本的改变。

---

① 联合国教科文组织:《关于高等教育的变革与发展的政策性文件》,载《教育参考资料》1999年第7-8期。

② 国家教委国家教育发展研究中心、中国教科文组织全委会秘书处编:《未来教育面临的困惑与挑战——面向21世纪教育国际研讨会论文集》,人民教育出版社1991年版,第45页。

但这只是人生的一个阶段，或者说一个节点。而性格决定着一个人以后乃至一生的生存和发展状态。这里所谓的性格当然不是狭义上的性格，而是广义上的性格，也就是我们通常所讲的非智力因素、情商等。从"学好物理化，走遍天下都不怕"到对学生综合素质的要求。对于前者，20世纪七八十年代的大学生仍记忆犹新。现在情况不同了，除了"学好数理化"（这里主要指的是学科知识和能力）外，还对学生综合素质的培养提出了更高的要求。学生只有拥有了扎实的学科专业知识和能力基础，同时具备了良好的综合素质，才能够真正"走遍天下都不怕"。

第二个是制度保障。这里着重讲一下高等教育质量监控保障制度，《2003—2007年教育振兴行动计划》明确提出实行五年为一周期的全国高校本科教学水平评估制度，这是一个非常重要的高等教育质量监控保障制度。尽管现行的评估指标及方式方法等方面有这样那样的问题，但从大的方向来说还是对的。同时，高校内部的质量监控制度也需要不断健全和完善，而且，各种质量监控保障制度还有一个相互衔接和一体化的问题，尤其要注意避免"制出多门"又缺乏统筹，以致高校疲于应付、无所适从。

第三个是器物保障。器物保障指的是大楼，这个大楼不光指教学、科研大楼，也包括教学设备、仪器和科研条件。对于传统大学的大师与大楼的关系，可以用清华老校长梅贻琦的一句名言来表达："所谓大学者，非谓大楼之谓也，有大师之谓也。"大楼的存在是因为有大师。对现代大学的大师与大楼的关系需要深化认识，我们可以用以下这段话来表述这一关系："大师或培养大师需要大楼，大楼成就了大师，因为有了大师，或者说需要培养大师，才有了大楼，大师成就了大楼。"也就是大师与大楼相辅相成。在今天高科技、信息化时代，要培养出大师离不开大楼，所以在今天不把大师跟大楼的关系停留在单个方面，而是把两个方面联系起来认识，这样可能会更加全面一点。

（三）高等教育的国际化

所谓高等教育的国际化，指的是一国高等教育面向国际发展的趋势和过程。它至少包括四方面的内容：一是教育目标的国际化；二是课程的国际内容；三是学者从事与教育、科研有关的国际流动；四是教育系统从事跨国界的技术援助和教育合作。今天，国际化已成为高校的一项新职能，一所大学办得水平如何、是不是一流大学，人们可以用很多衡量标准去衡量，但毫无疑问，国际化程度是一个极其重要的衡量标准。如果一所大学能吸引世界各地最优秀的科学家、学者来从事教学和科研工作，能吸引世界各地最优秀的学生来学习现代科学技术，认定这是一所世界一流大学恐不为过。

中国高等教育对高等教育国际化的回应可以是多方面的，这里着重从以下几方面认识：

第一，教育服务意识。教育服务属于WTO+二大类服务贸易的第五类，包括四种提供方式：跨境交付、境外消费、商业存在和自然人流动。学生是教育的消费者，学校和老师要有服务意识。这是在观念意识上的一个很大的变化。作为消费者，学生有消费什么、如何行使消费的选择权，也就是说学生要消费得明明白白。这就要求高校和教育者彻底改变过去那种"教你没商量"的状况，使学生成为学习的明白人。

第二，人才培养规格。就是怎么样培养学生的国际素质，使之能适应日益全球化的经济社会发展的需要。尤其在经济全球化这一大背景下，当在世界各地随处可见"made in China"商品的时候，我们对"为本地、本国经济社会发展需要的培养人才就是为国际经济社会发展需要培养人才"会有更深刻的理解，从而深化对培养学生国际素质这一问题的认识。

第三，教育制度。"国际竞争的核心不是资金和人才的竞争——资金和人才都是可以国际流动的；也不是技术的竞争，而是制度的竞争。从中国长远来看，应该学习的是制度改造。对于这一课题，更需要学习的是政府"。教育教学制度的改造问题对中国高等教育发展来说同样是一个至关重要的问题。现代大学制度建设是近几年我国高教界关注和讨论得很多的问题，它实际上所着眼的就是制度的改造。这涉及三方面关系问题：一是学校与政府的关系，尤其是学校的自主权怎么样确立；二是学校与社会的关系，尤其是社会如何参与高校的发展、参与高校的管理；三是学校内部各方面的关系，包括教学自主、民主参与管理、提高效率、建章立制等。我们不可能将这些关系问题的解决都寄托于一个"国际化"上，但从国际上借鉴（甚至包括移植）一些有益的经验对于我们这样一个后发型国家来说却是必需的。笔者并不赞成简单地、不加选择地提出"中国教育要与国际接轨"，但那些应该衔接的教育教学制度、应该学习的国际教育经验必须去衔接、必须去学习，又是本节的一种主张。

（原载于《华南师范大学学报（社会科学版）》2008年第2期，有改动。）

第四章

大学理念与文化

第一节　走向"社会的中心"与现代大学发展理念

随着现代社会的发展，大学与社会的关系日益密切。这一方面是因为现代社会的发展对大学的需求，另一方面是大学自身发展对现代社会的需要，也就是说在大学适应和满足社会需求的同时，也需要社会促进大学的发展。正是这一密切关系，使得现代大学开始走向"社会的中心"。自20世纪中叶以来，人们用社会的"轴心机构""动力站"及"主要组成部分"等词语来表述和揭示现代大学与社会的密切关系，并以此作为现代大学走向"社会的中心"的重要表征或同义词。

对于现代大学走向"社会的中心"这一问题，至少可以从以下三个视角来认识：实然、必然和应然。所谓实然，指的是现代大学已经走向"社会的中心"。所谓必然，指的是现代大学走向"社会的中心"具有客观必然性。所谓应然，指的是现代大学应该走向"社会的中心"。从以上三者的关系来看，现代社会、经济及科技发展虽然使现代大学走向"社会的中心"有了客观必然性，但客观必然性并不等于现实性。尽管从社会需求和大学自身发展需要的角度看，现代大学确有走向"社会的中心"的必要性，而且从外部环境和条件来说，其也有走向"社会的中心"的可能和基础，但具体到某一所大学，则并不意味着它无须经过努力，便可以自然而然地走向"社会的中心"，这还取决于人们的主观能动性。有的大学发展得好，便能够真正走向"社会的中心"，从而使必然和应然转变为实然；有的大学发展得不好，就不一定能够走向"社会的中心"。从这种意义上说，现代大学走向"社会的中心"还是一个带有某种或然性的命题，或者说它还只是处在应然而非实然的状态。这就对现代大学提出了如何真正走向"社会的中心"的问题。要回答这一问题，现代大学应有一个适宜的发展理念，而适宜的发展理念则来源于以下两方面：一是坚守经典大学理念的精华，并不断赋予其时代的内涵；二是根据时代发展的需要，形成和发展现代大学的新理念。

一、现代大学仍应是一个追求高深学问的地方

应当说，"追求高深学问"是大学的一个与生俱来的古老理念，也是其区别于其他社会机构、体现其存在价值的本质属性之一①。从严格意义上的大学——中世纪大学的诞生和发展来看，它一开始就是以追求高深学问为其鹄的，尽管在相当长的一个时期，这种对"高深学问"的追求多"趋向于把以'闲逸的好奇'精神追求知识作为目的"②。随着16世纪前后近代民族国家的出现，国家加强了对大学的控制，并强调大学必须为国家服务，以至于"人们探讨深奥的知识不仅出于闲逸的好奇，而且还因为它对国家有着深远的影响"③。这一点在20世纪尤其是20世纪中叶以后，伴随着现代大学走向"社会的中心"而更加凸显出来。与此相应的是，这一时期以政治论为基础的高等教育哲学逐渐取代或压倒以认识论为基础的高等教育哲学而占据了主导地位④。这也促使一些大学开始热衷于迎合市场的功利需要来确立自己的发展理念，以至大学对"高深学问"的追求这一本质属性发生动摇。这一发展趋向表现为：第一，传统大学、研究型大学重新审视其发展定位。比如，曾以英国女王伊丽莎白"缺乏学术资格"而拒绝颁予

---

① 卢晓中：《高等教育：概念的发展及认识》，载《高教探索》2001年第3期。
② ［美］约翰·S.布鲁贝克著，王承绪主编，郑继伟等译：《高等教育哲学》，浙江教育出版社1987年版，第12页。
③ 同上。
④ 同上。

其名誉学位的芝加哥大学是美国中西部一所备受学术界尊敬的学校，历史上它共产生过70位诺贝尔奖奖金获得者（包括该校教授和校友）。其与众不同之处就在于它坚持传统教学标准，四年学制中有两年是必修课，包括物理、微积分，以及人文科学与社会科学的艰难科目，然而，"在什么都是商业化的形势下，芝加哥大学的自命清高的立场已不可维持"，因为"一所大学最为关注的两点，一是申请入学新生的众多，一是慈善基金会捐款的高额"。为了迁就和争取到新生，近年来芝加哥大学已开始减少两年必修课，而以较为轻松的课目替代[①]。第二，一些新型大学应运而生。这些大学与传统大学有着完全不同的大学理念。如服务型大学，一开始它的发展就是以市场为导向的，服务型大学的"一个最突出的特点就是与市场驱动的机构有类似之处。为了生存，服务型大学不得不发展能够在知识市场里有竞争力的产品"[②]。

现代大学的以上发展趋向实际上提出了一个非常重要的问题：现代大学这样一种特殊的社会机构还需不需要坚守追求"高深学问"这一传统理念呢？对这一问题，可以从以下两方面来寻求答案。

一是从追求"高深学问"对现代大学的生存与发展的时代意义和价值方面来考察。虽然现代大学在走向"社会的中心"后拥有多方面的责任，具有多方面的职能，或者说它很难像过去的大学诸如中世纪大学那样，远离社会生活、漠视社会需求，来构筑自己的"象牙塔"，并仅以"闲逸的好奇"精神追求知识作为目的，以求"独善其身"。但笔者认为，追求"高深学问"仍应是现代大学区别于其他社会机构的一个显著特征和本质属性，是现代大学得以存在（生存与发展）的缘由所在。而且，追求"高深学问"也是最能体现大学精神的地方，或为其精髓所在，这一点对现代大学来说丝毫没有改变。当前大学精神所出现的衰微现象，很大程度上是

---

① 白雪：《美国大学学府的变质》，载《世界教育信息》1999年第4期。

② 曾子达、王晖：《英国的产业大学——使人人都参与终身学习》，载《教育参考资料》2000年第15期。

由于现代大学动摇甚至放弃了对"高深学问"的追求。同时，现代大学要真正走向"社会的中心"，也必须坚持对"高深学问"的追求。很难想象在"以知识为基础"的知识经济时代，一个不以对知识的追求（也即对"高深学问"的追求）为其本质属性和基本精神的大学，能真正走向"社会的中心"。若如此的话，高等教育机构无异于一些其他的社会机构，自然它也就不可能真正走向"社会的中心"。长此以往，它甚至有被其他机构替代的危险。大学发展的历史表明，"如果社会不能从原有机构中获得它需要的东西，它将导致其他机构的产生"①。当然，与传统意义上的"高深学问"所不同的是，现代大学所追求的"高深学问"，在布鲁贝克看来，不再像过去那样"狭窄深奥"，而是由"许多种专门知识（这些知识有的较深奥，有的较浅显）组成"的②。对"高深学问"的这一阐释，除说明了知识结构的多层次外，更为重要的是，它为现代大学发展的多样性找到了一个合理的注脚。

二是从追求"高深学问"的社会价值方面来考察。这实际上也涉及现代大学追求"高深学问"与回应社会需求的关系问题。由"许多种专门知识（这些知识有的较深奥，有的较浅显）组成"的"高深学问"，无论是其产生还是发展，在知识经济社会，首先是因为社会需求的牵引和推动，因而从总体上说两者是一致的，也就是说现代大学是通过追求"高深学问"来回应社会需求和体现其社会价值的。而且，现代大学对社会需求的回应，通过追求不同层次的"高深学问"体现出多层面特征，现代大学发展的多样性在一定意义上正反映了对社会需求的多层面回应这一特征。特别值得注意的是，现代大学对社会需求的回应，其着眼点不应是短期的和狭隘功利的，而应是与现代大学的使命、职能及功能相一致的。唯有如此，才能强固现代大学的"社会的中心"的不可替代地位。比如，现代大学的发展科学职能的一个重

---

① ［美］伯顿·克拉克主编，王承绪等译：《高等教育新论——多学科的研究》，浙江教育出版社1988年版，第32页。

② ［美］约翰·S.布鲁贝克著，王承绪主编，郑继伟等译：《高等教育哲学》，浙江教育出版社1987年版，第12页。

要方面即发展基础科学，通常并不直接指向社会的即时需求，而是着眼于人类社会发展的长远利益。对此，洪堡当年在创立柏林大学时也曾说过一句颇富哲理的话："当科学似乎多少忘记生活时，它常常才会为生活带来至善的福祉。"[①]至于现代大学被誉为"人类的精神家园"和"世俗的教会"，适应和满足人们高层次精神生活的需求，更应是它回应社会需求的题中应有之义，也是其走向"社会的中心"的重要表征。

二、现代大学应具有针对性

针对性（relevance，也有译作"相关性"或"适切性"），是1995年联合国教科文组织提出的现代高等教育发展的三个核心概念之一（另两个分别是质量和国际化），它所指涉的是"高等院校的作为与社会的期望符合程度"[②]，其核心是现代大学的发展如何与社会需求相适应的问题。它包括现代大学的全部职能和一切功能的针对性。应当说这并不是一个新命题，它所涉及的是教育的外部关系规律，或是为此规律所导引的一种大学的实践活动。关于这一命题，上面从追求"高深学问"与回应社会需求的关系方面对现代大学的针对性已有所论及，下面着重从现代大学的人才培养职能的角度作进一步阐述。这里有两个认识问题，一个问题是对"针对性"这一概念的内涵的认识。在相当长的一个时期内，所谓针对性，主要指的是大学针对社会的现实需求（这种需求常常表现为现有的职业岗位的需求）培养人，或大学充其量不过是面向未来社会的需求（这一未来社会在人们的头脑里仍然是定型的，其未来工作岗位也是设定的），来培养适应这种需求的人才。显然，在这样一种理念主导下大学毕业生就只能是一个求职者的角色，而今天对针对性的认识，已经超越了单纯适应现在的或未来的社会需求，它被赋予了创新的内涵。因为教育"在历史上第一次为一个尚未存在的社会培养新

---

① 肖海涛：《现代大学的理念》，华中科技大学出版社2001年版，第63页。
② 联合国教科文组织：《关于高等教育的变革与发展的政策性文件》，载《教育参考资料》1999年第7-8期。

人"①，所以，"现代经济要求大学毕业生能不断更新知识、掌握新的技能并具有在不断变化的劳务市场中不仅能善于找到工作，还能创造工作岗位的素质"②。现代大学所注重的就是培养大学毕业生的创造工作岗位的素质，即创新素质。这也是社会所期望的现代大学的一个重要作为。所以，从现代大学的人才培养目标的角度，要增强其针对性，就有一个如何把适应与创新统一起来的问题。澳大利亚未来委员会主席埃利雅德博士曾为该委员会立过一个座右铭："未来不是我们要去的地方，而是一个我们要创造的地方。通过它的道路不是人找到的，而是人走出来的。走出这条道路的过程既改变着走出路的人，又改变着目的地本身。"③培养这种人正体现了现代大学发展的针对性中适应与创新的一致性。

另一个问题则涉及对针对性的外延的认识。过去更多的是从现代大学的发展如何适应本地或本国的社会、经济及科技发展的需要来理解针对性的，随着现代社会、经济及科技的发展，特别是在经济全球化的条件下，则应从更广泛的意义上来认识教育与社会、经济及科技发展相适应这一教育的外部关系规律。现代大学的发展，不仅要与本地、本国的社会、经济及科技发展相适应，而且应在一定程度上与全球社会、经济及科技发展相适应。在知识经济条件下，经济全球化使得与经济活动密切相关的知识基础日益全球化，这就对现代大学提出了一个问题，即它必须"面向全球"培养人，即培养在知识、能力及心理、精神等方面能主动适应经济全球化需要的人才。唯有如此，它才能够真正走向"社会的中心"。

---

① 联合国教科文组织国际教育发展委员会编著，上海师范大学外国教育研究室译：《学会生存——教育世界的今天和明天》，上海译文出版社1979年版，第46页。

② 联合国教科文组织：《21世纪的高等教育：展望和行动世界宣言》，载《教育参考资料》1999年第3期。

③ 国家教委国家教育发展研究中心、中国教科文组织全委会秘书处编：《未来教育面临的挑战——面向21世纪教育国际研讨会论文集》，人民教育出版社1991年版，第26页。

三、现代大学应保持相对独立的品格

现代大学应保持相对独立的品格，特别是其对社会的批判和预警，并以此来体现"社会的良心"。社会发展的历史表明，一个良性发展的社会，不能没有批判和预警。没有批判，社会就缺乏自省，就不能及时发现和纠正自身的谬误；没有预警，社会的发展就可能是盲目的，甚至是危险的。而对于瞬息万变、纷繁复杂的现代社会，进行适当的批判和预警，更是其良性发展所不可或缺的。

历史上，大学常常扮演着对社会的批判和预警的角色，这是由大学具有的相对独立的品格这一性质和社会对大学的角色期待，以及大学所拥有的扮演这一角色的必要基础等因素所决定的。而现代社会的发展更需要和期待现代大学充任这一角色，并使之成为现代大学的一个重要功能。这里就有一个如何才能使现代大学继续保持独立的品格、有效地发挥其对社会的批判和预警功能的问题。笔者认为，很重要的一点就是现代大学必须坚持和张扬学术自由和学术自治这一高等教育最为古老和悠久的传统理念，从而使现代大学的发展一方面主动去适应和满足社会的需求；另一方面对社会需求又不是不加选择"有求必应"，也即在现代大学发展与社会需求之间应当保持必要的张力。值得指出的是，学术自由和学术自治不仅仅囿于政治层面或个人权利意义，抑或单从营造一种大学学者（包括大学教师和学生，下同）对"高深学问"追求的适当环境这一"学术自由和学术自治"的原生含义来认识的，而更多的是体现在价值层面上。也就是说，现代意义上的学术自由和学术自治除其原生含义外，还被赋予了时代的新内涵：一是把学术自由和学术自治与现代大学对社会所履行的责任和应尽的义务统一起来，也就是说，它是在承担社会责任的基础上的学术自由和学术自治；二是把学术自由和学术自治与增强现代大学的针对性统一起来，即现代大学通过坚持学术自由和学术自治，使其更好地满足和符合社会的期望（即需求）。"除了历史根源，学术自由与大学自治对于确保大学在高等教育机构中充分发挥其特殊作用至关重要。这并非有关机构或学术界人

士的特权，而是大学完成自身使命和履行国家职责的先决条件"①。

四、现代大学既应有大师，也应有大楼

对于大学应有大师来说，可以从以下两个相互联系的方面来认识。一是从大学自身来说，大学之所以为大学，很大程度上是因为有大师，梅贻琦曾说过一句名言："所谓大学者，非谓大楼之谓也，有大师之谓也。"②特别对现代大学来说，它要真正走向"社会的中心"，无疑也有赖于大师的辈出。自有人类以来的社会发展史表明，大师对社会发展和进步的作用和价值是重大的，甚至有时是难以估量的。而对现代社会的发展和进步来说，大师的作用和价值更加彰显。二是从现代大学的培养目标的角度来讲，因为现代大学的第一职能就是培养高级人才，应当说，一所大学之所以能赢得良好的公众声誉和获得广泛的社会认同，更多的是表现在培养人才的卓越上，尤其是培养出给社会、经济及科技发展带来重大影响的大师级人才。因此，培养更多的大师和高素质的人才，是由现代社会对大学的期望所决定的，因而，它也体现了现代大学的针对性。至于以上两方面的相互联系，即一所现代大学能否培养出大师级人才，在很大程度上将取决于这所大学有没有真正的大师。恐怕这也正是梅贻琦所言的大学"有大师之谓也"的要旨所在。所以，"名师出高徒"这一古训对现代大学来说，仍然是有其现实意义的。

所谓"大楼"，泛指教学、科研的条件及必要的物质基础等因素。虽然大学"非大楼之谓也，有大师之谓也"，但作为培养高级人才和承担发展科学及为社会服务等职能的现代大学，如果要更好地履行其职能不能单有大师，而有赖于包括大楼在内的多方面因素。特别应指出的是，任何时候

---

① ［英］斯廷·P. 托伦斯：《学术自由与大学自治》，载《教育展望（中文版）》1999年第3期。

② 梅贻琦：《就职演说》，选自杨东平编：《大学精神》，辽海出版社2000年版，第353页。

大师和大楼都不是非此即彼的，尤其是现代大学的大师和大楼愈来愈紧密地联系起来了，它们相互促进、相辅相成。一方面大师或培养大师需要大楼，大楼成就了大师；另一方面正因为有大师，或需要培养大师，才有了大楼。从这一意义上说，大师同样也成就了大楼。这便是现代大学的大师与大楼的辩证关系，实际上它也是现代大学发展的一个重要的客观规律。

如果从现代大学的质量意义来考察，大楼则是现代大学的质量的一个重要表征。根据联合国教科文组织对高等教育质量的认识和界定，即"高等教育的质量是一个多层面的概念，应包括高等教育的所有功能和活动，各种教学与学术计划、研究与学术成就、教学人员、学生、校舍、设施、社区服务和学术环境等"[①]。由此可见，一所高质量的现代大学，其大楼的高质量同样是不可忽视的，而且它还是保证其他层面的质量（尤其是培养高级人才的质量）的重要条件和基础。

五、现代大学应是国际化的

大学的国际化并不是一个新命题，自中世纪大学产生以来，它便有了自然生成的国际性，当时学者来自世界各地，由于各种原因和抱有不同的向往聚集在一起探求"高深学问"。虽然随着民族国家的出现和发展，大学逐渐为国家所控制，随之而来的是大学的国家化、民族化过程，但国际性仍然固着于大学的"肌体"内。真正意义上的大学的国际化是出现在第二次世界大战以后（国际性与国际化有程度乃至性质上的区别），它是伴随着经济全球化而发展的一个过程。

现代大学的国际化与其成为"社会的中心"是密切相关的。就其外部因素而言，首先是经济全球化的要求。随着现代大学成为"社会的中心"，经济发展与大学的关系愈加密切。当经济走向全球化时，一方面各国之间

---

① 联合国教科文组织：《21世纪的高等教育：展望和行动世界宣言》，载《教育参考资料》1999年第3期，第2页。

的经济联系日益密切；另一方面各国在经济领域的国际竞争也愈来愈激烈，这就必然要求大学的国际化与之相适应。这种适应可以从大学的基本职能去理解，比如培养拥有国际知识和经验的国际性人才来更好地适应经济发展中"联系密切"与"竞争激烈"的需要。其次是多元文化融合的需要。冷战结束以后，各国、各地区和不同集团之间的学术文化交流大量增加；另一方面国际社会也面临一个突出的问题，那就是多元文化如何更好地相处和融合。综观当今国家之间的纷争，很大程度上是由于文化冲突引起的。现代大学作为文化发展的重要载体，它具有继承、传播、选择和创造文化的功能。因而，现代大学的国际化无疑有助于促进异质文化之间的相互了解、相互理解，进而推动多元文化的融合，最终促进"和平文化"的形成。再次，信息技术的发展既对现代大学的国际化提出了要求，又为其提供了可能。信息技术的发展带来的一个直接效应，就是使偌大的地球真正成了一个"地球村"，而每个人则成为这个"地球村"的"村民"。这既为人们之间的交往带来了极大的便利，同时这种交往更成了必需。现代大学的国际化无疑是适应和回应信息技术发展的重要选择，而且，信息技术也为现代大学的国际化带来了便利，甚至成为其不可或缺的手段和工具。如世界性网络的形成，使各国之间知识与技术的传播瞬间即成。正因如此，近年来许多发达国家提供的跨校、跨国的学位课程已变得日益普遍起来，跨国的网络大学、虚拟大学正成为一种国际时尚。

从现代大学自身的内部因素来说，一是其质量提高有赖于国际化。如果说中世纪大学的国际性曾对当时学术的开展和学问的繁荣起过重要的推动作用的话，那么现代大学的国际化对其质量的提高则有更加直接的推动作用，如学者的国际流动和学术资源的共享等，对现代大学质量的提高都是有力的促进。再者现代大学质量的一个重要衡量标准就是其质量的国际化程度。联合国教科文组织的《21世纪的高等教育：展望和行动世界宣言》特别强调，应当"确定国际公认的可比较的质量标准"。正是有了这样的质量标准，才促使许多大学不断攀登更高的质量高峰。二是现代大学的国际化有助于促进教育资源的共享。现代大学的教育资源无疑是一种重要的人类资源，同时也是一种"可再生资源"。通过现代大学的国际化来共享这一资源，一方面可以极大地提高该资源的利用效益和提高现代大学的质量，另一方面这也是现代大学的教育资源再生的重要途径。这种教育资源的共享，不是在固定不变的资源形态下的分享，而是在分享原有资源的过程中不断地"再生"出新的资源。更确切地说，这是一种发展型资源再生模式，在这一模式中资源分享不仅不会或很少导致原资源所有者的资源损耗，而且可能会使原资源所有者获得更多的新资源。

（原载于《教育研究》2002年第9期，有改动。）

第二节　大学精神文化

一、对大学精神文化的基本认识

目前，关于文化的认识和界定有很多，本节择一代表性的界定，即广义的文化是指人类后天获得的并为一定社会群体所共有的一切事物，它使人区别于动物，是人类对生活环境进行加工改造的结果。一般而言，它主要包括精神文化、制度文化和器物文化三个层面。而狭义的文化则指文化是一定社会群体习得且共有的一切观念和行为。显然这一界定更着重于精神文化层面[①]。如果将这一界定用于大学这一特定的社会群体，那么，所谓

---

① 郑金洲：《教育文化学》，人民教育出版社2000年版，第4页。

的大学文化也就是指大学群体习得且共有的一切观念和行为。由此可见，大学精神文化既是大学文化的一个重要层面，也是一般意义上的精神文化的具体化和个性化。从大学精神文化所包含的文化元素来看，主要有大学精神、理念、校训、校风、学风、教风、管理作风等。对于这些精神文化元素，我们可以作一个简单的分类，也就是大学精神、理念、校训等精神文化元素属于价值层面的精神文化，这些精神文化元素着重体现和申明一所大学的价值诉求。而校风、学风、教风、管理作风等精神文化元素则属于实践层面的精神文化，它们实际上是从实践的角度告诉人们（学生、教师、管理者等）应当如何去践行大学的价值诉求。从以上意义上，价值层面的大学精神文化与实践层面的大学精神文化显然又是密切相关、相辅相成的。如北京大学提倡"兼容并包"的大学理念，形成了"民主""自由"之校风；清华大学提倡"厚德载物"的大学理念，则有"严谨""认真"之校风；南开大学提倡"允公允能"的大学理念，就有"开拓""活泼"之校风。

处于观念形态的大学精神文化并不是虚无缥缈的，它可以通过大学的人、事、物来承载和践行。就"人"而言，大学的办学理念常常通过校长的一些办学思想来体现，学生的学习理念则可以在学习过程中体现出来。而所谓"事"诸如大学的教学制度、管理制度以及师生关系等，也都能在相当程度上反映出一所大学的办学理念。至于大学的"物"，许多大学，特别是一些有悠久历史的大学都非常重视使学校里一些物化的东西成为教育的元素。比如，大学建筑这样一种比较典型的物，它在一定程度上也能反映大学的办学理念。大学建筑物的第一要素或者说基本要求，无疑首先要解决的是该建筑物的基本功能，如教学楼是上课用的，所以要具有作为教学楼的应有功能；第二要素，或者说更高的要求，大学的建筑应该有一种意蕴或者说"物语"，它可以诉说大学的一种思想理念。这是建筑的一种高境界、高追求。

在大学发展实践中，大学精神文化可以是显性的彰显，如经过凝练成句的大学理念、校训、校风、教风、学风等。大学精神文化最显性的一种彰显就是校训，如哈佛大学的校训"与柏拉图为友，与亚里士多德为友，更要与真理为友"；霍普金斯大学的校训"真理使你成为自由人"；清华大学的校训"自强不息，厚德载物"等。这些校训无疑是在表达各校办学的一种价值诉求，彰显着自己的办学主张。大学精神文化也可以是一种隐性的体现，其中大学的建筑、环境等物体形态都蕴含着一定的大学精神文化。其他还有各种规则制度所体现的大学精神文化，比如，人们经常论及的现代大学制度建设，首先必须用先进的理念来引领。如果一种规则制度，找不出其所承载的思想理念，这种规则制度本身就有问题。

二、大学精神文化元素的关系

这里着重从价值层面的大学精神文化元素，诸如大学精神、大学理念和校训，来考察它们之间的关系。

（一）大学精神与大学理念

大学精神与大学理念关系密切，它们之间既有区别，又有联系。首先，大学精神不同于大学理念。大学精神是大学优秀的文化传统，是一代又一代的大学人共同创造的精神财富，而大学理念更多的是表达大学人（包括个体）对大学的认识及其办学主张。如果说任何一所大学一般都有自己的大学理念，但不是每一所大学都有自己的大学精神。

其次，大学精神源于大学理念。一所大学在其漫长的历史发展长河的各个时期，都会有各自主张和坚守的大学理念，当一个时期的大学理念对大学发展起到积极的引领作用，促进了大学的发展，那么这一时期的大学理念就会成为一种优秀的文化积淀下来，成为大学优秀的文化传统，最终成为大学精神的有机组成部分，从而使得大学精神与时俱进地不断丰富和发展。而当某个时期的大学理念对这一时期的大学发展并没有起到积极的推动作用，甚至还阻碍了大学的发展，那么这一大学理念在大学的历史发展长河中就不会留下什么印迹，更不可能成为大学优秀的文化传统即大学精神的一部分。

大学理念又是基于大学精神。对于一所大学来说，任何时期的大学理念，其确立都必须建立在大学优秀的文化传统基础之上，具体而言，就是依据大学的优秀文化传统所体现的核心价值观，结合时代发展的需要，提出或确立新的大学理念。这也是大学精神的实践价值的主要体现。

（二）大学校训与大学理念、大学精神

校训对一所大学而言，是一种极其重要的精神文化元素，它对内能形成一种文化上的向心力，对外则是学校个性和精神面貌的一种重要彰显，是获得外在认同和支持的一种重要途径。一所大学的校训在提出之初通常是从应然的角度来表明大学的一种办学理念，这一办学理念起着引领这所大学不断发展的作用。处在理念形态的大学校训，经过漫长的历史演变过程，最终会成为大学一种优秀的文化传统，即大学精神。而这一历史演变过程，实际上体现了大学对自身文化传统的体认与珍视，也可以看作校训在大学发展实践中是否得到切实践行的重要标志。

一所大学的校训具有相对的稳定性，如果校训"朝令夕改"，必然导致大学实践上的无所适从。但这并不意味着校训内涵的一成不变，而应当根据时代的发展需要，不断地丰富和发展其内涵。如90多年前清华大学所确立的"自强不息、厚德载物"这一校训，出自《周易》的"天行健，君子以自强不息"，"地势坤，君子以厚德载物"，其原生含义表达的是天（自然）的运动刚强劲健，相应于此，君子应刚毅坚卓，奋发图强；大地的气势厚实，君子应增厚美德，容载万物。对清华大学来说，就是要求师生在气节、操守、品德、治学等方面都应不屈不挠，战胜自我，永远向上，力争在事业与品行两个方面都达到最高境界；在做人做事方面应该顺应自然，胸怀博大，宽以待人，承担起宏伟的历史任务。对今天的清华大学来说，除继承了原生含义外，还被赋予了时代的新内涵，即清华师生要树立一流意识，胸怀祖国，放眼世界，争创一流，这也体现了现代大学精神文化的发展性。

校训的制定应成为学校文化建设的重要组成部分，它既应是独特的，也应经得起历史的考验。但从目前我国大学的校训来看，存在以下两个明显的误区。

一是校训的形式化。尽管每所大学都有自己的校训，但在许多大学的办学实践、教师的教学实践以及学生的学习实践中并不一定都得到很好的践行，甚至相当一部分流于形式。笔者曾对某所大学作过一个抽样调查，有85%的在校生、72%的教师不知校训，或记不全校训；而在该校校友中，这个数字更高达90%以上。

二是校训的雷同化。一项针对国内256所大学的调查显示，大学校训同质化、标语化现象严重，一些校训在师生中的认同度降低，感召力不强。其中有192所大学的校训为"四词八字"的口号式，比例高达75%。校训带有"勤奋"字样的有68所，"求实"的有65所，"创新"的有59所，"团结"的有49所，"严谨"的有25所。在256个校训中，包含以上5个词语任何一词的有147个，占到被调查大学的57%。还有一些大学的校训完全一样——有8所大学的校训同为"团结、勤奋、求实、创新"，有27所大学的校训同为"严谨、勤奋、求实、创新"，不同的只是先后排列顺序。这种雷同化的现象在一定程度上造成了许多大学的办学缺乏个性，以至千校一面，同时，这也在很大程度上反映出一些大学在办学思想理念上的匮乏。

三、大学精神文化的时代特征

作为具有一定"普世价值"的大学精神文化，其产生和发展具有一定的普适意义，同时，一个时代的大学精神文化，无疑在不同程度上都烙上了这个时代的印记。我们可以基于以上认识来考察大学精神文化的时代特征，这些时代特征也体现了现代大学精神文化的发展趋向。

（一）大学精神文化的发展性

大学精神文化的发展性包括继承的发展和创新的发展两个方面。阿什比曾说过："任何类型的大学都是遗传与环境的产物。"①所谓遗传，实质上就是大学长期形成的一种优秀的文化传统，这种优秀的文化传统随着大学发展会变得愈加丰富和深厚，并成为每个时期大学进行发展选择的重要依据，比如大学办学理念及发展定位的确立等，都需要依据其文化传统。正如恩格斯所说："历史从哪里开始，思想进程也应当从哪里开始，而且思想进程的进一步发展不过是历史过程在抽象的、理论上前后一贯的形式上的反映。"②

在德国著名学者赫尔曼·勒尔斯看来，经典的大学观念在形成以来的近200年中表现出惊人的内在一致性。尽管历经政治变革，尽管建立了许多新型大学，但经典的大学观念至今仍是持不同学术立场的学者所能接受和理解的一个理想、完美的观念③。

在大学发展的实践中，许多大学一般都非常重视学校的办学历史，希望把学校的历史追溯得越长越好，但并没有真正弄明白悠长的办学历史究竟为大学积淀下来了哪些优秀的文化传统，而这些优秀的文化传统对大学今天办学究竟意味着什么，或者说有什么作用，也即其实践价值如何实现，比如，大学如何根据自身的文化传统确立新的目标定位、办学理念及特色品牌等。一所大学的历史悠久并不必然带来文化的厚重，也未必就是大学的财富，只有长期坚持不懈地重视大学文化建设，注意总结、概括大学优秀的文化传统，并通过现代转换使之转化为今天大学办学的文化资源（如转化为新的大学理念），悠长的办学历史才会积淀深厚的文化底蕴，才会成为大学发展的财富。

我们常常会发现这样一种现象：两所不同的大学，尽管它们都有悠长

---

① ［英］阿什比著，滕大春、滕大生译：《科技发达时代的大学教育》，人民教育出版社1983年版，第7页。

② 中共中央马克思恩格斯列宁斯大林著作编译局编：《马克思恩格斯选集（第三卷）》，人民出版社1972年版，第60页。

③ ［德］赫尔曼·勒尔斯：《经典的大学观念：洪堡构想的大学观念的起源及其意义》，载《外国高等教育资料》1990年第4期。

的发展历史，但给人的感受，一所大学有与其历史相当的文化积淀，而另一所大学则让人感受不到悠长的办学历史所留下的那种文化的厚重。究其原因，这与大学是否真正重视大学的历史，特别是历史给大学积淀下来的优秀文化传统，能否有效地转化为今天办学的文化资源有密切关系。

所谓环境，则主要是指大学的"与时俱进"。在大学精神文化方面，则体现在其创新的发展上，主要包括两个方面：一是对优秀的文化传统赋予新的时代内涵，这也是大学精神文化得以不断丰富和发展的重要动力和途径，如对校训随着时代、环境发展的需要而赋予新的内涵与诠释；二是根据时代、环境发展的需要不断创造性地提出新的大学精神文化，比如新大学理念、新大学校训的提出。

（二）大学精神文化的兼容性

"海纳百川，有容乃大。"所谓大学精神文化的兼容性主要包括两个方面的意蕴：一是从大学精神文化的多元性而言，就是对这种多元的大学精神文化的兼容并包；二是从学术自由而言，大学精神文化的一个核心价值观就是对各种各样学者的学术观点、学术行为的兼容并包，应当说这是大学学术繁荣之路，也是大学发展之道。大学精神文化的兼容并包主要指的是共存、认同、互补、融合，这是一个逐次递进的过程，在这个过程中首先是允许多元大学精神文化的共存，再到相互认同。在这一基础上，多元大学精神文化需要互补，也就是各种不同的文化相互取长补短。兼容的最高层次就是融合，融合并非要求不同文化一定要融为一体，而更多的是追求一种"和而不同"的学术生态，所以，从这一意义上，"和"就是融合。

值得特别注意的是，大学精神文化的兼容并非同化，也就是说它不仅不是一种文化（往往是主体文化）对另一种文化（非主体文化）的完全否定与排斥，而且通过优势互补，使得大学精神文化得以丰富和发展，它所表现出来的是大学精神文化的主体与多元的一种积极关系，即在多元文化的兼容中丰富和发展主体文化，同时，文化兼容的多元状态也使得满足大学人对文化的多元选择需求成为可能。

从大学精神文化发展的历史来看，大学精神文化的兼容性不仅促进了大学精神文化自身的不断丰富和发展，而也是大学发展的必不可少的因素，如蔡元培先生在主政北京大学期间提出的"思想自由、兼容并包"的治校理念，主张对不同的学术观点的兼容，对性格各异的学者的包容，从而使得北京大学成为中国新文化运动的发祥地。

（三）大学精神文化的整合性

从大学精神文化系统建设的角度来看，大学精神文化的极大繁荣，既表征了现代大学发展的勃勃生机，同时也给现代大学发展带来了某些困惑。现代大学精神文化的发展方向在哪里？面对如此丰富多彩的现代大学精神文化，大学实践活动究竟应选择和践行哪些文化？这种选择和践行会不会造成大学发展实践上的偏颇？对于这些困惑，笔者认为，解"困"的途径就是寻求大学精神文化的整合。赫尔曼·勒尔斯曾从大学理念的角度阐述过整合大学精神文化的必要性："大学独立自治、学术自由、教学与科研相结合以及支持它们的通才教育，这一切都是经典的大学观念发展的组成部分。为了有可能用理念论的哲学观点制定内部纪律和培养学术界的精英，必须将上述几个组成部分结合为一体。"[1]

从整合大学精神文化的基本思路来考虑，即以共同的核心价值观作为整合大学精神文化的基础，根据大学精神文化元素的各自文化功能，来建立它们之间的相互联系，从而形成一个功能整合的大学精神文化系统。而这种整合具体涉及以下几个主要方面：一是价值层面的精神文化元素之间的整合，如大学精神作为一种优秀的文化传统，对其总结和凝练更多的是体现大学历久弥新的核心价值诉求，大学理念则是基于大学精神的核心价值诉求，来表达大学"与时俱进"的价值诉求。二是价值层面的精神文化元素与实践层面的精神文化元素的整合，比如教风和学风的概括和表达，一方面应反映价值层面的大学文化精神的价值诉求，另一方面更多地体现

---

[1] ［德］赫尔曼·勒尔斯：《经典的大学观念：洪堡构想的大学观念的起源及其意义》，载《外国高等教育资料》1990年第4期。

其实践引领性和指导性。三是精神文化、制度文化与器物文化的整合。比如，许多大学注重用自然物来意蕴大学的某种精神文化或思想理念，这就需要人们对自然物的特质做出适当的、与大学的核心价值观相一致的教育诠释，如某学校校园里栽种了许多木棉树，该校也以木棉花为其校花，并力图建构一种木棉文化来引领学校的发展。而木棉的特质是挺拔巍峨，蓬勃进取，不屈不挠，生命力旺盛顽强；花时丹霞满树，如火如荼，花后绿叶满枝，郁郁葱葱。木棉的这些特质，象征奋发、超越和高洁①，这正是该校所主张的核心价值观。

（四）大学精神文化的个性

从根本上来说，大学特色即文化特色，如建立在独特的核心价值观基础上的大学精神、理念和校训等。应当说，这种文化特色实际上也是一所大学极富价值的个性标识。虽然大学的个性标识很多，但大学精神文化的个性标识比其他个性标识更具内涵，也更为持久。

特色一直被认为是大学发展中的一个重要元素。《现代汉语词典》对特色的解释是"事物所表现出来的独特的色彩、风格等"，实际上也就是事物的与众不同。当然，并不是所有的"与众不同"都可以称之为大学特色，这里有必要厘清有关概念之间的联系与区别。首先，特色与特点不同，特点也是一种"与众不同"，《现代汉语词典》对特点的解释是，"人或事物所具有的独特的地方"，显然从这一含义上分析，特点要比特色广泛得多，或者更确切地说，特色是那些更为深刻、更具内涵的特点。如果说任何一所大学都有自己的某些特点，但并不是大学都有自己的特色。其次，大学特色与单一的特色项目也不同，大学特色体现了大学发展的战略取向，对大学发展带有根本性、全局性影响，是大学形成竞争力和发展力的关键所在。而单一的特色项目则是大学某一方面或某一局部的，虽然可以成为大学发展的某一亮点，但难以对大学的整体发展起到重要的引领、带动或影

---

① 黄治中：《木棉花正红——中山市石岐中心小学的学校文化解读》，载《广东教育》2007年第1期。

响作用。再次，如果说特点所表达的是一个中性的概念，而大学特色更注重其积极意义，也就是说特色是大学的核心竞争力，是大学发展的软实力，是形成大学品牌的基础。从一般意义而言，大学特点和特色项目都有发展成为大学特色的可能，但可能并不等于现实，也就是说，在实际中有的特点和特色项目能够发展成为大学的特色，而有的特点和特色项目可能永远不能发展成为大学的特色。如果从战略意义上分析，至关重要的是，大学如何选择那些特色项目和特点，经过不断地丰富和发展，最终使之成为能够形成大学核心竞争力、引领大学整体发展的特色。

从大学的发展历史来看，大学特色一般有两种形成方式：一种是自然生成，这也是一种文化自然现象；另一种是自觉追求，即文化自觉。从文化自然到文化自觉，体现了大学文化发展的一种趋势。如果说过去的大学更多的是一种文化自然，比如大学起初并没有一个明确的特色目标，而是在长期的历史发展过程中自然而然地形成了某种特色，那么现代大学则更注重于文化自觉，比如对特色的自觉追求，也就是大学在办学过程中对那些适应社会、经济发展需要，符合教育规律，利于自身生存与发展的"特色"的主动追求，即"特色化"。这也是从特色目标发展成为大学真正特色，最终形成大学品牌的过程。如果说特色更多的是在强调大学的"与众不同"，那么品牌则注重这一"与众不同"的公认度和影响力。我们经常看到有的大学没有办多长时间，就自称有了什么样的办学特色，有了什么品牌。实际上这里所谓的特色只能算得上是一个特色目标，如果要真正成为大学的特色，最终成为大学的品牌，则需要假以时日，长期坚持不懈。

不论是自觉追求，还是自然生成，一所大学特色的形成不仅是一个长期的、渐进的历史过程，同时又是一种特有的文化嬗变现象。决定特色的因素是多元的，正如阿什比所言的是与学校的历史文化传统、社会自然环境等紧密联系着的。综观那些以其特色而著称于世的大学——如德国的柏林大学曾以其浓厚的重科研气氛使之一度成为"世界现代大学的楷模"，同时也使得世界高等教育中心转移到德国；美国的威斯康星大学则以其面向实际、注重实用的办学思想与模式，形成了风靡世界的"威斯康星理念"，创造出现代大学发展的一种崭新模式等。这都显示出传统与环境作用的重要性，而最终决定大学特色的主要力量乃是大学在办学过程中有意识地对传统的不断继承与扬弃和对环境的不断适应与改造。

值得注意的是，大学精神文化的整合并不排斥和否定大学内部精神文化的多元与个性，更不意味着一定要把这种"多元与个性"整合成"清一色"，而大学的个性特色也不应是这种"清一色"式的，大学系统内部的文化应当是丰富多彩、千姿百态的，如院系的组织文化，基层学术组织的学术文化，学生的社团文化等。围绕共同的核心价值观，通过合理引导和系统建构大学系统内部各个层面的特色，才能形成既个性纷呈又整体有序的大学特色，而这也正是大学精神文化发展之趋势。

（原载于《教育研究》2010年第7期，有改动。）

第三节　大学理念——从历史发展的角度

许多国际组织对现代大学理念的形成和发展也发挥了特殊的作用，尤其是20世纪90年代以来，世界正面临"两极"现象的困扰，一极是辍学失学、男女受教育机会不平等、环境恶化、人口激增、社会排斥、战争暴力等，使人们对人类社会的未来陷入了迷茫和困惑；另一极是高科技、信息化、知识经济等，使人们在享受人类文明成果的同时，感受到前所未有的压力和挑战。一些国际组织十分关注在这一发展的背景下大学的角色定位、性质与目的、职能与使命等问题。比如，联合国教科文组织致力于推动关于高等教育的作用、趋势及所面临的挑战的全球性探讨，特别是在1998年10月巴黎召开的首次世界高等教育大会，发表了《21世纪的高等教育：展望和行动世界宣言》，该宣言蕴含了非常丰富的现代高等教育发展理念，被誉为"'地球村'新大学的'思想实验室'"[①]。

"理念"一词来源于希腊idea和eidos，后在德文和英文里分别用die idee和idea表示。这一词源学的简单考察更能提醒人们注意其哲学背景，尤其是古希腊柏拉图的理念论及德国古典哲学的背景。正如杜威所说，哲学是教育的普遍原理，教育是哲学的实验室[②]。对于什么是"大学理念"，费希特、谢林、黑格尔都曾作出过重要贡献。在这些古典哲学家看来，有形的文化作品和社会建制是无形的理念的外在表现，文化和制度离开了内在的理念就仅仅成了一具僵尸。洪堡和柏林大学的其他精神之父们所阐发的大学理念，曾为柏林大学灌注了独特的生命，使之成为真正的现代大学的鼻祖[③]。之后，大学理念或大学之为大学的讨论就一直保持旺盛的生命力，同时大学理念也呈现出多样性，虽非人言人殊，但绝非异口同声。比如，纽曼的《大学的理念》（*The Idea of a University*）中所阐明的大学理念与弗莱克斯纳的《大学：美国、英国、德国》（*Universities：American，English，German*）所推崇的大学理念就大异其趣；而赫钦斯的《人文社会》（*The Learning Society*）所列举的大学理想与科尔的《大学之功用》（*The Uses of the University*）所赞同的大学理念则几乎针锋相对[④]。应当说，之所以存在这些差异，与其所处时代及其哲学背景等因素无不相关。本节从历史的角度，以理性主义、实用主义哲学为基础，以理性主义大学理念与实用主义大学理念之争为线索，来探讨大学理念的历史发展。

---

① 金耀基：《金耀基自选集》，上海教育出版社2002年版，第301页。
② 童世骏：《大学的理念》，载《辞海新知》2000年第5期。
③ 同上。
④ 同上。

一、理性主义的大学理念主导时期

从现代意义上的大学——中世纪大学诞生至19世纪末20世纪初，这是理性主义的教育目的观占据主导地位的时期。理性主义是作为一个哲学流派出现的，最早可追溯到柏拉图和亚里士多德等人。而这一哲学流派的代表人物则是16世纪末至18世纪初的笛卡儿、斯宾诺莎、莱布尼茨等人。它主要是以"理性"为核心，把理性作为神的属性和人的本性来看待，认为凡是合乎自然、人性的就是理性。人的本质就是人的理性，而且人的传统本性超越时间和地域，在任何时候、任何地点都是一样的。

理性主义大学理念的代表人物有洪堡、纽曼、怀特海等。洪堡是德国现代教育的奠基人，他和柏林大学的其他精神之父们所阐明的大学理念主要包括：一是大学活动的非政治性与大学建制的国立地位的统一，从一开始柏林大学的办校宗旨就标明服务国家利益，但为国家利益服务不等于放弃大学自由和学术自由，而恰恰是这种大学自由和学术自由才更符合普鲁士作为一个文化国家的根本利益；二是科学体系内在完整性和科学对整个文化和社会的批判——启蒙意义的统一，大学必须真正是"大"学，不仅学校规模大，而且学科范围广，只有以科学为核心的大学，才能培养出"全面人格"的人才，才能成为全民精神文化生活的典范和中心；三是教学和研究的统一，强调教学与研究并重，重点在于研究。新人才是在新知识的创造过程中培养出来的，这样的新人才从一开始就不仅仅知道如何掌握已有知识，而且也知道如何去探索未来领域。

纽曼则是系统阐述理性主义的大学理念的第一人。他指出，大学是传授普遍知识的场所，知识本身即为目的，教育是为了理智的训练。他不赞同在大学中进行科学研究活动，他认为大学的职能是教学，而不是科研，大学是为传授知识而设的。大学应该提供博雅教育，而博雅教育存在于文化之中。大学通过传授知识，培养或造就有智慧、有哲理、有修养的绅士。

怀特海主张智力训练用"智慧率知识"，把教育从死的知识和无活力的概念中解放出来。他认为，大学既是教育机构，也是研究机构，但它存在的根本原因是"富于想象"地在探讨学问中把青年人和老年人联合起来。大学的目标是培养学生的想象力，大学的任务就是要把想象力与经验融合为一体，培养智慧的力量。他还认为，由积极想象所产生的激动气氛转化了知识，在这种气氛中，一件事实就不再是一件事实，而是被赋予了不可言状的潜力。大学的理念，与其说是知识，不如说是力量。大学的任务在于把一个孩子的知识转变为一个成年人的力量。

二、实用主义的大学理念开始盛行及两种理念并存与对峙时期

20世纪初至50年代，实用主义的大学理念开始盛行，但这并不意味着理性主义的大学理念让出自己的阵地。这两大流派的矛盾、冲突与统一是这一时期大学理念发展的最基本的特征。

实用主义是由美国三位哲学家——皮尔斯、詹姆士和杜威开创的一个哲学传统，思想渊源可溯至康德的"实践理性"、叔本华的"意志升华"、达尔文的"适者生存论"，功利主义的"有用即善"，以及美国独特的环境影响。它承认人具有理性，但认为理性本身不是目的，而是解决问题的手段和工具。它是一种推崇主观经验，强调行动的实际效果，主张用实际效果评价一切和检验一切的思想或观念。这种哲学在美国的影响尤为广泛和深刻。

基于此，实用主义者认为教育应注重实际应用，提升个人和社会的整体福祉。大学不应该成为远离社会的"象牙塔"，大学有责任用自己的知识为社会提供服务，人们追求知识主要是手段，而不是目的。大学应适应环境的需要，为社会提供各种服务，并与社会形成合作关系，成为社会大学。正如德鲁克在描述美国的大学时所说，大学现在不仅是美国教育的中心，而且是美国生活的中心，它仅次于政府成为社会的主要服务者和社会变革的主要工具——它是新思想的源泉、倡导者、推动者和交流中心。

20世纪初，实用主义大学理念的代表人物是威斯康星大学校长查理斯·范海斯，他提出了"威斯康星理念"，即赋予威斯康星大学两项重大

使命——帮助州政府在全州各个领域开展技术推广和函授教育。范海斯认为，教学、科研和服务都是大学的主要职能，更重要的是，作为一所州立大学，它必须考虑每一项社会职能的实际价值，换句话说，它的教学、科研、服务都应考虑到州的实际需要。范海斯的理念和业绩引起了美国高等教育学界的普遍重视，也遭到坚守理性主义大学理念的学者的激烈批判。

首先对实用主义大学理念作出哲学批判的是弗莱克斯纳。弗莱克斯纳在1908年出版了《美国的学院：一种批判的观点》（ *The American College:A Criticism* ），1930年又总结自己的思想出版了《大学：美国、英国、德国》。他把自己的大学理念称为"现代大学的理念"，他认为大学不是一个温度计，对社会每一流行风尚都要作出反应。大学必须经常给予社会一些东西，这些东西并不是社会所想要的，而是社会所必需的。他还认为，不管社会如何变化，大学的主要任务不会有太多的变化，学者和科学家应主要关注四大目标，即知识和思想的保存；知识和思想的解释；寻求真理；训练青年学人成为将来继起的工作者。T. 维布伦是另一位对实用主义大学理念提出批评的人。1918年他出版了《美国的高深学问》（ *The Higher Learning in America* ），提出大学尤其是研究型大学不应受某种价值的约束，更不能允许"工业巨头"的腐蚀破坏，从而勇敢地维护了理性主义大学理念。赫钦斯是20世纪理性主义大学理念的代表人物和集大成者，永恒主义教育哲学的主要代表，反对实用主义的最坚定的战士。他在1936年出版的《美国高等教育》（ *Higher Education of American* ）一书对美国大学实用主义倾向予以了深刻的批判。他认为真理是永恒的，教育就是要传播永恒的真理，设计永恒的课程。永恒的课程主要体现在"名著"之中。大学应该提供博雅教育，为培养永恒的人性服务。大学应该是理智的共同体。大学应帮助人类学会自己思考，发挥理智的领导作用。放弃大学作为研究高深学问的传统，只会屈从于社会的功利主义目的。赫钦斯的大学理念对实用主义大学理念的发展是一个遏制，并在一定程度上为战后理性主义与实用主义大学理念的融合奠定了思想基础。

三、大学理念呈现出多样化的格局时期

二战后，各种哲学思想流派，如结构主义、工具主义、存在主义、新保守主义和国家主义等异彩纷呈，以至这一时期出现了大学理念流派"丛林"现象。其中国家主义是统摄大学理念的根本力量，其大学理念主要体现在战后兴起的要素主义的大学理念中，代表人物有科南特、里科弗和贝斯特。他们认为，教育的政治、经济功能是第一位的，文化功能是第二位的；教育的社会功能是第一位的，个人发展功能是第二位的。存在主义是对哲学的全面改造，它承认人有理性，但认为不能过分夸大理性的作用。人（man）是一个人（person），即人的存在（personhood）是具体的、个别的，不是抽象的、共相的，人的存在不等于理性，人还有想象、直觉和感情。在大学理念的阐发中，另一位思想大师雅斯贝斯的大学理念很具有代表性，他强调大学自由与学术自由，认为自由是大学之生命的首要原则，即学生学的自由和教师教研的自由。他仍然主张哲学在大学理念中具有中心地位。最值得注意的是，他所谈到大学理念和大学建制的关系：大学理念是要由相应的建制来保障的。

这一时期最具影响的还是工具（实用）主义大学理念。工具主义是与实用主义一脉相承的。胡克曾指出：可以把实用主义、工具主义或实验主义这三个名词当作同一语。工具主义大学理念的核心主张是把高等教育视为促进国家发展、服务于国家需要的最有效的工具。代表人物有克拉克·科尔和德里克·博克等。

科尔是一个典型的工具主义者或实用主义者。他认为，当代大学已不同于纽曼时代的牛津大学、洪堡时代的柏林大学，也不同于弗莱克斯纳的高级研究组织，而是一种新型的机构、一种多元化的巨型大学。现代大学具有生产功能、消费功能和公民素质培养功能。大学作为知识的生产者、批发商和零售商，不可避免地要为社会提供服务，知识也为每个人服务。在大学与政府的关系上，科尔认为随着大学功能的转变，两者之间的关系日趋紧密。一方面，政府出于自身利益的考虑，越来越多地卷入大学事

务，并从外部对大学施加影响；另一方面，大学出于生存的需要和自己的利益，也越来越主动地对外部集团的愿望和需求作出反应。

博克是20世纪70年代活跃在美国高教界最杰出的教育家和活动家之一。他先后出版了《超越象牙塔》（1982）、《美国高等教育》（1986）、《大学与美国的未来》（1990）。他认为，大学应走出封闭的象牙塔，现代大学已从19世纪的单纯封闭性，变成现在的沟通社会各界、身兼多重职能的超级复合机构，其规模与威望将同社会对它的需求和干预同步增长。大学应严格区分社会长远利益和近期需要，一方面为社会提供现实服务，另一方面又不失自己的根本使命，如基础研究、远景预测和道德传统教育。他还认为，二战以来，大学在社会中的地位日益重要，国家越来越依靠三个因素：新的发明创造、训练有素的人才以及专业知识。在美国，大学基本上承担了前两种要素的任务，并且是第三种要素的主要源泉。

（原载于《现代大学教育》2003年第6期，有改动。）

第四节　大学校庆：价值与功能

近年来，校庆在中国各大学受到愈来愈多的重视，甚至在一些大学，不仅逢五、逢十周年大办校庆，而且年年都会举办规模不小的校庆活动，大学校庆已然成为大学一种非常醒目的文化现象，并对大学产生了重大影响，很值得关注。本节试图从文化角度对大学校庆这一文化现象的价值与功能作初步探讨。

一、大学校庆的多元价值

当前，大学校庆在中国受到高度重视，很大程度上表明了校庆对今天的中国大学来说有其独特的价值。大学通过筹划和举办形式多样的校庆活动，来追求各自的价值目标，但也有人质疑大学校庆的价值。质疑者列举了一些世界著名大学很少办校庆，甚至不办校庆来佐证校庆的价值有限。如牛津大学建校800多年就从未举办过校庆；剑桥大学在2009年举办了800周年校庆，当问到下次校庆将在何时举办时，举办者回答说可能要等到学校900岁时；哈佛大学自1636年建校，一共举办了3次校庆。如此"漠视"校庆，似乎也在传达这样一种信息——大学校庆并非像人们想象的那样"价值"连城，况且为此所花费的人力、财力、物力，未必"力"有所"值"。也有人持一种大学校庆"少而精"的观点，认为校庆并不在于举办次数多少，而在于其举办得是否有价值，国外大学少有校庆，并不意味着其对校庆价值的否定，一些国外大学尽管不经常举办校庆，但每次举办时间都较长，有的长达一两年，他们很重视校庆的实际功效，以达成预设的价值目标。

实际上，近年来在中国伴随着大学校庆之风日隆，对大学校庆的价值也一直争议不断，见仁见智，莫衷一是。笔者认为，对大学校庆价值的认知取决于价值主体的主观认识，因此这种认知必定是多元的。我们可以从林林总总的中外大学校庆现象中来认识大学校庆的多元价值。

（一）对大学校庆价值的认知是价值主体（大学）的一种价值判断与价值选择

不论认为校庆是否有价值，还是认为校庆有什么样的价值，都有赖于价值主体的主观判断与选择，比如，有的大学倾向于校庆的经济价值，以致校庆活动演变成一场经费筹措的募捐活动；有的大学则更看重其学术价值，借助校庆举办各种学术活动，校庆活动成为一场名副其实的学术盛会。综观一些世界一流大学的校庆，有几个非常突出的理念：学术为重、关注未来、注重参与、重视社区，如2003年哥伦比亚大学250周年校庆，以一系列学术和庆祝活动为特色，从2003年10月持续至次年10月。作为校庆活动的重头戏，哥大邀请了包括诺贝尔奖得主在内的诸多顶尖学者，举办了多场不同领域的深度研讨会，同时还有不计其数的各色讲座，贯穿整个校庆活动的始终①。近年来，国内许多大学的校庆也越来越强调繁荣学术的重要性，把学术活动当作校庆的重头戏，如2005年复旦大学100周年校庆时，确立了"庆典为体，学术为魂"的宗旨；2006年厦门大学85周年校庆时，以"厦门大学走向世界"为主题，定位于国际性和学术性；2008年中国科技大学举办50周年校庆，其原则是"庆典为体、文化为魂、学术为根、发展为本"。也有大学把校庆作为宣扬和传播大学精神文化的重要契机，充分发挥校庆在促进大学与社会外界信息交流中的媒介作用，通过办学成果和综合实力的展示，广邀知名专家学者、社会名流走进校园与师生对话，采取讲座、展览、演出等形式多样的校庆活动，大力传播大学文化，弘扬大学精神。还有大学把校庆办成了师生情感交流、增强校友归属感、凝聚人心的重要平台，从而获取师生和校友热爱学校、支持学校发展的正能量。在校庆活动中，师生和校友是主要参与者，特别是一些大学注意避免校庆活动成为炫耀个人地位、身份的"名利场""功利场"，努力去营造校友与学校、校友之间、师生之间的一种良性的情感交流氛围，在这种氛围里校友没有等级，也没有身份差异，如南京大学在2002年的100周年校庆中就提出"只认长幼不认尊卑"的原则，在2012年的110周年校庆中更是提出"序长不序爵"，即接待嘉宾只按年龄排前后，不以官位论大小。

（二）不同国家由于国情不同，其对大学校庆价值的认知也不一样，这同样取决于价值主体在具体情境下对大学校庆的价值判断与价值选择以及价值的表达方式

在国外一些大学看来，大学校庆的价值主要体现在通过反思来为大学未来发展设立新航标，而不在于举办一场隆重的校庆庆典来颂扬大学过往

---

① 高美：《国外名校是怎么办校庆的》，载《新京报》2012年10月27日。

的功绩。如日本京都大学100周年校庆日，没有庆典，没有华丽的布置，也没有热闹的学生活动，只有一张近乎简陋的海报，上面写着"京都大学与殖民政策——反省百年京大犯过的错误"。京大的教师和学生正是用批判学校、批判校史而不是用张扬学校的成就来表达对于学校的骄傲与敬意①。

就当下中国大学校庆的现实而言，笔者认为，最重要的是如何进行适当的价值定位（包括价值判断与价值选择）以及如何选择恰当的价值表达方式。所谓大学校庆的价值定位，即不论大学校庆的价值判断与选择有多么多元，都需要有一个共同的核心价值，这个共同的核心价值就是每所大学都必须坚守的大学精神。基于大学精神，围绕大学使命及其所承担的社会责任，来确立大学校庆的价值表达方式，如学术自由是任何大学都必须坚守的共同核心价值，弘扬学术精神是大学的重要使命，发展科学则是大学的社会责任，这便决定了大学校庆的价值表达方式是以学术活动为主。

二、大学校庆的精神文化功能

大学校庆的价值是通过其相应的功能而得以实现的。从一种文化现象的角度来说，大学校庆的精神文化功能对于形塑大学精神文化价值具有极其重要的作用。

（一）大学精神文化的总结与传承

大学精神文化是一个历史范畴，任何一所大学的精神文化的形成都是一个漫长的历史积淀过程。一所大学的历史"长度"往往在相当大程度上决定了其精神文化的"厚度"，这也就是人们通常所说的"有历史就有文化"。然而，我们也经常看到，一些大学尽管有悠长的历史，但并未形成与其历史相称的精神文化，"有历史就有文化"在这些大学并未真正体现出来。究其原因，主要是这些大学在精神文化的传承上存在着不小的缺失。在历史发展的长河中，它们并不知道每个发展时期究竟留下了哪些优秀的

---

① 杨照：《一所大学的百年校庆》，载《南方周末》2011年4月14日。

文化传统，对自身的历史文化缺乏总结和梳理，以致不同程度地出现大学文化传统的断裂和大学精神的式微。尽管一些大学也都非常重视学校的办学历史，希望把学校的历史追溯得越长越好，但其并未明白溯长校史的真正含义。只重视延长校史，而忽略了探寻并总结悠长的办学历史为大学积淀的优秀文化传统，以及优秀文化传统的实践价值如何实现，这是当前大学精神文化传承中存在的一个普遍问题。因此，如何总结、概括大学优秀的文化传统，并通过现代转换使之转化成为今天大学办学的精神文化资源，如形成新的办学理念等，这是当前大学精神文化传承的关键所在。

大学校庆是一种文化记忆，它具有传承大学精神文化的功能，主要体现在校庆是大学传承精神文化的一个十分重要的契机。每次举办校庆，校友、社会贤达和学校师生在这样一个特殊的场景下回顾历史、总结办学经验、梳理大学各种精神文化元素对办学实践的影响，特别是通过有选择的文化记忆，那些对大学发展发挥实践正能量作用的精神文化元素得以积淀、升华和传承，成为大学的优秀文化传统，即大学精神。同时，回顾历史、总结办学经验、梳理大学精神文化元素的过程，实际上也是校友、社会和大学师生形成文化共识的过程，这对大学精神文化的传承更是必不可少的。

（二）大学精神文化的反思与创新

文化创新是对文化传统的扬弃性继承。所谓"扬弃"，即包含抛弃、保留、发扬和提升的意思。黑格尔在《精神现象学》中指出："事物在发展的过程中，每一阶段对前一阶段都是在否定中包含肯定从而既有抛弃又有传承的过程，即扬弃的过程。"[①]也就是说，文化创新伴随着文化扬弃，适当的扬弃与反思分不开，或者说扬弃的过程实质上就是反思的过程。吉登斯在《现代性的后果》一书中认为："反思性是人类活动的内在规定性。反思是一种面向事物内在本质的深入的觉解，是一种洞察事物发展规律的幽玄的觉悟。"

---

① ［德］黑格尔著，王诚、曾琼译：《精神现象学》，中国社会科学出版社2007年版，第87页。

　　由此可见，文化传承与创新的关系实际上反映了传统与现代的发展关系。传统文化正是在不断创造中形成的，又是在不断创造中被突破和创新而走向现代的。文化传统是文化创新的前提，在现实的文化实践中对原有传统进行调整、修正和补充，有利于传统文化的存在、发展和延续。

　　大学的一项重要功能就是文化的传承与创新，文化创新是在传承文化的基础上创新文化。只有文化创新，大学才能适应社会进步的要求，大学本身才能与时俱进。要实现对大学文化的扬弃性继承，首先要对大学文化传统进行反思，在反思中创新，实现文化传统的现代转换。

　　而且，就大学历史发展过程而言，它并非一帆风顺。不适宜的理念引领，有可能导致大学在某一时期陷入一些误区，甚至难以自拔，从而阻碍大学的发展。只有坚守大学的文化创新功能，及时反思，实现传统文化的创新，才能解决发展过程中面临的问题。当前，大学发展的实践越来越清晰地表明，没有及时反思大学在发展历程中的文化误区，大学发展的步伐就会放慢，甚至受阻。作为"社会的良心"，大学应具有批判精神，它不仅承担着对形形色色的社会现象反思与批判的责任，也常常需要进行自我批判，质疑大学自身的实践。

　　大学文化的创新与大学发展具有内在的逻辑统一性。当前，制约中国大学发展的一个重要原因就是原始创新能力不够。"大学的创新能力弱，不是投入太少，也不是人才队伍不足，关键是缺乏利于创新的大学文化"[1]。大学文化创新正是着眼于构建"利于创新"的大学文化，只有通过大学文化创新，才能不断提高大学的学术竞争力和培养创新型人才的能力。

　　校庆文化既是一种反思文化，也是一种面向未来的展望文化。著名学者钱理群曾说过："希望校庆日变成反省日。"[2]大学发展历程中难免出现失误。作为一种重要的文化现象，校庆是大学发展过程中的一个个节点。

---

　　① 朱清时：《缺乏利于创新的大学文化使我们无缘诺奖》，载《中国科学院院刊》2008年第1期。

　　② 钱理群：《大学不是"职业培训班"》，载《广州日报》2008年4月25日。

借助校庆之良好契机，对大学发展的不同历史阶段进行既有肯定又有否定的扬弃性继承，以"内修"为着力点，以文化为主要内涵，特别是对"否定"之内容的反思，将会为大学的可持续发展奠定良好的基础。特别是当大学每逢转折或发展的机遇期，学校借举办校庆之机，校友与师生聚首校园，各界学人共聚一堂，反思过去、展望未来，为大学的可持续发展积蓄力量。如麻省理工学院（MIT）150周年校庆的主题是"反思：如何继续走近研究的前沿及世界面临的最紧迫的问题"。在校长和教授们的发言中，关注的是未来100年MIT的发展。哈佛校长福斯特说："通过校庆纪念活动，我们既要回顾过去，更要大踏步向前进。学校将会追忆哈佛丰厚的历史、往昔的传统，怀念那些曾在哈佛任教的大家名师，同时也会把精力和注意力投入到那些定义了哈佛现在和未来的问题之上。"[1]

显然，校庆为大学从精神层面对以往的发展进行反思总结提供了时机与平台，通过对历史的反思，以期走出发展的误区，达到大学精神文化的升华。

（原载于《华南师范大学学报（社会科学版）》2013年第5期，有改动。）

---

[1] 高美：《国外名校是怎么办校庆的》，载《新京报》2012年10月27日。

第五章

高等教育质量观与发展趋势

第一节　高等教育质量发展的五大趋势

　　高等教育质量是一个永恒的话题，也是一个常讲常新的话题，下面从五个方面探讨一下高等教育质量发展的趋势及相关问题。

　　第一，从适应到引领。现在我们研究高等教育质量与评价，其实就是要探讨我们高等教育"究竟要培养什么样的人、如何去培养"这样一些根本问题。我们高校在培养人这一根本问题上要有一个什么样的定位，要把握一个什么样的方向？是适应性地培养人，还是引领性地培养人？所谓适应性培养，即高校培养的人才适应当下或未来，不论是适应当下还是适应未来，都具有确定性特征。当下的确定性是显而易见的，而对于未来的确定性而言，人们现在经常讲教育是为未来培养人才，但我们所言及的未来是一个预设"存在的社会"。也就是说，对这个未来，人们会有一个预设，不管这个预设是来自未来学家，或者是教育者和教育机构。并且，这个预设非常确定，也即一个确定性的未来。而我们的高校就是为这样一个预设的确定性的未来培养人才。引领性培养则强调未来的不确定性，充满无限的可能性。实际上，早在1972年联合国教科文组织发表的报告书《学会生存——教育世界的今天和明天》就指出，教育"在历史上第一次为一个尚未存在的社会培养新人""替一个未知的世界培养未知的儿童"[①]。这份报告书告诉我们，未来是一个尚未存在的社会，也就是说这个未来社会本来

　　[①] 联合国教科文组织国际教育发展委员会编著，上海师范大学外国研究室译：《学会生存——教育世界的今天和明天》，上海译文出版社1979年版，第46页。

就是不存在的，它是需要我们培养的人去创造的。所以，我们今天需要强调的一个重要的高等教育质量观，就是高等教育培养的人所适应的未来，实际上是一个并不存在的社会、未知的世界，或者说是一个不确定的未来，是一个充满无限可能的未来。我们需要培养出新人去面对这种不确定性的未来，最终创造美好未来。显然，这种"创造美好未来"具有引领性品格。20世纪80年代，澳大利亚未来委员会主席埃利亚德博士说过："未来不是一个我们要去的地方，而是我们要创造的地方；通向他们的道路不是人找到的，而是人走出来的；走出这条道路的过程既改变着走出路的人，又改变着目的地本身。"[①]这段话就比较好地表达出了不存在的社会、不确定的未来这一含义及其与人的关系。所以，今天我们的高等教育要面向未来社会培养高素质人才，就应从适应性地面向确定性未来，转变为引领性地面向不确定性未来，特别是要着力培养学生的一种创造未来的素质，这样才能真正做到"既改变着走出路的人，又改变着目的地本身"。当前，我们大学的创新创业教育正朝着这个定位、这个方向去努力的，但需要改进和完善的地方还很多。

第二，从制器到人文。上面论及的适应性培养人，具体体现在高等教育的培养过程之中，可能更多的就是许多高校提出的"以就业为导向"的人才培养理念，显然这是一种"制器"的人才培养导向。这样一种人才培养导向显然难以适应今天这样一个新时代，也不合潮流，因此要有一个很大的变化，也就是未来的高等教育要有一个新的逻辑起点。2015年联合国教科文组织发表了具有里程碑意义的报告书——《反思教育：向"全球共同利益"的理念转变？》，该报告书道出一个核心的思想，或者说为我们未来教育确定了一个新的逻辑起点，即人文主义教育。如果我们对此报告书进一步解读，通篇报告表达的就是教育要"超越狭隘的功利主义和经济主

---

① 国家教委国家教育发展研究中心、中国教科文组织全委会秘书处编：《未来教育面临的困惑与挑战——面向21世纪教育国际研讨会论文集》，人民教育出版社1991年版，第45页。

义，将人类生存的多个方面融合起来，采取开放的灵活的全方位的学习方法，为所有人提供发挥自身潜能的机会，以实现可持续的未来，过上有尊严的生活"①。从这里可以看到，"潜能""可持续""尊严"等关键词都体现了满满的人文主义情怀。同年，联合国教科文组织发表的《教育2030行动框架》，也是以人文主义教育为指导的。作为对《教育2030行动框架》的回应，我们的《中国教育现代化2035》（当时是《中国教育现代化2030》）研制的指导思想实际上也回应了联合国教科文组织的《教育2030行动框架》：面向2030的教育，更加重视学生的个性化和多样性，应该是更加适合的教育；面向2030的教育，更加关注学生的心灵和幸福，应该是更加人本的教育；面向2030的教育，让所有孩子都能享受到优质教育资源，应该是更加平等的教育；面向2030的教育，强调学习能力的养成和终身教育，是更加可持续的教育。这里的"适合""人本""平等""可持续"等关键词，同样也充满了一种人文主义的教育情怀，所以，我们的未来教育，包括确定教育质量标准的一个基本坐标，或者评价指标，就是怎么样充分体现人文主义教育这一未来教育的基本逻辑起点。

第三，从智能到智慧。现在人工智能这一块发展很快，而且在教育领域受到了极大的关注。2019年5月16日在北京召开的以"规划人工智能时代的教育：引领与跨越"为主题的国际人工智能与教育大会发表了《北京共识——人工智能与教育》的报告，该报告指出："通过人工智能与教育的系统融合，全面创新教育、教学和学习方式，并利用人工智能加快建设开放灵活的教育体系，确保全民享有公平、适合每个人且优质的终身学习机会，从而推动可持续发展目标和人类命运共同体的实现。"智能时代的到来，我们的高等教育在人才培养质量方面应该做些什么？一方面，我们需要热情拥抱这样一个时代；另一方面，我们可能还有些许的恐惧，因为这个时代的到来有可能会对我们高等教育造成很大的冲击，甚至包括对我们

---

① 顾明远：《对教育本质的新认识》，载《光明日报》2016年1月5日。

大学人才培养目标定位的影响，比如，过去我们针对非智能时代的岗位需要去培养学生，但在智能时代，这些岗位可能已经或很快就会被智能机器所取代，我们培养的毕业生就可能会面临无法就业或失业的状况。这是一个很现实的问题，也是一个富有挑战性的问题。面对智能时代，我们的高等教育究竟应该培养什么样的人才不会被智能取代？要回答这个问题，需要区别人类的智慧与机器的智能。硅谷人工智能研究所创始人皮埃罗·斯加鲁菲指出，"未来一段时间机器人不可能与人类拥有同样的智慧，达到这个目标说不定需要1000年""人们混淆了人类的智慧与机器的智能"。那么，在哪些方面我们人类可以超越机器智能呢？人类智慧超越机器智能至少可以包括以下三个方面：第一个方面就是人类拥有的综合思维能力和融会贯通的能力；第二个方面就是人类的创造性思维（智能机器可能可以按照一些固定的程式或程序来做很多事情，但创造性思维是缺乏的）；第三个方面，人类的人文因素是智能机器不可能拥有的。那么，这就决定了我们在考虑高等教育质量问题、在设计人才培养模式的时候要特别注意以下三点：第一是加强学生综合思维能力和融会贯通能力的培养，这就要求我们加强通识教育；第二是加强创造性教育，这便包括我们前面讲的创新创业教育，即"双创教育"；第三则是在人工智能使用方面的人文主义取向，正如《北京共识——人工智能与教育》所指出的，强调人工智能使用方面的人文主义取向，"以期保护人权并确保所有人具备在生活、学习和工作中进行有效人机合作以及可持续发展所需要的相应价值观和技能"。拥有了以上三点，智能教育便走向智慧教育。

第四，从知识到思维。现在人们都在讲思维比知识重要，也就是学习的目的不是学会知识，而是学习一种思维方式。特别是面向未来，要加强引领型人才的培养，这种引领型人才的一种重要的思维品质，便是创造性思维和批判性思维，正如联合国教科文组织《教育2030行动框架》所表达的"发展创造性与批判性思维"。那么，这里把创造性思维与批判性思维放在一起讨论，虽然体现了两者的关系密切，甚至是密不可分的，但同时表明它们并不是一回事。我们在高等教育质量方面，考虑的不仅是要培养学生的批判性思维，更要重视培养学生的创造性思维，因为批判性思维可能着重解决的是"破"的思维，创造性思维则是要解决"立"的思维。所以，我们在考虑高等教育质量尤其是人才培养质量及其评价标准问题的时候，要注意把培养学生的"破"与"立"的思维品质结合和统一起来。

第五，从过程到结果。关于高等教育质量保障模式的问题，我们可以用一个案例做一个类比：在餐饮业有两种质量保障模式，一种是快餐式的质保模式；另一种是米其林指南式的质保模式。快餐式的质保模式是一种标准化的质量保障模式，对食品不仅有总的标准要求，而且对制作食品的过程也有细节性质量标准要求，包括指定什么应该出现在菜单上，用什么油炸薯条等，一切都是标准化的，所以，在这种模式中，食物的质量虽然是有基本保证的，但快餐缺乏选择，有时还不利于健康。米其林指南式的质保模式也有对食品的结果性标准要求，即确立了优秀餐饮的具体标准，但并没有食品制作过程中的比较细节性的质量标准要求，而由餐厅自己裁量。每家米其林都会以他们认为最好的方式来达到这种标准而并没有一些客观标准来判断，只有一些专业评委去评估。他们知道自己在找什么样的餐厅，也知道一家伟大的餐厅应该是什么样的，因此，每一家米其林餐厅都是独一无二的。这给我们的启示是：在当前教育领域强调标准化管理的大背景下，由于对高等教育质量保障往往是通过监测、评估、认证等来实现的，所以我们一方面要通过确定相应的结果性质量标准来强化引导与管理；另一方面又应尽量减少过程性质量标准对质量主体的主动性、自主性的约束，以免窒息其活力。目前在许多高校实施的学习结果导向教育及其质量保障模式，便是突出结果性质量标准而适当弱化过程性质量标准，旨在实现教育质量的"增值"，而这种"增值"是以激发高校内在活力为前提的。

（原载于《大学教育科学》2019年第5期，有改动。）

第二节　高等教育高质量发展：竞争或合作？

2015年11月联合国教科文组织发布《反思教育：向"全球共同利益"的理念转变？》，该报告秉承人文主义教育观和发展观，建议我们将教育和知识视为全球共同利益，以便在复杂的世界中协调作为社会集体努力的教育的目的和组织方式。

2021年11月，联合国教科文组织于该组织第41届大会上面向全球发布《一起重新构想我们的未来：为教育打造新的社会契约》报告，探讨和展望面向未来乃至2050年的教育。该报告提出："教育可以视为一种社会契约——一种社会成员间为了共享的利益而合作达成的默示协议。"这一契约源于一种共享愿景，即教育具有公共目的，并通过合作来达成。

2022年5月，联合国教科文组织举办第三届世界高等教育大会，大会发布了《超越极限：重塑高等教育的新路径》，指出："面对日益复杂和充满挑战的全球局势，我们需要迈出大步，重塑高等教育，为世界高等教育未来的可持续发展绘制蓝图。"大会的主题是"重塑高等教育，实现可持续未来"，其中提出的六大基本原则之一，就是通过合作而非竞争实现卓越。通过合作和团结，高等教育机构能够以跨学科的方式开展工作，汇集不同的科研资源，通过国家和国际层面的专业网络分享知识和经验，从而实现协同效应和更有效地履行其使命[1]。

---

[1] 王瑜婷、阚阅：《面向2030和2050：重塑高等教育的路线图》，载《上海教育》2022年第7期。

不难看出，这三份联合国教科文组织的重要报告都表达和强调了同样一种教育观，即通过合作实现教育卓越（共享愿景、共同利益）。本节试从竞争与合作这一对范畴的关系角度，对高等教育高质量发展的实现路径作一探讨，以寻求正确的认识。

一、高等教育的竞争与合作不是一个新话题

人类社会的历史就是一部竞争与合作的历史。从理论、历史及现实考察，不难发现，竞争与合作往往与地域因素有一定的关联，比如，一个国家和民族的文化传统和国民性对竞争与合作的影响较大，我们常常发现，一些国家和民族有着特别旺盛的竞争基因和竞争精神，而另一些国家和民族并不热衷于竞争，更倾向于"和为贵"和"美美与共"。同时，竞争与合作的情况也与当时占主导地位或重大影响的理论观点有关系，比如，19世纪出现的社会达尔文主义，它根据自然界"食物链"现象提出"弱肉强食，物竞天择，适者生存"的理论观点，并以此解释社会现象。该理论观点提出后风行一个多世纪，这对强化人们的竞争意识也有很大的影响。实际上，直至今天，这一理论观点也常常被用来励志于人或组织，这也是人们关注竞争更多的重要原因之一。此外，竞争与合作也与具体领域和机构的性质与特点有一定关系，比如，经济领域及机构往往会有更多更强的竞争性。竞争与合作也是一个历史范畴，同一个领域和机构的不同时期，其竞争与合作的情况并不一样。竞争与合作的关系在一些情形下是彼此蕴含的，出现在同一过程，着眼于多赢共生的共同愿景，这就是所谓的竞合。"竞合"这一概念最早出现在经济领域关于竞争与合作关系的讨论中，后来也被认为是与竞争、合作并列的一个独立概念，且围绕这一概念也形成了相关的理论。

具体到高等教育和大学这一特殊领域和机构，我们依据布鲁贝克的认识论和政治论的高等教育哲学来对竞争与合作作一简要的历史分析。从认识论哲学来说，出于"闲逸好奇"追求高深学问是中古时代欧洲大学产生的最初动因，这也成为源于中世纪大学的近现代大学的本质特征。这一本质特征一

直深深植根于欧洲大学的肌体内，并影响着近现代大学的发展。那时的大学被人们称为"象牙塔"，也从某种意义上反映了大学这一本质特征。中世纪大学产生的最初动因和近现代大学的这一本质特征显然与竞争不相一致，甚至是格格不入的，或者说发祥于欧洲的近现代大学并不具有竞争的基因。情况发生变化是在政治论的哲学占据主导地位后，高等教育领域开始出现竞争并不断强化。特别是当民族国家出现以后，国家的竞争意识得到显著加强，而且经济的竞争一直是民族国家竞争的主要领域，许多有关竞争的研究也首先是在经济领域展开的。随着时代的发展，特别是知识经济的到来，经济与高等教育的关系日益密切，经济领域的竞争愈来愈演变为人才的竞争和高等教育的竞争。与此同时，伴随经济竞争也有经济的合作，尤其是工业革命（科技革命）和大工业生产也使高等教育的合作成为必须和不可或缺。实际上高等教育的竞争与合作有时此消彼长，而关于高等教育竞争与合作优劣的争论也从未停止过，近三四十年来，这种争论似乎达成某种妥协与调和，或者说争论逐步达成一种较为普遍的共识，即对于高等教育发展而言，需要兼顾竞争与合作，并处理好它们之间的关系。于是，起初经济领域的"竞合"概念及相关理论也开始出现在高等教育的有关讨论之中。

由此可见，高等教育的竞争和合作都是一个时代的产物，而"竞合"这一概念的出现在高等教育领域也同样具有时代的特征。值得特别提及的是，竞争并不是高等教育及其机构的本质特征，而是一个时代特征，且同样呈现出一定的地域性，比如，博克从历史的角度把竞争概括为美国高等教育发展的三大关键因素之一[①]。而欧洲大学却缺乏竞争的基因和传统，尽管欧洲是世界近现代大学的发祥地，但其大学的现代发展却远不如后起之秀的美国，德国直到21世纪初才意识到本国大学的世界排名远远落后于美国和英国。这对德国政府和大学刺激颇大，加之，以马普研究所（MPG）为代表的一大批校外研究机构的创设，导致高水平的科研人才向校外研究

---

①　[美]德里克·博克著，曲强译：《大学的未来：美国高等教育启示录》，中国人民大学出版社2017年版，第17页。

所的转移，科研人才的流失限制和影响了大学的发展。在以上诸因素的影响和催动下，德国在2006年开始实施"卓越大学计划"，推动世界一流大学建设。美国纽约大学亨利·汉斯曼教授分析了欧洲大学渐渐失去昔日光彩的原因，认为除了公共和私人教育支出水平较低是造成其衰败的部分原因外，更是因为高度集中的国家管理体制抑制了大学之间的有效竞争，从而使得大学在教育和研究两方面都缺乏进步的动力。在与美国大学进行比较以后，他提出为了遏制和扭转欧洲大学这种颓势，在欧盟成员国之间的竞争应被鼓励，并通过不断减少欧盟成员国之间的壁垒，使得高等教育有可能像其他产品和服务一样拥有一个更广阔、更具竞争性的市场。他特别指出，仅仅在现有体系中注入资金是远远不够的，以增强竞争为重点的结构调整似乎是唯一可行的办法①。

对于中国高等教育而言，竞争与合作也不是一个新话题。早在20世纪80年代后期，商品经济的发展、市场经济的发育逐渐影响到高等教育领域，高等教育领域的竞争开始出现，并引起广泛的关注，与此同时，围绕高等教育的竞争与合作这一话题高等教育理论界和实践界都开展过一些讨论。在讨论中人们对竞争特别是高等教育的竞争优势保持了更多的热情，对市场竞争机制在高等教育发展中的功能和作用给予了较高的期待，并提出了适应市场经济的高等教育改革的种种举措，特别是高等教育市场化理论成为一个时期比较有代表性的理论，其中该理论对高等教育的竞争保持了较多的关注。这一时期也不乏对高等教育的市场化及其竞争机制的"冷思考"，如有人认为，市场化并不适合高等教育这样一个特殊机构，与高等教育的使命和担当并不相符②。还有学者指出要科学地区别经济发展规律与教育发展规律，不能把商品经济的基本原则、具体方法等简单地搬进高等

---

① ［美］亨利·汉斯曼、黄丽：《高等教育中国家与市场的关系》，载《北京大学教育评论》2005年第3期。

② 许亚丹、王诗宗：《高等教育的性质与市场的局限：对高等教育市场化的质疑》，载《浙江经济》1999年第10期。

教育领域。如果忽视高等教育自身的规律与特点，把商品经济的一招一式直接搬进高等教育领域，是不利于全面提高我国高等教育的质量的[①]。值得提及的是，1988年《上海高教研究》发表了一篇译介文章《论高等教育的竞争与合作》，"译者按"中提出："依据什么样的标准来评价高等教育的质量？高等教育的根本使命是什么？怎样看待高等教育中的竞争和合作？美国加利福尼亚大学洛杉矶分校高等教育研究所所长A.阿斯廷教授最近撰文，从教育哲学的高度，作了深入浅出的阐述，对竞争和合作等不同价值观作了比较分析。他对'隐含的课程'所作的考察可谓独辟蹊径。该文在美国高等教育协会最近一次年会上报告后，引起广泛兴趣和强烈共鸣。"[②]由此看来，对高等教育的竞争与合作的关系，在当时有着长期计划经济传统的中国寻求一种突破的同时，在美国这样一个推崇高等教育竞争的国家，则在寻求两者的一种平衡。当时译介这篇文章的意图也比较明显，就是试图在当时甚嚣尘上的赞成高等教育竞争的舆论倾向上打入一个楔子。此后，高等教育的竞争与合作问题一直为人们所关注，虽然也有不少学者表达过对高等教育过度竞争的担忧和对加强高等教育合作的期待，但在多种因素的影响和推动下，似乎高等教育的竞争战略和高等教育的竞争优势一直是高等教育舆论场的"主旋律"，即便是有合作或竞合的主张，也是为"竞争而合作"，高等教育的合作战略则被视为"另一种形式的竞争"[③]。

二、从问题视角需要重新审视高等教育竞争与合作的现实关系

对于高等教育的竞争与合作关系，可从多个视角去认识。这里着重从问题视角来审视两者的现实关系，对问题视角我们设置了两个维度：一个

---

① 夏之莲：《应当正确地把竞争机制引入高等教育》，载《高等教育研究》1989年第1期。

② ［美］A.阿斯廷、袁惠松：《论高等教育的竞争与合作》，载《上海高教研究》1988年第3期。

③ Hamel.G, Doz.Y.L, Prahalad.C.Collaborate with Your Competitors and Win. Harvard Business Review, 1989：67.

维度是现状性问题；另一个维度是发展性问题。所谓现状性问题，指的是在高等教育竞争与合作关系中过度或不恰当竞争（这里把过度竞争与不恰当竞争视为相近或同一的含义）带来的现实问题，虽然对于高等教育的竞争与合作，通常也强调一种竞合关系，并认为它们之间保持必要的张力是必要的，但在现实中对高等教育的竞争给予了更多或过多的关注。而发展性问题则是基于战略管理思想的"未来导向"和"共享导向"，从高等教育未来发展的角度审视竞争与合作的关系可能出现的问题，显然这是一种"未雨绸缪"的视角。

（一）高等教育过度竞争的现状性问题

1. 功利性政策制度导向中的过度竞争

高等教育领域的竞争常常是为了声望和资源而展开的，所谓声望，指的是大学在政府、社会和公众中的影响力和地位，一个具象化的表征就是大学排行榜。现在来自官方、民间的形形色色的排名或排行榜之所以有相当的影响力，实际上在相当程度上也反映了政府、公众、社会、大学等多方面的心理需求。资源则包括教学经费、科研经费、捐款等直接的资源和新生入学分数、师生比率、图书馆规模及运动队等象征性的资源。大学为获得大学排行的好名次和经费资源而开展竞争，这种竞争往往非常激烈，大学之间为师资、学生、资金甚至运动队而竞争。这种激烈竞争在一定程度上造成了声望和资源就是大学的目的和目标，就是大学存在价值的公共认知，由此人才培养作为大学存在的根本理由和价值反而游离出目的和目标，大学也就偏离了"以育人为本"这一根本宗旨。大学围绕着这样的目的与目标设计和确定政策制度，比如，一些大学会对标有关评估或大学排行榜的指标，不断强化各种量化评价管理制度，以期在学校内部形成动力和压力，来提升学校各项指标数据。在这种"锦标赛"式的评价管理制度的驱动下，从大学管理部门、教学科研机构，到教师个体，更热衷于追逐这些评估和大学排行榜的指标要求，而不是人才培养的质量。其结果是，虽然一些高校在评估和排行榜上的名次是上去了，指标意义上的"学术

GDP"也"卓越"了，但人才培养的质量却不升反降。后来这种通过建立竞争制度带来的"卓越"遭受愈来愈多的批评，甚至被称为是一种"失去灵魂的卓越"①。人们也以声誉和资源作为大学优秀的标准，并围绕此标准展开的竞争提出了质疑，因为这两者均不能直接体现大多数学院和大学的中心使命②。实际上从20世纪80年代后期，国际上对高等教育质量的评价从关注可利用资源、学术声望、科研产出等维度，已转向注重高校人才培养的质量与成效。针对高等教育出现的市场化倾向，1998年10月，联合国教科文组织召开的首次世界高等教育大会认为："应当澄清这方面的模糊与混淆，市场规律和竞争法则不适用于教育，包括高等教育。"大会重申了高等教育的地位，"教育不是经济的一个分支。教育过程、教育目标、教育结果或教育产品都不能与经济相提并论。教育是社会的一个基本领域，是社会存在的条件之一"③。美国加州大学伯克利分校公共政策学院教授大卫·科伯在《高等教育市场化的底线》一书中也特别提出告诫，市场并非一种荣耀，而是为了达到教育目的的一种手段；市场在高等教育中应该有一席之地，但同时又必须恪守界限，不能超越高等教育事业的价值底线，而这种底线就是"相信学者共同体而不是相信利己主义者的联盟；相信开放而不是相信所有权；认为教授是寻求真理的人而不是企业家，学生是追随者，而不是来满足其爱好的消费者，他们的爱好应该是被塑造的"。

2."被平庸"政策制度设计中的过度竞争

新中国成立以后，我国高等教育一直实施的是重点建设政策制度，所谓重点建设政策制度，就是突出重点、抓"关键少数"。应当说，这种重点建设政策制度对于提升我国高等教育水平，特别是拉近与世界先进水平的

①［美］哈瑞·刘易斯著，候定凯等译：《失去灵魂的卓越：哈佛是如何忘记教育宗旨的》，华东师范大学出版社2007年版，第1页。
②［美］A.阿斯廷、袁惠松：《论高等教育的竞争与合作》，载《上海高教研究》1988年第3期。
③联合国教科文组织：《21世纪的高等教育：展望与行动世界宣言》，载《教育参考资料》1999年第3期。

高等教育的距离发挥了重要作用。但也要注意到,这些政策制度所关注的高校往往是占比较少的一部分,像"985工程""211工程"以及"双一流"建设、高职院校的"双高计划"等都是如此。在这种政策制度关照下的高校不仅能获得良好的声誉,而且还能获得实实在在的资源支持,从而卓越或"被卓越"了。而相对于这少部分"被卓越"的高校,其他大部分高校则在这种追求"卓越"的政策制度设计中极有可能"被平庸",这种"被平庸"也包括高校中的教师和学生。这种抓"关键少数"政策制度自然也传导到大学内部的政策制度设计,实际上,为了与宏观政策制度相适应,大学内部的政策制度设计也相应地选择突出重点、抓"关键少数"的取向,为了避免"被平庸",或为了保住"被卓越",高校展开了激烈的竞争。由于"被卓越"的高校总是有限的,且可能采取"末位淘汰制",竞争中的高校不仅要紧盯政策制度的指标导向,而且几乎都设立了"假想敌",即所谓的对标学校、学科、专业等,在这种情形下高校之间的合作有意或无意、自觉或不自觉地受到削弱。同时,那些可能"被平庸"的大部分高校,只能选择走"力争上位"[①]的办学路子,要它们各安其位、分类发展是不容易形成共识的,这也是高校分类发展政策难以真正落地的重要原因。此外,为了尽快"被卓越"或防止"被平庸",许多高校不得不"大干快上",一些"慢"学科、"慢"专业、"慢"成果被"快餐化"了,基于"闲逸好奇"本质的大学的"慢"文化被消解了。

(二)高等教育过度竞争的发展性问题

着眼于未来,世界面临百年未有之大变局,尤其是随着第四次科技革命的到来,大学的人才培养和科学研究等职能,都将面临巨大的挑战和深刻的变化。在人才培养上,对创新人才,尤其是拔尖创新人才的需求与渴望比以往任何时候都更为迫切,而拔尖创新人才培养更需要协同培养,比如大中小学的协同、本硕博培养的一体化,比如教学科研的协同,产教融

---

① 卢晓中:《对高等教育分层定位问题的若干思考》,载《高等教育研究》2006年第2期。

合、科教融合的人才培养模式，专业集群、教学科研混合型团队的构建等。在科研方面，学科交叉融合带来科研组织形式和基层学术组织形式的团队化、集群化、矩阵化。所有这些，都对合作提出了更多的诉求，而与现今大学过度竞争的现实状况往往格格不入。

因此，面向未来建设高质量的高等教育、实现高等教育的卓越，究竟是选择合作还是竞争，这一答案应是不言而喻的。如果把高等教育放置人类命运共同体的构建、知识生产方式从方式I到方式III的变革、人类社会面临的困境与使命等这样的大背景、大格局下，高等教育更需要真诚的合作，而不是过度的竞争。

三、走向新竞合时代的高等教育高质量发展

（一）竞合理论的时代发展

竞合理论是作为竞争与合作的调和理论而出现的。关于竞争的探讨，出现了众多相关的理论，而作为处于基础地位的经济，对经济竞争的讨论又相对较多，由此也产生了形形色色的经济竞争理论。而现实中合作又是不可避免的，特别是20世纪80年代以后，被认为是一个追求效率与创新的竞争时代，也是一个为竞争而合作与为合作而竞争并存的时代。合作战略被视为"另一种形式的竞争"，代表观点如"协作型竞争"，包括战略联盟、联合经营、合作生态系统等形式。"未来的竞争就是不断创造与把握新的商机的竞争"[1]：一是重塑现有的竞争空间，二是创建一个全新的空间。这要求企业关注未来而非沉湎于过去，关注内部独特资源而非外部环境，建立共同愿景而非刚愎自用。不确定环境中的企业只有建立互赖共生的伙伴型关系，方可掌握足以维系企业持续成长的全部资源与市场机遇。至此，竞合理论（Coopetition Theory）应运而生，竞合理论经历了初创期的竞合理

---

[1] Hamel.G, & Prahalad.C. Competing for the Future. Boston：Harvard Business School Press, 1994.

论的提出、发展期的竞合模式与关系类型研究和成熟期的竞合变量与测量研究三个阶段[1]。作为组织间关系研究的最新范式，竞合研究的主流范式是以契约为竞合关系建构基础。特别值得提及的是，竞合理论打破了迈克尔·波特对竞争关系是一种"零和博弈"的假设，核心逻辑是竞争企业间的多赢共生，这是"源于对竞争对抗性本身固有缺点的认识"[2]，通过改变参与者、附加值、规则、策略及范围等战略要素，克服传统战略过分强调竞争的弊端（被迫让步、竞争报复等行为导致的价值损失），产生新的机会及随之而来的丰厚利润回报。

虽然从竞争到竞合的研究纷繁复杂，尚需进一步整合与提炼，但在新时代，最为紧迫、最为重要的是如何为竞合确立一个基本的价值向度。不能不说的是，尽管竞合的目的是企业的成长和高利润回报，但现行的竞合理论因过于关注竞争与合作之间的具体关系，以致关系成为目的，工具理性替代了价值理性。现行的竞合观是将竞争与合作互为目的与手段，冲淡了竞合的终极目的与价值，混淆了目的与价值同手段与途径的差异，从而把手段和途径当作目的与价值。新时代亟须建立基于目的与价值的新竞合观，这是对基于手段和途径的现行竞合观的根本超越。特别值得指出的是，从现行狭隘的竞合观到新时代竞合观，不是简单地将竞争与合作相结合，而是竞争与合作从工具理性上升为价值理性，即合作不是为了竞争，因为竞争不是目的，更不是"另一种形式的竞争"，反之亦然。竞争和合作都是手段和途径，两者是相互关联的"立交桥"而不是目的地。

对于高等教育而言，竞合是为了高等教育的高质量发展，最终使高等教育的个体价值和社会价值得以全面地、高质量地实现，这才是新时代高

---

① 韩文海、邱国栋：《从契约性到非契约性：竞合理论演进研究》，载《江西社会科学》2016年第7期。

② Brandenburger .A.M. & Nalebuff.B.J. Cooperation：A Revolutionary Mindset that Combines Competition and Cooperation in the Marketplace. Boston：Harvard Business School Press, 1996.

等教育应有的竞合观。

（二）新竞合时代高教改革发展的制度关键

新竞合的时代内涵，一是从以往重竞争走向竞争与合作的平衡与协调；二是竞争与合作关系出现了新变化。基于新竞合观，从问题导向出发，当前优化竞合关系应着重解决两方面的问题。

1. 竞争制度中的人文

竞争可分为个体间竞争与群体间竞争两种。个体间的竞争，过去指的是"每个参与者不惜牺牲他人利益，最大限度地获得个人利益的行为，目的在于追求富有吸引力的目标"；群体间的竞争也可作类似的诠释。由此看来，竞争似乎很难与人文这一概念关联起来，因为在这样一种竞争中，竞争各方都站在自身的利益立场，进行"零和博弈"。很显然，这种竞争不是人文的，当然也就不会是一种良性竞争。那么，什么样的竞争才是一种人文的良性竞争呢？这主要可从两方面来认识。一方面，竞争能激发组织和人的潜能和活力，特别是追求卓越的动力；另一方面，竞争中的合作也是不可或缺的，而且与竞争形成"多赢共生"的共同愿景，这便是一种良性的竞合。在一种良性的竞合状态下，竞争与合作的各方相互依赖、相辅相成，缺一不可，并在竞争中共同发展进步，在合作中谋求更好的共存方式。英国哲学家休谟说过，"高尚的竞争是一切卓越才能的源泉"[1]，竞争是现实社会中不可避免的一种客观样态，关键在于竞争制度怎样建立，使其"高尚"得到充分体现，而"恶劣"的一面受到限制，这需要在竞争制度的建立中凸显人文。

如何构建一种人文的良性竞争制度是现代大学制度构建的一项重大课题[2]。不论是功利性的政策制度导向，还是"被平庸"的政策制度设计，都不利于人文的良性竞争制度的建立，反而容易激发竞争中的"恶"的一

---

① 杨俊一等著：《制度哲学导论：制度变迁与社会发展》，上海大学出版社2005年版，第170页。

② 卢晓中：《现代大学制度构建的人文向度》，载《中国高教研究》2020年第5期。

面。对于高等教育而言，要建立起一种人文的良性竞争制度，可从以下方面着手。一是分层类竞争机制，即按照不同层类的高校设计各自的竞争制度，遵循各自的竞争规则，如研究型大学彼此之间展开竞争，应用型高校也在同类型高校间竞争，这种竞争更能体现竞争的合理性和公平性，也更有助于各层类高校各安其位、特色发展、争创一流。对于个体而言也是如此，如教师职称制度在相当意义上是一种竞争制度，长期以来我们是单一的或主要以学术为导向的教师职称评聘制度，这也是导致重科研轻教学现象的重要原因。近年来许多高校实施教师分类评聘职称制度，即按教学类职称、教学科研类职称和科研类职称来分类进行职称评聘，这不仅更加科学合理，而且更加公平，更能体现这一竞争制度的人文性。二是竞争中的动态身份机制，不论是对于机构还是个体，其竞争往往是为了获得一种社会身份，因为社会身份是与各种资源配置和流向紧密关联的，所以，高校为获得某种社会身份而展开竞争，而一旦通过竞争获得的身份被固化，却又失去了竞争制度原有的激发活力的功能。因为只有动态身份，才能持续地激发高校的活力，才能最大限度地"成就"高校，这种自我实现对高校来说无疑是人文的。对于个体同样如此，比如，当前高校教师的职称评聘制度改革，一个重要方向便是着眼于动态身份，因为只有动态身份，才能不断激活教师群体，最大限度地发掘教师个体的潜能和"成就"教师个体，由此也体现出最大的人文关怀。三是适当把握竞争的"度"，这是人文的良性竞争制度构建的另一重要因素。当前，在高等教育领域存在着过度竞争与竞争不足并存的状况。一方面，大学组织的性质、使命、职能及成员特点，决定了其偏好于相对宽松的组织环境，即一种"有组织无政府状态"的松散结合系统①，所以，过度竞争并不适合于大学组织的本质特征和人文诉求；另一方面，缺失竞争、安于现状又是中国大学制度的一种历史样态，在不同层类的高校有不同的表现，这也常常被认为是大学缺乏活力

---

　　① ［美］迈克尔·D. 科恩、［美］詹姆斯·G. 马奇著，郝瑜译：《大学校长及其领导艺术：美国大学校长研究》，中国海洋大学出版社2006年版，第213页。

的根源之一。基于以上两个方面，政策制度设计需要针对当前过度竞争和缺失竞争的具体状况，特别是充分考虑高校的层类情况，设计分层类的竞争制度、承载人文的良性竞争制度。

2. 合作制度中的共享

通过各方的合作，最终成为发展的共同体，而发展共同体的一个最本质的特征就是利益的共同体，即共建共享。共享除了物质意义外，更为重要的是目的和价值的共享。从高等教育功能和大学职能的角度看，其目的和价值体现包括学生的成长、科技的发展、社会的进步、文化的繁荣等。下面着重从大学的教学和科研两大职能来对相关问题作一探讨。

第一，学生的成长。这是大学人才培养的根本旨趣。我们可从以下两方面来认识：一是教学科研的合作共享。自从洪堡提出"教学与科研相统一"的思想后，教学与科研相结合就成为大学人才培养的一条重要的教学原则；但不可否认，教学与科研"一冷一热"和"两张皮"状况一直困扰着大学的教学，成为大学治理中必须下大力气解决的顽瘴痼疾。而这一顽瘴痼疾的症结在于重科研、轻教学的评价导向。教学与科研相结合实际上是一个目的、价值皆明确的合作，合作的共享意识能够为解决评价的偏颇提供一个思路，也就是建立科研评价的"教学因子"，即对一个教师的科研评价，不仅要把承担项目、发表论文、出版著作、科研获奖等作为重要指标，同时要把教师科研资源转化为教学资源的转化度作为评价教师科研情况的重要指标。当前，在教育部的学科评估和国家级人才评审等重要评价中把人才培养都列为重要指标，实际上也反映了评价导向，即教学与科研合作的共建共享思路。过去大学在团队建设方面，往往教学（专业）团队与科研（团队）是分开而设的。近年来在一些高校，出现了教学科研团队混合设立，并成为大学教学改革的一种重要趋势和方向。至于学科团队建设和评价的目标，也不仅仅是科研目标，而且也包括了人才培养目标，这已成为一种建设和评价的基本要求和原则，也能真正体现以高水平科研支撑高质量的人才培养的建设方向和价值。当前培养拔尖创新人才，为新科技进步与发展提供人才支撑是高等学校尤其是"双一流"大学的重大责任和使命，一些高校也在探索和试行实施八年制"本硕博"贯通、定制化学研一体的培养模式①。值得提及的是，跨校的"本硕博"贯通式培养是拔尖创新人才培养的一个重要方式，而其中尤为关键的是如何确保培养方案、培养模式的一体化，这有赖于加强顶层政策设计、制度安排和管理协调，以合作共享思维建立起跨校的拔尖创新人才培养共同体。二是产科教合作共享。产教融合最早出现在职业教育领域，后来拓展到普通高教领域，并且又提出了科教融合。当时产教融合、科教融合不仅指的是大学人才培养，还会涉及大学的其他职能，但产教融合、科教融合无疑主要是从高校人才培养模式而言的。当前作为人才培养改革的产教融合、科教融合碰到的一个最大问题，就是产科教合作共建共享的共同体没有真正建立起来，还是延续了过去那种各合作主体基于各自利益立场而开展的"帮扶式"的合作，显然这种缺乏共享的合作是难以持久、深入的。总之，不论是教学科研合作共享，还是产科教合作共享，都是一种旨在提升人才培养质量的大学协同培养人才模式。

第二，科技的发展。自18世纪第一次世界科技革命以来，科技便与高等教育开始"联姻"，且随着科技在国家竞争、社会发展中作用日益彰显和科技不断进步而越来越密切。实际上，科技与高等教育的这种密切关系也是由高等教育的科技功能和高校的职能所决定的。高校的人才培养职能为科技发展和进步提供生力军，科学研究职能为科技发展和进步直接提供支撑，社会服务职能则是践行"科技是第一生产力"的重要一环，也是科技发展和进步不可或缺的要素。正在经历第四次世界科技革命的今天，互联网、大数据、物联网、云计算、智能化、区块链等技术的新科技发展将给人类社会带来根本性改变，科技与高等教育的关系已进入到深度融合的时代。新科技进步和发展对高等教育的影响，首先是对高等教育提出需

① 雷嘉：《北航成立未来空天技术学院》，载《中国青年报》2021年7月14日。

求，正改变着高等教育结构、制度和人才培养的内容与模式等，比如，在高校学科结构方面，当代科学技术高度综合、高度分化、高度智能，使得交叉学科、学科群、学科集群等成为高校学科建设和发展的重要方向，学科交叉融合已成为高水平科研与顶尖人才的重要特征。在专业结构方面，高校的专业是根据社会分工与就业情况来设置的，并服务于社会职业的需要。科技革命推动的产业革命引发社会人才需求的变迁，高校专业也随之调整，出现新旧专业的更替现象。新科技进步和发展对专业提出了优化调整的需要，2022年我国高校新增31种本科专业，涵盖工学、经济学、管理学、艺术学等9个门类。这31个新增专业绝大多数都是紧跟时代前沿、符合时代需求的专业，新增的工学类专业占据所有新增专业的近一半，诸如碳储科学与工程、光电信息材料与器件、智能运输工程、智慧海洋技术等与科学发展、社会进步密不可分的专业。又如，国务院学位委员会、教育部印发的《研究生教育学科专业目录（2022年）》，是我国研究生教育学科专业目录的第5次修订，新版目录有14个门类，共有一级学科117个，博士专业学位类别36个，硕士专业学位类别31个。该版目录加强了对科技前沿和关键领域的学科支撑和更好地服务国家治理体系与治理能力现代化的需要，以及加强了对弘扬中华优秀传统文化的学科专业支撑。不出意外的是交叉学科门类被写入新版目录。而应对这种学科和专业新的发展方向和趋势，高校的学术组织制度也在发生变化，一些新的学术组织形式开始出现，比如在一些大学，枢纽（Hub）、学域（Turust）等正在取代传统学科学术架构的学院和学系，项目负责人制度（Principal Investigator，简称PI）广泛流行于高校基层学术组织。也有学者提出，"突破现有组织形态，既保持学科发展的稳定性，又有利于学科交叉融合、开展大协作，探索构建矩阵式学术组织构架，下放权力，增强综合研究机构的自主性和灵活性"[1]。

总之，竞争制度的合作与合作制度的竞争都需要置于高等教育的目的

---

[1] 袁振国：《创新学术建制 促进一流学科建设》，载《中国高教研究》2022年第8期。

与价值之下进行整合，最终形成基于目的与价值的竞合制度。而竞争中的人文是合作的重要基础，缺乏人文的竞争不可能有真诚的合作，真正意义上的竞合也就不会发生。而没有共享的合作是不可能长久的，也是不人文的。人文与共享是新竞合制度构建的时代趋向。

（原载于《江苏高教》2022年第10期，有改动。）

第三节　协同创新——一种新高等教育质量观

质量一直是高等教育发展的一个主题，尤其是当我国高等教育进入大众化时期后，高等教育质量受到愈来愈多的关注和重视。为贯彻落实《国家中长期教育改革和发展规划纲要（2010—2020年）》，教育部最近相继出台《关于全面提高高等教育质量的若干意见》和《高等学校创新能力提升计划》（以下简称"2011计划"）等文件，其中"协同创新"是"2011计划"的一个关键词，也为认识高等教育质量提供了一种新视角。

一、"协同创新"的释义与高等教育质量观

"协同"在英文中有"synergy""collaboration"两个对应单词，"创新"则一般对应于"innovation"，所以对"协同创新"的把握需要更深入地分析"协同"一词。

1971年，德国学者哈肯（Haken）最早提出了协同（synergy）的概念，并于1976年发表《协同学导论》，系统论述了协同理论。协同理论认为，

在一个系统内，若各种子系统（要素）不能很好地协同，甚至互相拆台，这样的系统必然呈现无序状态，发挥不了整体性功能而终致瓦解。相反，若系统中各子系统（要素）能很好地配合、协同，多种力量就能集聚成一个总力量，形成大大超越原各自功能总和的新功能，即系统中各子系统的相互协调、合作或同步的联合作用及集体行为，结果是产生了"1+1>2"的协同效应。另一种观点认为"协同"英译作"collaboration"，在《牛津高阶英汉双解词典》中"collaboration"的意思是合作，故而问题的关键就在于协同与合作的区别。也许在某种情境中，协同与合作可以互换，但是在"协同创新"一词中，两者却不能等同，比如美国学者迈尔斯等人指出，"协同"在哲学意义上是一个与"合作"不同的过程，协同的预期结果是相对明确的，未来回报的分配可以事先协商，而合作各方则以自身利益为基础开展活动。因此，"协同"强调对整体利益的考量，而合作是以各自利益为基础，侧重于自身利益和目标的完成。两者最大的不同在于"协同"更强调系统内部子系统的互动、沟通以及系统结构和功能的最大化。由此可见，"协同"的英文单词应以哈肯提出的"synergy"更为合适。

"协同创新"就是要把协同的理念贯彻到创新的全过程中，在各个创新主体、创新要素的协同作用下，实现整个系统的高效创新。对于一个系统或是组织而言，具备"协同创新"的机制是这个系统或组织长盛不衰、保持竞争力的关键；对于个体而言，具有"协同创新"的素质是对系统或组织最大的贡献，因此，能否以及在多大程度上"协同创新"，实际上是衡量一个系统或个体质量高低的标准，从这一意义上说，"协同创新"本身就是一种质量观。

社会发展的时代特征深刻影响着高等教育质量观，不同历史时期都有过不同的高等教育质量观。在历史上，"高等教育质量"这一概念曾出现过八大类界定：不可知观，产品质量观，测量观或达成度观，替代观，实用观，绩效观，内适应或学术、学校本位观，准备观。每一类界定或多或少都受到社会时代发展的影响。20世纪90年代，随着以高科技、信息化为特征的知识经济时代的到来，对人的创新素质和综合素质提出了更高的要求，这一时期高等教育质量观体现出对人的创新素质和综合素质的高度重视。

今天，我们正处在知识经济不断深入发展的新时代，创新依然是当今时代的一个重要特征，而且在知识经济中创新体系内不同参与者的互动，对知识的生产、积累和扩散具有至关重要的作用。因而，这就更需要通过参与主体的互动来实现创新产出，从而形成国家创新体系框架下新的创新模式。在新的创新模式里，这些参与主体主要以政府为主导，实现企业、科研机构、大学等其他主体间紧密联系和有效互动。"整个创新过程就是企业之间或是企业与其他主体之间的互动与合作"。从这个意义上说，创新本身就是一个协同的过程，也就是说创新即协同，"协同创新"也成为反映当今社会发展最具时代意义的特征之一。这一社会时代特征在相当大程度上决定了一种新的高等教育质量观，即协同创新的高等教育质量观。协同创新的高等教育质量观既包括高等教育系统内部各子系统间、各元素间的协同创新，也包括高等教育系统与外部系统的协同创新，还包括各区域之间的协同创新。比如，《广东省中长期教育改革和发展规划纲要（2010—2020年）》明确提出广东教育发展的一个重要战略选择，就是"促进粤港澳共同建设以紧密合作、融合发展为特征的我国南方教育高地""建设南方教育高地"。这一战略选择实际上就是一种协同创新，它意味着南方教育高地关涉区域的教育发展，将从以往"竞合发展"向"融合发展"转变。如果说前者着眼于区域各主体自身利益目标、以取长补短为特征的共同发展，而后者则着眼于区域群体、以优势互补为特征的一体化发展，香港提出成为"大中华教育枢纽"，实际上也表达了通过协同达成一体化的意愿。而且，这一融合发展将凸显南方教育高地的"群体"特色，同时南方教育高地的各区域主体也将纷呈个性，从而形成一种"马赛克式"的"群体"整合效应。这是区域教育发展的新阶段、新境界、新天地。

二、作为高等教育质量观的协同创新

如前所述，协同创新的高等教育质量观是社会时代发展的必然产物，同时，某个词的意义往往存在于对它的使用当中（"意义即用法"），把"协同创新"作为一种新的高等教育质量观，对于全面提升高等教育质量具有特别重要的现实意义。

（一）建立协同创新的高等教育新质量观

1. 协同创新是一种系统的质量观

协同创新的高等教育质量观与多层面的高等教育质量观密切相关。所谓多层面的高等教育质量观，指的是联合国教科文组织在20世纪90年代提出的"高等教育的质量是一个多层面的概念，应包括高等教育的所有功能和活动：各种教学与学术计划、研究与学术成就、教学人员、学生、校舍、设施、设备、社区服务和学术环境等"。作为高等教育质量观的协同创新，其意蕴主要在于以下两方面：一方面着眼于高等教育这些功能和活动的协同创新；另一方面强调这些功能和活动的整合功效，从而形成高等教育的协同创新系统。

系统的最优化是协同创新的高等教育质量观要义之一。从教育的内外部关系规律来看，协同创新要求高等教育与社会各子系统之间配合、沟通、互动和高等教育系统内部结构与功能的最优化，从而更高效地实现创新。一方面，协同创新是由高校、科研院所、企业等各个创新主体，在国家政府的引导下，以任务驱动为主，促进优势资源共享，形成类型多样、层次丰富的协同模式，进而生产出更多的创新成果；另一方面，人才、学科、科研是高校最为核心的创新要素，增强人才培养、学科建设、科研三者之间的协同与互动，增加创新要素的有效集成是提升高校协同创新能力的有效途径。

2. 协同创新是一种实践的质量观

无论是高校的人才培养、科学研究，还是其社会服务职能，都是与实践紧密相关的。就人才培养而言，2011年清华大学百年校庆上，学校对大学生提出了三个"紧密结合"的希望，其中一个希望就是"创新思维与社会实践的紧密结合"，这为破解长期以来困扰高校的学生创新素质培养这一难题提供了一种重要指引，也就是高校要注重在社会实践中培养大学生的创新思维品质。

对于科学研究来说，其本质就是创新。当今科研从选题到研究过程，再到研究成果的取得，越来越与实践紧密相关。离开实践，往往难以做出高质量、高效益的科研成果。高校科研一直存在与实践相脱节的问题，研究成果也常常不能及时有效地转化为现实的生产力。高校科研协同创新的实践意义就在于选题要从国家和社会的实际需要出发，面向国家战略和区域发展重大需求，研究过程除了校内协同、校校协同和校所协同外，更要加强校企（行业）协同、校地（区域）协同。通过这种实践导向性的协同，做出能够真正推动国家和社会发展的创新性研究成果，并使之得到及时有效的转化。

高校的社会服务无疑是实践性的，而社会服务的质量显然也是与实践高度相关的。高校主要通过人才和学科的优势来履行社会服务职能和践行社会责任，只有与社会实践紧密联系，高校人才和学科的优势在服务社会中才能得到充分的发挥，才能高质量地为社会提供优质服务。

3. 协同创新是一种开放的质量观

封闭的质量观只关注高等教育系统内部的问题，是一种运用内部资源、解决内部矛盾、强调内部互相适应的内适性质量观。这种质量观忽视了现代高等教育系统的本质属性——动态开放。高等教育系统能够而且必须迅速而灵活地适应环境的变化，经常改变自身系统的结构，成为哈肯所说的"自组织"系统。"自组织"系统在一定的外部能量流、信息流和物质流输入的条件下，按照某种默契的规则，各尽其责而又协调自动地形成有序结构。开放是"自组织"系统最大的特性。

首先，协同创新的高等教育质量观强调高等教育系统的开放，也就是高等教育系统与其他社会子系统之间，以及本区域高等教育系统与其他区域高等教育系统之间不断进行的资源交换和需求满足的互动性发展，继而内部子系统之间能够按照某种规则自动形成一定的结构和功能。如果高等教育系统不能与外界环境进行资源和信息的交流，其本身就会处于孤立或封闭状态，导致高等教育内部有序结构的破坏，造成高等教育停滞不前。

其次，协同创新的高等教育质量观强调学科的开放。学科是人们对知识的人为划分，随着人类认识的不断深入，学科之间的界限越来越模糊。促进学科之间的开放、交叉、融合，树立大学科的意识，能够为培养协同创新型人才以及科学研究的创新发展打下坚实基础。

最后，协同创新的高等教育质量观强调人的开放，即在培养什么人、怎么培养人的核心问题上秉持开放的理念，比如，培养人的协同创新素质所重视的协同意识、角色定位能力、沟通能力无不首先要求具备开放的视野。仅仅局限在高等学校这样一个狭小的空间和领域内不可能培养出协同创新型人才，培养人的协同创新素质需要在一个开放的空间和领域内实施联合培养。

（二）加强人才培养的协同创新

高等教育质量的根本是人才培养的质量，教学则是关系人才培养质量的主要要素，也是高校的主要社会职能。1999年，中共中央、国务院颁布《关于深化教育改革全面推进素质教育的决定》，提出提高高等教育的人才培养质量，就是"要重视培养大学生的创新能力、实践能力和创业精神，普遍提高大学生的人文素养和科学素质"，"培养基础扎实、知识面宽、具有创新能力的高素质专门人才"。实际上这一认识透露出了对人的创新素质、实践素质和综合素质的极大重视。从协同创新的高等教育质量观来看，关键是要培养人的协同创新素质，而所谓协同创新素质，可从以下两方面来认识：一是从人的知识与能力结构来看，通过协同构成，使人的素质结构达到创新力的最大化；二是强调人（学生）的协同意识、角色定位能力、沟通能力等协同要素。联合国教科文组织在多份报告书里都强调要把"学会合作""学会共存"作为当代人的重要素质。而且，从通过协同达成创新的角度来看，人的"合作"与"共存"素质不仅有助于营造一种和谐、宽松的人际氛围，更重要的是通过合作与共存，促使人的创造力得到极大的发挥和彰显。此外，培养具有协同创新素质的人才不仅是高校内部协同创新的过程，也包括高校与其他社会机构的协同创新。具体可从以下几方面来认识。

首先是加强人才培养目标的协同创新。从高等教育系统来看，该系统的各层次及其与前期教育之间都应当是相互联系、相互衔接的，这种衔接首先体现在培养目标（包括人才规格等）的衔接上。比如，从职业教育体系来看，当前的一个重要趋向就是建立"中职学校—高职院校—应用型本科—研究生专业学位教育"系列，这就要求不同层次的教育相互衔接，其中，高职院校与中职学校在目标定位上应有一个层次不同的衔接，但现在的状况是两者在目标定位上出现明显的衔接不足，有的甚至出现趋同情况。而目前高职院校与应用型本科院校的人才培养目标之间的衔接所面临的问题就更多。至于研究生专业学位教育与应用型本科教育的人才培养目标之间的衔接，则是另一个亟须探索的问题。

其次是加强人才培养模式的协同创新。其中包括：创立高校与科研院所、行业企业联合培养人才的新机制，推进创业教育，推行产学研联合培养研究生的"双导师制"，推动高校创新组织模式，培育跨学科、跨领域的科研与教学相结合的团队，促进科研与教学互动。长期以来，我国高校普遍存在的一个问题就是人才培养模式陈旧，远远不能适应经济社会发展的需要。据《金融时报》报道，麦金赛咨询公司的一份调研报告称教育模式影响了中国产业转型，缺乏训练良好的毕业生已经妨碍了中国经济的增长和发展更高层次的产业，比如，中国从现在的制造型模式转向服务和研究型模式所面临的一个最主要的困难就是相关的人才缺乏。随着跨国公司在中国不断扩展业务，它们面临着招聘高质量工作人员的困难，用某公司负责人的话说："这是丰裕中存在匮乏的悖论，大批量的中国毕业生，很少有人能够游刃有余地在出口服务行业工作。"与印度25%的大学毕业生具备去外国公司工作的技能相比，中国的这个比例不到10%。中国每年培养的工程师数量比美国多9倍，然而在其中的160万名年轻工程师中，只有约16万人具备为跨国公司工作的实用技能和语言能力。在10年内，中国将需要7.5万名具有一定国际资历的经理，但现在中国只有5000名这样的人才。该研究报告认为根本性的问题在于，"中国学生的教育模式使他们难以学到跨国企业公司内所需要的实用技能和团队精神。大学教育采用的是理论化的局限于书本的和老师传授的方法"，建议应当建立大学与企业之间的"联合机制"，让毕业生能够学到公司所需要的各种技能。

最后是加强人才培养制度的协同创新。一是继续深化高校管理体制的改革创新，积极推动社会参与大学管理，如借鉴并实施高校董事会制度等形式的改革，吸收社会精英参与大学治理，充分发挥董事会联系社会的优势。高校通过引入社会参与治理，进一步完善实验、实习等实践条件，有利于推进课外协同创新实践，为培养协同创新型人才营造更加有利的环境。二是建立高校协同创新联盟，探索同其他高校特色与优势教学资源共享机制，为培养协同创新型人才提供更加广阔的平台。由于历史原因，高校之间往往画地为牢，各自为政，造成资源利用率较低。有关研究表明，"一些发达国家的仪器设备的利用率高达170%～200%，而我国拥有的科学仪器设备的数量比欧盟的总量还多，但大多利用率不到25%"。比如，在一些高校，国家斥巨资建立的重点实验室往往只允许本校师生使用，其他高校师生被排除在外。诸如此类人为设置的制度障碍严重制约了高校创新型人才的培养，因此，如何建立和创新高校间优质教学资源共享的协同机制，是当前高校人才培养制度改革的重要任务。三是创新高校教学与科研的协同机制，尤其是通过充分发挥评价的导向功能，促使高校科研及其成果自觉地转化为人才培养的优质资源。

（原载于《中国高等教育评论》2022年第3卷，有改动。）

第四节　我国高等教育质量政策的特点及走向

一、现行高等教育质量政策的特点

（一）目标导向与精英决策：高等教育质量政策的过程分析

政策过程可以起源于问题，也可以起源于目标。人们通常把以"问题"为中心来考虑政策方案、资源安排的政策过程称为问题导向的政策过程；把以"目标"为中心考虑政策方案、资源安排的政策过程，称为目标导向的政策过程。问题导向的政策过程主要针对现状，也就是目前高等教育存在什么问题和出现何种困境，政策着眼于问题的解决和困境的摆脱；而目标导向的政策过程则主要是面向未来，即从如何达成未来发展目标的角度进行政策设计。很显然，问题导向与目标导向是政策过程的两种不同方式，两者并无优劣之分，不能简单地认为哪种导向的政策过程比另一种导向的政策过程更科学、更合理，而且，在政策形成的实际过程中问题导向和目标导向的政策过程往往会同时出现或交替出现，难以严格区分。至于分析一个具体的政策是何种政策过程，或应采取何种政策过程，则需要依据具体情况而定。

从实然的角度看，我国高等教育的许多质量政策带有明显的目标导向倾向。"211工程"和"985工程"是比较典型的高等教育质量政策，对我国高等教育的发展影响重大。有学者指出，这些政策往往"价值判断在先，政策方案在后，先有宏大政策目标的宣示，之后才有政策方案的设计，是一种比较典型的理想导向型政策过程"①。这种目标导向的政策过程有助于明确和保证高等教育发展方向，同时有利于高等教育发展目标与政策的契合，从而能够更好地促使高等教育发展目标的达成，但从这一政策过程的实际情况来看，也常常出现目标过于宏观以至难以把握的现象，有的甚至模糊不清，比如，什么是重点大学？什么是世界一流大学？争议颇多，莫衷一是。而政策目标的模糊不清，往往会给政策的实施和评价带来一定的困难，最终影响政策的有效性。

从明确政策目标到形成正式的政策方案，实际上是一个政策决策和制定的过程。不同的政策制定过程形成不同的政策制定模式。有学者按政策制定主体的不同，把政策制定模式分为理性模式、精英模式、渐进模式和公共选择模式②。我国高等教育质量政策的制定，应当说在很大程度上具有精英模式的特点。所谓精英模式，一个重要特点是政策形成过程中领导者（政治精英）起关键作用，政策更多反映出领导者的价值诉求和意志倾向，尤其是在对关键性的政策问题有着不同偏向的情况下，精英人物的意志倾向常常占据主导地位。实际上在"211工程"和"985工程"的制定、决策过程中，领导者的意志（虽然这种意志也可能代表的是集体意志，但常常是以领导者个人的主导、赞成和支持密切相关）起到了关键性的作用。

"211工程"政策的制定，与时任国务委员兼任国家教委主任李铁映同志的倡导和推动有很大关系，由他提出的"面向21世纪，办好我国的100所重点大学"成为"211工程"政策出台的先声；③而"985工程"则被看作是1998年5月4日江泽民同志在庆祝北京大学建校100周年大会上讲话的政策落实。政策制定的精英模式与我国教育体制中长期存在的行政性和计划性有很大

---

① 陈学飞：《理想导向型的政策制定——"985"工程政策过程的分析》，载《北京大学教育评论》2006年第1期。

② 石火学：《教育政策制定主体的变迁与模式选择》，载《广州大学学报（社会科学版）》2006年第1期。

③ 张国兵、陈学飞：《我国教育政策过程的内输入特征》，载《黑龙江高教研究》2006年第8期。

关系。应当说，精英模式有其合理性，特别是在我国社会政治民主制度建设的现阶段，由"精英制定政策既是一个现实的选择，也是决策成本最低的选择"[①]。但这一模式的问题也很明显，比如，政策制定存在一定的随机性，缺乏整体性和系统性；人为因素影响比较大，缺乏相应的制度保障和程序保障，容易出现在论证不充分的情况下仓促出台。

（二）重点发展与效率优先：高等教育质量政策的价值分析

戴维·伊斯顿认为，"公共政策是对全社会的价值作有权威的分配"[②]，而"高等教育政策本质上是对高等教育领域中价值的权威性控制"[③]。一般而言，价值的大小，总是按照满足人们需要的程度而定。需要可以分为物质需要和精神需要，这些需要在现实中常常体现为各种利益关系，因此，价值分配也可以理解为利益分配。从这个意义上讲，公共政策的本质应该是政府对全社会实行权威性的利益分配。政府分配利益是一个动态过程，分配的基础是政府选择利益和综合利益，分配的关键是落实利益。由利益选择到利益综合，由利益分配到利益落实，这是一个完整的过程。公共政策过程中的价值取向与这种利益取向完全一致。

我国高等教育质量政策在利益分配中体现出重点发展与效率优先的价值取向。首先，从利益选择来看，重点发展无疑是我国高等教育质量政策的主要价值取向。"211工程""985工程"是新中国成立以来重点大学建设政策的延续。1993年颁发的《中国教育改革和发展纲要》提出，"211工程"的目标是"集中中央和地方等各方面的力量办好100所左右重点大学和一批重点学科专业"，"985工程"的目标是"重点支持部分高等学校创建具有世界先进水平的一流大学和一流学科"。《教育部、财政部关于实施国家示范性高等职业院校建设计划加快高等职业教育改革与发展的意见》提出，

---

① 陈学飞：《理想导向型的政策制定——"985"工程政策过程的分析》，载《北京大学教育评论》2006年第1期。
② 陈庆云：《公共政策的理论界定》，载《中国行政管理》1995年第11期。
③ 涂端午：《我国高等教育政策分类研究》，载《复旦教育论坛》2007年第6期。

"十一五"期间，教育部、财政部决定实施国家示范性高等职业院校建设计划，重点建设100所国家示范性高等职业院校。其次，从利益综合来看，效率优先是高等教育质量政策的主要价值取向。高等教育质量政策利益选择以重点发展为价值取向，必然导致利益综合以效率优先为原则，否则，政策带来的结果不是减少利益矛盾，而是扩大利益矛盾，影响高等教育的稳定与发展。"211工程"建设高校、"985工程"建设高校的选择过程，是一个利益博弈过程，哪些高校可以入选，哪些高校不能入选，成为争论的焦点。最终入选的学校基本上是具有较长的办学历史，学科专业齐全、办学条件较好的高校，一个关键的标准就是效率优先。效率优先原则带来的好处是利于集中资源，促进高等教育质量在一定领域、一个较短的时期内获得快速提升。效率优先原则也会导致负面的影响，比如资源分配更加不平衡，导致高校之间的竞争落差更大。一些已获得重点支持的"211工程"高校、"985工程"高校，为了进一步提高竞争能力，一味追求学科专业的大而全，从而失去每所高校应有的特色和个性等。效率优先原则在一定时期存在有其合理性，但把它作为一种长期的价值取向则是值得质疑的。效率优先原则在今后的高等教育质量政策中需不需要调整，以及如何调整，是一个值得进一步思考的问题。

（三）增加投入与重在建设：高等教育质量政策的内容分析

教育政策的内容研究作为政策学中的重要问题之一，"它是政策活动的中间成果，是进一步开展政策执行研究的依据"。内容研究的重点是分析政策内容的合理性与可行性。高等教育质量政策内容主要包括两个方面：一是质量建设；二是质量保障。质量建设关注利益结构的调整，主要通过经济杠杆来实现，质量保障关注教育教学活动过程中行动准则的规范和调整，主要通过相关的质量制度和质量标准来实现。质量建设与质量保障是高等教育质量政策内容的一体两面，只有达到两者间的平衡才能真正有效地促进高等教育质量的不断提高。我国现行高等教育质量政策是在高等教育快速发展、大众化进程的背景下出台的，因此，早期的质量政策更多地关注质量建设，而近期的质量政策则逐步过渡到更加关注质量保障。从总体上讲，现行的高等教育质量政策内容的主要特点依然是加大投入和重在建设，质量建设与质量保障还处于失衡状态。

本来硬件和软件（内涵、制度）是质量建设的题中应有之义，然而在执行过程中往往走偏，出现只重硬件建设，而不太重软件建设的情况。国家、部门和地方在"211工程"建设中投入了大量建设资金，仅"九五"期间中央和地方的投入就达到180亿元，成为新中国成立以来直接投资最大的高等教育项目[①]。"985工程"建设国家投入的资金力度更大，"985工程"一期建设，中央专项资金投入140多亿元。巨大的经费投入带来的直接效应，就是这些入选学校的办学条件大为改善，学科平台的层次和水平得到极大提升。值得注意的是，加大投入，改善办学条件是创建世界一流大学的必要条件，而非充分条件。与世界一流大学相比，我国高校的差距除了硬件外，还有软环境。"我国的一流大学与世界一流大学相比，更多地体现在'形似'而不是'神似'上，是'数量'的增长而非'质量'的提高，是'外延'的扩张而非'内涵'的提升，是'硬件'的加强而非'软件'的改善"[②]。这是值得高等教育质量政策的制定者和执行者深思的问题。在教育部的普通高校本科教学工作水平评估中也可以发现类似的问题，为了迎接评估，硬件没有达到条件的，政府和高校可以想办法全力给予解决，而软件上存在问题的却容易被忽略，导致近年教育部普通高校本科教学水平评估中，涉及硬件条件的指标往往能取得好的评估成绩，而某些关涉软件条件的指标（如主讲教师等指标），评估成绩则不尽理想。

（四）项目主导与分期实施：高等教育质量政策的制度分析

教育政策和教育制度处于一种相互影响、互相制约和相互交织的关系模

---

① 刘继安：《"十五"211工程中央专项资金投入60亿》，载《中国教育报》2002年9月16日。

② 陈礼达、赵彦文：《继续推进"985"工程建设，加快一流大学建设步伐》，载《中国高校科技与产业化》2007年第9期。

式中，教育制度深刻影响和制约教育政策，同时教育政策又保护、牵引和安排着教育制度。有学者把制度分为"硬核"和"保护带"两部分[①]。制度硬核是制度最稳定和深层的内涵，从根本上抗拒变革与变迁。而制度的保护带可以看作是围绕在制度硬核周边的相关政策和措施以及由此生成的组织行为和规范，其作用是保护制度结构系统硬核不受外部变化或者压力的影响，所以，从某种意义上来说，教育制度变迁的过程，实质上就是通过教育政策调整制度保护带，导致制度硬核逐渐从量变到质变的社会过程。从制度变迁的角度来看，我国现行高等教育质量政策具有项目主导与分期实施的特点，更多地体现为制度"保护带"的调整，而未触及制度"硬核"的变化。

"211工程""985工程"，以及教育部普通高校本科教学工作水平评估、高等学校教学质量与教学改革工程等政策，主要是以一种项目主导、分期实施方式进行的。"211工程"从1995年开始第一期工程建设，于2000年完成建设任务。2001年，"211工程"一期通过验收，2002年，"211工程"的"十五"计划即第二期启动。2005年为"十五计划"完成年，2006年教育部完成验收并启动"211工程"第三期工作。"985工程"从1998年开始，进行了两期十年（第1期为1998—2002年，第2期为2004—2007年）的建设，根据规划已开始第三期建设。《2003—2007年教育振兴行动计划》明确提出建立五年为一周期的全国高等学校本科教学工作水平评估制度。《教育部财政部关于实施高等学校本科教学质量与教学改革工程的意见》指出，高等学校本科教学质量和教学改革工程在项目资金和组织管理上实行项目管理。项目主导、分期实施的方式可以将长远目标细化为短期目标，有利于提高政策的操作性和有效性，但是，这种方式也容易导致政府通过项目主导高等教育的具体改革，高校则对政府和政策产生高度依赖，影响到高校作为改革主体的积极性和创造性。更为重要的是，项目主导式的质量政策只能对教育政策的"保护带"进行修复、建构、完善，而不能真正影响到

[①] 陈汉林等：《组织和制度变迁的社会过程》，载《中国社会科学》2005年第1期。

教育制度的"硬核",从而推动高等教育质量制度的变迁。

二、高等教育质量政策的走向分析

根据以上对现行高等教育质量政策的特点分析,笔者认为,我国高等教育质量政策调整的走向包括以下几个方面。

(一)政策过程走向:目标和问题并重,更加注重问题的区别

如前所述,目标导向的高等教育质量政策过程与问题导向的高等教育质量政策过程并无绝对必然的界限,从某种意义上说着眼于问题的高等教育质量政策过程,也就是面向未来高等教育的发展,因此,目标与问题并重应当是未来高等教育质量政策过程的现实选择。当前值得注意的问题是,现行的高等教育质量政策更多地关注重点大学、重点学科和本科院校,关注公立高校,相对而言,对高职教育、民办高校关注不够,比如,高职教育的办学层次定位于专科,经费投入不足,工学结合难,考试招生不能独立等问题都直接影响到高职教育的培养模式和培养质量,这些问题提了很多年,但一直没有相应的政策出台。究其原因,除了政策体系的不完善、存在政策关注的盲点外,还有一个重要原因是,在高等教育质量政策的过程中有意无意夸大了问题的趋同性,而没有注意到问题的区别,一个典型的事例就是普通高校本科教学工作水平评估中的一套指标评估各种不同类型的高校(研究型、教学研究型、教学型高校,综合性、多科性、专科性高校)。实际上,研究生教育质量、本科生教育、高职高专教育、民办高等教育等各有自身的规律和特点,不同类型的高校面临的质量问题也各不相同,因此,建立和健全一个关注不同层次、类型高等教育质量问题特点的高等教育质量政策体系,应该成为未来一个时期质量政策的主要走向。而高等教育质量政策体系由横向结构和纵向结构组成,横向结构包括不同类型、不同形式高等教育的质量政策,纵向结构包括质量建设、质量保障、质量评价等不同环节。高等教育质量政策体系应当针对横向结构和纵向结构中的质量问题不断完善。在形成和完善高等教育质量政策体系过

程中，基于理性原则，以精英模式为基础，对各个模式扬优抑弊，将精英模式、渐进模式、公共选择模式有机结合的政策过程，在今后一个时期内将会受到更多的关注[①]。

（二）政策价值走向：效率与公平并重，更加注重公平的价值

目前，我国进行高等教育质量建设大多采取项目的方式进行，而且是先选学校再选项目，比如"211工程学校""985工程学校""示范性高职院校"，只要进入这个行列就可以获得更多的经费支持和项目建设资金。按照效率原则将资源重点投向部分高校和学科领域是必要的，而且实际上也带来了非常明显的效果，但是，我们必须清醒地认识到，高等教育质量的提高仅靠加大经费投入是不够的，在投入达到一定的量之后，其投入的效益就会降低，或者说，当经费投入"超过某个临界点后，经费投入的效果便不再明显"[②]。这时更重要的是"内涵建设和软实力的问题"[③]。解决的办法就是要提供更具活力、更加开放和更加公平的竞争环境，也就是说，高等教育质量政策应该更多地体现公平价值。一方面，要打破身份的界限，允许有条件的高校参与重点建设项目的公平竞争；另一方面，在加强重点项目建设的同时，也要制定相应的政策来扶持薄弱学校的发展，在提高这些高校竞争能力的同时促进高等教育整体水平的不断提升。

（三）政策内容走向：建设与保障并重，更加注重保障的要求

质量建设与质量保障之间是相互关联、相互促进的关系，质量建设是质量保障的基础，质量保障是质量建设的促进手段。因此，在政策内容上，应该质量建设与质量保障并重，强调质量建设与质量保障的一体化，并更加关注质量保障的要求。近年来，我国在高等教育质量保障体系的建

① 陈学飞：《理想导向型的政策制定——"985"工程政策过程的分析》，载《北京大学教育评论》2006年第1期。
② 高舰：《寻找教育投入的边界》，载《中国教育报》2008年4月26日。
③ 陈礼达、赵彦文：《继续推进"985"工程建设，加快一流大学建设步伐》，载《中国高校科技与产业化》2007年第9期。

设方面进行了积极探索，特别是2003年以来正式开展的教育部普通高校本科教学工作水平评估和高职高专人才培养工作水平评估，对于保证高等教育大众化背景下我国高等教育健康、有序地发展，发挥了重要的作用。但也毋庸讳言，无论是从评估体系的构建、评估政策的实际导向效果，还是从评估标准（指标）的设立，以及评估过程的方式方法等，都存在不少问题，这也是近年来这类评估受到人们质疑的重要原因，因此，如何建立和健全高等教育质量保障体系和机制是我国高等教育质量政策的一项重要任务。具体来说，我国高等教育质量保障体系的建设任务包括：第一，健全高等教育质量保障的组织体系，包括高校内部评估机构和高校外部评估机构、全国性评估机构和地方性评估机构、单位（高校）评估机构和专业（项目）评估机构、公立机构和中介机构等。第二，建立分层次多样化的质量标准。针对不同层次、不同类型的高校，特别是不同学科与专业，制定不同的标准。第三，"以质量换取自主权"[1]，建立质量承诺制度。在扩大高校办学自主权的基础上，实现质量评估与财政拨款相结合。

（四）政策制度走向：项目与制度并重，更加注重制度的创新

从制度变迁的视角看，实现项目为主的质量政策向制度为主的质量政策转变是我国高等教育质量政策发展的主要任务。要完成这一任务，必须正确认识政策与制度相互依存、相互促进的关系，将成功的、有价值的质量政策逐步提升为质量制度。在此基础上，进一步发挥高等教育质量制度的规范和驱动功能，推动高等教育整体制度体系的变革和发展。具体来说，高等教育质量政策制度化包括质量建设的制度化和质量保障的制度化。质量建设的制度化要总结现有高等教育质量建设的成功经验，把短期性的发展项目转化为长期性、规范化的发展项目，比如，"985工程""211工程"项目可以逐步规范化为除了生均拨款之外的高等教育质量建设专项项目，明确国家每年投入高等教育质量建设的资金额度，制定明确的申请和

---

① 戚业国：《论高等教育质量保障的思想、模式与组织体系》，载《青岛农业大学学报（社会科学版）》2007年第1期。

审批程序、项目建设要求和经费使用要求，严格过程监管和考核标准。除了中央财政的专项建设资金外，省级政府也可以设立相应的省级高等教育质量专项建设经费，制定相应的申请、审批和监管程序。质量保障的制度化，可以借鉴欧洲和美国的做法，在教育部建立专职质量评估、质量认证和质量监管的司局，成立质量司（或教育质量保障局），使高等教育保障工作真正摆到中心位置。通过这种方式提升高等教育质量管理的行政层级，确保其拥有相对独立的审核和监督权，从而保证质量评估、审核的中立性。在此基础上逐步完善质量保障的体系和各项制度，形成质量评估和财政拨款相结合的机制。

（原载于《教育发展研究》2008年第Z3期，有改动。）

第五节　质量文化：一种高等教育内涵式发展的价值建设

党的十九大报告提出要"加快一流大学和一流学科建设，实现高等教育内涵式发展"。这为"双一流"建设指明了方向，即"双一流"建设重在内涵建设；也为我国新时代高等教育确立了内涵式发展的路向。

所谓内涵式发展——指的是发展模式的一种类型，即以事物的内部因素作为动力和资源的发展模式，着眼于结构优化、质量提高、效益提升、实力增强，它是与外延式发展相对应的概念。很显然，高等教育内涵式发展是一种发展模式，也是一种发展理念与发展价值。而发展模式与发展价值的高度内洽便成为高等教育发展的一种文化样态。

如果说质量是新时代高等教育内涵式发展的核心，那么质量文化则更注重高等教育内涵式发展中质量的价值建设。近年来高等教育的质量文化问题受到广泛的关注，2009年联合国教科文组织在第二届世界高等教育大会上从质量保障的角度提出了高校质量文化这一概念：质量保障不仅要求建立质量保障体系和评价模式，而且要求促进机构内部质量文化的发展。这至少表明了以下两方面意蕴：一是高等教育质量保障必须着眼于质量主体的高校；二是高等教育质量保障应着力于高校内部质量文化（以下简称"高校质量文化"）的发展。自20世纪末以来，伴随着我国大力推进高等教育大众化进程，高等教育质量问题引起了政府、高校及社会的高度关注，各种质量保障的政策举措也纷纷出台，如教育部高等学校本科教学水平评估，国家、省、高校等各个层面的高等教育质量工程等，这些政策举措无疑对保障高等教育质量发挥了积极作用。

但毋庸讳言，这些质量保障政策举措收到的成效并未如人意，主要表现在两个方面。一是这些政策举措使得对高校质量保障的制度性约束大为加强，尤其是对影响高校质量的负面行为进行了有效约束，但因其带有强烈的"自上而下"色彩和倾向，这些政策举措也不可避免地约束了作为质量主体的高校在保障和提升质量方面的主动性、积极性和责任感。二是这种制度性约束过于"刚性"（如主张统一化、标准化的量化评价等），与高校质量的多样性、发展性、内生性等"柔性"特质并不相融，甚至有时因过于追求和看齐量化指标的"标准"。但当这些"标准"未能反映高校质量的本质时，反而造成了高校质量保障的错位。此外，由于某些功利导向及认识误区，使得许多高校质量保障的政策举措并未得到切实实施，从而使制度性约束的"刚性"因实施过程中的"弹性"而消减。

由此可见，高校质量仅有制度性约束（约束力多来自"刚性"的奖励和惩罚）是不够的，而且这种制度性约束常常以功利为导向，其效果往往是短期且外在的。如果这一制度性约束违背了高等教育规律和高校质量的本质，就更无效果可言。特别是若还存在一种与保障高校质量完全相悖的制度性约束，且更为"刚性"，并拥有更为强力的功利导向，加之机构和个体的趋利行为，将大大抵消高校质量"刚性"约束的效果，甚至对高校质量带来摧毁性的后果，高校成为"失去灵魂的卓越"也就在所难免了。

高校质量亟须形成一种"柔性"约束，而这种所谓的"柔性"约束，也就是一种高校质量文化的形成和发展，实质上它更多地体现为一种价值性约束。当下高校质量建设更需要正确的价值引领和文化建设，并通过文化的功能与力量使高校质量保障从一种被动、外在的规约要求，逐步转化为一种主动、内生的动机需求。正如刘振天教授所指出的，这种质量文化强调质量本身的目的性、质量主体的内在自觉性，改变长期以来高等教育保障的外在性和技术性，使质量管理和质量保障真正成为国家、社会、高校及师生等每一个质量主体的内在成长需要，成为质量提升的内在动力，从而唤醒每一个主体的质量意识、质量责任、质量态度和质量道德。

构建良性的高校质量文化的价值向度及路径选择可从以下五个方面着手。

一、高校质量文化应当体现人本价值

这是与人文主义教育观的时代趋势相一致的。具体而言，高校必须围绕学生成长成才和教师专业发展来构建质量文化。高校的根本任务是培养高级专门人才，这就决定了高校的一切活动和所有功能都必须服务于人才培养，如建立教学与科研的融合和内洽机制，设立高校科研评价的"教学因子"，将科研成果转化为人才培养的资源作为评价教师科研的重要标准。而新时代教师的高素质、专业化、创新型的要求与教师岗位的幸福感、事业的成就感、职业的荣誉感需建立起内在的关联。

二、高校质量文化应当体现创新开放

高校质量文化是发展着的文化，包括创新发展与开放发展。所谓创新发展，就是要促使高校现有质量文化与时俱进地创造性转化和创新性发展，如在高校质量标准上更注重培养创新型人才，更重视人的思维力、学习力的培养，更关注人工智能时代对高校人才培养提出的新要求和教师角色的转变。开放发展则是从高校与社会、与世界更为密切的关系，来定义高校质量的理念、标准和模式等质量文化要素的。

三、高校质量文化应当体现宁静致远高

高校质量文化构建首先要从安得下一张"安静的书桌"开始，特别是面对"外面的世界很精彩"，高校如何做到气定神闲，而不为眼花缭乱的现实功利需求所迷惑，做到不急功近利，不迷失自我，同时，高校不能只培养"关注脚下"的人，更要培养时常"仰望星空"的人。而要培养"仰望星空"的人，同样离不开一张"安静的书桌"，故而亟须大力倡导"板凳甘坐十年冷"的精神。

四、高校质量文化应当体现个性多样

不同高校都有自己的质量文化，避免"千校一面"有赖于高校质量文化的异彩纷呈。被誉为"最具影响力的教育家"的肯·罗宾逊认为，未来的教育不应是标准化的，而应该是定制化的，我们需要的教育不是提倡集体思维和"去个性化"的教育，而是培养真正具有深度和活力的各种人才的教育。他对比了餐饮业里的两种截然不同的质保模式：快餐模式与米其林指南模式。所谓快餐模式，是一种典型的标准化模式，在这种模式中食物的质量是有保证的。从快餐连锁店会指定什么应该出现在菜单上，用什么油来炸薯条……一切都是标准化的。这种标准化的快餐，不仅缺乏选择，甚至还不利于健康。而米其林指南模式则着重于确立优秀的餐饮具体标准，但并不明确满足标准的方法，而由餐厅自己裁量。每个餐厅都会以他们认为最好的方式来达到这种标准，其结果是每一家米其林餐厅都是个性化的。当下在重视高校质量标准化管理的同时，应从过程意义上为每所高校质量文化的特色化发展、个性化成长留出足够的空间和余地。

五、高校质量文化应当体现刚柔并济

在对高校质量保障上要把"刚性"约束与"柔性"约束紧密结合起来，且相辅相成、相互转化。具体来说，"刚性"约束要承载着"柔性"约束的价值主张，并通过长期的坚持不懈，最终使"刚性"约束升华为一种高校质量文化。2009年10月由欧洲大学联合会（EUA）发起了对欧洲各高校进行的一次质量文化调查。这次调查是利用问卷调查，以实证的方式对抽象的质量文化进行具体化考察，成为文化研究领域的一次突破，特别是巧妙而严谨的问卷设计，将质量文化的元素体现在质量保障的各项活动中，并以具体项目的形式反映出质量文化建设的进程和内部质量保障建构的进展情况。当前，质量文化建设成为欧洲高校推动内部质量保障进程的一种新路径。实际上，这次调查的技术路线实现了"柔性"的价值约束与质量保障制度的"刚性"约束的有机结合。

值得特别注意的是，高校质量文化的构建应该不单是高校自身的事，而有赖于全社会的共同努力，尤其亟须政府从政策制度层面为构建良性的高校质量文化创设一个优良的外部环境。

（原载于《中国高等教育》2018年7月，有改动。）

第六章

高校人才培养模式变革

第一节　教育现代化视域下人的
现代化与大学素质教育

教育现代化已然成为当今教育改革发展的时代趋向，而教育现代化的核心是人的现代化，这使得素质教育作为一种现代教育理念，已深度嵌入教育现代化进程之中。如何为新时期大学素质教育寻求正确的路向，是当前中国高等教育领域的一个重大课题。

一、为什么说教育现代化的核心是人的现代化？

对"教育现代化的核心是人的现代化"这一常被提及的命题，可作以下几种理解和认识：一种理解是通过人的现代化来推进或实现教育现代化，比如，通过教师的现代化来促进教育现代化等，从这一意义上来说，人的现代化往往是外在于教育现代化。显然，这是从工具理性的角度来理解和认识人的现代化与教育现代化的关系；另一种理解是人的现代化是教育现代化的题中之义，即说教育现代化本身就包含人的现代化，而且人的现代化是教育现代化的关键和核心，也是教育现代化的终极旨归所在，没有人的现代化就没有教育现代化，这主要是从教育是培养人的活动的角度来认识教育现代化的，这里所指的人即学生，这也是从价值理性的角度来理解和认识人的现代化与教育现代化的关系。还有一种认识是将前面两种理解结合起来认识人的现代化与教育现代化的关系，即通过教育现代化过程来促进人的现代化，它包含培养现代化的学生和教师自身的现代化，其中，教师和学生是教育现代化这一过程的"双主体"，同时也是教育现代化的"双客体"。相对而言，对人的现代化与教育现代化关系这一兼容工具理性与价值理性的认识似乎更为全面和贴切。

根据以上理解和认识，我们还须进一步回答"什么是人的现代化"？简单说来，就是教育把人"化"为现代人的过程，而在这一教育过程中人的现代性要素不断生成与增长。何谓人的现代性要素呢？通俗来讲就是人的现代素质要素，具体指的是现代人的素质或现代素质要素区别于传统人的素质或传统素质要素。很显然，从这一意义上看，教育现代化与现在所讲的素质教育又是紧密关联的，或者说在一定意义上教育现代化与素质教育存在内在的、本质的联系，如果说教育现代化的核心是人的现代化，那么"素质教育是教育的核心"[①]。应当说，人的现代性要素所涉及的素质这一概念是一个历史范畴，不同时期对于人的现代素质的认识并不一致，此时的现代素质要素，彼时就可能成为传统素质要素。当然，各个时期也会存在一些共同的、稳定的人的"现代"素质要素，但即使如此，对这些"现代"素质要素赋予时代的内涵仍是必要的。现代性要素的生成与增长包括两层含义：一层含义是针对现代性要素缺失而言的，主要是现代性要素的生成问题。比如，在过去相当长的一个时期，对人的素质要求主要是如何能够更好传承上一代人的知识、经验等，学习也主要是一种维持性学习[②]，因此，人的素质养成（培养与生成）也主要是这种"维持型"素质。而现代社会对"创新"这一人的素质要素提出了更高的要求，因此，教育必须着眼于"为一个尚未存在的社会培养新人"，"替一个未知的世界培养未知的儿童"[③]，创新性学习与教育应运而生，这种学习与教育致力于培养

① 翟振元：《素质教育要再出发》，载《中国高教研究》2017年第4期。

② ［美］詹姆斯·博特金、［摩洛哥］马迪·埃尔曼杰拉、［罗马尼亚］米尔恰·马利察著，林均译：《回答未来的挑战——罗马俱乐部的研究报告〈学无止境〉》，上海人民出版社1984年版，第21页。

③ 联合国教科文组织国际教育发展委员会编著，上海师范大学外国教育研究室译：《学会生存——教育世界的今天和明天》，上海译文出版社1979年版，第46页。

和生成人的"创新型"素质；另一层含义是针对人的现代性要素不足而言的，这主要涉及一个现代性要素的增长问题。也就是说，有的现代性要素尽管受到关注，但重视不够，以致养成不足，因此需要强化，以促使其不断增长。当然，无论是人的现代性要素的缺失，还是不足，也都与"人的现代化是一个历史范畴"这一认识密切关联的。

众所周知，人的发展是一个连续的过程，同样地，人的现代性要素的生成与增长也是一个不断累积和丰富的连续过程。而教育过程又构成了一个相互衔接的系统，教育现代化也是一个持续不断的过程。人的素质的阶段性特征和素质养成的连续性，决定了素质教育既要针对不同年龄阶段所必备的素质要求来展开，同时又需关注各阶段教育的前后衔接要求。实际上，素质教育便是教育后一阶段在前一阶段素质"存量"基础上现代素质的"增量"过程，而所谓的现代素质的"增量"，既包含现代性素质要素的增加（这通常是一个"生成"过程），也包含对现代素质要素的"存量"进行更具时代性的内涵丰富，从这一意义上，"增量"即"增长"。如果说在基础教育领域各阶段，由于其基础性特征，使得现代素质"增量"的"增长"意义更为突出，那么，对于高等教育阶段而言，由于处于教育体系的最后一层级（即第三级教育），该层级的某些阶段性特征尤为突出，从而决定了大学所致力的现代素质"增量"更兼具现代素质的"生成"与"增长"的双重意蕴。就当前来说，"专业性"仍然是高等教育领域有别于基础教育领域的一个突出的阶段性特征，所以这种现代素质的"增量"具有相当程度的"生成"性，但人的素质养成的连续性又决定了这种"生成"性并不绝对和完全，也就是说高等教育的"专业性"也需要以基础教育的"基础性"为基础，所以说，人的现代素质中现代性要素的"存量"与"增量"并不像物质意义上的事物可以精准区分，而"增量"中的"生成"与"增长"也往往难以绝然分开，它们常常是相互关联的。归根结底，这是由人的成长规律和教育规律所决定的。

值得特别提及的是，由于人的素质养成在一定程度上具有不可逆性，因此，教育要有一定的预见性，比如，教育应致力于培养现代人的哪些现代性要素，这是设立教育目标时就必须首先考虑和明确的。教育体系各阶段又要前后衔接，这就涉及人的培养的系统化问题，比如，人的创新素质应当是从小开始养成的，而不能仅仅寄希望于大学阶段的培养努力，因此，教育各阶段仅有形式意义上的相互衔接是远远不够的，而是要从教育各阶段的人才培养机制等诸方面真正相互衔接起来。从我国的教育现实而言，人才培养的系统化存在明显不足，教育体系各阶段的实质性相互衔接往往流于形式。这是深化教育领域综合改革亟待破解的难题。

如果说在基础教育领域"教育现代化的核心是人的现代化"这一命题的指涉还是明确且有共识性的话，那么在高等教育领域对"教育现代化的核心是人的现代化"这一命题的理解和认识却往往不具唯一确定性，甚至在实践中还未必具有高度的共识度。这与高等教育机构的任务和职能的特殊性尤其是其多重性有相当大的关联，因为高等教育机构除了人才培养这一根本任务和主要职能外，还具有科学研究、社会服务、文化传承创新、国际交流合作等职能。由于种种原因，目前不少大学在实际办学过程中并没有把人的现代化真正作为其核心或关键，以致"教育现代化的核心是人的现代化"在高等教育领域还只能是一个或然性的命题。应当说，高等教育领域长期存在重科研、轻教学的状况，以及当前一些大学出现的培养人才这一根本任务和主要职能"说起来重要、做起来次要"的现象，可能正是对这一命题在认识上的不确定性的现实反映。当然，更深层次的问题是对大学价值的认识及评价，比如，大学的种种制度性学术平台及科研产出构成的关键性指标，诸如博士点、重点学科、重点实验室、重点研究基地等，以及发表SCI、SSCI、CSSCI的论文、承担重大科研项目和获得重大科研成果奖等，这些关键性指标也常常被视为大学发展的价值根本，并被当作大学质量和水平的主要标志进入官方或民间的各类评价体系或排行榜的指标，政府的资源配置也往往以此为主要依据。实际上，这是一种类似经济领域"GDP"的高校学术"GDP"现象，正如经济"GDP"常常被看作是政府的政绩表征，这些学术"GDP"也同样被视为大学办学者的"政绩"的表征。

虽然近年来人才培养这一根本任务和主要职能受到政府、高校及社会等诸方较多的重视，也有了广泛的共识，但在现实中大学重科研、轻教学这一状况并没有得到根本扭转和改善，教学与科研之间的互促机制还未真正建立起来。究其症结，关键是对大学的评价导向尚未真正转变，因此，仅有基本的共识是远远不够的，如果对大学的评价导向没有转变，尤其是外部评价依然维持原有的价值导向，那么，大学成为"失去灵魂的卓越"①的现象将会长时间存在下去，"教育现代化的核心是人的现代化"仍将继续作为一个或然性命题，或是一种选择性命题而在高等教育领域长期存在下去。这也意味着大学素质教育难以真正地落地生根和取得应有的成效。

二、新时期大学素质教育路在何方？

2010年，《国家中长期教育改革和发展规划纲要（2010—2020年）》将"坚持以人为本、全面实施素质教育"作为教育改革发展的战略主题。今天，有识之士大力呼吁高等教育领域"面向教育现代化，素质教育要再出发"②，应当说，这首先是"不忘初心、继续前进"，是对素质教育这个"初心"的坚守和对以往推进素质教育过程中出现偏差的理论反思与现实纠偏。同时，在高等教育领域里素质教育这个"初心"又是一种发展着的"初心"，即与起初大学素质教育主要针对的"一过四偏"（即人文教育过弱、教学内容偏旧、教育方法偏死、专业口径偏窄、外语水平偏低）③相比较，无论在内涵还是外延上都理应进行时代的丰富和拓展。

大学素质教育要致力于促进大学生的现代性要素的生成与增长。需要

---

① ［美］哈瑞·刘易斯著，候定凯等译：《失去灵魂的卓越：哈佛是如何忘记教育宗旨的》，华东师范大学出版社2007年版，第1页。
② 翟振元：《素质教育要再出发》，载《中国高教研究》2017年第4期。
③ 同上。

指出的是，大学素质教育并不特指某种具体的教育行为，它更多的是一种现代教育理念，这一现代教育理念可以贯穿于大学教育教学的全过程和诸方面，并影响和指引大学的教育教学行为。这也是大学素质教育区别于过去相对狭隘的、特指性的大学文化素质教育的地方。新时期大学素质教育的基本路向可以主要包括以下几方面。

（一）着眼于人的可持续发展

2015年9月，联合国发布的《2030可持续发展议程》将人类社会的可持续发展问题提升到一个新高度，也提供了一些对可持续发展问题认识的新视角。随后，人的可持续发展和教育的可持续发展问题也成为2015年11月联合国教科文组织发布的《教育2030行动框架》的七大重要目标之一："到2030年，确保所有学习者获得促进可持续发展所需的知识和技能，包括通过教育实现可持续发展和可持续的生活方式、人权、性别平等、促进和平与非暴力文化、全球公民意识、理解文化多样性和文化对可持续发展的贡献。"2015年，联合国教科文组织发布了另一份重要报告书《反思教育：向"全球共同利益"转变》，在第一章"可持续发展：核心关切"中也强烈表达了对于可持续发展的人的发展和社会发展的关切，特别是强调了可持续发展和可持续发展教育对人类共同利益的重要性。

从根本上来说，着眼于学生的可持续发展，为学生的终身幸福和一生成长奠基，应当是现代教育的终极旨归，而现代教育也是在促进学生的可持续发展中获得自身的可持续发展。基于以上认识，现代化的教育必须志存高远，而绝不能过于功利化。长期以来，大学在人才培养中出现的过于功利化倾向，主要表现在许多大学（甚至包括一些处在我国高等教育体系顶端的研究型大学）越来越成为培养适应学生求职需要的知识和技能等素质的"加工厂"，而对学生良好的精神心理素质、高度的社会责任担当意识、优秀的道德品质等这些人十分重要的可持续发展素质的养成却相对忽视了。

因此，大学教育必须从根本上转变人才培养现行的"加工厂"质量观和学术"GDP"发展观，确立大学发展的绿色"GDP"发展观，实际上这就是一种大学素质教育的思想。所谓绿色"GDP"（可持续收入）的基本思想是由著名经济学家约翰·希克斯在其1946年的著作中提出的，它指的是将经济活动中所付出的资源耗减成本和环境降级成本从GDP中予以扣除后的计算结果。绿色"GDP"占GDP的比重越高，表明国民经济增长的正面效应越高，负面效应越低，反之亦然。在大学发展中引入绿色"GDP"这一概念，旨在强调大学的管理和评估除了要关注可量化的产值外，更需要关注大学全面性的、长效性的可持续发展。大学特色的形成和发展要聚焦在人才培养机制的创新上，才能使特色的形成和发展真正成为大学的核心发展力和竞争力，从而推动大学的可持续发展；重视大学文化的建设，充分发挥文化对大学生良好品行的熏陶和养成作用等。由此可见，大学绿色"GDP"发展观的核心旨趣就是着眼于大学和人的可持续发展。

随着终身学习的思想愈来愈显示出强大的生命力，大学教育将面临不再是人接受教育的终结阶段的全面调适，尤其是大学在学习与教育的政策导向、制度安排、机制构建等诸多方面需要作出相应的改变和调整，正如《教育2030行动框架》特别提出的，"包括大学在内的高等教育机构，应该支持和倡导提供公平、优质的终身学习的政策制定"，"学习方式需要改变，要重新定义学习的概念。学习可以理解为获得信息、认识、技能、价值观和态度。学习既是过程，也是这个过程的结果；学习既是手段，也是目的；既是个人行为，也是集体努力"[1]。

（二）着眼于人的素质的综合发展

这主要包括以下两方面：第一，立足于大学生素质的全面发展。要全面培养大学生的现代素质，首先必须弄清楚其究竟包括哪些人的现代性要素，而其中哪些又是核心要素或核心素质？《教育2030行动框架》指出，

---

[1] 熊建辉、臧日霞、杜晓敏：《迈向全纳、公平、有质量的教育和全民终身学习——〈教育2030行动框架〉之具体目标和指示性策略》，载《世界教育信息》2016年第2期。

教育2030目标是"将确保每一个人都获得坚实的知识基础，发展创造性思维、批判性思维以及合作性技能，培养其好奇心、勇气及坚韧性"①。这为我们正确认识人的现代性要素，促使大学生的现代素质的全面发展提供了重要指引和思路。在笔者看来，这里所涉及的人的素质"获得"，都是作为一个现代人十分重要的核心素质，其中不少还是中国大学生比较薄弱和缺失的。同时，我们还需要进一步探讨的问题是，全面培养大学生的现代性要素与全面培养中小学学生的现代性要素有无差别和有什么差别，以更好地把握学生现代素质的阶段性特征，从而更加全面地认识大学生的现代素质。值得探讨的另一个问题是，在中国大学生的现代素质中哪些现代性要素尤为重要，哪些缺失严重，继而，从突出重点和弥补缺失的角度，在大学素质教育中强化大学生这些素质的培养。

这里还必须澄清一些思想认识问题，比如，近年来，大学素质教育比较重视和强调大学生的人文教育问题，主要还是针对长期以来大学生人文素质的缺失而言的。应当说，这仍应是今后大学素质教育的一个重要路向，因为大学生的人文素质缺失依然是当前大学生群体中普遍存在的一个不可忽视的问题。尤其是人文素质是一个人拥有美好人生和提升生命质量的重要基础，它也体现了现代社会文明进步的程度。《反思教育：向"全球共同利益"转变》明确提出，教育应该以人文主义为基础，尊重生命和人类尊严②。值得指出的是，过去人们常常把人文教育与人文学科教育混为一谈，似乎大学生人文素质的养成需要加强人文教育，也就是要加强人文学科教育。实际上人文教育是一个内涵更为丰富的概念，它包括人文学科教育中人文素质培养，也包括自然学科教育中人文素质培养，以及其他一切

---

① 熊建辉、臧日霞、杜晓敏：《迈向全纳、公平、有质量的教育和全民终身学习——〈教育2030行动框架〉之具体目标和指示性策略》，载《世界教育信息》2016年第2期。

② 顾明远：《对教育本质的新认识》，载《光明日报》2016年1月5日。

有利于大学生人文素质的养成的教育活动[①]。再如，大学生的实践能力培养也是当前大学素质教育的着力点，其主要针对的是长期在大学教育中存在的过于理论化而实践不足，以致大学生实践能力普遍较弱的现状。这种实践能力的培养又主要是通过加强教育教学过程的实践环节来实现的，以更好地体现"理论学习与社会实践的统一"的基本思想原则。而随着创新素质在人的全面发展中的地位日益凸显，如何在大学教育中使大学生"把创新思维和社会实践紧密结合起来"已变得越来越重要。

第二，立足于大学生素质的合理结构。一个人的整体素质绝不是所拥有的素质要素的简单叠加，其具有结构性特征，同时，人的素质要素之间存在相互依赖、相互促进及相互制约的关系，也决定了人的素质培养与生成的整合性特征。同样，一个人的现代素质，也不是现代性要素的简单叠加，而且，人的素质的这种结构性特征（包括素质要素的组成及组成方式）既可以反映人的整体素质状态，同时也体现了一个人的个性特征，比如，即便有些人的现代素质的现代性要素的构成相同或相似，但由于构成的现代性要素的现代性程度存在差异，或其构成方式不尽相同，从而也可导致人的现代素质的整体状态各异，人的现代素质的个性也由此得以彰显。这类似于化学中的"同分异构"现象。由此可见，素质结构对于人的整体素质的形成有着极其重要的意义和价值。在更加重视复合型人才培养和学生发展的个性化、多样性的今天，如何帮助大学生形成合理的现代素质结构、发展良好的个性，无疑是当前大学素质教育在促使"人的现代化"过程中必须认真思考和探讨的问题。

（三）着眼于人的适应与创造的一致性发展

长期以来，大学教育主要是着眼于培养人的适应能力，即学生通过接受大学教育，获得适应未来社会经济发展的能力，从而能够很好地生存与发展，所以，这种大学教育在相当意义上是一种就业导向的教育，或是一

---

① 卢晓中：《素质教育——高等教育不容忽视的命题》，载《江苏高教》1998年第6期。

种培养"求职者"的教育。这对于经济社会发展相对缓慢的时代，所带来的问题并不突出，甚至是适应那个时代的经济社会发展需要的，因为昨天的经济社会，同今天和明天的经济社会相差无几，但在以高科技、信息化为主导的当今时代，经济社会高速发展且变幻无穷，教育真正是在"为一个尚未存在的社会培养新人"。尚未存在的未来社会既有可预测的确定性方面，更有不可预测的不确定性，正如埃利雅德所指出的"未来并不是我们要去的地方，而是一个我们要创造的地方。通过它的道路不是人找到的，而是人走出来的。走出这条道路的过程既改变着走出路的人，又改变着目的地本身"①。显然，能"改变目的地本身"地走出这条道路的"人"，必定是一个"创造者"，而现代化的教育就是要致力于培养这样的创造者——既能改变目的地本身、又能改变自身的"走路人"，这是一种培养"创造者"的教育。如果说教育需要培养"求职者"去适应未来社会那些可预测的方面，更需要培养"创造者"去适应更多的不可预测的未来社会，并在这种适应的过程中创造未来社会。这便是教育要着眼于"人的适应与创造的一致性发展"的要义所在。而大学素质教育的一个重要目的就是"适应与创造的一致性发展"人的素质的养成。

大学素质教育必须着眼于人的适应与创造的一致性发展，尤其要注重大学生创新素质和实践能力的培养，对此要从以下两方面着手：一是要加强创新创业教育，培养学生创新素质与实践能力，并建立起学生的创新素质提升与实践能力培养的互动机制；二是要健全就业创业体制机制，特别要建立高校与行业企业之间的"联合机制"，促使大学毕业生"不再仅仅是求职者，而首先将成为新工作岗位的创造者"②。

---

① 国家教委国家教育发展研究中心、中国教科文组织全委会秘书处编：《未来教育面临的困惑与挑战——面向21世纪教育国际研讨会论文集》，人民教育出版社1991年版，第26页。
② 联合国教科文组织：《21世纪的高等教育：展望和行动世界宣言》，载《教育参考资料》1999年第3期。

二是要建立教学与科研的互促机制。特别要在将科学研究适当引进高校教学过程的同时，通过建立评价导向机制来促使高校科研及其成果自觉和有效地转化为人才培养的优质资源。此外，要大力推动高校创新组织模式，培育跨学科、跨领域的科研与教学相结合的团队，从组织机制层面密切教学与科研的关系，以此来促进学生创新素质的提升。

（原载于《中国高教研究》2017年第6期，有改动。）

第二节　高等教育走向"社会中心"与人才培养模式变革

一、高等教育走向"社会中心"与高校分层定位

（一）高等教育走向"社会中心"

高等教育走向"社会中心"的必然与或然现代高等教育与社会的关系日益密切，一方面是因为现代社会发展对高等教育的需求日益增长，尤其是知识经济社会以高科技、信息化为主导特征，这对教育尤其是高等教育提出了更多更迫切的需求，要求高校利用学科、人才及资源优势在人才培养、科学研究和社会服务三大方面有更大的作为，以更好地满足社会需求与期望；另一方面，现代高等教育在适应和满足社会需求与期望的同时，其自身发展也需要社会的大力支持和推动。正是这一密切关系，使高等教育走向"社会中心"这一总体趋向有了客观必然性。自20世纪中叶以来，人们纷纷用社会的"轴心机构""动力站"及"主要组成部分"等词语来表

达高等教育走向"社会中心"的这一趋向。

虽然现代社会、经济及科技发展使现代高等教育走向"社会中心"具有了客观必然性，但客观必然性并不等于现实性，也就是说，从外部环境和条件来看，尽管现代高等教育具备了走向"社会中心"的可能和基础，但具体到某一类型的高等教育或某所高校，并不意味着只要有主观愿望，无须经过自身努力，就可以自然而然地走向"社会中心"。对于具体个体而言，总体必然的趋向要变为现实状况，还取决于个体的主观能动性。因此可以说，现代高等教育成为"社会中心"还带有不确定的因素。如果高校能履行好人才培养、科学研究和社会服务三大职能，便能够真正走向"社会中心"，从而使"必然"变成"实然"，但如果高校不能很好地履行三大职能，就不一定能够走向"社会中心"。

对于高等教育要不要以及能不能走向"社会中心"，当前也有不同的看法。有学者表示："我反对大学从边缘移向中心的观点，大学不是边缘也不是中心。"[①]也有人认为，高校未必一定要走向"社会中心"，或者说高校未必能承受"社会中心"之重，走向"社会中心"对高校来说未必是福音。其一，就"社会中心"可能带来的负面影响而言，高校居于"社会中心"将面临更多的外部干预，这对高校的自主权是一个威胁，它会加剧目前高校戴着"镣铐跳舞"的状况，高校也可能会失去应有的活力；其二，高校自身也可能在"社会中心"之中迷失自我，面对精彩的外部世界和纷繁的社会需求，如果高校不加选择"有求必应"，那么必将弱化高校所应担负的特殊使命和职能优势。

笔者认为，高等教育走向"社会中心"是高等教育发展的一种必然趋势，是不以人的主观意志为转移的，也就不是主观上"要不要"的问题。至于对高等教育走向"社会中心"的种种担心和忧虑，主要是着眼于具体情形或个体方面而言的，这些担心和忧虑并非没有道理，也不是没有可

---

① 杨玉良：《中国大学鼓乐齐鸣却精神虚脱》，载《中国青年报》2010年6月22日。

能。这就要求，一方面高校不能因噎废食，因此拒绝走向"社会中心"，从而忘却自己应担负的社会责任（职能）和失去由此带来的发展机遇和发展条件；另一方面，以上担心和忧虑也正是高等教育走向"社会中心"亟须防范或消除的一些偶然性因素。因为当这些偶然性因素一旦出现并成为一种常态时，高校也就不可能真正走向"社会中心"，抑或将可能失去"社会中心"的位置。

（二）高等教育的分层定位与分类发展

如上所述，高等教育走向"社会中心"具有客观必然性，反映了现代高等教育发展的基本特征，但所谓的"社会中心"，对于高等教育来说，是一个"面"的概念，也就是说，不同类型高校在此"中心面"上是各居其位的，这便涉及高等教育系统的分层定位和分类发展的问题。

对高校要不要分层定位和分类发展这一问题，在认识上或理论上并没有太大争议，这实际上涉及高等教育系统的层次结构和科类结构问题。一般而言，高等教育系统必须有一个合理的层次结构和科类结构，但现在的问题是如何分层定位和分类发展，在分层分类定位后又如何保证其各安其位，并办出相应的特色和水平。对于如何定位分类，一个核心问题是定位所依据的标准。英国教育学者阿什比所言的"任何类型的大学都是遗传与环境的产物"[1]，这实际上为高校的定位分类提供了一种思路。所谓遗传，实际上是就高校自身而言的，也就是根据高校自己的实际状态来进行定位；而环境则多是针对高校所处的经济社会环境而言的。应当说，现行高校的定位分类，不论是政府的、社会的抑或高校自身的，其所依据的往往是高校学科专业发展的实际状态，对经济社会环境因素往往顾及不够。从高等教育发展战略考虑，必须把经济社会发展的需求因素，尤其是产业转型升级带来的产业结构变化考虑进去，因为这对高校的科类结构、层次结构都提出了新的要求。大学生就业状况也是高校定位分类必须考虑的一个

---

[1] ［英］阿什比著，滕大春、滕大生译：《科技发达时代的大学教育》，人民教育出版社1983年版，第7页。

重要因素，这实际上也是一个环境因素，比如，对于高等教育系统而言，除了要努力建设高水平的一流大学外，还要重视应用型高校（如高职院校）的发展，因为这类高校不仅在产业转型升级上扮演着重要角色，而且毕业生目前的就业前景也良好。

定位分类确定后，一个关键因素就在于政府对定位分类的政策导向及配套措施，尤其是政府资源配置的政策导向，直接起着"指挥棒"的作用。就目前情况而言，我国高校的政府资源配置基本上是学术导向型的，且主要是任务需求取向型的。也就是说，政府对高校资源的配置，一是根据其学科发展水平和学术发展情况来确定；二是依据其承担职能（培养人才、发展科学和为社会服务）所需求的资源来确定。依据承担的职能和任务来考虑资源配置问题并不是没有道理，如研究型高校与教学型高校承担的职能和任务不一样，所需求的资源肯定也不一样，政府在资源配置上体现这一差异无疑有其合理性。现在的问题，一是仅以学科发展水平和学术发展状态作为政府资源配置的主要依据，对于高等教育系统内丰富多彩的高校层类以及多样化的目标取向显然是不合适的，这对一般普通高校（尤其是教学型高校）也是不公平的；二是仅以任务需求作为配置资源的依据，缺乏激励性的资源配置，也就是高校在自己的层位上办出了特色、办出了高质量，甚至办出了一流，但在政府资源配置上并没有得到相应的体现。在这样一种情形下，要使高校（主要是处于高等教育系统相对低位的高校）各安其位、不力争上位显然是困难的，甚至在情理上也很难说得过去。所以，要解决这一问题，必须建立起政府资源的"双导向配置"：一是任务需求导向型，即根据高校承担的职能任务所需求的资源进行相应的配置机制，因为高校的学科发展水平和学术发展状态与所承担的职能任务密切相关，实际上这也把学科发展水平和学术发展因素考虑进去了；二是业绩激励导向型，也就是对办学业绩显著的高校给予奖励性的政府资源配置，从而鼓励高校在各自层类上办出特色、办出水平、办出一流。

二、高等教育的分层定位与人才培养模式变革

（一）如何处理高校人才培养目标定位与人才培养模式的关系

高等教育的分层定位首先体现在高校人才培养目标上。高校的人才培养目标与其人才培养模式密切关联，也就是说，确立什么样的人才培养目标就应有与之相应的人才培养模式，培养目标的变化必然带来人才培养模式的改变。对此，我们可以从以下方面进行一番考察。

一是培养目标的内涵变化带来人才培养模式的改变。以高师院校这一类高校为例，仅就师范生培养目标而言，今天的新课程背景以及网络时代对教师的要求与过去有了很大不同，这便决定了今天高师院校在师范生的培养目标上与过去也有明显差异，这就要求人才培养模式作出相应的改变和调适，但事实上，目前许多高师院校仍是沿用传统师范教育的人才培养模式。

二是培养目标的外延变化带来人才培养模式的改变。当高校培养目标的外延发生变化时，其人才培养模式也应随之作出调整，但实际上，长期形成的人才培养模式定势，常常使这种调整变得异常艰难，比如，近年来许多高师院校的非师范专业发展很快，但这些非师范专业正面临一个困境，即毕业生的社会认同度较低，以致就业率不高。究其缘由，其中之一就是高师院校往往用师范专业的人才培养模式培养非师范专业的人才。

三是培养目标的层类差异带来人才培养模式的改变。从高等教育系统层次来说，不同层次的高校其人才培养模式必定存在差异，比如专科层次高校与本科层次高校在人才培养目标与人才培养模式上显然有较大差异。即使同是培养本科层次人才的高校，应用型本科高校与研究型本科高校在人才培养目标上也有很大不同，前者着眼于应用实践型人才的培养，后者则主要致力于理论研究型人才的培养，这就决定了两者在人才培养模式上的差异。

四是培养目标的一体化对人才培养模式提出了衔接的要求。高等教育系统各层次应相互联系、相互衔接，这种衔接首先体现为培养目标（包括人才规格等）的衔接，与此相应的是人才培养模式的联系与衔接。以职业

教育体系为例,当前的一个重要趋向,就是建立"中职学校—高职院校—应用型本科—研究生专业学位教育"系列,这就要求不同层次的教育相互衔接,如高职院校与中职学校在目标定位上应有一个层次不同的衔接,但现在的状况是两者在目标定位上明显衔接不够,有的甚至完全趋同。高职院校与应用型本科院校在人才培养模式衔接上面临的问题更多,而专业学位研究生教育与应用型本科教育在人才培养模式的衔接上则刚刚起步,亟须进一步探索。

(二)如何解决人才培养的"粗放式"与经济社会发展的"精细化"之间的矛盾

经济社会发展的需要尤其是产业转型升级对人才的需要与高校陈旧的人才培养模式的矛盾是制约当前经济社会发展和高等教育自身发展的一个"瓶颈"。以广东省为例,该省制造业比较发达,而且处在一个产业转型时期,达到了较高的生产技术水平,生产的组织方式、岗位分工也日益精细,但一些理工科高校及专业在人才培养上仍然沿用传统制造业人才的培养模式(包括课程设置、教学内容、教学方法和教学形式等),而且针对扩招后生均占有教育资源减少的状况,许多高校采取了统一培养、大班教学这种"粗放式"的人才培养模式,导致人才培养的规格比较单一。由于这个原因,企业生产和产业转型需要的"精细化"与现行人才培养模式的"粗放式"形成了尖锐的矛盾,既导致大学毕业生就业难,也使企业、用人单位找不到合适的人才。鉴于此,高校人才培养模式要尽快实现从"粗放式"向"精细化"的转变,如实施学校主导的"订单式"培养,根据用人部门或具体岗位对人才的具体要求进行量体裁衣的培养;进行学生自主的"超市式"培养,即学生在教师指导下根据经济社会发展的趋势和未来人才市场的走向自主选择所需的课程,学校则尽可能提供各种课程以满足学生选择的需要;建立"产学研一体化"的人才培养联合机制,加强人才培养与产业岗位需求的直接联系。

当前还值得讨论的一个问题是,如何处理高校专业设置的宽口径与人才培养模式的"精细化"这一似乎矛盾的现象。自20世纪80年代始，高校针对50年代以来专业口径过窄、适应性不强的问题，进行了拓宽专业口径、增强适应性的改革。目前要协调好这一矛盾，一个思路就是通过构建模块化的课程体系实现专业设置的宽口径与人才培养模式的精细化的高度统一，比如，通过设置"基础理论课程模块"体现宽口径专业设置的旨归，同时通过"专业技能课程模块"和"实践实习课程模块"，并在修习必修课程的基础上实行组别式选修，从而达到人才培养模式"精细化"的目的。

（三）如何发挥人才培养模式对经济社会转型发展的引领功能

现代高等教育的一项重要社会功能就是引领经济社会发展，具体来说，高校通过为经济社会提供人才支撑、发展科学及直接为经济社会服务，促进经济社会结构尤其是产业结构的转型升级。一个典型事例就是印度高等教育所培养的信息产业人才在相当大程度上促进甚至引领了印度经济结构的调整和产业的转型。然而就我国来看，目前高校在人才培养模式上的问题却制约了经济社会的发展，特别是一定程度上阻碍了产业结构的调整与转型。其中主要存在两方面问题：一是我国高校人才培养模式是求职取向式的，即针对当前经济产业结构所确定的工作岗位来培养从业者，而对经济产业结构调整转型所需要的创业型人才的培养则相对薄弱；二是高校人才培养模式是理论导向式的，"大学教育采用的是理论化的局限于书本的和老师传授的方法"，"这使他们难以学到行业企业所需要的实用技能和团队精神"。

针对以上问题，为了更好地发挥人才培养模式对经济社会发展的引领功能，必须改革"求职者"的人才培养模式，建立"创业者"的人才培养模式，即联合国教科文组织在20世纪90年代曾提出的要使高校毕业生"不仅成为现有工作岗位的求职者，而且要成为未来工作岗位的创造者"。这就要求高校强化以创新素质培养为核心的创业教育，同时，切实加强学生实践能力的培养，注重在培养实践能力的过程中提高学生的创新素质，如建立大学与行业企业之间的"联合机制"，让学生能够学到行业企业所需要的各种技能和团队精神，并让学生在行业企业的"联合"实践中提升创新素质。正如《国家中长期教育改革和发展规划纲要（2010—2020年）》所提出的"创立高校与科研院所、行业企业联合培养人才的新机制"和"推行产学研联合培养研究生的'双导师制'"。

此外，学生创新素质的培养需要高校建立起教学与科研的转换机制：一是将科学研究适当引入高校教育教学过程，让学生参与课题研究，培养学生的创新素质和科学精神；二是通过建立科研及其成果向教学转化的评价和激励机制，促进高校科研及其成果有效和自觉地转化为人才培养的优质资源；三是通过"推动高校创新组织模式，培育跨学科、跨领域的科研与教学相结合的团队，促进科研与教学互动"。

（原载于《教育发展研究》2011年第19期，有改动。）

第三节　科教融汇视角下高校教学与科研更好结合[①]

党的二十大报告提出，教育、科技、人才是全面建设社会主义现代化国家的基础性、战略性支撑，并把教育、科技、人才三位一体、统筹部署。2023年5月29日，习近平总书记在中共中央政治局第五次集体学习时指出："建设教育强国，龙头是高等教育。要把加快建设中国特色、世界一流的大学和优势学科作为重中之重，大力加强基础学科、新兴学科、交叉学

① 本文系国家社科基金重大项目"促进高等教育与科技创新、经济发展更好结合研究"（23ZDA059）的研究成果。

科建设，瞄准世界科技前沿和国家重大战略需求推进科研创新，不断提升原始创新能力和人才培养质量。"

当今时代，高等教育、科技创新与人才培养三者关系密切、相辅相成，并对应于中国的教育强国、科技强国、人才强国三大强国建设。这也决定了建设教育强国、科技强国、人才强国具有内在的一致性和相互支撑性。如何把三大强国建设有机结合起来、一体统筹推进，形成推动高质量发展的倍增效应，是当前值得深入探讨的重大课题。

一、科教结合、科教融合与科教融汇

党的二十大报告提出："统筹职业教育、高等教育、继续教育协同创新，推进职普融通、产教融合、科教融汇，优化职业教育类型定位。"这是党中央第一次同时提出"三融"，并将过去提过的"科教融合"改为"科教融汇"。值得注意的是，该报告的英文版，对于"融通""融合"和"融汇"都采用了同一个单词"integration"，一个重要旨趣就是突出三对关系的集成、一体化、整合的共性要求。对于科教融汇而言，除集成、一体化、整合这一共性要求外，还可以从历史的角度对这一概念的形成作进一步的认识和分析，并建构其特殊的意蕴。

应当说，有关教学与科研的关系问题是高等教育领域的一个经典命题。19世纪初叶，德国洪堡最早提出"教学与科研相统一"的大学办学思想理念，并在当时的柏林大学乃至德国高等教育获得了巨大成功，从而引起世界范围的广泛关注，美国等国的高等教育也纷纷借鉴和效仿。自此，围绕教学与科研的关系就一直成为高等教育领域探讨的一个重要话题，对教学与科研有没有关系、有什么样的关系、关系的密切程度等问题也争议不断。如20世纪七八十年代，教学与科研相结合就曾遭受诸多质疑。在许多人看来，教学与科研相统一是属于规范的、带有价值判断的认识，而缺乏实证的、科学的，建立在经验的事实基础上的有说服力的论证。一些英美学者采用相关性分析等实证研究方法得出"教学和科研相联结并没有直接的经验证据"的结论，同时，长期以来高校教学与科研的关系既是一个学术话题，又是一个实践问题，而且两者还往往不一致。认识逻辑与实践逻辑常常不在一个频道上。随着现代高等教育和科技创新的关系日益密切，高校尤其是研究型大学的教学与科研相统一的关系在理论认识上渐趋一致，但大学在实际办学过程中教学与科研相脱节甚至矛盾冲突的情况并不鲜见，以至直到今天这一话题和问题仍然为人们所普遍关注和讨论。在我国，对于高校教学与科研关系的认识同样经历了一个逐步深化的过程。新中国成立初期，我国高等教育体制沿袭苏联的"科教分离"模式，科研和教学职能分别由科研院所和高等学校承担。"文化大革命"结束后不久，邓小平同志就提出，高等学校，特别是重点大学要成为教学的中心和科研的中心（"两个中心"）。1977年7月，邓小平同志明确指出"重点大学既是办教育的中心，又是办科研的中心"，两个月后，经他亲自批示的《关于中国科学技术大学几个问题的报告》又进一步提出"要把科大建成一个能够独立进行高水平的教学和科研的重点大学"。邓小平同志还指出："今后我们要很好地研究科研和教育如何协调、人员如何经常交流的问题。"实际上他已把科研与教学相结合及如何结合的问题提了出来。1985年颁布的《中共中央关于教育体制改革的决定》以及1987年出台的《关于改革高等学校科学技术工作的意见》进一步明确提出"高等学校肩负着培养高级专门人才和发展科学技术文化的双重任务"，"高校开展科研既是人才培养的需要，也是促进科学技术发展的需要。两项基本任务必须紧密结合进行，相辅相成，相互促进，既出人才，又出成果"。这里不仅提出了人才培养和发展科学技术文化是高校的"双重任务"，而且还明确指出两项基本任务"必须紧密结合进行，相辅相成，相互促进"。应当说，经过70多年的发展，我国大学发展经历了从单纯教学转向科教并重，又从科教并重转向科教结合进而科教融合的过程，这是我国高等教育发展历史的必然选择。而今天的科教融汇则是高等教育强国建设的必然选择，这也是时代赋予我国大学的一个核心命题。从早期对科教结合这一关系的认识，到2012年后伴随着"高等学校创新能力提升计划"（简称"2011计划"）的制定并实施，协同创新成为该计划的最核心的概念和最重要的政策导向，人们开始更多地关注科教融合，并与高校的协同创新相关联。特别是2015年1月，时任教育部部长袁贵仁在当年召开的全国教育工作会议上指出："要深入实施'2011计划'，不断促进科教融合、协同创新、合作育人，使国家创新驱动发展战略在高校落地生根、开花结果。"从此，科教融合便成为一个国家层面的政策话语和高校重要的办学导向，2019年由中共中央、国务院印发的《中国教育现代化2035》提出的八大基本理念之七便是"更加注重融合发展。推动教育向社会开放、向产业开放，推进产教融合、科教融合、军民融合，推动学院教育、社会教育、家庭教育有机结合，促进人才培养链与产业链、创新链有效衔接，实现教育与经济社会深度融合、协同发展"。而今天，科教融汇已成为一个新的政策话语和导向，无疑反映了对宏观意义上的高等教育与科技创新关系和微观意义上的高校教学与科研关系认识的不断深化。

从科教结合、科教融合、科教融汇三者之间的关系来认识，如果说科教结合已体现了对高等教育与科技创新、高校教学与科研两对关系的一种认知，那么科教融合则更强调两对关系的密切程度。而相对于科教融合，科教融汇从词义上则是一个更加宽泛，尤其是包容更广阔的概念，它可包含科教融合和科教融汇。所谓科教融合中的融合，通常指的是几种不同的事物合成一体。而科教融汇则包括两层含义：一是相互融合；二是汇聚在一起，前者主要表明的是彼此关系，后者则是从范围意义上而言，从认识逻辑与实践逻辑相统一的角度来说，往往是"先聚后融"，也就是说在确立哪些要素与方面可汇聚的前提下再考虑其融合问题。归根结底，科教融汇是以"结合"意蕴为基础、以"更好结合"为旨归的。从融合的含义而言，即科技与高等教育的结合和高校科研与教学的结合，从结合程度上则包括科教一般性结合、科教融合、科教深度融合。显然，科教融汇不同于一般性结合，"融"所强调的是结合的深度，即合成一体即融为一体；而"汇"所关注的是结合的广度，也就是涉及科教哪些要素与方面的结合及以什么样的结合方式以实现"更好结合"。

科教融汇通常有两个价值取向：一个是作为一种人才培养的理念和方式，着眼于人才培养，如深化科教融合育人，其关键在于科研育人，即高校以高水平的科研支撑高质量的人才培养；另一个是作为科技创新的一种理念和方式，所着眼的是科技发展，尤其是在新科技革命与产业革命高度互动、高度融合的当今时代，科技创新与产业发展又是高度相关的，所以，科技创新在高等教育与产业之间作为中介变量，起着"中介"效应。而科技创新这一中介变量是关键变量，其"中介"效应在于成为高质量发展的最大增量。由此，科教融合又可"溢出"为科、产、教彼此相融的问题。科教融汇最终将使科技创新、人才培养和人才高地建设形成一种倍增效应，其中科技创新起着倍增效应的关键性作用。这也便是科教"更好结合"的理想样态，具体体现了习近平总书记所指出的"建设教育强国、科技强国、人才强国具有内在的一致性和相互支撑性，要把三者有机结合起来、一体统筹推进，形成推动高质量发展的倍增效应"。此外，科教融汇还有一个重要意义在于科技创新反哺教育，以此来彰显科教融汇的倍增效应。科技反哺教育的一个重要途径便是党的二十大报告所提出的"必须坚持科技是第一生产力、人才是第一资源、创新是第一动力，深入实施科教兴国战略、人才强国战略、创新驱动发展战略，开辟发展新领域新赛道，不断塑造发展新动能新优势"。2023年5月29日，习近平总书记在中共中央政治局第五次集体学习时指出，"教育数字化是我国开辟教育发展新赛道和塑造教育发展新优势的重要突破口。进一步推进数字教育，为个性化学习、终身学习、扩大优质教育资源覆盖面和教育现代化提供有效支撑"。2023年7月，习近平总书记在考察四川时又进一步指出，"以科技创新开辟发展新领域新赛道、塑造发展新动能新优势，是大势所趋，也是高质量发展迫切要求，必须依靠创新特别是科技创新实现动力变革和动能转换"。对于高等教育而言，教育数字化同样也是我国开辟高等教育发展新赛道和塑造高等教育发展新优势的重要突破口。

从理论认识上科教融汇，"融"与"汇"的关系是清晰明了的，那么实际中的科教融汇却要复杂得多，特别是在科技创新与高等教育的相互关系日益密切的当今时代，无论是"融"的深度，还是"汇"的广度，都构成一个多维、立体、交叉、动态的关系，从而也使得高等教育在进入"社会的中心"以后本就复杂的系统更成为一个超复杂的系统。

二、高校人才培养视域下的科教融汇

如前所述，高校科教融汇是一个多层面、多意蕴的概念。而人才培养视域下的科教融汇，就是高校将办学模式、育人方式和教学科研机制三者高度整合，着眼于培养高素质创新型人才。科教融汇在人才培养上可从狭义和广义两方面来认识和理解。

（一）狭义的科教融汇

狭义的科教融汇，主要是从教育的内部关系规律的角度，涉及高校内部诸种关系，如高校教学与科研关系的一个主要旨趣在于科研育人问题，也就是高校如何以高水平的科研支撑高素质创新人才的培养。不可否认，教学与科研相分离，或没有构建起有效衔接的结合机制，已成为长期困扰高校办学的一个实际问题，直至今日依然如此。解决教学与科研相分离这种"两张皮"状况，一直是高等教育改革攻坚克难的方向。近年来，国家、地方、高校层面各种改革措施不断出台，总体取向上是以激励教学、重视人才培养为主导，并收到了一定的成效，但必须认识到，激励教学、重视人才培养一定不能以弱化高校科研为代价，而应强化的是科研育人，即高校通过有组织的科研及其评价导向将教师的科研资源有效地转化为教学资源，使之真正成为高素质创新人才尤其是拔尖创新人才的培养力，从而使高校的科研与教学从并重到结合。这是由高校人才培养的特点所决定的，也是高校科研相异于科研院所科研的独到之处，反映了高等教育的一个基本规律，即把科研引入教育教学过程之中。值得提及的是，从高校把科研引入教学过程使教学与科研相结合，到教学与科研相融合甚至是深度融合：科研即教学，教学即科研，这对于高校培养高素质创新人才，尤其是造就拔尖创新人才显得十分重要。这实际上表明了教学与科研相融的深度，也是教学与科研更好结合的重要体现。"以育人为中心""三全育人""协同育人"等思想理念及其践行则体现了教学与科研相融的广度，即汇聚高校一切可用资源、有效活动和各种途径致力于服务人才培养目标的实现，如大学里的"双创"教育、"挑战杯"全国大学生课外学术科技作品竞赛、创造性劳动教育等多样化人才培养过程中的实践活动、实践环节，都有一个共同的旨趣，即培养学生的创新思维和创新能力，同时也着眼于发现和培养拔尖创新人才。不可否认的是，现实中由于这些实践活动、实践环节往往归口到不同的高校职能部门来设计、组织和实施，而各职能部门所瞄准或对标的目的或是要实现的价值又常常比较多样，且多受功利性目标所牵引，以致经常出现各自为政的状况。因此，如何更好地促使这些实践活动和实践环节的价值整合、功能互补和实践对接，对于高校人才培养来说是一个非常必要且值得深入探讨的问题。再如，科教融汇的另一个重要方面是在团队构建上，如何从过去单一的教学团队或科研团队组建，发展到教学科研混合式团队与平台的构建，而这种教学科研混合式团队与平台具有适应当代科技和产业发展趋势的跨学科、超学科等交叉融合的特征。为适应新的团队与平台发展方向和趋势，高校的学术组织制度亟须进行变革或重构，其方向在于打破学科专业壁垒，深化学科交叉融合，创新学科组织模式，改革人才培养模式。近年来，一些新的学术组织制度形式开始出现，如在一些大学，枢纽（Hub）、学域（Turust）等正在取代传统学科学术架构的学院和学系，项目负责人制度（Principal Investigator，简称PI）广泛流行于高校基层学术组织。既保持学科发展的稳定性，又有利于学科交叉融合、开展大协作，亟须突破现有组织形态，探索构建矩阵式学术组织构架，下放权力，增强综合研究机构的自主性和灵活性。

总之，科教融汇不再是传统意义上所强调的科研与教学的结合、统一和互补，而是高校整体办学理念、运行机制、管理体制、资源配置模式等方面的调整和更新。这也意味着学校办学过程中多元化诸要素（如社会实践、就业、创业、校友支持、国际化工作等）都要有效汇聚进入"科教融汇"的核心地带并发挥功效；学校各单位、各部门的运行模式和管理体制，都要围绕"科教融汇"这一主题。这就意味着高校内部的各个子系统要从原有的线性的、分离的状态，转变为围绕"科教融汇"内核的网络状的、充分联结并相互支持的新状态。由此可见，现代意义上的科教融汇将带来高校人才培养更为全面、更为系统、更为深刻的一场变革。

无论是科教融汇的深度还是广度，均取决于育人的共同核心价值的确立，以及基于共同核心价值的评价引导机制的构建。最为重要的共同核心价值无疑是把立德树人作为教育的根本任务，心怀国之大者为党育人、为国育才，培养德智体美劳全面发展的高素质创新型人才，同时，着力构建有利于加强教学与科研融汇深度与广度的评价机制和共享机制。一是评价机制，如设立科研评价的"教学因子"，即对一个高校教师的科研业绩评价，除了要看其承担科研课题的能力、论著发表的水平、科研获奖的情况等，还有一个很重要的指标，就是该教师的科研成果，转化为人才培养资源的转化度。再如建立学科建设成效评价的人才培养指数。近年来，在教育部学位中心的学科评估、"双一流"建设成效评价和各类高层次人才评选中人才培养情况，尤其是科研育人受到愈来愈多的重视，实际上也体现了教育评价对科教融汇的牵引作用。二是合作共享机制，即构建科教融汇各融汇方，基于共同核心价值与使命的利益和发展的合作共享机制。当前作为人才培养改革的产教融合、科教融汇遇到的一个最大问题，就是科产教合作共建共享的共同体没有真正建立起来，还是延续了过去各合作主体基于各自利益立场而开展的"帮扶式"合作，显然这种缺乏共享的合作是难以持久、深入的。值得特别提及的是，这里所说的合作共享除了物质意义外，更为重要的是价值的共享，最终使各融汇方成为命运共同体。合作共享也是当代高等教育发展的一个重要趋势，2022年5月，联合国教科文组织举办第三届世界高等教育大会，大会发布了《超越极限：重塑高等教育的新路径》（*Beyond Limits*：*New Ways to Reinvent Higher Education*），指出"面对日益复杂和充满挑战的全球局势，我们需要迈出大步重塑（reinvent）高等教育，为世界高等教育未来的可持续发展绘制蓝图"。大会的主题是"重塑高等教育，实现可持续未来"，其中提出的六大基本原则之一，就是通过合作而非竞争实现卓越。通过合作和团结，高等教育机构能够以跨学科的方式开展工作，汇集不同的科研资源，通过国家和国际层面的专业网络分享知识和经验，从而实现协同效应和更有效地履行其使命。由此可见，大学通过合作共享，促进科教融汇，对于履行培养高素质创新型人才和促进科技创新的使命都十分重要。

（二）广义的科教融汇

体现在高校人才培养上则主要是高校与经济社会发展的关系，遵循的主要是教育的外部关系规律。当今时代，高校与经济社会发展关系中最为重要的是高校与科技产业的关系，如科技产业结构对高校科类、层次、布局等结构的影响日益深刻，继而对高校专业设置与调整提出需求。2023年4月，教育部五部委印发的《普通高等教育学科专业设置调整优化方案》提出，面向世界科技前沿、面向经济主战场、面向国家重大需求、面向人民生命健康，推动高校积极主动适应经济社会发展需要，深化学科专业供给侧改革，全面提高人才自主培养质量，建设高质量高等教育体系。"到2025年，优化调整高校20%左右学科专业布点，新设一批适应新技术、新产业、新业态、新模式的学科专业，淘汰不适应经济社会发展的学科专业"，加大国家重大战略、战略性新兴产业、区域支柱产业等相关学科专业建设力度，打造特色鲜明、相互协同的学科专业集群。这些政策目标与导向都揭示了高校学科专业与科技产业发展的密切关系。

高等教育与科技产业的关系还会涉及教育链、人才链、创新链与产业链如何做到有效衔接，以及人才培养供给侧与产业需求结构要素全方位融合等问题。这就需要强化协同联动，包括加强教育系统与科技产业部门联动，强化人才需求预测、预警、培养、评价等方面协同，实现学科专业与产业链、创新链、人才链相互匹配、相互促进，尤其是要把培养高素质创新型人才与科技产业的科技创新紧密关联和协同起来。笔者团队曾对广东省集成电路学科专业集群与产业集群协同创新能力进行综合评价，结果表明，2018年至2021年综合评价指数总体呈逐渐上升趋势，但仍有较大的提升空间。值得特别提及的是，科技产业链对高素质创新人才的需求是分层类的，既需要处于人才链"头部"的拔尖创新型人才，又需要高素质应用型人才和技术技能型人才，而且从"链"的意义上每个层类的人才都是必不可少的，只有如此，才能切实保证整个人才链的高质量。而对于培养各层类人才的教育链来说同样如此。2022年11月中共中央办公厅、国务院办公厅印发《关于深化现代职业教育体系建设改革的意见》，该意见提出"以深化产教融合为重点，以推动职普融通为关键，以科教融汇为新方向，充分调动各方面积极性，统筹职业教育、高等教育、继续教育协同创新，有序有效推进现代职业教育体系建设改革"。由此，科教融汇从过去仅存在于普通高等教育领域尤其是研究型大学的一个概念，到科教融汇成为职业高等教育领域也高度关注的一个热点话题，事实上近期在职业高等教育领域对科教融汇这一新方向的讨论热度呈持续上升态势，这实际上也体现了科教融汇的汇聚广度。如果说科教融汇的融合更多的是针对研究型大学及其基础学科培养高素质研究型创新人才而言的话，那么科教融汇的汇聚则把培养高素质应用型创新人才的应用型高校及学科专业和培养高素质技术技能创新人才的职业高等教育也包括其中，同时，与分类培养相应的是分类评价，如对于基础学科专业更强调科教融合，而应用型学科专业更强调产教融合，从而引导不同类型学科专业办出特色和水平。

此外，广义的科教融汇还包括高校与科研院所的关系，双方相向而行的态势越来越明显，而且，科、产、教互为中介变量，相互包含，最终形成三方非线性的立体融汇样态。同样地，广义的科教融汇需要在高校与科技产业、科研院所之间寻求和拥有育人的共同核心价值，尤其是把为国家培养高素质创新人才作为共同的核心价值、承担共同的责任，并建立起利益和发展的共享机制，从而在人才培养上构建起高校、科研院所、科技产业三者共同体关系。

值得特别提及的是，除了寻求和拥有共同的核心价值及构建起科教融汇的评价牵引和共享机制外，高校与科技产业的关系还有一个高校在人才培养上是超前引领还是适应经济社会发展这一方向性问题，具体到高校与科技产业在人才培养的关系上，也就是高校培养人才是着眼于超前引领科技产业的发展，还是一味适应科技产业的发展。从过往高等教育与产业的关系来看，有研究表明，长期以来我国高校在人才培养模式上的问题制约了经济社会的发展，特别是一定程度上阻碍了产业结构的调整与转型升级。其中主要存在两方面问题：一是我国高校人才培养模式是求职取向式的，即针对当前经济产业结构所确定的工作岗位来培养从业者，而对经济产业结构调整与转型升级所需要的创业型人才的培养则相对薄弱；二是高校人才培养模式是理论导向式的，"大学教育采用的是理论化的局限于书本的和老师传授的方法"，"这使他们难以学到行业企业所需要的实用技能和团队精神"。因此，如何适应产业发展需求便成为高校人才培养改革的一个重要方向。虽然在高等教育理论界有关高等教育是引领还是适应经济社会发展问题，曾引发过热烈的讨论，但并没有形成广泛共识。这一问题之所以引起人们如此多的关注和热议，一个重要因素就是对我们所处的时代和面对的未来的看法与认识，即我们处在一个新科技革命时代和面对的是一个更加不确定的未来。尽管由于大数据、物联网、云计算等新技术带来了预测技术与手段的极大发展，大大提高了对未来的确定性预设，但也正因为技术的发展，使得作为预测对象的未来变得更加不确定、更加不可预测。还有人称人类已经进入乌卡（VUCA，volatile，uncertain，complex，ambiguous的缩写）时代，世界充满不稳定性、不确定性、复杂性和模糊性，诸如面对环境、健康、国际关系等多方面的挑战，如何去适应和应对这样一个时代？这是一个时代之问，也是世界之问。对此，吉姆·达特在其未来第一定律中说:"未来无法'预测',但可以'预测替代性未来',并且可以'预见'和'发明'首选性未来。"美国未来学家尼葛洛庞蒂更是提出:"预测未来的最好办法就是把它创造出来。"澳大利亚未来委员会原主席埃利亚德更具体地提出过类似的观点:"未来不是一个我们要去的地方,而是我们要创造的地方,通向它的道路不是人找到的,而是人走出来的,走出这条道路的过程既改变着走出路的人,又改变着目的地本身。""改变目的地本身"就意味着"创造未来"。

而教育是面向未来的事业,今日的教育是在为明天的社会培养人才。早在1972年,联合国教科文组织在《学会生存——教育世界的今天和明天》中就指出,"教育在历史上第一次为一个尚未存在的社会培养新人","替未知的世界培养未知的儿童"。2020年经济合作与发展组织(OECD)发布《面向未来教育:未来学校教育四种图景》的报告书和2021年联合国教科文组织发布《一起重新构想我们的未来:一种新的教育社会契约》的报告书,这两份报告书都对面向未来的教育进行了构想,进一步引发了对于未来教育的思考。对高等教育的未来面向可以有两个向度,即适应性面向和引领性面向。适应性面向主要指向培养的人才适应当下或未来,不论是适应当下还是适应未来,都具有确定性。当下的确定性是显而易见的,而未来是一个预设"存在的社会",这个预设也是非常确定的,即一个确定性的未来。在适应性面向中,高校就是为这样一个确定性的当下或预设的确定性的未来培养人才。而引领性面向则更加强调未来的不确定性和充满无限的可能性,也就是说高校培养的人所适应的未来,实际上是一个并不存在的社会、未知的世界,或者说是一个不确定的和充满无限可能的未来。我们需要培养出新人主动去面对这种不确定性的未来,最终创造美好未来,这种"创造美好未来"具有引领性品格。对于科技产业而言,未来的不确定性带来的是挑战与机遇并存,从正向意义上未来的这种不确定性是其生命力所在,为其"创造美好未来"提供了无限可能性,因此,如何培养和获得能够"创造美好未来"的人才资源(新人)对于科技产业来说就显得至关重要。而要培养和获得这种能够帮助科技产业"创造美好未来"的人才资源，则有赖于高校与科技产业、科研院所的科教融汇，着眼于引领性面向未来，协同培养"创造美好未来"的高素质创新型人才。

第四节　新质生产力发展视域下科教融汇促进拔尖创新人才培养

新质生产力是一个经济学的概念，其提出是经济学领域的一个重要创新。同时新质生产力发展又与教育、科技、人才密切关联，对教育、科技、人才"三位一体"统筹部署、协同推进具有引领意义。习近平总书记明确指出"新质生产力是创新起主导作用"①，并强调"整合科技创新资源，引领发展战略性新兴产业和未来产业，加快形成新质生产力"②。拔尖创新人才作为高水平、高素质创新型人才，是引领科技创新发展的排头兵，是促成产业转型升级的动力引擎，自然成为推动新质生产力发展的关键要素。因此，新质生产力发展需要怎样的拔尖创新人才以及如何培养这样的拔尖创新人才是当前亟待探讨的问题。本节在厘清新质生产力及拔尖创新人才理论内涵的基础上，阐明新质生产力所需拔尖创新人才的特质及培养向度，并进一步探究科教融汇何以培养赋能新质生产力的拔尖创新人才。

---

① 习近平：《在中共中央政治局第十一次集体学习时强调：加快发展新质生产力 扎实推进高质量发展》，载《人民日报》2024年2月2日。

② 习近平：《在黑龙江考察时强调：牢牢把握在国家发展大局中的战略定位 奋力开创黑龙江高质量发展新局面》，载《人民日报》2023年9月9日。

一、新质生产力发展需要怎样的拔尖创新人才

（一）发生学视角下的新质生产力

自习近平总书记提出"新质生产力"这一概念之后，学界对于新质生产力的理论内涵展开了广泛深入的讨论。例如，从新质生产力与传统生产力关系的角度指出新质生产力是在传统生产力基础上的跃升，但同时也不能忽视传统产业对形成新质生产力的基础性作用[①]；还有从新质生产力的要素出发，认为新质生产力是生产力构成要素的质的提升，包括高素质的劳动者、新介质的劳动材料、新料质的劳动对象[②]；以及通过对"新"和"质"的解读，指出新质生产力是生产力"新"与"质"的结合，其中，"新"是新的生产要素和新的要素结合方式，"质"是高质的产业基础和发展动能[③]。

以上认识主要是从静态结果的角度对新质生产力进行现象描述和要素分析。而生产力的形成和跃迁是一个漫长的发展过程，从落后生产力到先进生产力是一个时代变迁，包括新质生产力也是先进生产力的时代表达。因此，从动态发展的视角来观照新质生产力的内涵显然更为合适。而发生学的主要特征是把研究对象作为发展的过程进行动态的考察[④]。其最初产生于生物学领域，是探讨动植物发生发育和演化问题的一门学科，并逐渐扩展到其他自然科学领域。近代以来，自然科学领域的发生学的研究范式逐渐转向人文社会科学领域，主要探寻人类历史发展过程和内在规律，并分化出思辨发生学和实证发生学两大流派。马克思主义的发生学在此基础上做出了进一步的发展与超越，以唯物史观和唯物辩证法为基础，把回溯式

---

① 周文、许凌云：《再论新质生产力：认识误区、形成条件与实现路径》，载《改革》2024年第3期。

② 蒲清平、向往：《新质生产力的内涵特征、内在逻辑和实现途径——推进中国式现代化的新动能》，载《新疆师范大学学报（哲学社会科学版）》2024年第1期。

③ 张辉、唐琦：《新质生产力形成的条件、方向及着力点》，载《学习与探索》2024年第1期。

④ 冯契：《哲学大辞典》，上海辞书出版社2001年版，第318页。

研究方法和前瞻式叙述方法有机结合，把结果与起源、静态与动态、结构与变化辩证统一起来①。总之，发生学将一切历史事物看作是一个动态的发生、演进的整体过程，其研究的本质是一种前提研究和过程研究，去追溯已经形成和相对成熟事物的孕育、发生和形成过程，对某种结果的产生提供过程性分析②。这里借助发生学的研究范式去探寻新质生产力的发生与发展过程，从发生基础、发生缘由、发生过程、本质内涵以及发展趋势等几个维度探究新质生产力产生的前因后果，旨在从动态发展的视角来立体地呈现新质生产力的全貌。

从发生基础来看，新质生产力这一概念是在对马克思生产力理论继承与创新的基础上产生的。马克思指出，"生产力，即生产能力及其要素的发展"③。其中，生产力基本要素包括劳动者、劳动对象和劳动资料。这也为新质生产力的要素阐释提供了分析框架。"手推磨产生的是封建主的社会，蒸汽磨产生的是工业资本家的社会。"④可见，生产力是推动社会进步和时代发展的关键动力，同时也说明生产力属于历史范畴，当旧的生产力无法与所处时代发展相匹配时，生产力也会随之跃迁和演进，生发出新的质态和形态。这从理论上说明了新质生产力产生的合理性。

从发生缘由来看，当前我们正处于数字文明推动下的新一轮科技革命和产业变革加速演进的时代，人工智能、大数据、物联网、区块链等数字技术已逐渐成为生产力变革的核心动力。由于生产技术的不断更迭，生产效率的持续提升，生产方式正向着数字化、智能化、绿色化转型，过去传统的粗放型经济增长方式和生产力发展路径已经无法满足当前数字时代发展的需求。同时，我国正处于中国式现代化建设的大力推进时期，迫切需

---

① 张乃和：《发生学方法与历史研究》，载《史学集刊》2007年第5期。

② 欧阳康：《哲学研究方法论》，武汉大学出版社1998年版，第98页。

③ 中共中央马克思恩格斯列宁斯大林著作编译局：《资本论（第3卷）》，人民出版社2004年版，第1000页。

④ 中共中央马克思恩格斯列宁斯大林著作编译局：《马克思恩格斯选集（第一卷）》，人民出版社1972年版。

要生产力的变革来助力于现代化目标的实现。在这样的时代背景下，习近平总书记准确把握我国经济发展趋势并结合实际国情，提出新质生产力这一概念。

从发生过程来看，作为政策话语的新质生产力最早是在2023年9月由习近平总书记在黑龙江视察期间首次提出，之后在2023年12月召开的中央经济工作会议、2024年1月的中共中央政治局第十一次集体学习、2024年3月的十四届全国人大二次会议江苏代表团审议以及2024年7月召开的中共二十届三中全会等多个场合均围绕新质生产力的发展作出了重要论述。而作为学术话语的相关概念则出现得更早，例如1980年就有研究者提到了"新质的生产力"[1]，这时新质生产力还并未作为一个单独完整的概念来使用，而是"新质的"与"生产力"相结合的组合词，在内涵上更强调"新"，与旧生产力相对。还有研究者指出当"生产力的量随着从不间断的生产运动而持续增长，达到生产力的质所能拥有的量的限度即关节点之后，就产生了新质的生产力"[2]。这里新质的生产力主要是强调"质"，是拥有一定量之后的结果。在后续的研究当中，如《论生产力流动的功能与效应》[3]一文开始将"新质生产力"作为一个单独完整的概念来呈现。总之，之前的研究当中虽然也出现了新质生产力的相关表述，但从其内涵来看，主要是从一般生产力的范畴出发，强调"新"或者是"质"。而如今新质生产力的概念生发出新的时代特征和意蕴，内涵也更为丰富。

从本质内涵来看，新质生产力这一概念是基于理论逻辑、实践逻辑交互演绎的中国式与时代化表达，其本质是社会生产力从量变到质变、从"旧质"到"新质"过程中形成的一种新质态的当代先进生产力，其组成

① 石征：《也谈地理环境在社会发展初期的决定作用》，载《国内哲学动态》1981年第4期。
② 高惠珠：《论生产力对生产关系决定作用的实质》，载《上海师范大学学报（哲学社会科学版）》1984年第3期。
③ 李晓帆：《论生产力流动的功能与效应》，载《生产力研究》1988年第6期。

要素包括新质劳动者，新质劳动资料和新质劳动对象。相较于传统生产力，新质生产力要素的革新和优化体现在：新质劳动者具有更高的综合素质，尤其须具备创新能力和一定的数字素养；新质劳动资料更加先进高效，表现形态也更为多样，呈现出数字化、智能化、绿色化等特征；新质劳动对象由传统的自然资源和材料拓展到数据信息、数字产品、新兴材料等。

在发展趋势方面，首先需要说明的是新质生产力的发展是一个连续的过程，但在不同阶段会依据时代特征呈现出不同的发展任务。因此，当前对于新质生产力发展趋势的展望更多是立足于当下的一种共时性分析，关注的是这一阶段或区间的发展样态。着眼于当下，未来新质生产力的发展在于加快传统产业的迭代升级，推动数字产业化和产业数字化，实现数字经济创新发展以及大力发展战略性新兴产业、布局未来产业。同时，这一过程离不开科技创新的驱动，创新人才的支撑以及辅以机制体制的创新。概言之，新质生产力的发展不是点、线、面的局部效应，而是创新驱动下的全要素、全链条、全位面升级改造的系统过程。引导人才、知识、数据、技术等要素的高度汇集与高效流动的"点式"着力；推动创新链、产业链、人才链紧密衔接的"链式"耦合；打造"政产学研"顺畅高效互动的"位面"融通。这些都是未来发展新质生产力的重要向度。

（二）结果与过程意义上的拔尖创新人才

从语言学的角度来看，"拔尖创新人才"一词属于偏正短语，"人才"是核心词，"拔尖"和"创新"为修饰限定词。其中创新表明了人才的特质，拔尖则是一个表示优秀程度的概念。对于什么是人才，《国家中长期人才发展规划纲要（2010—2020年）》提到"人才是指具有一定的专业知识或专门技能，进行创造性劳动并对社会做出贡献的人，是人力资源中能力和素质较高的劳动者"。但何为创新人才，这涉及创新的范畴和标准是什么。而怎样才算拔尖，则暗含了比较和选拔之意。一般认为创新既包含从无到有的创造，也包括在原有基础上的革新。正如有学者指出创新不仅指更新或创造新东西，而更应指改变、变革、革新①。若将创新作为一种素质，通常涉及的维度有创新意识、创新思维、创新能力、创新精神等。但这些维度均具有一定的内隐性，要判断是否拔尖，则需要将这些内隐性特质转化为显性的创新成果或成就。因此，如果从结果意义上去判断一个人是否属于拔尖创新人才，则需要依据其所取得的创新成果、成就以及社会贡献度来判定。而如果从教育培养人的角度来看，此时的拔尖创新人才更多是过程意义上的概念，即具有成为拔尖创新人才潜质的人。那如何衡量或判断学生是否具有这种潜质，过去往往以高智商、优异的学业成绩作为拔尖创新人才的选拔标准。事实上，智力和创造潜力之间存在分段线性关系，智力可以预测较低智商范围内的创造潜力，但不能预测较高智商范围内的创造潜力②。也就是说智商是创新的必要但非充分条件，能否创新以及在多大程度上创新还受到众多非智力因素的影响，其中也包括后天的教育，这也阐明了创新可以通过后天培养来形成。而将学业成绩作为拔尖创新人才的评价标准显然是单一僵化的，不仅忽略了人的全面发展和个性化发展的需要，同时也拘泥了创新的表现形式。但教育并不意味着一定可以将过程意义上的具有拔尖创新人才潜质的人直接培养成结果意义上的拔尖创新人才。教育的作用主要是发现和开发个体的潜能，而不是直接造就创造性贡献，所以培养"创新人才"是教育更准确的定位，至于是否最后会有"拔尖"的成就，则超越了教育范畴③。总而言之，无论是结果意义上的拔尖创新人才，还是过程意义上的"拔尖创新预备人才"，均强调创新这一特质，不同之处在于是否已形成具有突出社会贡献意义的创新成果和成就。但由于创新并无固定领域，一个人在什么地方创新，在哪些方面拔尖难以

---

① 高晓明：《拔尖创新人才概念考》，载《中国高教研究》2011年第10期。

② Jauk E, Benedek M, Dunst B, et al. The Relationship Between Intelligence and Creativity: New Support for the Threshold Hypothesis by Means of Empirical Breakpoint Detection. Intelligence, 2013, 41（04）.

③ 戴耘：《拔尖创新人才培养的理论基础和实践思路》，载《华东师范大学学报（教育科学版）》2024年第1期。

预知，当前虽可以根据社会发展的需求去预设一种拔尖创新人才的标准并以此来培养人才，但这并不意味着拔尖创新人才的标准只此一种。因此，拔尖创新人才只是一个层次概念而不是单一类型概念，在这一层次中可以包含多种类型，并不能将其作为某种固定类型来简单规定。

（三）发展新质生产力所需拔尖创新人才的培养向度

创新对新质生产力的发展起主导作用，创新型人才是发展新质生产力的核心要素。拔尖创新人才作为创新型人才中"拔尖"的一部分，代表着创新人才群体的最高水平，在推动新质生产力发展中起着关键引领作用。此外，新质生产力作为新时代产生的一种更高质态的先进生产力，无疑对拔尖创新人才的培养提出了更高要求。实践的步子不能放慢或停顿，但理智的步子必须加快①，拔尖创新人才的培养应建立在系统的理论基础之上，即必须先一步从理论上去思考发展新质生产力需要怎样的拔尖创新人才。由于拔尖创新人才是一个宽泛的层次概念，因此还需要根据新质生产力的内涵及发展趋势来进一步明晰所需拔尖创新人才的特质及其培养向度。

结合时代背景来看，作为一个时代概念的新质生产力，其所需的拔尖创新人才也具有明显的时代特征。在数字化时代，新质生产力的发展需要具备高水平数字素养的拔尖创新人才。随着数字技术的广泛运用和传播，我们已然进入数字化生存时代，正如尼葛洛庞帝提到的，"我们无法否定数字化时代的存在，也无法阻止数字化时代的前进，就像我们无法对抗大自然的力量一样"②。当前我们正处于建设数字中国的转型时期，新质生产力的形成需要借助数字技术为其提供新动能。实现数字产业化和产业数字化，推动现代化产业体系转型是新质生产力发展进程中的关键一环，这势必会产生新业态、新模式。此外，传统劳动形态在与数字技术的深度融合

---

① ［美］亚伯拉罕·弗莱克斯纳著，徐辉、陈晓菲译：《现代大学论：美英德大学研究》，浙江教育出版社2001年版，第6页。

② ［美］尼古拉·尼葛洛庞帝著，胡泳、范海燕译：《数字化生存》，电子工业出版社2017年版，第229页。

中衍生出了数字劳动这一新型的劳动形态。这是一种以数字技术作为劳动手段、生产数字商品的活动[①]，并正在成为青年一代的主要劳动方式甚至生存方式[②]。对于拔尖创新人才来说，如何快速适应以及积极应对时代发展所带来的不同于以往的新态势无疑是一种挑战。这就需要拔尖创新人才具备高水平的数字素养，如此才能在数字时代中引领创新。这种数字素养除了具有数字环境中的知识、技能与经验之外，还包括大量复杂的认知、价值观和态度[③]。这要求拔尖创新人才不仅能够对数据和信息进行检索、分析、选择和批判性评价，而且可以熟练挖掘和掌握技术来有效地表达和解决问题[④]。同时还需树立正确的技术价值观，能够灵活地探索和判断新的技术和时代发展形势。

从新质生产力的落脚点来看，新质生产力的发展需要能够对接产业，尤其是面向战略性新兴产业和未来产业的拔尖创新人才。当前一些高端产业以及战略性新兴产业均产生于学科交叉领域，一些卡脖子的关键技术问题也无法依靠单一学科来解决，这就需要加强交叉学科拔尖创新人才培养。其中包含两个层面的意思，一是通过学科交叉、跨学科等方式来培养拔尖创新人才。当前，尽管一些高校通过学科交叉在培养拔尖创新人才方面已进行了有益的探索，例如设立交叉学科专业、开设跨学科课程、采用书院制培养模式等。但我们过去在单一学科的人才培养范式中沉浸太久，短时间内很难脱离这一惯性，这也导致了交叉学科对拔尖创新人才培养的

---

① 邵彦敏、赵文瑄：《论数字资本主义下的数字劳动、数字资本及其劳资关系》，载《经济纵横》2024年第3期。

② 肖峰、郭海静：《数字劳动与青年发展》，载《中国青年研究》2024年第4期。

③ Havrilova L H, Topolnik Y V. Digital Culture, Digital literacy, Digital Competence as the Modern Educational phenomena. Information Technologies and Learning Tools, 2017, 61（05）.

④ Walton G. "Digital Literacy": Establishing the Boundaries and Identifying the Partners. New Review of Academic Librarianship, 2016, 22（01）.

贡献度还比较低[1]。二是直接面向新兴的交叉学科培养拔尖创新人才。2020年国务院学位委员会和教育部将"交叉学科"列为学科门类，并将"集成电路科学与工程"和"国家安全学"设立为一级学科。2022年国务院学位委员会公布的研究生教育学科专业目录中，交叉学科成为第14个独立的学科门类。交叉学科门类的设置使得交叉学科的合法地位得到进一步确立。但目前交叉学科拔尖创新人才的培养仍处于起步探索阶段，与产业发展的匹配效果不佳。以集成电路学科专业为例，笔者团队在对广东省集成电路学科专业集群与产业集群协同创新能力进行评价时发现，学科集群发展综合评价滞后于产业集群发展的问题，这显然反映出目前高校高水平创新人才培养与产业发展之间还存在不匹配、不协调的问题。培养面向未来产业的拔尖创新人才需要具有前瞻性思维，即紧跟社会发展形势，根据我国的战略导向，结合教育的发展规律，预测未来的人才需求，进而提前布局谋划。

从发展的可持续性来看，新质生产力的发展需要各层类的拔尖创新人才来提供完整的人才"链"支撑。当前我国拔尖创新人才的培养主要以学术型人才为导向[2]，就以当前影响范围较大的"强基计划"为例，其本身就是一种以培养学术拔尖人才为主的教育[3]。而新质生产力的发展有赖于人才"链"的支撑，也就是不仅需要基础学科领域的学术型拔尖创新人才，而且也需要各层类的拔尖创新人才。当前我国技术技能人才培养已然跟不上产业结构转型与经济发展需求，尤其是拔尖创新技术技能人才数量不足与结构性短缺，制约着我国科技创新发展与技能强国进程。以集成电路产业为例，集成电路产业链较长，从工具、模块设计、生产制造到封装测试，

① 贺祖斌、蓝磊斌：《拔尖创新人才培养的政策、困境与对策——以交叉学科为视角》，载《社会科学家》2023年第11期。

② 陈先哲、王俊：《新时代中国拔尖创新人才培养：理念重审与体系优化》，载《高等教育研究》2023年第3期。

③ 母小勇：《"强基计划"：激发与保护学生学术探究冲动》，载《教育研究》2020年第9期。

至少需要40多个环节，每一个细分领域都需要专业人才，但当前在人才供给上存在着明显的结构失衡，尤其是在先进技术开发、集成电路制造等特定领域缺乏相应的高水平技术人才。因此，拔尖创新人才结构的优化必须提上日程。高等教育除了是拔尖创新人才的聚集地，更是其培养地，这就需要高校真正去做到分类特色发展，在各自层类上培养拔尖创新人才，尤其是加快培养一批适应新技术、新业态发展的技术技能型拔尖创新人才来推动产业的转型与升级，从而进一步完善和优化高端人才链结构，为新质生产力的发展提供人才链支撑。

从人才培养的价值取向来看，新质生产力发展需要自觉将社会价值与个人价值相统一的拔尖创新人才。发展新质生产力是我国未来的战略方向，在推动新质生产力发展的过程中，势必会面对复杂多变的国际环境，还需克服在实现原创性、颠覆性技术创新，攻克核心技术难题过程中的重重挑战。这需要拔尖创新人才具有高度的社会责任感和家国情怀，如此才能在国际竞争中坚持正确方向，保持内心定力，并自觉服务于国家战略需求，为社会发展和人民福祉作贡献。同时只有将新质生产力的发展与个人价值、志趣相结合才能产生源源不断的内驱力，迸发出更大的创新活力。这就需要所培养的拔尖创新人才能够自觉将社会价值和个人价值相统一。当前我国拔尖创新人才的选拔制度带有竞争"优胜"的取向，培养目标则要求"兼济"家国的品格[1]，如果不能处理好二者之间的张力，将会大大削弱拔尖创新人才的贡献度。一方面，拔尖创新人才的培养需要始终坚持立德树人的根本任务。拔尖创新人才培养属于精英教育的范畴，当前精英高等教育模式已经显示出适应新的教育和社会环境的能力，正如马丁·特罗所指出的，新精英教育的目的是塑造思想和品格，而不限于传递信息、理

---

① 陆一、冷帝豪、沈哲妍：《从优胜到兼济：拔尖学生志趣形成中的价值倾向》，载《教育研究》2024年第4期。

论或形成技能①。如果一味地强调拔尖创新人才的知识和能力水平则容易陷入优绩主义的陷阱。党的二十大报告提出"为党育人、为国育才"，也进一步明确了人才培养"心怀国之大者"的价值导向。因此，对于拔尖创新人才的培养除了要关注学生知识的增长、能力的提高、本领的练就等"硬实力"的打造，还需要从学生的情怀、责任感等情意素养入手进行化育去建构"软实力"，将国家贡献力和社会责任力贯穿于拔尖创新人才培养的全过程中，培养具有家国情怀，心怀国之大者的拔尖创新人才②。另一方面，拔尖创新人才的培养也要重视学生个人志趣的发展和培养。当前国内顶尖大学多个拔尖项目在人格与志趣养成、群体文化营造方面的教育力量尚显薄弱③。而现代精英教育所期待的学习动力应当源自学生个人的兴趣、禀赋、心之所向④。因此，还需要通过教师的关注和引导、环境氛围的营造等方式帮助学生结合自身特点和兴趣，形成专业志趣。

二、科教融汇为何能培养新质生产力发展所需的拔尖创新人才

"科教融汇"一词首次出现是在党的二十大报告里，它是一个多层面、多意蕴的概念。作为人才培养的理念与模式，科教融汇与拔尖创新人才培养之间的理论—实践关联性，与新质生产力发展之间的逻辑一致性，以及对新质生产力所需拔尖创新人才培养向度的涵盖性决定了将其作为方法论的科学性和可行性。

---

① Trow M."Elite Higher Education"：An Endangered Species?. Minerva, 1976，14（03）.

② 史秋衡、李瑞：《高校拔尖创新人才培养的价值逻辑、关键要素与路径选择》，载《中国远程教育》2024年第1期。

③ 陆一、冷帝豪、沈哲妍：《从优胜到兼济：拔尖学生志趣形成中的价值倾向》，载《教育研究》2024年第4期。

④ 陆一、史静寰：《志趣：大学拔尖创新人才培养的基础》，载《教育研究》2014年第3期。

（一）科教融汇与拔尖创新人才培养之间的理论—实践关联性

从理论逻辑来看，科教融汇所涉及的是科技与教育的关系，其中科技的创新需要人才尤其是拔尖创新人才，而教育的目的则是着眼于培养人才包括拔尖创新人才。由此可见，人才是科技与教育的关联要素。科教融汇与人才（拔尖创新人才）之间的关系如图1所示：科教融汇将科技与教育两个系统置于共生共荣、相互依赖的发展场域中，而拔尖创新人才是科技与教育的重要交汇点，因此科教融汇本身就蕴含了培养拔尖创新人才之意。同时，相较于仅依靠教育系统来培养人才，汇聚科技与教育系统资源来合力培养拔尖创新人才能够最大化地发挥育人优势。可以说，科教融汇是培养拔尖创新人才的必由之路。

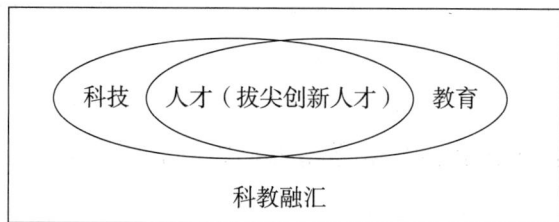

图1　科教融汇与人才（拔尖创新人才）的关系示意图

从实践逻辑来看，科教融汇与拔尖创新人才培养之间的关系是一个历史范畴。在我国，对这一关系的认识伴随着科技与教育关系的发展而逐渐深化。新中国成立以来，我国高度重视科技与教育事业的发展，并根据社会需求在不同的历史阶段采取了不同的科教政策，在这期间拔尖创新人才的实践也在逐步深入推进。根据科教之间的关系以及拔尖创新人才培养的发展进程大致可以分为以下四个阶段。

第一阶段为科教由分离走向融合与拔尖创新人才产生的奠基期（1949年——1977年）。新中国成立初期，我国高等教育体制沿袭苏联的"科教分离"模式，科研和教学职能分别由科研院所和高等学校承担。然而，面对高校科研能力式微以及国家对于科技人才的迫切需求，科学院系统以研究机构办大学、所系结合的模式推动了科教融合的发展进程。1958年，中国科学技术大学在北京成立，通过将所设系与中科院的研究所对口、聘请著名科学家兼任基础课教师、安排高年级学生到研究所实习等方式培养了大批尖端科技人才[1]。之后，科技与教育以及高校内部教学工作与科学研究之间的关系与发展得到了更多的重视。邓小平同志指出"我们要实现现代化，关键是科学技术要能上去。发展科学技术，不抓教育不行"[2]。强调了"要抓一批重点大学。重点大学既是办教育的中心，又是办科研的中心"[3]。1977年，经他批示的《关于中国科学技术大学几个问题的报告》又进一步提出"要把科大建成一个能够独立进行高水平的教学和科研的重点大学"。这一阶段社会发展的需要以及领导人对于科教事业的重视，使得科教关系由分离走向融合，同时，随着一系列相关指示的发布，出现了院校层面科教融合的育人实践，这为拔尖初创新人才的出现提供了政策条件和发展环境。

第二阶段为科教融合体制的建立与拔尖创新人才培养的探索及推广期（1978年—1994年）。1978年中国科学技术大学率先创办了"少年班"，旨在培养一支"少而精的基础科学工作队伍"，其初衷就是将教育与科技相融合，通过培养一批拔尖创新人才来实现科技、经济的赶超。随后教育部于1985年1月下发了《同意北京大学等12所院校举办少年班》的文件，少年班推广至13校。之后，1985年5月颁布的《中共中央关于教育体制改革的决定》以及1987年出台的《关于改革高等学校科学技术工作的意见》进一步明确提出"高等学校担负着培养高级专门人才和发展科学技术文化的重大任务"，"高等学校肩负的两项重大任务必须紧密结合进行，相辅相成，互相促进"，标志着科教融合的体制初步建立。1990年，原国家教委在兰州大学召开了全国高等理科教育工作座谈会，其主旨是保护和加强基础学科，

① 陈念宁、谢勇：《中国科学院高等教育办学历史回顾与评析》，载《中国科学院院刊》2021年第1期。

② 邓小平：《邓小平文选（第2卷）》，人民出版社1994年版，第40页。

③ 邓小平：《邓小平文选（第2卷）》，人民出版社1994年版，第423页。

培养"少而精、高层次"的基础性科学研究与教学人才[1]。于是，一批高水平院校开始结合自身的学科基础和实际情况，组建基础学科基地班、实验班等。这一时期，自中国科学技术大学开创了拔尖创新人才培养的先河之后，尤其是随着科教融合体制的建立，拔尖创新人才的培养规模开始由个别试点院校的初步探索逐渐推广拓展开来，一些高水平院校纷纷加入这块人才培养的"试验田"。

第三阶段为科教融合战略化与拔尖创新人才培养多元化发展期（1995年—2021年）。1995年颁布的《关于加速科学技术进步的决定》正式提出实施"科教兴国"发展战略，强调高校在基础性研究中的作用，并鼓励科研院所与高等学校的研究工作相互结合，将高校科教融合提升到了国家战略的高度[2]。而拔尖创新人才作为践行科教融合的一种重要表征，尤其是这一概念于2002年在党的十六大报告中被正式提出之后，拔尖创新人才培养也受到更多的关注，其实践也愈发呈现多元化发展趋势。这一期间比较有代表性并持续产生影响的主要有中国科学院的"四所一系"模式、中国科学技术大学和中国科学院合作的"华罗庚班"模式、北京大学"元培学院"模式、南京大学"匡亚明学院"模式、浙江大学"竺可桢学院"模式等[3]。除了各院校自发探索拔尖创新人才培养模式以外，基础学科拔尖创新人才的培养得到党和政府高度重视。2009年推出的"基础学科拔尖学生培养试验计划"旨在培养具有国际一流水平的基础学科领域拔尖创新人才，开启了拔尖创新人才的国家计划培养。党的十八大以来，科教融合多次在重要政策文件中被强调，并成为高校重要的办学导向。2012年"高等学校创新能力提升计划"实施，协同创新成为该计划最核心的概念和最重要的

① 叶俊飞：《从"少年班""基地班"到"拔尖计划"的实施——35年来我国基础学科拔尖人才培养的回溯与前瞻》，载《中国高教研究》2014年第4期。

② 钟秉林、李传宗：《科教融合培养拔尖创新人才的政策变迁与实践探索》，载《中国高教研究》2024年第1期。

③ 白春章、陈其荣、张慧洁：《拔尖创新人才成长规律与培养模式研究述评》，载《教育研究》2012年第12期。

政策导向[1]，随后便开始了探索多部门、多学段协同的拔尖创新人才培养模式。例如2013年中国科协和教育部共同组织实施中学生科技创新后备人才培养计划（简称"英才计划"）旨在选拔一批品学兼优、学有余力的中学生走进大学参加科学研究，为"基础学科拔尖学生培养计划"输送后备力量，以此促进中学教育与大学教育相衔接。2015年，时任教育部部长袁贵仁在当年召开的全国教育工作会议上指出，"要深入实施'2011计划'，不断促进科教融合、协同创新、合作育人"[2]。2018年1月，印发的《关于全面加强基础科学研究的若干意见》指出，"结合国际一流科研机构、世界一流大学和一流学科建设，推进基础研究科教融合"。2018年9月，出台的《关于加快建设高水平本科教育全面提高人才培养能力的意见》以及2020年出台的《关于加快新时代研究生教育改革发展的意见》均强调要建立和完善科教融合育人机制。在这期间，我国先后开展了"拔尖计划2.0"以及"强基计划"来探索基础学科拔尖创新人才选拔与培养的有效机制。总之，这一阶段科教融合上升到国家战略高度，并成为正式的政策话语，多次在不同文件中出现，而这一阶段的拔尖创新人才培养既有高校的自主探索，也有国家政策驱动下的计划培养等多元化发展模式。

第四阶段为科教融汇与拔尖创新人才自主培养期（2022年至今）。党的二十大以来，科教融汇已成为一个新的政策话语和导向，从科教融合到科教融汇不是简单的话语转变，从二者的内涵和使用场域来看，科教融汇体现了更高的战略定位和现实意义。过去政策文件虽然没有明确限定"科教融合"的使用场域，但还是能从中看出"科教融合"的使用偏向：从教育类型来看，"科教融合"的使用场域主要集中在普通教育。从教育阶段来看主要集中在高等教育。从高等学校层面来看，主要集中于"双一流"院

---

① 卢晓中：《科教融汇视角下高校教学与科研更好结合刍论》，载《中国高教研究》2023年第11期。

② 柯进、柴葳：《教育新常态下的改革新思维——2015年全国教育工作会议观察》，载《中国教育报》2015年1月14日。

校或者说是研究型大学，并且"科教融合"中的"科"更多取"科研"之意。如今科教融汇适用范围从横向的教育类型来看已涵盖了职业教育，从纵向的教育阶段来看，已经向下延伸到中小学教育当中。例如2023年出台的《关于推荐首批全国中小学科学教育实验区、实验校的通知》文件中就将"科教融汇"在科学教育中的体现作为申报特色中的一大要素。相较于科教融合，科教融汇是对宏观的教育与科技创新关系和微观的高校教学与科研关系认识的不断深化。同时党的二十大报告强调要全面提高人才自主培养质量，着力造就拔尖创新人才，进一步加快拔尖创新人才自主培养成为当下的时代任务。

总之，新中国成立以来，科教关系从分离走向融合并不断深化，逐步上升到国家政策话语层面，其范畴也从微观意义的科研与教学，走向宏观的科技与教育和微观的科研与教学兼具的战略高度。其间，拔尖创新人才的培养与科教关系的发展相生相伴。从1978年创建少年班时的初步探索，到各高校建立基地班、实验班，再到当前以"拔尖计划""强基计划"等为代表的国家计划培养，拔尖创新人才的培养始终是在科教融汇（合）的理念下一以贯之，相区别的是在培养模式上，从最初的追赶型到逐渐多元化，再到如今强调加快人才自主培养，构建中国特色拔尖创新人才培养体系，这一过程也充分彰显了我国在人才培养上的自信正逐步增强。同时，通过对实践历程的回望与梳理，也再次印证了以科教融汇来培养拔尖创新人才的历史必然性和合规律性。

（二）科教融汇与新质生产力发展之间的逻辑一致性

科教融汇与新质生产力都是在当前推进中国式现代化道路上提出的国家战略导向，二者相互促进、互为支撑，并在逻辑起点、实施路径、价值旨归等方面存在着逻辑一致性。从逻辑起点来看，科教融汇与新质生产力均围绕创新来展开。科教融汇的核心目标是通过教育与科技的深度融合，促进知识创新、技术创新和人才培养创新。而新质生产力发展需依靠创新人才来推动科技创新、产业创新。显然，创新型人才尤其是高素质的拔尖创新人才是联结二者的桥梁，即通过科教融汇来培养拔尖创新人才，所培养的拔尖创新人才又能进一步推动新质生产力的发展。在实施路径方面，都强调加快教育、科技、人才的一体化发展，实现教育链、人才链、产业链、创新链的有机融合。其中，科教融汇本身就是教育、科技、人才一体化发展理念的具体实践形式，并着力构建包括学校、科研机构、企业、政府等在内的多元主体深度融合的开放、协同、共享的创新生态系统。而新质生产力的发展同样需要通过教育、科技、人才"三位一体"协同推进来加快提升科技创新能力，以及培养新质生产力所需的高质量创新型人才。同时，全链条的有机融合可以有效促进新质生产力所需的人才、知识、技术等要素的快速传播和扩散、交叉融合及高效应用，从而加快形成新质生产力。从价值旨归来看，二者都是通过推动社会的高质量发展，旨在全面建成社会主义现代化强国。总之，新质生产力的发展离不开科教融汇，科教融汇是推进新质生产力发展的关键举措。此外，新质生产力的发展是社会结构的演进，指向的是整个社会系统的升维发展，而科教融汇是发展新质生产力的维度之一，二者是局部和整体的关系，发展新质生产力实际上也就在很好地践行科教融汇。

（三）科教融汇对新质生产力发展所需拔尖创新人才培养向度的涵盖性

新质生产力作为时代的产物，其所需的拔尖创新人才也具备新的时代特质。而科教融汇同样也是一个不断与时俱进的概念，在经过几次话语流变之后，其理论内涵也在不断焕发时代意义与活力，例如科教融汇不再局限于微观的科研与教学，而是更为宏观的科技与教育；"教"则涉及整个教育系统，包括职业教育、高等教育、继续教育在内的横向融合以及大中小学各个教育阶段的纵向贯通。因此，新质生产力所需拔尖创新人才的培养向度均可被涵盖在科教融汇的范畴内。具体来看：第一，新质生产力发展需要具备高水平数字素养的拔尖创新人才。这涉及人才培养如何紧跟数字时代的发展以及如何将新兴技术运用到人才培养当中。而科教融汇本身就是指将先进科学技术融入教育中，在数字化时代，数字技术的融入以及培养学生的数字化素养自然是题中应有之义。二是新质生产力发展需要能够对接产业，尤其是面向战略性新兴产业和未来产业的拔尖创新人才。这涉及教育链与产业链相衔接的问题。而科教融汇的目的就是实现教育链、人才链、产业链、创新链之间的融通和耦合。就教育链和产业链之间的融合而言，通过科教融汇，产业中的高端技术或新兴技术可运用到人才培养当中，实现科技育人，同时教育可以通过科学研究及技术转化，聚焦产业需求培养高水平技术人才等方式来解决产业的技术攻关和人才诉求问题。三是新质生产力发展需要各层级的拔尖创新人才以提供人才"链"的支撑。这涉及拔尖创新人才培养类型和结构的多元化和合理化。科教融汇不只是适用于普通教育抑或是研究型大学，职业教育领域以及其他层次和类型的院校均需要科教融汇。在当前创新驱动发展的社会中，创新应成为每个人必备的素养，以培养创新型人才为目的的科教融汇自然可以贯穿到各层级人才培养的过程当中。四是新质生产力发展需要自觉将社会价值与个人价值相统一的拔尖创新人才。尽管实现社会价值与个人价值相统一的主体在于个体自身，但科教融汇不仅是学习科学知识，掌握技术技能，也是通过教育传递情感价值的过程，例如学生在科学教育以及科学研究中对于科学的热爱，对于真理的追求，以及勇于创新、潜心研究等科学精神及品质的养成均有助于形成积极的价值观。

三、科教融汇如何培养赋能新质生产力发展的拔尖创新人才

从科教融汇的宏观战略属性以及其内涵中所蕴含的协同性、贯通性来看，培养赋能新质生产力发展的拔尖创新人才可以从"资源汇聚""主体协同""精神贯通"三个维度着手。

（一）资源汇聚：充分挖掘科研资源，重视技术融入优势

从科教融汇的战略属性来看，其不只是局限于微观的高校内部教学与科研资源的协调，而是国家从宏观角度，基于更高站位的一种战略部署，要求汇聚和整合全社会范围内的科教资源来培养新质生产力发展所需的拔

尖创新人才。

一方面，高校要充分挖掘科研资源。其中，校内科研资源的最大化利用是关键。通过营造良好科研氛围，加强科研基础设施建设，优化科研资源配置，建立资源开放共享平台等方式盘活校内可利用的科研资源，并能及时将最新的科研成果和前沿知识融入教学当中，以科研项目为导向来设计课程形式，积极发挥科研育人的作用，实现科研与教学的相互转化和融合。校外科研资源的有效利用是突破口。据数据统计，目前，全国共有科研机构2962所，其中，中央属科研机构有746所，而科研机构成为研究生招生单位的仅200余所，其每年的研究生招生计划占全国计划的比例不足1%[1]。足以可见，科研机构在拔尖创新人才培养上的广阔潜力有待挖掘。探索高校与科研机构之间的资源共享以及拔尖创新人才联合培养机制是未来科教融汇发展的重要突破口。

另一方面，高校要重视技术对于教育的推动作用，正视技术并合理利用技术优势，从而赋能拔尖创新人才培养。科教融汇中的"科"指的是科技，既包括科学研究，也包括技术应用，而在过去拔尖创新人才培养的过程中，"科"更多被定位成科研，忽视了技术在拔尖创新人才培养中的作用。这也许和长期以来人们重道轻术的观念有关，即科学研究是发现事物背后的基本原理和本质规律，属于"道"的层面，而技术则是具体的技艺、手段、策略，属于"术"的层面。一直以来，教育对于技术融入的态度算不上积极，正如当年乔布斯所提到的，为什么计算机改变了几乎所有领域，唯独对学校教育的影响小得令人吃惊？还有学者指出，每一代的信息技术发展进入到教育领域，虽有亮点凸显，但从整体教育发展中，依旧是"新瓶装旧酒"，没有实现畅想中的技术进步下教育的革命性跃迁[2]。技术对于教育的影响不如其他领域或不如预期效果之大，除了与教育的特

---

① 彭莉君：《大学与科研机构科教融汇协同育人机制建构——基于资源依赖理论的视角》，载《研究生教育研究》2024年第2期。

② 郑勤华：《科学应对Sora对教育行业的冲击》，载《中国教育报》2024年3月1日。

性有关，即教育是一种培养人的活动，而人才培养是一个长周期的复杂过程，这意味着技术对于教育的影响难以在短时间内有明显的呈现。但更重要的是取决于教育对于技术融入所持的看法和态度。尽管科学技术的发展日新月异，可教育对于技术的更新迭代似乎并不敏感，这也导致了当以ChatGPT（一款聊天机器人程序）为代表的生成式人工智能横空出世的时候给教育界带来了不小的冲击，一时间"教育何为""教育应该往何处去""教师的角色会不会被替代"等问题引发了人们的思考。过去只是将技术作为一种简单的外在辅助工具，没有很好地发挥技术的优势，并将这种优势与人才培养过程深度融合。当然，技术与教育融合的前提首先是要认识技术，然后才能正视技术，从而掌握技术、运用技术，发挥技术的优势。当前随着数字技术的发展，数字化与人的关系更多的是一种溶质与溶液的关系，人基本浸润在数字化这个"溶液"里[①]。教育作为培养人的活动，显然已不能也无法回避技术而存在。技术与教育的融合既包括在人才培养过程中学习和掌握技术，例如将前沿技术引入到教育教学当中，使学生掌握最新的技术动态和发展趋势，也包括专门化地学习和掌握产业界先进的、核心的技术，为他们未来从事新质生产力相关工作打下坚实基础。同时还包括发挥技术优势来优化人才培养过程，例如大数据、人工智能等技术可针对学生的个人特质和实际情况有效地提供个性化学习和异质性教育，做到因材施教。而承认每一个学生在某一方面的天赋潜质，并为其提供差异教育，让他们的优势得到最大限度的发展也正是拔尖创新人才培养的核心理念[②]。

（二）主体协同：凝聚共同体核心价值，形成教育合力协同育人

科教融汇一词本身就代表着协同，蕴含了协同创新、协同育人之意。拔尖创新人才培养是一个复杂的系统工程，尤其是新质生产力发展所需的

---

① 王莎：《数字化赋能高校思想政治教育过程论》，载《思想理论教育》2023年第4期。

② 朱德全、王小涛：《差异教育：撬动拔尖创新人才培养的"阿基米德点"》，载《重庆高教研究》2024年第1期。

是能够对接产业并能支撑产业链的拔尖创新人才，这决定了拔尖创新人才的培养仅依靠教育系统是无法完成的，还需要联合科技产业、科研院所等各界力量组成拔尖创新人才培养的共同体，形成教育合力协同育人。共同体关系建立的前提是需要具有明确的、共同的利益与价值。科技、教育、产业之间是彼此相互依赖的利益共同体。从科技的创新及其价值实现来看，科技创新需要依靠教育培养人才来推动，科技的价值需要在具体的产业应用中得到彰显。从教育的功能来看，教育社会功能的彰显包括通过科学研究进行知识生产和科技创新，以及将科研成果转化为现实生产力，推动产业的发展。从产业的发展逻辑来看，科技创新以及教育系统所拥有的知识和人才优势，是产业创新驱动发展的关键支持力量。科技、教育、产业之间的利益相关性决定了科研院所、学校、企业等各社会主体建成育人共同体的可能性，而它们之间的最关键交叉点就在于人才，尤其是高素质创新人才。故可将培养新质生产力发展所需的拔尖创新人才作为共同体的核心价值和共同社会责任来贯彻和承担。当然这一过程还需要政府出台一系列的鼓励政策和保障机制来促成育人共同体的建构。除了不同社会主体之间的协同以外，高校作为培养拔尖创新人才的主阵地，还需实现校内育人主体的协同。由于拔尖创新人才的培养需要采用跨学科以及超学科的范式，即不再以学科作为划分依据，人为地将知识分类割裂，而是跨越学科边界，围绕国家重大战略问题解决以及核心技术攻关去组织和整合知识。这一过程自然会涉及不同学科师资的协同。此外，在教师类型上，除了教学型教师以外，还要组建一个集教学、科研为一体，并能紧密联系产业与前沿技术的混合式教师团队。

（三）精神贯通：建构基于创新的贯通培养模式，以科学家精神引领之

科教融汇本身既包含横向的融合之意，还具有纵向的贯通之势，科技与教育的融汇不只适用于高等教育领域，而是可以贯穿至人的整个受教育过程。同时，拔尖创新人才的形成也不是一蹴而就的，而是持续培育的结果。其主战场在高等教育，但不能仅依靠高等教育。打通基础教育与高等教育之间的壁垒，探索建构一体化贯通培养模式是基于拔尖创新人才的特点，也是对人才成长规律连续性与系统性的遵循。拔尖创新人才是基于创新人才之上的拔尖，培养拔尖创新人才的基础逻辑是"培养创新人"。创新素质的具备不同于某一固定知识或技能的快速习得，其本身是一个持续、潜移默化且难以直观表征的过程。只依靠高等教育阶段无法实现创新素质的培养，基础教育在"激发学生崇尚科学、探索未知的兴趣，培养其探索性、创新性思维品质"等方面发挥的奠基作用不容忽视。此外，教育需要面向人人为所有学生提供拔尖创新人才所需的基本素养——创新，在此基础上挑选出的拔尖人才，才是真正的拔尖创新人才。如此，创新便成为人人需具备的素养，那么就更需要从基础教育阶段就一以贯之，同时还可以提高人才培养效率，有效整合教育资源。

在明确了培养拔尖创新人才需要基于创新的一体化贯通模式之后，还需要思考在科教融汇理念下以何作为抓手来实现贯通。作为抓手至少需要满足两方面的条件：一是需要具备持久性和稳定性的特点才能一以贯之；二是其本身既是对科教融汇的遵循，同时又可以有效指导新质生产力所需拔尖创新人才的培养。综合上述考虑，科学家精神可作为这一抓手来引领拔尖创新人才的贯通培养。首先，科学家精神作为一种特定的精神类型具有稳定性。一方面是自身的稳定性。科学家精神是科学技术工作者们在长期科研实践中所凝练形成的一套态度、价值观和行为准则，虽然在不同时期其具体内涵会有所变化，但其中所蕴含的核心价值和基本理念往往可以跨越时代，长久地传承和延续。另一方面是个体形成后的持久性。科学家精神的具备往往需经过长时间的教育引导、生活实践和个人反思，一旦内化为个体自身的一部分，就会相对持久稳定地影响一个人的行为方式和价值取向。其次，科学家精神融入拔尖创新人才培养过程既顺应了时代发展的需求，又是科教融汇的切实体现。科学成就离不开精神支撑，科学家精神是科学技术的灵魂，是科技事业发展的内在动力。当前科教强国战略的推进以及高水平科技自立自强的实现，均迫切需要科学家精神来作为价值引领。近年来国家的一系列政策文件都强调了弘扬科学家精神的重要性，将科学家精神融入拔尖创新人才培养过程既顺应了时代发展的需求，也体现了教育对于立德树人根本宗旨的遵循，同时这也是科教融汇的一种切实体现。最后，科学家精神是拔尖创新人才的价值追求，拔尖创新人才是科学家精神的重要践行主体。舍勒将精神视为是人的本质及人可以称做他的特殊地位的东西[①]，可以看出精神于人的重要性。科学家精神是科技工作者在长期科学实践中凝练而成的精神结晶，其内涵与拔尖创新人才需具备的特质具有高度吻合性，理应成为拔尖创新人才的价值目标。2019年颁布的《关于进一步弘扬科学家精神，加强作风和学风建设的意见》中将科学家精神的科学内涵概括为"爱国""创新""求实""奉献""协同""育人"。其中，爱国是人才培养的基础前提，创新、求实是拔尖创新人才需贯彻的核心特征，奉献、育人是拔尖创新人才需具备的品格与情怀，协同则是拔尖创新人才培养的重要支撑。可以说，融入科学家精神是拔尖创新人才培养的内在需求。同时，拔尖创新人才是赓续科学家精神的实践主体也是责任主体。虽然培养拔尖创新人才并不意味着把每一位学生都造就成科学家，但拔尖创新人才也是最有可能培养成为科学家的群体。因此，要把科学家精神作为选拔拔尖创新人才的重要维度，且贯穿至拔尖创新人才培养的整个育人链条。在基础教育阶段，应重视科学家的榜样力量，激发学生的好奇心、探索欲和对科学的兴趣。在高等教育阶段则让学生在实际参与科学研究的过程中增加自己的知识储备，提高操作能力，对照科学家精神去激励和要求自己，坚持实事求是，敢于批判，勇于创新，并自觉把服务国家和人民作为自己的使命，从而实现个人价值与社会价值的统一。

（原载于《江苏高教》2024年第8期，有改动。）

---

① ［德］马克斯·舍勒著，李伯杰译：《人在宇宙中的地位》，贵州人民出版社1989年版，第25-26页。

第七章

高等教育体系构建与管理改革

第一节　基于人类命运共同体发展需要的
高等教育体系构建

　　中国已经在2019年进入高等教育普及化时代，这意味着我国在短短20年间就实现了从精英型到大众型再到普及型高等教育发展阶段的转型跨越。发展阶段的转型跨越对高等教育的影响是整体性的，而最为重要的是要做好新型高等教育的体系构建。目前，延续重点建设思维的中国高等教育"双一流"建设战略已经在世界范围内引起反响并产生了积极效应，但对一个国家而言，显然建设世界一流的高等教育体系远比拥有若干"一流大学"和"一流学科"更重要、更迫切。早在中国高等教育大众化初期，就有学者也曾提出"一流高等教育体系比一流大学的建设更重要"[①]的观点。那么，当前高等教育体系构建与过去相比，又面临什么新的时代背景呢？笔者认为，中国高等教育普及化阶段的到来，只是作为高等教育内部背景的变化，同时，这个阶段高等教育还面临着新的外部背景——人类命运共同体时代的到来。在精英型和大众型高等教育阶段，我国高等教育体系的构建都或多或少存在过于单一地从内部背景进行考量的问题，但进入普及型阶段，高等教育体系构建应该兼顾内外部背景的变化，尤其是要基于人类命运共同体发展需要去考量。

---

　　① 徐同文：《创建世界一流：体系还是大学——我国高等教育发展的战略选择》，载《高等教育研究》2006年第2期。

一、时代变迁中的人类命运共同体及对高等教育体系构建的需求

（一）时代变迁中的人类命运共同体

美国社会历史学家沃勒斯坦认为，过去500年西方在世界占据主导地位，其主要原因不在于这些国家的内部，而在于它们一直处于世界体系的核心位置。这500年来所形成的世界秩序是一种"西方中心"秩序。"从人类发展的进程来看，'西方中心'秩序是一种历史的进步，它把国际关系纳入一定的框架中。

进入21世纪以来，尤其是在现代化和全球化趋势交汇下，以及在产业和技术革命的推动下，原有的"中心—边陲"格局需要重新被定义，人类命运共同体的时代特征更加明显。特别是以人工智能和虚拟现实等新技术发展为代表的"第四次工业革命"的到来，不但全球化的速度前所未有地加快，并将极大程度上消解语言和文化上的差异，国家之间的关系愈加类似于"地球村"，托马斯·弗里德曼所言的"世界是平的"正进一步变为现实。在这样的新环境下，"中心"与"边陲"之间的区别不断被抹平，东西方文化的差异会适当缩小，而人类命运共同体的性质会被不断强化，效应会被逐渐放大，也就是说，随着"平行社会"的到来，需要重新定义人类社会的关系，并呼唤一种人类命运共同体时代的秩序和理念。

（二）人类命运共同体对我国高等教育体系构建的需求

人类命运共同体的时代特征不断加强，并对我国高等教育体系构建提出直接需求。这主要表现为两方面：一方面是民族国家内部共同体的需求；另一方面是民族国家内外共同体的需求。

首先是民族国家内部共同体对高等教育体系构建提出更加均衡化和多元化的需求。党的十九大报告指出，新时代我国社会主要矛盾已经转化为人民日益增长的美好生活需要和不平衡不充分的发展之间的矛盾，而这一主要矛盾也会聚焦在作为社会公平基石的高等教育上。在这个时代，人民群众对高等教育的需求主要集中在如下两点：一是对高等教育均衡化的需求更加强烈。人类命运共同体时代的到来，在民族国家内部，人们的平权

思想会进一步增强，并有更多均衡化、平等化和透明化的诉求。这些需求或诉求尤其会集中地反映在教育领域，人民群众对优质高等教育资源的需求将更为强烈，即需求层次从"上得起学"到"上好学"的转变。二是对高等教育会有更加多元化的需求。在人类命运共同体背景下，即将进入普及化时代的中国高等教育体系的多样性特征会更为突出。这种多样性特征恰好也是多元化需求的必然体现，多样性特征与多元化需求两者之间要形成高度的内洽，高等教育体系就必须满足普及化时代的多元化需求。

其次是民族国家内外共同体对高等教育体系构建提出国际化与本土化交融的需求。人类命运共同体理念，既要求推动高等教育国际化，来与国际高等教育接轨，又要求本土化以不因接轨而失去自我，但是在与国际高等教育接轨的同时，怎样才能不失去自我呢？比如，当前"双一流"建设事实上是新时代我国高等教育体系的顶层构建，其核心命题便是中国特色与世界一流如何内洽的问题。从高等教育的中国特色与世界一流的内洽来考量，它主要包括中国特色表征世界一流和中国特色成就世界一流两个层面。中国特色表征世界一流可从以下两个维度来认识：一个是中国特色符合世界一流的事实特征，也就是说，我国大学的中国特色与当今世界一流大学的一些共同特征高度契合；另一个是在中国特色符合世界一流的概念特征上，我国大学的中国特色，尽管难以在当今世界一流大学中找到相应的事实对标物，但与世界一流大学这一概念的本质特征是高度一致的。

从中国特色成就世界一流这一层面来说，它主要涉及"双一流"建设的路径选择，即通过走中国特色发展路径，来促进国家高等教育的发展与繁荣，并使一些大学发展成为世界一流大学。从这一意义上看，中国特色既是一种高等教育的发展资源，同时也是一种发展策略。

以上两个层面时常交织在一起，推动着中国高等教育体系构建的中国特色与世界一流的高度内洽。

二、中国高等教育体系构建的价值理念和实践路向

在人类命运共同体时代，对于中国高等教育体系构建提出了更高的要求——既要充分满足民族国家内部的社会需求，又要为整个人类命运共同体贡献新的价值，即中国高等教育体系构建，应为解决人类共同面临的问题提供中国方案。这个中国方案既是向内的，具有本土性；又是向外的，具有国际性，并且能够将两者融通起来而不是相互对立、相互排斥，更不是为了所谓的国际化而失掉了本土性及对本土需求的现实关怀，故而，基于人类命运共同体发展需要的中国高等教育体系构建，一方面需要价值理念的创造性转化，另一方面需要实践路向的内外兼顾。

（一）基于人类命运共同体发展需要的中国高等教育体系构建理念

基于人类命运共同体发展需要的中国高等教育体系构建，必须有适当的理念来支撑。而这种理念显然无法简单地从别国的成功经验中移植或借鉴，因为它可能会丧失本土的特色，正如亨廷顿指出的"其他国家的领导人有时企图摈弃本国的文化遗产，使自己国家的认同从一种文明转向另一种文明。然而迄今为止，他们非但没有成功，反而使自己的国家成为精神分裂的无所适从的国家"[①]。作为四大文明古国之一，中国有着丰富的优秀文化传统，并在不同历史时期获得世界范围的普遍接纳。因此，思考中国高等教育体系如何更好地为人类贡献价值，应循着从中国优秀文化传统中实现创造性转化和创新性发展的思路。

2017年习近平主席在联合国日内瓦总部发表题为《共同构建人类命运共同体》的主旨演讲，明确提出了"人类命运共同体"的思想理念并产生了广泛的国际影响。其后，党的十九大报告对"人类命运共同体"思想内涵做了更为深刻的概括，其核心是"建设持久和平、普遍安全、共同繁荣、开放包容、清洁美丽的世界"。"人类命运共同体"作为中国提出的一个

---

① ［美］塞缪尔·亨廷顿著，周琪等译：《文明的冲突与世界秩序的重建》，新华出版社1999年版，第353页。

新的思想理念，既具有中国特色，又兼具发展性与包容性，也体现中国对新世纪以来世界格局的新变化的积极回应和国际担当。"人类命运共同体"思想理念无疑更加符合当前"世界是平的"发展趋势，同时它也为构建新时代中国高等教育体系提供了重要的思想指引。

从思想理论根源来看，"人类命运共同体"是对马克思世界历史理论的继承和丰富，也体现了中国优秀文化传统的创造性转化和创新性发展，同时，一些学者也作出了思想贡献，如早在20世纪90年代，费孝通先生就提出过"共荣"的概念，强调通过不同文明的相互理解、对话来解决世界不同文明之间的矛盾，并在这样的基础上建立一个大家共同遵守的世界秩序。他提出的16字箴言——"各美其美、美人之美、美美与共、天下大同"[1]，就是一种"共荣"思想的体现，并成为一种成体系的思想观念。赵汀阳也曾提出"天下体系"之概念，需要建立一个保证所有人和所有国家都能够受益的世界制度，即一个具有普遍兼容性和共生性的世界体系[2]。无论是费孝通还是赵汀阳，都强调面向世界、面向未来需要一种兼容普遍主义的思想理念，所反映的也正是今天的"人类命运共同体"思想理念。今天，作为"人类命运共同体"思想理念的首倡者和践行者，中国注定要承担更加伟大的使命和责任。而在此背景下中国高等教育体系的构建，亦应确立一种"共荣"的思想理念：既要满足本土需求，通过体系构建促进各层类高等学校都能得到充分发展，满足人民群众对更高质量高等教育的美好需求；又要超越单一的"民族国家利益"，以更加开放、更加自信、更加主动的姿态推动并融入全球教育共同体，推进彼此之间的共同发展和合作共赢。

（二）基于人类命运共同体发展需要的高等教育体系构建的两个实践路向

其一，面向民族国家内部共同体，推行均衡分配方式以兼顾均衡需求，构建"层类交错"体系以兼顾多元需求。一方面，如前所述，在民族

---

① 张智楚：《人类学的新使命——从"生态"研究到"心态"研究——访费孝通教授》，载《群言》1992年第9期。

② 赵汀阳：《天下秩序的未来性》，载《探索与争鸣》2015年第11期。

国家内部对高等教育均衡化的需求更加强烈，新时代高等教育体系构建首先要充分回应这种需求。在高等教育大众化时期，我国建立的是一种金字塔式的高等教育体系，所奉行的资源分配方式更多是重点投入。但这种方式有其历史局限性，事实上也是一种内部的"中心—边陲"思维，一定程度上造成东部地区、985高校成为高等教育"中心"，而西部地区、高职院校则成为高等教育"边陲"。如今，我们在各个领域提出"构建人类命运共同体的中国方案"，如果这个"中国方案"依然是"中心—边陲"的思维，将很难有足够的说服力，因此，基于人类命运共同体发展的均衡化需要，应当更多兼顾均衡原则，尤其是要将更多的资源配置到相对处于较不利的地位的高职院校、西部高校中去，让不同地区、层次和类别高校都能得到更均衡更充分的发展。值得提及的是，当前"双一流"建设实际上是一种研究型的"双一流"建设，延续了我国高等教育重点建设的传统，即以建设研究型的世界一流大学和一流学科为鹄的，是抓"关键少数"策略，但相关政策更强调动态身份，而不是固化"中心—边陲"格局，这是"双一流"建设能否实现其初衷的关键一环。还有，在研究型的"双一流"建设推进的同时，非研究型的"双一流"建设如何尽快作好政策设计，即如何为"关键多数"研究制定相应的政策和作出适当的制度安排，并通过建构"双一流"建设分类体系来进一步完善我国高校分类体系，对于良性健全的中国高等教育生态体系建设至关重要。特别需要注意的是，不能因为"双一流"建设使少数大学和学科卓越了或"被卓越"了，而多数高校和学科（或专业）平庸了或"被平庸"了，因为这多数高校和学科（或专业）可能因此而自甘平庸，长此以往也就真正平庸起来了，这绝非良性的高等教育生态体系。另一方面，要打造一个"层类交错"高等教育体系以兼顾多元需求。当前我国高等教育体系的构建，既要建基于普及型高等教育阶段的发展性需求，又要兼顾大众型高等教育阶段所建立的现实性基础，在普及型高等教育初期建立以"普通高等教育"和"职业高等教育"分类并以学位授予权分层的"层类交错"过渡性体系①。高等教育的人才培养，既需要面向高层次创新型人才，大力推进"双一流"建设，同时也需要更为大量的技能型人才，因此要推动应用型本科转型，尤其是建立现代职业教育体系，让高等教育能够真正成为一种既相对独立于普通高等教育又能与之衔接的类型并得到充分发展的教育。当然，这还需要更科学合理的制度设计和政策导向的支撑。

其二，面向民族国家内外部共同体构建高等教育体系，遵循内外共荣逻辑以兼顾本土与国际。西班牙思想家加塞特在其名作《大学的使命》中旗帜鲜明地指出："大学的使命在于向人类传授时代文化的全部，向人类清楚真实地展示当今个人生活必须得到阐明的巨大世界。"②在过去500年的"西方中心"时代，高等教育分别经历了"英国时代""德国时代"和"美国时代"，但无论哪个高等教育时代，其核心都在于注重兼顾本土与国际的关系——高等教育不仅仅满足了本土需求并成为世界强国的重要支撑力量，又贡献了一种全球性的价值。而在如今的人类命运共同体时代，尤其需要高等教育体系构建从主要面向国内需求向面向全球共同利益转变③，从而达至本土性和世界性的共荣，因此，在此背景下中国高等教育体系构建，应以"人类命运共同体"理念为引领，寻求在进一步对外开放过程中创造性地为全球教育事业贡献中国智慧和中国方案。芝加哥大学副校长在我国某"双一流"建设大学的审核评估反馈会上指出："贵校的人才培养目标是领袖人才、创新创业人才，这种远大的人才培养目标是一流大学应有的担当。但不知贵校是否考虑过在二十年或者最多三十年之后，当中国对

---

① 陈先哲、卢晓中：《层类交错：迈向普及化时代的中国高等教育体系构建》，载《教育研究》2018年第7期。

② ［西班牙］奥尔特加·加塞特著，徐小洲等译：《大学的使命》，浙江教育出版社2001年版，第37页。

③ 联合国教科文组织著，联合国教科文组织总部中文科译：《反思教育：向"全球共同利益"的理念转变？》，教育科学出版社2017年版，第1页。

于世界更为重要时，贵校今天培养的人才能够引领世界吗？"[①]这是我们在构建适应"人类命运共同体发展需要"的高等教育体系时需要认真思考的一个问题。

值得提及的是，由习近平总书记亲自谋划、亲自部署、亲自推动的国家重大战略——粤港澳大湾区建设，其中有两个重大建设目标与高等教育紧密相关：一是建设国际教育示范区，主要通过引进世界知名大学和特色学院，推进世界一流大学和一流学科建设；二是打造国际科技创新中心，高等教育也是作为重要支撑。这两个"国际"都是站在人类命运共同体的角度来思考大湾区建设，其格局是开放、包容和共享的。大湾区打造国际科技创新中心和国际教育示范区，怎么做到既是国际的，又具有中国特色，而且还要有湾区特色呢？其核心问题就是如何达至本土性和世界性的共荣，这可能为人类命运共同体时代背景下中国高等教育体系构建提供一种新的思路和尝试。

（原载于《探索与争鸣》2019年第9期，有改动。）

---

① 邬大光：《大学人才培养须走出自己的路》，载《光明日报》2018年6月19日。

第二节　基于系统思维的高质量教育体系
构建与教育评价

——兼论拔尖创新人才培养的系统思维

　　党的十九届五中全会提出我国"十四五"期间"坚持系统观念"的发展原则和"建设高质量教育体系"的教育发展目标。2021年3月，习近平总书记在看望参加全国政协十三届四次会议的医药卫生界、教育界委员并参加联组会时强调"要围绕建设高质量教育体系，以教育评价改革为牵引，统筹推进育人方式、办学模式、管理体制、保障机制改革"。对此，我们至少可以做以下两点理解：一是建设高质量教育体系与坚持系统观念是内在关联的；二是教育评价改革可以牵引高质量教育体系构建。基于以上两点理解，在对高质量教育体系寻求正确认识的基础上，着重探讨拔尖创新人才培养的系统思维，并对如何发挥教育评价改革的牵引作用作一探讨。

一、高质量教育体系的系统性

　　高质量教育体系，除了指教育体系各个子体系及其诸方面的高质量外，更强调和突出整个教育体系的高质量。教育体系各个子体系及其诸方面的高质量，无疑是高质量教育体系的前提和基础。没有教育各子体系及其诸方面的高质量，就不可能有整个教育体系的高质量，但教育各个子体系及其诸方面的高质量，并不意味着整个教育体系便自然而然地高质量发展，因为只限于局部的教育某子体系或教育某方面的高质量，可能会因其质量目标与标准相对狭隘与功利，且缺乏整体的衔接与协调，以致按此质量标准建设而获得的所谓的"高质量"，将其放置在整个教育体系中常常并不能有力支撑建设高质量的教育体系，甚至有时还可能阻碍高质量教育体系的构建。这在教育实践中并不鲜见，比如在应试教育的导向和驱动下，基础教育各学段往往以下一学段的升学率为质量目标与标准，而较少关注学生更长远的未来和可持续的发展，因此也就会时常出现学生赢得高考但未赢得人生的现象。这一情形下的基础教育体系必难以为高质量的高等教育体系奠定扎实基础和提供强有力支撑，自然也就谈不上整个教育体系的高质量发展。再比如德育和智育在高等教育系统中往往分属两个相对独立的系统，从教师到课程都是分开而设的，有专门的德育教师（常常由学院分管学生工作的副书记和政治辅导员兼任），也有专门的思政类课程。而学科课程则没有明确学生思政目标和任务，"教书育人"是真命题还是假命题至今仍为高等教育理论和实践界广泛讨论的一个话题；而现实中也的确存在"只教书不育人"的现象，学生价值观的培养跟专业、学科知识的学习相分离，高校学生思政成效难尽如人意在相当程度上也缘于此。为了解决教书与育人"两张皮"问题，当前高校正在大力推行课程思政，把"立德树人"作为教育的根本任务落实到各类课程，强调思想政治理论课与其他学科专业课程协同德育，实现知识传授、价值塑造和能力培养的高度统一，形成全员全程全方位育人大格局，但如何使对学生的德育与学科专业学习有机衔接而不是生硬植入，则需要解决好学校思政课程与其他课程思政之间的衔接与协调问题，也需要处理好学校思政课程与各种活动之间的横向贯通问题。至于从教育内外部关系的角度来审视如何建立健全学校家庭社会协同育人机制，则是当前深化教育领域综合改革的一个重点，同时也是高质量教育体系构建的一个难点。凡此种种，都涉及教育体系与各个子体系及其各个方面之间的质量关系问题，教育体系中的这些质量关系问题处理或解决不好，这样的教育体系就算不上高质量。

由此可见，整个教育体系的高质量有赖于各个高质量的教育子体系及其诸方面的有机衔接、相互协调，形成培养德智体美劳全面发展的社会主义建设者和接班人的接力与合力，这便是教育体系的系统性。通常来说，自然界的体系遵循自然的法则和规律，而人类社会的体系则要复杂得多。影响这个体系的因素除人性的自然发展之外，还有人类社会对自身认识的发展和主观建构。但不论何种体系，系统性无疑是体系的根本属性，也是体系之所以成其为体系的根本理由。体系的这一根本属性具有三个本质特征：整体关联性、持续发展性和差异互洽性。如果具体到人类社会的某个社会体系的实际而言，由于其为一种主观建构，因而并不能保证该社会体系一定具有系统性这一根本属性，这也就是我们经常见到的一种现象，即"事情本应如此，而事实未必如此"。实际上，这种现象反映了应然与实然、价值判断与事实判断的关系，也是"休谟铡刀"命题所关注的问题。对于教育体系来说，也正因如此，教育体系的系统性才仍然是我们建设高质量教育体系的努力方向，也是其核心和关键所在。从教育体系的系统性三个本质特征来看，其整体关联性强调的是通过教育各子体系及其诸方面的关联形成教育体系的整体发展；持续发展性着眼的是教育长远发展目标和人的可持续发展，通过教育各子体系及其诸方面有机衔接、相互协调，提升和增强教育体系培养学生可持续发展的能力；差异互洽性则是关注教育各个子系统及其诸方面的不同与个性特征，通过有机衔接、相互协调、高度内洽，促使教育体系的内部功能整合和整体优化。值得特别指出的是，高质量的教育体系并不排斥教育各个子体系及其诸方面的差异性和个性特征，恰恰更强调承认和尊重教育体系中的这种差异性和个性特征。实际上，正是这种差异性和个性特征，不仅使教育呈现不可或缺的多样化，有利于学生个性发展，而且也更凸显了构建高质量教育体系的必要性，其构建成效才能得到极大彰显。忽视这种差异性和个性特征，一味追求教育"大一统"的所谓"系统性"，注定不是一个良性的现代教育体系，更遑论高质量的教育体系了，这也是违背教育规律的一种表现。总之，一个高质量的教育体系，必定是系统性受到高度重视、差异性得到应有尊重、个性得到极大张扬的总体样态。

作为建设高质量教育体系的核心和关键，高质量教育体系的系统性可从多维度或多方面来认识，这些维度或方面既表征了当前深化我国教育领域综合改革亟须攻坚克难的重点和难点，也是开启全面建设社会主义教育现代化国家新征程的方向和突破口。当前，建设高质量教育体系应从立德树人根本任务出发，把建设高质量教育体系的系统性作为寻求高质量教育体系构建的基本依据和主要路向。

二、拔尖创新人才培养的系统思维

习近平总书记多次指出，"我们对高等教育的需要比以往任何时候都更加迫切，对科学知识和卓越人才的渴求比以往任何时候都更加强烈"，特别是拔尖创新人才培养尤为迫切。2021年4月，习近平总书记在清华大学考察时又强调："党和国家事业发展对高等教育的需要，对科学知识和优秀人才的需要，比以往任何时候都更为迫切。我们要建设的世界一流大学是中国特色社会主义的一流大学，我国社会主义教育就是要培养德智体美劳全面发展的社会主义建设者和接班人。"他特别指出："中国教育是能够培养出大师来的。我们要有这个自信，开拓视野、兼收并蓄，扎扎实实把中国教育办好。"

近年来，遭遇的"中兴事件""华为事件"等由"卡脖子"技术带来的困扰，以及新冠疫情彻底解除"最后一公里"中的重要一环即疫苗、检测技术的研发竞争，归根结底都是科技的竞争，是培养拔尖创新人才的教育竞争。这对我们如何立足国内更好地培养拔尖创新人才提出了新需求。为此，2009年启动"基础学科拔尖学生培养试验计划"（简称"珠峰计划"）；2019年，《中国教育现代化2035》提出"加强创新人才特别是拔尖创新人才的培养"；教育部的"六卓越一拔尖"计划2.0提出实施卓越工程师教育培养计划2.0、卓越医生教育培养计划2.0、卓越农林人才教育培养计划2.0、卓越教师培养计划2.0、卓越法治人才教育培养计划2.0、卓越新闻传播人才教育培养计划2.0、基础学科拔尖学生培养计划2.0。如果说人的成长对教育而言是一个接力和合力的系统化过程，那么对于拔尖创新人才的培养而言，这种系统化过程更为必要，教育体系的系统性更为凸显。对于如何从系统思维出发培养拔尖创新人才，可从以下方面来认识。

（一）系统性、整体性、协同性相一致

众所周知，从纵向的教育体系而言，百年树人的教育，其长效性和持续性的本质特性决定了教育衔接的重要性，也就是说，人的成长是一个持续不断的过程，因此，作为培养人成长的教育无疑应是一个相互衔接的整体，每一个教育阶段都必须相互衔接、瞻前顾后，而不是一种各行其是的分割型样态。这有赖于学校教育各阶段教育相互关联、相互协调，尤其是相互协同的共同努力。

对于系统化过程"更为必需"的拔尖创新人才培养来说，教育体系的系统性决定了首先应当把拔尖创新人才培养作为教育体系的一个整体目标，需要教育各个学段的协同完成。这也就要求教育各个学段克服过去那种过于狭隘和功利化目标取向，更着眼于学生长远的发展，特别是学生创新素质的养成。实际上，"钱学森之问"主要论及的是拔尖创新人才培养，不仅是问教育的某个阶段如高等教育（人们常常认为是在问大学），更是问整个中国教育体系。拔尖创新人才培养的起点在发现和选拔，然后教育的各个阶段进行系统化的协同培养，这就要求从纵向教育体系上建立协同育人机制，尤其需要加强高等教育与基础教育的关联。长期以来，高等教育与基础教育的联系仅仅是高考，高中阶段主要是围绕高考升学率而展开教育活动。但高考"指挥棒"导向并不是着重于拔尖创新人才，更不是专门着眼于拔尖创新人才（事实也是如此），这就势必会影响到拔尖创新人才的选拔和培养。因此，在当前高考招生制度改革中，拔尖创新人才在早期、前期的选拔和培养过程中就应受到高度重视，特别是要建立和健全拔尖创新人才选拔和培养的"绿色通道"，而且这种"绿色通道"必须是系统化的。2020年启动的"强基计划"（基础学科招生改革试点，主要是为了选拔培养有志于服务国家重大战略需求且综合素质优秀或基础学科拔尖的学生），实际上就是着眼于拔尖创新人才前期选拔与培养的"绿色通道"。从这一计划试行一年的情况来看，各试行高校的反映总体上还是积极的，但还需要不断完善，尤其是这一"绿色通道"亟待逐步向前后延伸（基础教育和高等教育的完整阶段），贯穿教育的全过程，并且选拔与培养需要协同和一致起来，比如在高等教育阶段，建立和健全本硕博贯通式培养模式，包括健全博士研究生"申请—考核"招生选拔机制，扩大直博生招生比例，探索在"高精尖缺"领域招收优秀本科毕业生直接攻读博士学位的办法；加强"本硕博"贯通培养，实行培养方案一体化设计，如近日北京航空航天大学成立未来空天技术学院，着眼于培养一批引领未来空天科技发展，具有想象力、洞察力、执行力、领导力等核心素质，德智体美劳全面发展的未来空天系统大师，探索拔尖创新人才培养的"北航范式"。该范式的一个突出特点就是实施八年制"本硕博"贯通、定制化学研一体[①]。值得提及的是，跨校的"本硕博"贯通式培养是拔尖创新人才培养的一个重要方式，而其中尤为关键的是如何确保培养方案、培养模式的一体化，这有赖于加强顶层政策设计、制度安排和管理协调，建立起跨校的拔尖创新人才培养共同体。

此外，需要加强高等教育与基础教育的多方面联系，增进彼此了解，使教育链与拔尖创新人才的成长链有机衔接，这将有利于拔尖创新人才选拔和培养的针对性和有效性。近年来，一些著名大学也注意加强和中学的联系与衔接，如在北京大学举办的"大学—中学"圆桌论坛"知识的阶梯与教育的差异"，清华大学定期举办的"全国高中校长高峰论坛"等。

（二）教学与科研相融合

拔尖创新人才培养的一个很重要的方面就是大学如何以高水平的科研支撑拔尖创新人才的培养。19世纪初叶发端于德国的教学与科研相统一，

---

① 雷嘉：《北航成立未来空天技术学院》，载《中国青年报》2021年7月14日。

曾使德国大学成为现代大学的楷模，并推动世界学术中心转移到德国。毋庸讳言，在我国，教学与科研相分离的状况常常是困扰大学的一个实际问题，直至今日仍然如此。解决教学与科研"两张皮"状况的问题，一直是高等教育改革攻坚克难的方向，各种改革措施出台不断，总体取向上是以激励教学、重视人才培养为主导，但激励教学、重视人才培养一定不能以弱化高校科研为代价，而应将教师的科研资源有效地转化为教学资源，真正成为创新人才尤其是拔尖创新人才的培养力。这是由高校人才培养和科研的特点所决定的，是高等教育的一个基本规律。从高校把科研引入教学过程使教学与科研相结合，到教学与科研相融合：科研即教学，教学即科研，这有助于高校拔尖创新人才的培养。这就需要建立促使教学与科研深度融合的评价机制进行牵引，比如设立科研评价的"教学因子"，即对一个高校教师的科研业绩评价，除了要看其承担科研课题的能力、论著发表的水平、科研获奖的情况等，还有一个很重要的指标，就是该教师的科研成果转化为人才培养资源的转化度。再比如建立学科建设成效评价的人才培养指数。近年来，在教育部的学科评估、"双一流"建设成效评价和各类高层次人才评选中人才培养情况受到愈来愈多的重视，实际上也体现了教育评价的牵引作用。

（三）创新思维与社会实践相统一

2010年，《国家中长期教育改革和发展规划纲要（2010—2020年）》提出，在人才培养上要坚持文化知识学习与思想品德修养的统一、理论学习与社会实践的统一、全面发展与个性发展的统一。2011年，胡锦涛同志在清华大学百年校庆大会上对青年大学生提出，把文化知识学习与思想品德修养紧密结合起来、创新思维与社会实践紧密结合起来、全面发展与个性发展紧密结合起来，其中，把"理论学习与社会实践相结合"改为"创新思维与社会实践紧密结合起来"，这一改动体现了学生培养着眼点上的新认识和新发展。它既表明了人的创新思维的重要，同时又揭示了培养学生创新思维的路径，即通过社会实践培养学生的创新思维，比如在设计教学过程的实践性环节，要着眼于学生创新思维的培养，这让我们对过去仅仅把高校实践性环节视为学生将理论知识运用于实践的应用能力及学生的动手能力的定位有了新的认识和新的提升。

作为高校人才培养的实践性环节，产教融合和科教融合是大学培养创新型、复合型、应用型人才的重要途径，也是拔尖创新人才培养的关键一环。如果将高校分类发展具体到人才培养，产教融合和科教融合作为人才培养的重要途径，实际上体现了一种分类，即产教融合是应用型的技术创新，科教融合是研究型的科学创新。应从高校的人才培养、科学研究、为社会服务三大职能看待创新型、复合型、应用型人才的培养，尤其是通过产教融合培养应用型的拔尖创新人才，通过科教融合培养研究型的拔尖创新型人才。而产教融合、科教融合的深化，就需要加强教育链、人才链与产业链、创新链的有效衔接，促进人才培养供给侧与产业需求结构要素全方位融合[1]。

当前，涉及高校人才培养的实践性环节众多，比如大学里的"双创"教育、"挑战杯"全国大学生课外学术科技作品竞赛、创造性劳动教育等多样化人才培养过程中的实践活动、实践环节，都有一个共同的旨趣，即培养学生的创新思维，同时也着眼于发现和培养拔尖创新人才。由于这些实践活动、实践环节往往归口到不同的学校职能部门来设计、组织和实施，而各职能部门所瞄准或对标的目的或是要实现的价值常常比较多样，如何更好地促使这些实践活动和实践环节的价值整合、功能互补和实践对接，是一个非常必要且值得深入探讨的问题。

（四）科学与人文相结合

联合国教科文组织在2015年公开出版的《反思教育：向"全球共同利益"的理念转变？》报告书中提出未来教育的思想基础是人文主义。该报告书主张教育须"超越狭隘的功利主义和经济主义，将人类生存的多个方面

① 杜玉波：《适应新发展格局需要推进高等教育高质量发展》，载《中国高教研究》2020年第12期。

融合起来，采取开放的灵活的全方位的学习方法，为所有人提供发挥自身潜能的机会，以实现可持续的未来，过上有尊严的生活"。过去我们在培养拔尖创新人才时往往把科学与人文割裂开来，更多地关注学生的科学素养而忽视人文素养。但良好的人文素养是拔尖创新人才成长必不可少的因素。翻开世界科学发展史，我们不难发现，众多的科学大师不仅具有很高的科学素养，还拥有良好的人文素养，包括哲学素养、道德素养、艺术素养、心理素养、文学素养。人文素养与科学素养的有机结合成就了他们伟大的科学事业。拥有良好的人文素养，不仅有利于拔尖创新人才创新灵感的产生，而且有助于他们对科学的人文价值的认同和追求。这种人文价值的认同和追求在科技高度发达的当今社会，对成就拔尖创新人才伟大的科学事业又显得尤为重要。重视人文，还承载着人们对美好生活的向往，正如《国家中长期教育改革和发展规划纲要（2010—2020年）》所提出的，教育要使学生"学会生存生活"。这里将生存与生活既分开又联系，一个重要意蕴就在于学校教育不仅仅是为了解决学生谋生就业创业的问题，更要让他们懂得生活和正确理解幸福生活的真正意义。这对于拔尖创新人才的培养同样是不可或缺的。

（五）自主、选择、多元并举

作为特殊人才的拔尖创新人才需要特殊的培养，包括建立专门的培养机构、特殊的培养机制等。例如，美国的荣誉教育就是拔尖创新人才培养的一种教育理念，也是一种非常规的拔尖创新人才培养模式，可运用于不同层类的拔尖创新人才培养，如社区学院教育、文理学院和大学本科教育层次都有相应的荣誉教育。我国许多大学也建立了形式多样的拔尖创新人才培养的教学组织或模式，如北京大学的"元培学院"、清华大学的"钱学森力学班"、南京大学的"匡亚明学院"等。不管哪个国家或何种教学组织、模式，在培养拔尖创新人才上都有一些共同的取向和做法，如在学生选拔、课程体系及评价制度等方面体现出自主、选择、多元相并举的取向，包括构建综合评价选拔制度，注重考查学生的家庭环境、成长经历、个人兴趣、课外活动等非智力因素，尤其要强化对学生个人兴趣与动机的评价，构建丰富多样的课程体系，提升学生自主择课的空间和能力。拔尖创新人才培养方案的课程学分要求可以适当地低于非拔尖创新人才的课程学分总量，以便他们有更多时间完成难度更大、要求更高的课程，追求真正感兴趣的学术领域，同时，通过建立一定的激励机制，吸引各学科教师向拔尖创新人才提供课程计划，促使课程类型不断丰富、课程内容得到及时更新，确保学生有课可选，并从中真正获益。开设什么课程应注重以生为本，也就是说，开设的课程不单是依据教师的学术专长，还要充分考虑学生的需求，尤其是拔尖创新人才培养的学生需要，建立机制鼓励教师为此专门准备课程计划。此外，为了让学生及时了解课程开设等方面的信息，学校将每学年度开设的课程目录提前半个或一个学期上网，并提供专门的学术咨询服务，帮助学生选择可以满足个人兴趣和课业要求的课程，提升学生的选课能力；构建多元化、发展性的学业考核评价制度，注意改变以考试为主的结果性评价方式，更多关注学生学习行为的过程性评价，并以此形成鼓励创新的学习共同体文化和氛围。

拔尖创新人才培养如何综合施策的问题，也需要采用系统思维方法，从培养目标和培养过程的角度去思考，德智体美劳"五育"并举与融合，不仅是培养全面发展的人的需要，也是培养拔尖创新人才的需要，因为学生创新素质培养不仅是智育问题，与其他诸育同样关系密切。以创新的一个重要性格特征——责任为例，通过德育使学生增强社会责任的担当意识和民族复兴、国家强大的使命感，从而激发学生锐意创新、报效国家和社会的热情，这对于拔尖创新人才培养，尤其是形成动力机制无疑是十分重要的。至于作为学生人文素养培育的美育陶冶和以创造性劳动为特征的劳育活动，都有助于学生创新素质的养成。这里还需要澄清人的全面发展与拔尖创新人才培养的关系。在许多人看来，拔尖创新人才一定是孤傲、偏执的，不是全面发展的人。不可否认，一些拔尖创新人才确有如是现象，但并不必然，这不应成为此类人才的身份标识与固定人设，我们同样能见到并感受到许多有着良好个性的科学大家。今天，我们培养拔尖创新人才应当着眼于人的全面发展，同时又鼓励人的良好个性发展，并包容和接纳人的各种性格特征，这也是人的全面、自由发展的现代意义和追求。

三、教育评价改革的牵引作用

2020年，中共中央、国务院印发《深化新时代教育评价改革总体方案》（以下简称《总体方案》），提出教育评价事关教育发展方向，有什么样的评价指挥棒，就有什么样的办学导向。教育评价改革与育人方式、办学模式、管理体制、保障机制等诸多重要的改革方面的关联密切，事关教育发展和高质量教育体系构建的方向，因此，教育评价既是建设高质量教育体系的一种引领和保障，起着极其重要的牵引作用；同时，它又是高质量教育体系构建不可或缺的关键一环。

当前，要发挥好教育评价改革在高质量教育体系构建中的牵引作用，并成为其关键一环，就必须用系统思维方法来推进教育评价改革。《总体方案》提出的"系统推进教育评价改革"，"增强改革的系统性、整体性、协同性"，以及坚持科学的"三观"即教育发展观、人才成长观和选人用人观，都体现了推进教育评价改革的系统思维，比如，"管办评"分离政策导向的着眼点和初衷虽然是作为推动教育治理体系和治理能力现代化的重要抓手和实现目标，但政府管、学校办、社会评这一"管办评"分离政策取向，有意无意地使"评"外在于教育、外在于学校，致使大学内部评价在不同程度上"被弱化、被异化、被外化"[1]。特别是由于外部评价尤其是社会评价的"锦标赛"偏好，使教育"管办评"分离中的评价实际上存在着重选拔与排名意义而轻成长与发展价值的问题。因此，教育部领导特别提出要构建政府、教育机构、社会三者新型关系，建立"管办评"相对分离又有

---

① 卢晓中：《论大学办学自主权视域下的大学评价》，载《江苏高教》2021年第6期。

机统一的制度①。教育评价在建设高质量教育体系、彰显其系统性的牵引作用，其中一个重要方面就是教育评价自身的系统性，包括大中小学评价目标与指标及各学段评价目标与指标的有机衔接和一体化，德智体美劳诸育评价的内洽性，党政履职教育工作评价、学校评价、教师评价、学生评价、选人用人评价的协同性等。

教育评价是在一定教育价值观的指导下，依据确立的教育目标，通过使用一定的技术和方法，对所实施的各种教育活动、教育过程和教育结果进行科学判定的过程②，因此，教育评价对高质量教育体系构建的牵引作用关键在于选择怎样的评价标准与指标，这与教育发展观、人才成长观、选人用人观"三观"高度关联，而"三观"所体现的教育价值观也是确立评价标准与指标的基本依据。当前，要发挥教育评价改革对高质量教育体系构建的牵引作用，亟须确立正确的教育价值观，扭转不科学的教育评价导向，比如把立德树人作为教育发展的根本任务并在教育评价制度中充分体现和落实；发展素质教育，把德智体美劳全面发展作为培养人的根本目的，做到"五育"并举与融合；把师德师风作为评价教师的第一标准，突出质量导向，重点评价学术贡献、社会贡献以及支撑人才培养情况，引导教师潜心育人等。

发挥教育评价对建设高质量教育体系的牵引作用还在于如何提升和增强教育评价的科学性，包括探索科学的评价方式、评价技术、评价方法，以及提升评价主体的专业化水平。《总体方案》指出，教育评价要"坚持科学有效，改进结果评价，强化过程评价，探索增值评价，健全综合评价，充分利用信息技术，提高教育评价的科学性、专业性、客观性"，"加强教师教育评价能力建设，支持有条件的高校设立教育评价、教育测量等相关学

---

① 翁铁慧：《加快推进高质量教育体系建设》，载《光明日报》2020年11月16日。
② 全国十二所重点师范大学联合编写：《教育学基础》，教育科学出版社2002年版，第265页。

科专业，培养教育评价专门人才"①。

提升和增强教育评价的科学性需针对不同的评价对象选择不同的评价方式，如对于培养拔尖创新人才的教育评价，会涉及发现和选拔评价、学业考核评价等。如前所述，构建综合评价选拔制度，注重考查学生的家庭环境、成长经历、个人兴趣、课外活动等非智力因素，尤其要强化对学生个人兴趣与动机的评价；构建多元化、发展性的学业考核评价制度，注意改变以考试为主的结果性评价方式，而更多关注学生学习行为的过程性评价等。

教育评价的科学化，最为重要的一点就是尊重教育内在规律，把握教育事实特征。近年来，教育评价越来越呈现出一种量化倾向，并常常被认为是一种科学化追求。不可否认，适当的量化有助于增强教育评价的精准性，减少模糊性，对于提升教育评价的科学性和管理的科学化是有价值的，但是，如果对教育评价的量化强调到一个不恰当的程度，甚至走向一个极端，评必量化，就有可能违背教育内在规律，也脱离教育事实特征，从而使事实判断和价值判断都可能出现偏差和偏向，以致教育评价的科学性不仅得不到提升和增强，而且也不能使教育评价起到正确的牵引作用，甚至极有可能对高质量教育体系构建产生一种误导。周川教授在《量化评价的泛滥及其危害》一文中指出，当前"高校量化学术评价的泛滥，表现为数量过多、指标过高、变动太快、挂钩太滥；它混淆了内容与形式、质量与数量的关系，将学术研究导向庸俗的外部动机，使评价权力从同行专家转移到管理者手里，强化了'五唯'倾向，导致教师职业尊严和'双重忠诚'下降。量化学术评价的泛滥是功利主义办学观念和行政化管理方式共同作用的结果"②。

以上情形实际上涉及如何处理事实判断和价值判断的关系，如对"双

---

① 中共中央、国务院印发：《深化新时代教育评价改革总体方案》，载《中华人民共和国教育部公报》2020年第11期。

② 周川：《量化评价的泛滥及其危害》，载《江苏高教》2021年第5期。

一流"建设成效评价中的事实判断与价值判断。所谓事实判断，更多的是着眼于一流大学和一流学科的量化指标的达成，而价值判断则关注和强调大学的发展方向和终极价值。"双一流"建设必须建立起事实判断与价值判断的内在联系，也就是说，事实判断中要有价值引导，而价值判断中则需以事实判断为依据。目前，过于量化的事实判断缺乏价值的引导，如对教师的业绩认定与评价往往侧重于简单的量化数字，并以此作出价值判断，从而产生了错误的价值导向。实际上，"从某种意义上来说，把一名教授终身工作的质量还原为一个简单的数字是完全没有道理的。事实上，要对一种思想、一种理论或研究发现的质量进行量化看来是不可能的"[①]。鉴于此，"双一流"建设成效的评价须选择反映现代大学的现代价值的指标导向，尤其应注意选择与现代大学发展方向和规律相一致的指标导向。同时，"双一流"建设成效的评价还要十分重视非量化指标性的一流建设，如大学精神、大学文化、现代大学制度等，从而以此牵引"双一流"建设大学不断完善内部治理结构，形成调动各方积极参与的长效建设机制。

总之，科学的教育评价应当是量化评价与质性评价的相结合、相统一和事实判断与价值判断的相结合、相统一，并使得技术与方法在推动和提升教育评价科学化的过程中从外在的加持，转变为内在的赋能。唯有科学的教育评价才能真正起到对高质量教育体系构建的牵引作用。

（原载于《国家教育行政学院学报》2021年第7期，有改动。）

---

① ［美］乔治·里茨尔著，顾建光译：《社会的麦当劳化》，上海译文出版社1999年版，第110页。

第三节 基于"职普融通"的现代职业教育体系构建

2020年，党的十九届五中全会提出"建设高质量教育体系"，并对职业教育的改革发展给予了高度重视："加大人力资本投入，增强职业技术教育适应性，深化职普融通、产教融合、校企合作，探索中国特色学徒制，大力培养技术技能人才。"2021年4月，习近平总书记就职业教育工作专门作出重要批示："加快构建现代职业教育体系，培养更多高素质技术技能人才、能工巧匠、大国工匠。"对于高质量教育体系究竟是什么，我们可以从不同的角度去界定和认识，在当前林林总总的界定和认识中，有一点形成了比较广泛的共识，即高质量教育体系是一个现代教育体系，能够体现公平、质量这一现代教育体系的本质特征，从这一意义上说，高质量教育体系及其构建与现代教育体系及其构建具有高度的一致性。值得提及的是，教育体系各个子体系及其诸方面的高质量，无疑是高质量教育体系的前提和基础。没有教育各子体系及其诸方面的高质量，就不可能有整个教育体系的高质量。但教育子体系及其诸方面的高质量，并不意味着整个教育体系会自然而然地变得高质量。因为教育某子体系或教育某方面的高质量，可能会因其质量目标与标准相对狭隘与功利，且缺乏整体的衔接与协调，以致按此质量标准建设而获得的所谓的"高质量"，将其放置在整个教育体系中常常并不能有力支撑建设高质量的教育体系，甚至有时还可能阻碍高质量教育体系的构建[1]。职业教育是教育发展到现代的产物，是现代教育的重要表征，是现代教育体系的有机组成部分，反映了教育体系中系统与子系统的关系。高质量的教育体系包括高质量的职业教育体系，而高质量的职业教育体系又能够为高质量的教育体系提供有力的支撑。

当前，我国职业教育改革发展的一个重要方向和趋势，就是从过去作为层次的职业教育，向作为类型的职业教育转变，也就是职业教育从原有的教育大体系中分离出来，成为与整个普通教育体系并行的独立体系。对于职业教育这一改革发展方向和趋势，人们寄予了种种期待，并被视为是高质量职业教育体系构建的关键所在。对于什么是高质量的职业教育体系，需要从职业教育与整个教育体系，特别是与普通教育体系的关系角度来分析和认识。这里需要思考和回答职业教育体系构建的几个相互关联的问题：一是与普通教育体系相分离的职业教育体系就一定是高质量的职业教育体系吗？二是职业教育从层次变为类型便可自然而然地成为现代职业教育体系吗？还可以再进一步追问的是，职业教育从层次转变为类型究竟是为了宣示一种教育的思想理念（如克服职业教育低人一等的思想观念和鄙视职业教育的传统观念，提升职业教育的地位），还是作为教育体系的一种新的分类方式，着眼于进一步完善教育体系呢？本节从体系的系统性这一根本属性出发，尝试揭示高质量的职业教育体系构建的关键要素，探讨"职普融通"中职业本科教育的路向及其依据，寻求与建设高质量高等教育体系相适应的现代职业高等教育体系构建的基本框架。

一、高质量的现代职业教育体系构建的关键要素

对于现代职业教育体系构建和建设高质量职业教育体系，可从多方面来思考和认识，但其"关键"则只能从"体系"这一关键词来寻求。所谓

---

[1] 卢晓中：《基于系统思维的高质量教育体系构建与教育评价改革》，载《国家教育行政学院学报》2021年第7期。

"体系"，一般意义上指的是"若干有关事物相互联系、相互制约而构成的整体"①。自然界的体系遵循自然的法则和规律，而人类社会的体系则要复杂得多。影响这个体系的因素除人性的自然发展之外，还有人类社会对自身认识的发展和主观建构②，但不论是何种系统，系统性是体系的根本属性，也是体系之所以成其为体系的根本理由。如果具体到人类社会的某个社会体系的实际而言，由于其为一种主观建构，因而并不能保证该社会体系一定具有系统性这一根本属性，这也就是我们经常见到的一种现象，即事情本应如此，而事实未必如此，实际上这种现象反映了应然与实然、价值判断与事实判断的关系，也是"休谟铡刀"命题所关注的问题。也正因为如此，对于职业教育体系这一社会体系来说，该体系的系统性仍然是我们建设高质量的现代职业教育体系努力追求的方向与目标。

对于职业教育体系的系统性，可以从多角度去认识，所涉及的要素也是多方面的，其中最为关键的要素便是"职普融通"，它是增强职业教育的适应性，加快构建现代职业教育体系的重要一环，也是破解职业教育体系构建的相互关联问题的要旨所在。

第一，"职普融通"是完善现代教育体系、真正搭建人才成长"立交桥"的关键一着。所谓"职普融通"，通常指的是不同教育类型衔接融通，包括学分互认、相互衔接、相互转学，也包括不同层级教育内容的衔接更新。加强不同层级职业教育课程与教材一体化建设，还涉及不同人才标准衔接共通，包括学校人才培养标准、职业培训标准、职业资格标准、行业质量标准、企业用人标准等各方面的标准之间的相互衔接、互通共用及多种学习资历证书互通衔接等。现代教育体系有别于传统教育体系的一个显著特征，就在于其不是一种单一的教育体系，如垂直单一的升学教育体系，而是既适应现代社会经济发展多样化的需要，又兼顾学生发展的

① 夏征农主编：《辞海》，上海辞书出版社2000年版，第644页。
② 许国动、胡中锋：《系统视阈下教育领导力研究领域、体系与范式构建》，载《华东师范大学学报（教育科学版）》2013年第12期。

各种可能性，满足学生发展的多方面需求以及这种需求的动态变化，充分体现现代教育体系的权利、公平、潜能、主体性、可持续等现代价值[①]的一种体系。从现行的教育体系来看，尽管理论上人才成长的"立交桥"是存在的，但是实际上这个"立交桥"并不畅通，或者到某个层次就成了此"桥"不通的"断头路"，尤其是职业教育与普通教育从教育体系的前端便形成的实际区隔，使得此"桥"便开始分道扬镳。无论是垂直单一的普通教育升学和就业体系，还是垂直单一的职业教育升学和就业体系，就其本质和功能而言都不是完善的现代教育体系，也不能充分体现教育体系的现代价值，最大限度地适应社会经济发展的需要和个体成长的个性化需求，真正体现"适合就是最好的教育"这一教育理念。而对于高等教育这一层次而言，作为类型的职业高等教育同样并不意味着单一、垂直的职业教育，如果与普通高等教育决然分开或实际分离，那么，人才成长的"立交桥"就无从谈起。从一般意义而言，职业高等教育是一种"混合型"体系，既可以是垂直的职业教育体系，也可以对接普通高等教育中开设的某些职业应用类专业，比如，某高职院校学生的升学前途，主要可以选择职业本科教育机构，也能够有机会选择普通本科教育中的职业类（应用类）专业。而这两种情形的有机结合，便构成了职业高等教育的一种"混合型"体系。

第二，"职普融通"是培养德智体美劳全面发展的高素质技术技能人才、实现育人与育才有机统一的重要一环。从"职普融通"的初衷来看，重要的一点就在于全面发展素质教育，着力提高学生的学习能力、实践能力和创新能力，促使学生主动适应社会，这是一种培养创新型、复合型、应用型人才的新型办学模式。特别是对于职业教育而言，由于长期以来在人才培养目标和模式定位上过于"技术技能化"的倾向，而疏于对学生综合素质，尤其是人文素养的培养，重"育才"、轻"育人"，从而带来了一

---

① 卢晓中：《现代大学制度构建的人文向度》，载《中国高教研究》2020年第5期。

系列问题。"职普融通"无疑有利于学生技术技能素养与人文素养的协调发展，培养全面、和谐发展的时代新人。

第三，"职普融通"是提升职业教育地位、从深层次破解和纠正歧视职业教育现象的根本所在。当前，在许多人（包括政策制度的设计者或制定者）看来，作为类型的职业教育体系，使职业教育成为独立的体系，将有利于提升职业教育的社会地位和社会认可度，但事实情况又如何呢？2021年3月，《教育家》杂志社联合相关教科院，针对2019年国务院印发的《国家职业教育改革实施方案》提出的"职业教育作为我国国民教育体系的重要组成部分，是一种重要的教育类型"进行了调查研究。该项研究采取随机发放问卷的形式，面向全国职业院校、家庭、企业等进行大规模调查，回收到来自31个省（市、区）的106125份有效问卷。问卷调查结果表明，在"对职业教育的接受程度"这一问项中，回答"完全能接受""能够接受"的比例分别为27.12%、49.92%，可见职业教育的社会接受程度还是比较高的，但非常有趣的是，这项调查也反映出，作为类型的职业教育政策出台以后，职业教育的社会认可度并没有得到实质性提升。在"当前职业教育发展面临的最大的困难"问项中，"社会认可程度""人才培养质量""地方政府重视程度"排列前三位，分别达到68.62%、62.22%和52.59%，特别是职业院校学生认为最大困难是社会认可度，中职和高职学生选择此选项的比例分别为70.26%、73.48%。①对于这一调查结果，我们不妨作进一步分析。不可否认，作为类型的、与普通教育相分离的职业教育的独立体系，能够在一定程度上摆脱过去那种在与普通教育进行资源竞争中"同台竞技"时所处的不利境况或弱势地位，有助于纾解职业教育人的某种"被屈辱"的情绪，但这并不意味着职业教育的地位相应地得到了真正提升。以上调查表明，当前作为类型的职业教育地位的自我认同与社会认同并不一致，甚至可能因为职业教育这一"另类"的设计和制度安排导致社会对

---

① 王湘蓉、孙智明、王楠、周彩丽、赵琼花、袁嘉妮：《中国职业教育大型问卷调查报告：职业教育的真实现状》，载《教育家》2021年第4期。

职业教育更另眼相看，甚至低看一眼，这不仅不能提升职业教育的社会地位，反而可能在文化传统力量的作用和影响下致使其社会地位不升反降。由此可见，仅从提升职业教育的社会地位这一点而言，从长远来看，构建作为类型的、与普通教育完全分离的职业教育独立体系并不是一种适当的选择。要从深层次提升职业教育的社会地位、真正建立起现代职业教育体系，走"职普融通"的职业教育体系构建之路则不失为一种重要选择，它将有助于使作为类型的职业教育真正成为我国教育体系的有机组成部分，而不是低人一等的"另类"教育通过"混合型"体系模式，真正搭建起人才成长的"立交桥"，更好地满足社会经济发展的多样化需要和个体成长的个性化需求，从而也为职业教育赢得应有的社会地位，并在这一过程中逐步改变人们传统的思想观念，营造和形成利于职业教育发展的社会文化和环境氛围。

二、"职普融通"中职业本科教育建设的路向及依据

在"职普融通"的职业教育体系中，一个至关重要的核心问题就是职业本科教育如何定位、如何架构。这实际上涉及"职普融通"的方式及程度问题，亟须从理论认识和政策实践上予以理清和明确。目前，关于这一核心问题争议较大，甚至还引发了一些严重的社会事件，如在2021年6月，由于社会反响强烈、舆情沸腾，浙江、江苏、山东、江西、天津等地教育厅纷纷发布公告，宣布暂停独立学院和高职院校合并转设职业技术大学工作。对于何谓职业本科教育，无论是政策上还是理论上目前还有一定的模糊性和不确定性。所谓模糊性，从对职业本科教育的各种界定或描述和相关政策导向情况就可见一斑。比如，一种有代表性的观点认为：职业本科教育是从职业教育内部延伸出来的教育，是完全按照职业教育人才培养规律举办的本科教育，职业本科教育本质上是实践性的、职业性的，是深深扎根于职业实践进行人才培养的教育，其人才培养的逻辑起点是各行各业

的职业能力要求①。类似的观点有：高职本科教育是指高职院校开办的，以培养技术理论与实践技能相结合的、综合素质全面发展的人才的一种较高层次的高等职业教育办学模式②。以上观点都强调了职业本科教育是"职业教育内部的延伸"和"高职院校开办"。而2021年10月中共中央办公厅、国务院办公厅印发的《关于推动现代职业教育高质量发展的意见》则提出："鼓励应用型本科学校开展职业本科教育。按照专业大致对口原则，指导应用型本科学校、职业本科学校吸引更多中高职毕业生报考。"显然，这里的职业本科教育的举办就不仅仅是"职业教育内部的延伸"，而是一个开放的体系，普通本科教育机构（应用型本科高校）也可参与其中，但在随后国务院学位办印发的《关于做好本科层次职业学校学士学位授权与授予工作的意见》又提出："申报本科层次职业教育学士学位授权的学校需为教育部批准的本科层次职业学校。具有本科层次职业教育学士学位授予权的学校可开展本科层次职业教育学士学位授予工作。"据此，目前本科层次职业教育似乎又是限定在本科层次职业学校里开展。所谓不确定性，主要体现在政策设计与实施过程的不确定性。2014年，国务院印发的《关于加快发展现代职业教育的决定》提出建立服务需求、开放融合、纵向流动、双向沟通的现代职业教育体系框架，在层次结构上搭建了中、高、本贯通的职业教育体系通道；在本科层次职业教育建设路径上，提出"采取试点推动、示范引领等方式，引导一批普通本科高等学校向应用技术类型高等学校转型，重点举办本科职业教育"。实际上这就是职业本科教育的初声，并伴随现代职业教育体系的发展完善正式进入政策主设计。2015年，教育部出台的《高等职业教育创新发展行动计划（2015—2018年）》提出："强化地方政府统筹发展职业教育的责任，落实高等职业院校办学自主权，探索

---

① 徐国庆、陆素菊、匡瑛、贺艳芳、苏航：《职业本科教育的内涵、国际状况与发展策略》，载《机械职业教育》2020年第3期。

② 钟云华：《对高职院校举办高职本科教育的探讨》，载《职教论坛》2011年第15期。

本科层次职业教育实现形式。"这里是将探索发展本科层次职业教育的主动权和自主权交给了地方和学校。同时，在继续保持"推动部分地方普通本科高等学校转型发展，引导一批独立学院发展成为应用技术类型高校，重点举办本科层次职业教育"的政策稳定前提下，该计划提出"探索发展本科层次职业教育专业"，这为高水平专科层次职业院校开展本科层次技术技能人才培养和普通本科院校开展本科层次的职业教育提供了政策依据和开拓了新的发展空间。由于获得主动权和自主权的各地各校的情况不一样，无论"发展本科层次职业教育"的探索，还是"发展本科层次职业教育专业"的探索，实际上也是比较多样化和不断变化的，这也是"探索"的本质使然，比如，应用技术型高校举办本科层次职业教育，以及近年建立的技术大学的技术型本科，新近试点设立的职业技术大学的职业型本科等，都是在进行这两种"探索"。应当说，当前应用型本科、技术型本科、职业型本科的身份确认和体系归类是一个事关高质量教育体系的建设和现代职业教育体系构建的核心问题。这实际上都涉及一个关键性问题，即究竟是构建一个职普分离、纯而单一，并完全独立的职业教育体系，还是构建一个职普相对分离、相对独立，又与普通教育相互融通的职业教育体系，并使之成为整个教育体系不可分割的组成部分？这实际上涉及普通本科教育与职业本科教育各自如何架构又如何相互融通的问题。当前存在争议的一个观点是，从体系意义而言，作为职业教育体系重要组成部分的职业本科教育是否只是由某个专门的职业教育机构来举办？对这一观点的争议也因应用型本科高校不愿开办职业本科教育的事实而得到强化。对此，《中华人民共和国职业教育法》还是说得更明白："高等职业学校教育根据需要和条件由高等职业学校实施，或者由普通高等学校实施。"也就是说，职业本科教育举办机构可以是一个专门的职业教育机构，还可以是兼具职业教育与普通教育职能"双重职能"的高等教育机构，或者说按照普通高等教育和职业高等教育这一当前高等教育体系的"二分法"，一个普通高等教育机构，除了进行普通高等教育外，还有一些专业从事职业本科教育。以一所应用型本科高校为例，除了其专业主体为应用型专业，还有部分属于职业型专业，甚至研究型高校，其本科层次除了有研究型专业外，也还可有应用型专业和职业型专业[①]。2019年1月国务院印发的《国家职业教育改革实施方案》专门指出："推动具备条件的普通本科高校向应用型转变，鼓励有条件的普通本科高校开办应用技术类型专业或课程。开展本科职业教育试点。"尽管这里"具备条件""有条件"的普通本科高校的指代并不明确，应用型高校、应用技术类型专业或课程及其与本科职业教育的关系仍需更加清晰，但已蕴含了普通本科高校可以"多类型"的存在方式。具体到某一所高校，可能的情形是：它只有其中一种类型的本科，或有两种类型的本科，抑或三种类型的本科教育都存在，这便涉及高校内部的分类发展问题[②]。至于这三种类型的本科教育对应的高校，究竟是属于研究型高校、应用型高校或者职业型高校，则主要取决于该高校主体的本科专业类型和研究生教育类型（学术型或专业型）的情况。必须指出的是，进入职业教育体系或是普通教育体系，关键在于从事人才培养的专业是职业类人才培养还是普通类人才培养，所以，判断是否从事职业教育更多的是从具体的专业层面而言的，而不一定是对一所高校整体来说的。

如果说以上认识是清楚的，那么本科层次的"职普融通"应当主要发生在过去普通高等教育中的应用类本科（与研究类本科相对应），也就是在这一层面，应用类本科专业除了一部分保留原普通本科教育的性质外，相当一部分可转型为职业本科教育，这也就是《高等职业教育创新发展行动计划（2015—2018年）》所说的"推动部分地方普通本科高等学校转型发展"。值得提及的是，"转型"不同于"转变"，"转型"必须明确原来是什么

---

① 这里实际上又涉及对本科教育的认识问题，长期以来有一种观点认为，本科教育都是应用型的，并不存在所谓的研究型本科教育。对此，在笔者看来，从分类意义上本科教育不仅有应用型本科，也有研究型本科，还有职业型本科。

② 卢晓中：《对高等教育分层定位问题的若干思考》，载《高等教育研究》2006年第2期。

"型"，现在要整体性地为什么"型"。"转变"则既可理解为整体性的转变（即转型），也可理解为部分的转变。把"职普融通"作为职业本科教育建设的基本路向，从学理及实践层面上也是可以找到依据的。

第一，高等教育的界定与定位。在我国，通常而言，高等教育是被界定为中学后的专业教育和培养高级专门人才的教育。实际上，此处的"专业"与"职业"是个相近的概念，因为高等学校的专业是社会分工和职业分类的产物（当然也与学科发展的逻辑和知识分类密切相关），从这一意义上说，高等教育即为职业教育。而从联合国教科文组织的《国际教育分类标准》（ISCED）来看，职业教育也是包含在高等教育（第三级教育）里面的一个概念。比如，在ISCED（2011）中，"高等教育"（Tertiary education ISCED levels 5—8）有了新的定义："高等教育建立在中等教育之上，在专业化的教育学科领域提供学习活动。它是高度复杂和高度专业化的学习。高等教育包括通常所理解的学术教育，但由于它还包括了高级职业或专业教育，因此比学术教育更广泛。"这个定义明确了"高级职业或专业教育"和"学术教育"同样的地位，而且"职业"和"专业"共同对应于"学术教育"。实际上，关于这一问题，与对高等教育是"研究高深学问"的认识相关，布鲁贝克在《高等教育哲学》一书中曾指出，现代意义上的"高等教育不再是狭窄深奥的，而是由许多种专门知识（这些专门知识有的较深奥，有的较浅易）组成的"①。

第二，"产教融合"与"科教融合"的关系走向。众所周知，"产教融合"的提法最早出现在职业教育领域，即"产教融合、校企合作"，并与现代学徒制改革相关联，成为职业高等教育领域的一项重要改革趋向和政策导向。后来人们认识到，"产教融合"作为一种重要的人才培养模式，不仅适合于职业高等教育领域，也适用于普通高等教育，因此，自然也就成为普通高等教育改革尤其是应用型高校改革的重要方向，同时，"科教融合"

---

① ［美］约翰·S.布鲁贝克著，王承绪主编，郑继伟等译：《高等教育哲学》，浙江教育出版社1987年版，第70页。

作为普通高等教育尤其是研究型高校的一种改革理念和方向也受到人们广泛的重视。事实上，"产教融合"和"科教融合"是高校培养创新型、复合型、应用型人才的重要途径。如果将高校分类发展具体到人才培养，"产教融合"和"科教融合"作为人才培养的重要途径，实际上体现了一种分类，也就是"产教融合"是应用型的技术创新，"科教融合"是研究型的科学创新。从高校的人才培养、科学研究、直接为社会服务三大职能看待创新型、复合型、应用型人才的培养，尤其是通过"产教融合"培养应用型、技能型的创新人才，通过"科教融合"培养研究型的创新型人才。而"产教融合""科教融合"的深化，就需要加强教育链、人才链与产业链、创新链的有效衔接，促进人才培养供给侧与产业需求结构要素全方位融合[①]。

应当说，"产教融合"走向"科教融合"，或者更准确地说"产教融合"与"科教融合"界限日益模糊，是新科技革命的必然结果和趋势。这首先是因为"产"的性质变化、业态发展使然。当今伴随着产业基础高级化、产业链现代化水平明显提高，不论是新兴战略性产业，还是现代服务业，数字产业化和产业数字化程度日益提升，越来越表现出高科技含量日益递增的趋势。这也使得"产教融合""科教融合"不仅更为必需，而且两者之间难以作出清晰的界限划分，而"职普融通"在相当程度上迎合和回应了这一情势。

第三，专业与学科的关系。长期以来，在职业教育领域，人们更多关注的是专业建设，鲜谈学科建设。甚至职业教育领域的一些主流观点还认为，学科这一概念并不适合职业教育领域。这里实际上涉及对学科与专业关系的认识，作为知识分类与管理的一种方式，学科主要依据的知识逻辑和科学逻辑，与国情密切关联，所以学科制度又是一种国家建制，具有国家特征。而专业作为一种与人的培养密切相关的概念，既与知识分类有关，同时又与社会分工、职业分类相关，其中与知识分类相关，决定了专

---

① 杜玉波：《适应新发展格局需要，推进高等教育高质量发展》，载《中国高教研究》2020年第12期。

业设置与建设必须遵循知识逻辑和科学逻辑，而与社会分工相关的人的培养又决定了专业设置与建设必须遵循教育逻辑和职业分类逻辑。专业必须兼顾以上诸种逻辑。由此，学科是专业存在的依据，没有学科存在的专业，不可能是一种良性的存在。同为知识生产主体的普通高等教育和职业高等教育，尽管两者生产的知识类型有所不同（如前所述，"有的较深奥，有的较浅易"），知识生产方式也有所差异，但并不影响职业高等教育的学科存在，因此，过去所谓的职业高等教育只谈专业不论学科，是一个不小的认识误区，也是造成职业高等教育地位不高的重要根源之一。当今时代，知识生产方式有了更多的交集，"产教融合"与"科教融合"及其两者界限的模糊又进一步强化和发展了知识生产方式的这一交集现象，同时，人才培养也成为学科建设与发展中的一个不可或缺的重要因素，以致一定程度上出现了学科专业化、专业学科化的趋势，"学科专业"成为人们的常用词。实际上，我们通常所说的以高水平的科研支撑高质量的人才培养，在一定意义上表达的正是学科与专业的关系。至于职业教育发展到本科及其以上阶段，学科与专业则有了更为密切的关系，专业建设与学科建设也就会更加紧密地结合。

总之，职业院校仍然有学科建设的任务，否则就无法支撑高质量的专业建设和人才培养，而且，从职业高等教育发展的历史和实际来看，职业高等教育放弃学科建设，某种意义上是自我矮化。"职普融通"有赖于，也有助于正确认识职业高等教育的学科与专业关系。

第四，学生成长的无限可能性。教育的不确定性在于学生成长的无限可能性。如何使每个人都能选择到最适合自己的教育，亟须搭建人才成长的"立交桥"，而人才成长"立交桥"搭建的关键在于整个教育体系上的"职普融通"。

第五，社会心理的倾向。社会心理与社会舆论是相关联的，其对职业高等教育发展的影响不可小觑。在一次有关应用型高校学科建设的研讨会上，一所刚从高职"升格"为民办本科院校的校长发言提出，"现在要抓学科建设了，因为我们现在是应用型本科，不是高职，也不是职业类本科院校"。话语间无不透出对职业教育的不屑和急忙"换马甲"的心态，这所高校是从中职（技）起步，然后到高职的，办学业绩在业内和社会上有一定的影响，就是这样一所靠职业教育起家的院校领导都是如此心态，职业教育的社会地位可见一斑。亦如前所述的浙江、江苏等省叫停独立学院与高职合并为职业技术大学，也在相当程度上反映了社会心理，因此，当前要建设高质量的现代职业教育体系，亟须解决职业教育为"二等教育"的社会心理问题。"职普融通"有助于矫正不当的社会心理，真正提升职业教育的地位。

三、现代职业高等教育体系构建的基本框架

现代高等教育体系是一个超复杂的系统，这主要是因为社会需求和个体需要的复杂性，决定了高等教育体系的复杂性。高等教育体系的构架是一种国家建制，也就是说不同国家会有不同的高等教育体系构架。从政策导向上，目前我国高等教育体系大体上也是朝着"二分法"的路向来构架，即高等教育体系通常分为普通高等教育体系和职业高等教育体系两大类，而在这两大类里也可作进一步细分，比如在"普通高等教育"类里再细分出类似美国卡耐基分类里的综合性大学、文理学院和专门学院等，在"职业高等教育"里再细分出应用技术大学和高职高专院校等。

当前，我国在致力于通过构建普通高等教育和职业高等教育两个子系统，共同建设高质量的高等教育体系，尤其是把职业高等教育作为一种独立的类型而不是层次来认识和架构，这从构架上使中国高等教育体系更加完善，成为高质量的高等教育体系构建的重要基础和显著表征。同时，值得注意的是，如果职业高等教育这种独立类型是完全意义上的，缺乏与普通高等教育的有机融通，这也就可能面临着普通高等教育与职业高等教育因各自独立和并行分离的现实问题，而使具有完整的、一体意义上的高等教育体系被人为地割裂开来，从而导致其应有的系统性丧失。如前所述，

在此情形下，作为独立类型的职业高等教育难以获得更优的发展空间与环境，也不可能支撑高质量的高等教育体系。现代教育体系的一个突出特征，就是能够为每个人的发展和成功提供最大的可能性和选择性，缺乏融通的职业高等教育独立类型与体系，并不能做到这一点，也就难以成为"现代职业高等教育体系"。

因此，如何构建纵向贯通、横向融通的高等教育体系，是真正完善高等教育体系、搭建人才成长"立交桥"的关键，由此也体现着现代教育充分挖掘人的潜能，最大限度地帮助人实现天赋之本质，这是高质量的现代高等教育体系的显著特征。具体而言，对于职业高等教育这样一种"混合型"体系来说，其构建的方式便是"层类交错""职普融通"。一方面，通过职业教育本身的发展而获得更加丰富的层次，建立起一个"中职—高职—应用型本科—专业硕士—专业博士"的以应用型学位授予权分层的职业教育的内部分层体系，并突出职业教育的特点，如在学士学位授权、学位授予标准等方面强化职业教育育人特点，突出职业能力和素养，完善职业本科授予学士学位的质量保障体系，促进职业本科高质量发展。另一方面，建立和普通高等教育之间灵活转变的斜向沟通机制，两个体系之间可学分互认和学位认可，同时在两个类别之间建立以转学为核心的斜向沟通关系，从而形成一种"层类交错"的混合式结构样态。值得特别指出的是，以上构建普通高等教育和职业高等教育两个类别系统的思路，最终目的不是让其成为各自独立的体系，而是和现有的分层基础相结合，构成一个"层类交错"的大体系①。如果将两个类别当作一个缺乏相互连通机制的独立体系来建设的话，"现代职业高等教育体系"势必难以取得足够的支持基础，也难以为整个高质量的高等教育体系提供强力支撑。

深化"放管服"改革，落实和扩大办学主体的办学自主权是构建高质量的高等教育体系和现代职业高等教育体系所不可或缺的。如前所述，"职

---

① 陈先哲、卢晓中：《层类交错：迈向普及化时代的中国高等教育体系构建》，载《教育研究》2018年第7期。

普融通"是高质量高等教育体系和现代职业高等教育体系构建的关键要素，也是当前政策的重要导向。《关于推动现代职业教育高质量发展的意见》明确提出："促进不同类型教育横向融通。"尽管在"职普融通"方面的课程互选、学分互认及制定国家资历框架等方面有一些明确的政策要求，但在本科层次的办学体系方面，当前对职普如何融、能否通并没有具体的政策指引和确定的模式，有的政策建议也并未达成广泛的共识。而"职普融通"关涉办学体系的一个重要环节，就是学校整体办学类型的选择和学科专业类型的选择，这一方面需要政策规划加以引导；另一方面，各办学主体的自主选择也是必不可少的，即学校及其学科专业如何选择适合自身发展实际、满足经济社会发展需要的类型，这对于职普更好地融通、真正形成高质量的现代职业高等教育体系是十分重要的，这就需要进一步扩大和落实学校的办学自主权，从而更好地探索本科层次职业教育的实现形式。

特别值得指出的是，现代职业高等教育体系的构建不能脱离高质量的高等教育体系的构建，建设高质量职业高等教育体系的重要路向，就是构建与普通高等教育既相对分离，但又并行不悖、相互融通，层类交错、有机统一的现代职业高等教育体系，并成为高质量高等教育体系的重要组成部分。

（原载于《河北师范大学学报（教育科学版）》2022年第1期，有改动。）

第四节　深化高教领域综合改革的
"自上而下"与"自下而上"

改革成为当下教育领域的一个"热词",而这一"热词"的"热点"往往源于对过往教育改革的"冷思考",如近年来人们在检视和反思教育改革的基础上,提出中国要"重启教育改革"或"教育改革再上路",并要大力推进教育领域的"真改革"。而在教育领域进行一场"真正的改革"的同时,还应避免教育改革的"高开低走"。实际上,自改革开放以来,中国教育改革就一直在路上,从这一意义上分析,"重启教育改革"或"教育改革再上路"所表达的实质是对教育领域"真改革"的一种期许。那么,究竟应当如何来认识和分辨教育改革的真伪呢?笔者以为可从以下两方面研判:一是从改革的实质而言,即"改革的实质是体制创新"[1]。基于对改革这一实质的认识,应当说过去许多所谓的"教育改革",并不涉及创新体制或变革制度,因此很难谈得上是"真改革",甚至"迄今为止的高等教育领域综合改革基本上是在'浅水区'蹒跚而行"[2]。也有人将"改革发展"视作一个概念,把一些正常的教育发展问题甚至做法,当成是教育改革问题[3],模糊了改革与正常的教育发展、做法的区别,从而消弭了改革的"创

---

① 陈俊宏:《中国特色社会主义理论体系核心观点解读》,中共中央党校出版社2011年版,第75页。

② 王建华:《重启高等教育改革的理论思考》,载《高等教育研究》2014年第5期。

③ 吴全华:《教育改革与教育发展关系概论》,载《现代教育论丛》2013年第6期。

新度"，降低了改革的"难度预期"，这也是造成"真改革"不多的重要缘由①。二是从改革的进程及其效果来考察，虽然一些教育改革也着力于创新体制和变革制度，但在改革的实际推进过程中并没有真正体现改革的创新精神，不少教育改革虎头蛇尾，以致常常"高开低走"。

如何才能确保高教领域的"真改革"呢？一种有代表性的观点认为，当前高教领域综合改革须通过"自上而下"的改革，继续强化和落实政府作为改革推进者的主体地位，来开启"真改革"和避免改革的"高开低走"②。

应当说，历来中国高等教育改革大都是自上而下的，如果说高等教育领域的"真改革"尚不多是一个事实，似乎也很难简单归因于"自上而下"改革的缺失。实际上高等教育改革存在的问题，就如高等教育本身所存在的问题一样，其原因是比较复杂和多样的，但以上观点提出了一个高等教育改革发展必须认真面对和回答的问题，即当下深化高教领域综合改革究竟需要"自上而下"抑或是"自下而上"的改革？也就是我们究竟需要一种怎样的改革方式，才能使改革"真"起来，并持续保持"高开高走"的态势？本节试对这一问题作初步探讨，以寻求一个正确的认识。

一、改革的"自上而下"与"自下而上"

改革的"自上而下"（以下简称"上"）与"自下而上"（以下简称"下"），主要指的是改革发动者是源自改革主体的系统上端抑或是系统下端。应当说，改革的"上"和"下"既是一个认识论问题，更是一个方法论问题，两者之间关系比较复杂，同时也具有相对性，难以做出简单的归

---

① 哈佛罗克在《教育改革：战略与策略》一书中，强调教育改革要防止一些"假改革"，即一些自称改革而实际上只是一些做法的变化，是打着改革的旗帜维护旧的教育体制和方式方法。参见袁振国：《教育改革论》，江苏教育出版社1992年版，第42页。

② 罗志敏：《高校治理改革：怎么做才是"真改革"》，载《光明日报》2015年6月23日。

类或进行非此即彼的"二分法"。

从改革"上""下"的历史与现实样态来看，不同历史时期的改革"上""下"可能不一样；不同区域的改革"上""下"也会有所差异；不同系统的改革"上""下"也常常不一；不同层面的改革"上""下"也是相对的，尤其是对于不同主题的改革，"上""下"更可能是方法论的选择问题，如涉及管理体制的改革往往选择"上"为多，而关乎课程和教学方面的改革则以"下"居多。

值得指出的是，改革的"上"与"下"作为一种主动行为，更多地表现为基于改革认识上的一种策略选择，如有的改革可能是形"下"实"上"，而有的改革却是形"上"实"下"；一些改革是先"上"而后"下"，另一些改革则可能是先"下"而后"上"。无论是何种情形，都涉及对改革的认识及推进改革的策略选择。

如果将改革看作一个系统，它可以分为五个层次：第一层次为改革的愿景与纲领；第二层次为改革的目标与定位；第三层次为改革的思路与路径；第四层次为改革的实施与推进；第五层次为改革的监督与评价。

应当说，确定一项改革的"上"或"下"，与改革的层次密切关联，即改革的"上"与"下"，很大程度上取决于改革发动者上端或下端所涵盖的改革层次。一般而言，当上、下端的改革发动者至少主导改革系统的前三个层次，方可确定改革的"上"或"下"，或被认定为改革的"上"或"下"。假若仅仅是主导其中某一个层次，尚不能确定改革的"上"或"下"。如上端的改革发动者所主导的仅是改革的第一层次"改革愿景与纲领"，就很难说此改革为"上"改革。以一项省域层面的课程改革为例，尽管这类改革的愿景或纲领大都由省级教育主管部门提出，但改革的目标与定位、思路与路径、实施与推进等，皆为基层的主动而为，并最终引领和带动了全省的课程改革。此改革更多地应归属于"下"改革而非"上"改革。同时，改革的"上"可以转化为"下"，即先"上"后"下"。同样地，改革的"下"也可以转化为"上"，也就是先"下"后"上"。改革的

"上""下"是一个相对的概念，同一改革过程之中往往两者兼具。而如何使这种改革的"上""下"兼具从自发到自觉，并依据其内在联系，建立起两者良性互动、有序运行的改革机制，应当是解决当前教育领域改革的"真""伪"问题，避免"高开低走"的关键所在，也应是"重启教育改革"或"教育改革再上路"的基本路向。

二、基于"上""下"协同的深化高教领域综合改革

（一）深化高教领域综合改革的"自上而下"

党的十八大报告明确提出深化教育领域的综合改革。从当前高教领域综合改革来说，其着力点主要集中在大学治理现代化和现代大学制度建设方面，具体包括推行高教领域的"管办评"分离，落实与扩大高校办学自主权，设立政府管理高校的"负面清单"；建立高校自主办学、自我约束的自我发展机制；强化高教评估的科学性、客观性、公正性，引进第三方专业评估，以及加强国际性专业评估。显然，从这些改革的发动、主题及其推进策略等因素来看，具有较为明显的"上"改革特征。

如高校如何在获得自主权的同时，不断完善其内部治理结构，从而达成善治，是当前深化高校内部管理体制改革的关键所在。国家层面对高校这一重大改革问题的顶层设计所涉及的思路和内容，主要包括制定高校章程，健全高校学术委员会制度，探索高校建立理事会制度，完善高校党委领导下的校长负责制等方面，而且这些方面近年来都出台了相应的政策规定，如《国家中长期教育改革和发展规划纲要（2010—2020年）》提出高校"探索建立理事会制度"，中共中央办公厅印发的《关于坚持和完善普通高等学校党委领导下的校长负责制的实施意见》，教育部发布的《高等学校学术委员会规程》，都明确了改革的方向和要求。

再如在人才培养体制改革方面，十八届三中全会在《中共中央关于全面深化改革若干重大问题的决定》（以下简称《决定》）所强调的"创新人才培养机制，促使高校办出特色争创一流"，则为高校人才培养改革确立

了路线图和着力点，即高校办出特色争创一流的着力点要放在人才培养机制的改革上。应当说，这对于纠偏长期以来存在的高校特色建设游离于人才培养这一中心和一流大学创建，仅发力于提升学术指标而疏于人才培养以致出现的"失去灵魂的卓越"现象[1]，无疑具有十分重要的现实指导意义。

当前深化高教领域综合改革，除了深受改革的文化传统与路径依赖的影响外，更因为深化高教领域综合改革的主题及其确立方式决定了这一改革的"自上而下"，甚至某些改革项目的任务书、路线图和时间表，都为上端所确立。如作为依法治校和现代大学治理的标志性改革的高校章程建设，从制定的要求，到完成的时间，教育部皆分类作出了明确、具体的规定要求。而且，深化高教领域综合改革在相当意义上具有某种"革命"的性质[2]，往往需要"革"上端的"命"方能顺利推进，诸如推进"管办评"分离，落实与扩大高校办学自主权等。而如何促使上端的"自我革命"则应是改革的最佳选择。毫无疑问，这种"自我革命"也在相当程度上决定了改革"自上而下"的必要与必须。此外，不少深化高教领域综合改革举措有赖于上端创设良好的政策制度环境，为改革领航和护航。尤其是当改革进入"深水区"，亟须攻坚克难，这种"领航"和"护航"就显得尤其重要。

（二）深化高教领域综合改革的"上""下"协同

虽然"自上而下"的改革对于当前深化高教领域综合改革必不可少，甚至在相当程度上是主导性改革，但历史和事实已表明，仅强调"自上而下"的改革并不能解决长期以来高教领域改革碰到的种种难题和痼疾。笔者以为，当下高度关注并推动"自下而上"的改革，并与"自上而下"的改革相呼应，主动促进两者的相互转化与协动，从而形成"上""下"协同

---

① ［美］哈瑞·刘易斯著，侯定凯等译：《失去灵魂的卓越：哈佛是如何忘记教育宗旨的》，华东师范大学出版社2007年版，第1页。

② 邓小平同志谈到改革的性质时曾指出，"我们把改革当作一种革命"。参见邓小平：《邓小平文选（第三卷）》，人民出版社1993年版，第82页。

的改革机制，对于深化高教领域综合改革具有更为重要的现实意义。这里之所以特别主张高教领域"自下而上"的改革，除了当下此类改革的实际缺失以至改革难以深化外，更因为其特有的优势和功效。

一是推动"自下而上"的改革有利于找准"真问题"，从而推动"真改革"。"真改革"要从"真问题"着手，一些"伪改革"主要是缘于"伪问题"。特别是教育作为百年树人的崇高事业及其育人本质，在相当程度上决定了教育改革应着力于治本而非治标，甚至从某种意义来说教育改革只有治本没有治标，而找准教育的"真问题"则是治本的逻辑起点。找准教育的"真问题"通常有两种情形：一是教育的"真问题"大都来源于基层的教育实践，而且基层对教育实践中的"真问题"有特别的敏感和深刻的认识；二是虽然教育的一些"真问题"在上层，但往往表征在基层。因此，在基层教育实践过程中可以发现"真问题"，从而提出"真问题"，并寻求解决"真问题"的改革途径。同时，改革的"真"与否也需要接受实践的检验，从这一意义上说，实践同样是检验"真改革"的唯一标准，也就是改革有没有真正解决高教实践中的"真问题"。

二是推动"自下而上"的改革有利于激发基层改革的积极性、主动性，增强基层改革的责任感。基层不仅能发现和找准"真问题"，而且对"真问题"带来的危害更具深刻的认识，甚至有切肤之痛，对解决"真问题"的"真改革"有着更为真切的期待。因而，"自下而上"的改革对于调动基层的积极性、主动性和增强责任意识，其作用是显而易见的。

三是推动"自下而上"的改革有利于激发基层改革的创造性。改革的本质在于创新，而基层蕴藏着巨大的创新力。从我国近几十年来的教育改革看，在微观领域那些影响大、成效巨、共识高且具有持久生命力的"真改革"，许多都出自教育基层或教育一线。推动"自下而上"的改革有利于因地制宜、因校制宜。各地各校情况千差万别，碰到的教育难题也五花八门，着眼于破解难题的改革不可能"一刀切"，而必须根据具体情况和实际问题进行富有针对性的改革施策。

　　值得注意的是，注重高教领域"自下而上"的改革，并不意味着"自上而下"的改革不重要，更不是对其简单否定，而是要着眼于加强推进高教领域"自下而上"的改革，并与"自上而下"的改革形成良性互动，形成"上""下"协同的综合改革机制。应当说，这种"上""下"协同的综合改革机制无疑是教育改革综合性的重要体现，也是教育改革的深化之途和治本之策，反映了当前教育改革"综合""深化""治本"三者之间的本质联系和高度一致的时代特征，即教育改革的"治本"，有赖于"深化"，而"深化"教育改革，又必须"综合"施策，正如十八届三中全会的《决定》所指出的"深化改革的系统性、整体性、协同性"。

　　要真正形成"上""下"协同的综合改革机制，当前亟须解决"权力"下放问题，这里包括强化省级政府对高教的统筹权和落实高校的办学自主权，而后者显得更为迫切。如果说当前高教改革的一个重要旨趣在于落实与扩大高校办学自主权，那么落实与扩大高校改革的自主权应是题中应有之义。1985年《中共中央关于教育体制改革的决定》就指出，"对不同的高等学校，国家还可以根据情况，赋予其他的权力"，特别强调使高校拥有改革的自主权。

　　具体而言，高校改革的自主权涉及两个相互关联的问题：一是如何为高校改革自主权的行使留下足够空间，即"留白"改革。当前各级政府推进的"负面清单"的改革模式便是一种典型的"留白"改革，它旨在释放高校改革的自主权，扩大高校自主改革空间，增强高校自主发展活力；二是如何确保获得改革自主权的高校用好权、善用权和责权相称。1993年《中国教育改革和发展纲要》提出高校建立自我约束的运行机制，强调高校要用好权、善用权，"学校要善于行使自己的权力，承担应负的责任，建立起主动适应经济建设和社会发展需要的自我发展、自我约束的运行机制"。2010年《国家中长期教育改革和发展规划纲要（2010—2020年）》则提出进一步完善高校内部治理结构，包括完善党委领导下的校长负责制，制定大学章程，切实落实校务公开、民主管理等制度，建立健全自我约束的运行机制。

（三）深化"上""下"协同的高教领域综合改革路径选择

1. 试点改革

以"自下而上"改革为切入点，最终达成"上""下"协同的综合改革机制的重要方式，也是一种既往常用的典型方式。习近平总书记指出："试点是改革的重要任务，更是改革的重要方法。试点能否迈开步子、蹚出路子，直接关系改革成效。要牢固树立改革全局观，顶层设计要立足全局，基层探索要观照全局，大胆探索，积极作为，发挥好试点对全局性改革的示范、突破、带动作用。"[1]改革历史证明，试点关乎改革成效，不试点，再宏伟的蓝图也难以下笔，再伟大的设计也难以施工，再正确的理论也难以实践[2]。在试点改革中，改革的愿景与纲领（改革的第一层次）源于改革系统的上端，同时通过充分调动基层改革的积极性、主动性和创造性，"自下而上"地推动改革不断深入。在"试点—总结—改进"的循环过程中不断积累改革的经验、形成改革的模式。然后，通过从点到面的推广，"自上而下"地推动全面改革。上海在2014年选择7所高校首批试点建设现代大学制度，并确立了现代大学制度建设的通则（愿景与纲领）。通则主要涉及以下方面：全面推进高校章程建设，包括通过章程明确学校与政府之间的权利与义务，明确内部治理结构和组织运行制度，稳步推进学校"去行政化"改革；探索高校治理新机制，包括探索建立由举办者代表、学校党政负责人、教职工代表、企业行业代表和社会知名人士等多元参与的校务委员会（董事会、理事会）制度，健全社会支持和监督学校发展的长效机制；建立以学术委员会为核心的学术管理体系，包括完善二级院系学术管理，发挥专家教授在学科建设、教学科研等学术事务中的主导作用，探索教授治学的有效途径，推动"学术权力"和"行政权力"相对分离；探索

---

[1] 习近平：《在中央全面深化改革领导小组第十三次会议上的讲话》，载《人民日报》2015年7月3日。

[2] 李永忠：《试点关乎改革成效》，载《人民日报》2015年7月3日。

以创新人才培养体系为核心、以二级学院为基础单位的综合改革，包括健全院系领导决策管理和教代会的民办管理等制度，给予院系在学生招录与选拔、人才培养、师资聘任及考核、经费使用等方面的主导权，激发系办学活力[1]。在以上通则基础上，试点高校可根据各自校情和实际自主进行大胆探索，积累改革经验和成功做法，使试点真正成为改革克难关、解难题的利器。

试点改革的另一种情形是，通过发现基层自主改革的典型，并将其纳入试点改革的制度安排，以点带面，进一步寻求其放大效应。这就需要密切关注和联系基层，特别是加强对基层自主改革的调研，善于发现基层自主改革的典型。

2. 契约改革

契约改革，即以契约精神引领体制创新[2]。"契约"一词源于拉丁文，在拉丁文中的原意为交易，契约是人类在相互交往中产生的，是商品经济的必然产物，而契约精神是商品经济发展到一定程度所形成的一系列原则和规范所凝聚而成的精神，其中契约自由原则、平等原则、权利原则是其核心内涵[3]。虽然现代意义上的契约精神源于西方，但契约改革在欧美也曾面临种种困境[4]。如何复兴和推进以现代契约精神为引领的契约改革成为当下西方高度关注的问题，如2014年欧洲央行行长德拉吉指出，需要建立欧洲层面的改革规则来推进结构性改革，从而重新激活欧洲的"改革契约"，这是继2013年德国提出"改革契约"后试图将之上升至全欧洲的集体行动。

---

① 杨育才：《上海7所高校首批试建现代大学制度》，载《新闻晨报》2014年9月24日。
② 冯蕾：《投融资改革：以契约精神引领体制创新》，载《光明日报》2015年8月4日。
③ 杨先保：《政治视野中的契约精神——社会契约论的挑战与复兴》，载《华中科技大学学报（社会科学版）》2006年第3期。
④ 20世纪以来，新的经济与社会环境促成了新的契约理论的衍生，于是契约的"衰落""危机"等成为经常的话题，1974年美国学者吉尔莫就抛出了契约死亡的言论。参见陈融：《允诺禁反言与约因的关系——兼析吉尔莫的"契约死亡论"》，载《社会科学》2010年第5期。

伴随着新公共管理理论向教育领域的渗入且影响不断扩大，契约改革也在教育领域兴起，尤以美国为代表。20世纪80年代以来，美国的学校教育改革经历了传统意义上的改革、校本管理、磁石学校、学券制、特许学校和特许学院等多种形式，契约学校是当前的制度以及前面所施行策略的"混合物"。如今，契约学校在美国发展迅速，合同制被认为是为公立学校提供了一种全新的治理模式①。

对于深化高教领域综合改革而言，"契约改革"的推进包括：改革的愿景与纲领（改革的第一层次）由上层提出，改革的具体目标与思路、路径及推进路线、时间表由基层设计，并以契约的方式实施。"契约改革"强化了改革的目标、任务、路线、时间和需获得的支持（政策、资源等）、成效评估与问责，重在调动基层改革的积极性、主动性，增强基层改革的责任感。同时，"契约改革"也保证了上层的引领与支持，从而使"上""下"改革真正做到协同与协动，最终推动改革目标的达成。缺乏引领与支持的"自下而上"的改革往往难以成功，或改革成效难以放大。

（原载于《中国高教研究》2016年第6期，有改动。）

---

① 盛冰：《契约学校：美国学校教育改革的新动向》，载《教育科学》2003年第6期。

第五节　系统性、整体性、协同性：新时代中国高等教育管理改革发展的十年探索

党的十八大以来，中国高等教育通过不断改革和发展，实现了从大众化到普及化、从增量改革主导的外延式发展向增存改革并重的内涵式高质量发展等方面的转变。在这一转变过程中，高等教育也在朝着从管理到治理的方向改革。回顾十年来高等教育管理的改革实践，作为新时代全面深化改革的认识论、方法论和实践论的引领，"更加注重改革的系统性、整体性、协同性"的思想贯穿于高等教育管理改革发展的始终，体现了中国特色的现代高等教育制度的建设方向。

一、"系统性、整体性、协同性"的提出及认识

2013年11月，党的十八届三中全会通过了《中共中央关于全面深化改革若干重大问题的决定》(以下简称《决定》)，《决定》进一步强调"必须更加注重改革的系统性、整体性、协同性"。2017年10月，中央把"着力增强改革系统性、整体性、协同性"作为全面深化改革取得重大突破的宝贵经验写进了十九大报告，并将"更加注重改革的系统性、整体性、协同性"写入了最新修改的《中国共产党章程》。2020年9月，习近平总书记在主持召开的教育文化卫生体育领域专家代表座谈会上指出："要全面深化教育领域综合改革，增强教育改革的系统性、整体性、协同性。"

为什么全面深化改革要强调"着力增强"和"更加注重"改革的系统

性、整体性、协同性？十年来，高等教育管理改革又是如何坚持系统性、整体性、协同性？首先有必要阐明系统性、整体性、协同性的概念及其之间的关系。

第一，系统性。系统即由部分组成的整体。《辞海》（第七版）中系统性的主要释义有两个：一为相同或相类的事物按照一定的秩序和内部联系组合而成具有某种特性或功能的整体；二指始终一贯的条理，有条不紊的顺序①。笔者曾提出整体关联性、持续发展性和差异互洽性是系统性的三个本质特征：整体关联性是系统的最基本特征，强调的是通过各子体系及其诸方面的关联形成体系的整体发展；从纵向意义上，系统性强调前后相互衔接和连续，体现了事物的持续发展性；从横向意义上，系统性关注构成要素的差异及互洽性②。显然，后两个本质特征是第一个本质特征的具象化。

第二，整体性。整体通常是与部分相对应的，事物的构成要素（部分）构成了事物的整体。整体性主要强调事物的全局意义，与系统（或体系）的整体关联性意义相近，都是系统论的一个重要概念。

第三，协同性。协同在《辞海》中原意指"同心合力，相互配合"。20世纪70年代，德国科学家哈肯（Hermann Haken）创立了协同学，提出关于非平衡系统的自组织理论。通常认为，两种或两种以上活动（或过程）结合在一起开展，产生的效果大于各活动单独开展所产生的效果之和即为协同效应③。协同性强调的是事物间属性协调合作、相互增强、向积极方向发展的关联性，通过不同系统或同一系统不同要素间积极的交互作用实现协同效应。

从以上对系统性、整体性和协同性（以下简称"三性"）的认识中可以看出，这"三性"明显地存在内在的关联，为全面深化改革提供了认识

① 陈至立主编：《辞海（第七版）》，上海辞书出版社2020年版，第4746页。
② 卢晓中：《基于系统思维的高质量教育体系构建与教育评价改革——兼论拔尖创新人才培养的系统思维》，载《国家教育行政学院学报》2021年第7期。
③ 陈至立主编：《辞海（第七版）》，上海辞书出版社2020年版，第4864页。

论、方法论和实践论的指导。这就要求对改革进行系统设计、整体布局、协同推进，特别是通过改革的"三性"推动发展，实现改革与发展的"三性"统一。

二、高等教育管理改革发展

党的十八大以来，伴随着国家在全面深化改革中推进国家治理体系和治理能力现代化，高等教育领域的综合改革不断深化，近十年来推出众多重大改革发展举措。下面基于"三性"视角，从三个方面对高等教育领域改革发展举措作一探讨。

（一）"双一流"建设

"双一流"建设是我国高等教育重点建设政策在新时代的新样态、新导向。从首轮启动、推进，到新一轮"双一流"建设，"三性"都贯穿于指导思想、顶层设计和各项推进举措中，如在指导思想和顶层设计上，习近平总书记提出的"办好中国的世界一流大学，必须有中国特色"是"双一流"建设的根本遵循，指明了"中国特色、世界一流"的建设方向。而实现这一目标的关键在于中国特色与世界一流的高度一致，即用系统的、整体的、协同的思维寻求中国特色表征世界一流和中国特色成就世界一流[1]。综观"双一流"建设的推进过程，以下两个方面突出体现了建设的"三性"。

1. 形成政策供给的完整体系

从2015年国务院印发《统筹推进世界一流大学和一流学科建设总体方案》（以下简称《总体方案》）到2017年教育部等三部委印发《统筹推进世界一流大学和一流学科建设实施办法（暂行）》（以下简称《实施办法》），再到教育部等三部委2018年联合发布《关于高等学校加快"双一流"建设的指导意见》（以下简称《指导意见》）以及2021年印发《"双一流"建设成效

---

① 卢晓中、杨蕾：《"双一流"建设的中国特色与世界一流》，载《国家教育行政学院学报》2018年第9期。

评价办法（试行）》，形成了首轮建设相对完整的政策供给体系。

2022年，《教育部财政部国家发展改革委关于深入推进世界一流大学和一流学科建设的若干意见》（以下简称《若干意见》）的印发标志着新一轮"双一流"建设正式启动。可明显看出政策的连续性和发展性。比如回应和满足国家需求始终置于"双一流"建设的全过程中，人才培养在新一轮建设中受到更多的重视等。

值得提及的是，"双一流"建设政策强调了建设的协同推进，包括重点理顺和处理好各级政府之间、政府与社会、高校之间的政策执行协作问题。如《总体方案》在支持措施上提出"建设世界一流大学和一流学科是一项长期任务，需要各方共同努力"，强调了政策上政府、社会、学校三者相结合的机制协同；《实施办法》则提出"鼓励行业企业加强与高校合作，协同建设"，进一步强调多方参与、不同层面协同的重要性；《指导意见》更加具体地提出"建立健全'双一流'建设部际协调工作机制，创新省部共建合建机制，实现政策协同、分工协同、落实协同、效果协同"，再次关注到协同机制建设，并着重强调了政府之间的协同性；《若干意见》则强调"重大科研平台的协同对接，整合资源、形成合力""与党的建设同步谋划、同步推进"。从这些政策举措中不难看出"双一流"建设的"三性"取向。

2. 从抓"关键少数"到注重整体发展

中华人民共和国成立后，我国高等教育一直实施的是重点建设政策，而"双一流"建设实际上是我国高等教育重点建设政策的延续。从政策的连续性看，"双一流"学科建设延续了抓"关键少数"的策略；从政策的发展性看，"双一流"建设突出强调了发挥"关键少数"引领带动整体发展的作用。值得提及的一个重要问题就是在"双一流"建设分类体系建构的同时进一步完善我国高校分类体系，这不论对高校良性的学科体系构建还是对高等教育体系的整体优化都显得尤为重要。一流学科建设引领带动学科整体发展，经历了从学科建设转向学科体系建设的过程，比如，《总体方案》指出学科建设的带动作用主要体现为"打造更多学科高峰"；《实施办法》明确了"以一流学科建设引领健全学科生态体系，带动学校整体发展"；《指导意见》进一步强调了"重点明确、层次清晰、结构协调、互为支撑"的学科体系的丰富内涵。这种从"带动"到"引领带动"、从抓学科高峰到学科体系构建的政策设计，意味着一流学科建设方向已从关注少数学科发展转向注重高校学科体系的整体发展。《若干意见》提出，"充分发挥建设高校示范带动作用"，"强化辐射引领，带动推进地方高水平大学和优势特色学科建设"。

（二）高等教育评价改革

教育评价事关教育发展方向，因此，新时代教育评价改革也成为全面深化教育领域综合改革的重要突破口和内容。习近平总书记多次对教育评价改革提出要求：要从根本上解决教育评价指挥棒问题；要抓好深化新时代教育评价改革总体方案出台和落实落地；要围绕建设高质量教育体系，以教育评价改革为牵引，统筹推进育人方式、办学模式、管理体制、保障机制改革。这些系列重要讲话不仅指出了教育评价对教育改革发展的"三性"意义，也为深化教育评价改革指明了方向。

1. 高等教育评价改革的"三性"牵引高等教育改革发展的"三性"

自党的十八大以来，高等教育评价领域在不同层面进行了各类探索，出台了一系列相关政策文件，如2014年国务院教育督导委员会办公室印发《深化教育督导改革转变教育管理方式的意见》，2016年教育部印发《关于深化高校教师考核评价制度改革的指导意见》，2018年中共中央办公厅、国务院办公厅印发《关于深化项目评审、人才评价、机构评估改革的意见》，2018年国务院印发《关于优化科研管理提升科研绩效若干措施的通知》，2020年教育部、科技部印发《关于规范高等学校SCI论文相关指标使用树立正确评价导向的若干意见》，2021年教育部、财政部、国家发展改革委联合印发《"双一流"建设成效评价办法（试行）》以及2021年教育部印发《普通高等学校本科教育教学审核评估实施方案（2021—2025年）》等。应当说这些高等教育领域的评价改革与探索对进一步引领高等教育管理的改革发展和构建中国特色的高等教育评价体系具有重要意义，也体现了教育评价改革的连续性和发展性。

尤其是2020年10月中共中央、国务院印发的《深化新时代教育评价改革总体方案》(以下简称《评价总体方案》)，是全面贯彻落实习近平总书记关于教育的重要论述、系统推进教育评价改革的纲领性文件。《评价总体方案》明确提出"系统推进教育评价改革"，"增强改革的系统性、整体性、协同性"，这也是在总结和反思以往教育评价的基础上为未来教育评价改革定向。高等教育评价是对高质量高等教育体系建设的引领与推进及其对高等教育体系建设系统性的反映，其中一个重要方面就是高等教育评价改革自身的"三性"，并用评价改革的"三性"发挥对高等教育改革发展"三性"的引领作用。

《评价总体方案》的出台，一个重要旨趣就在于解决评价改革的"三性"问题。一方面，推进高校分类评价，应用型本科评价与"双一流"建设评价应突出不同的侧重点，各自办出特色和水平。实际上，这种对高校的分类评价改革的思想就是"三性"的重要体现，有助于高质量高等教育体系和科学的高校分类体系的真正建立；另一方面，对本科教育教学评估和学科评估这两个高等教育领域重要的评价提出了明确的改革要求和具体的改革举措。《评价总体方案》强调"改进结果评价，强化过程评价，探索增值评价，健全综合评价"有机统一的改革思路，充分体现了"三性"的改革思想与原则，对推动和完善高等教育评价的"三性"改革具有重要的现实意义。

2. 寻求高等教育内外部评价的一致性和协同性

高等教育评价可概分为内部评价和外部评价。内部评价指高等教育系统和机构内部的自我评价，外部评价指来自高等教育系统和机构以外的评价。应当说，不论是高等教育的内部评价还是外部评价，都不乏目的多样、功能多元的评价制度，然而这些林林总总的评价制度常有相互之间不衔接、不关联的现象，难以形成一致的评价导向及实践合力，甚至造成被评价对象无所适从的窘况，比如，大学内部评价存在被弱化、被异化、被外化的情况，也就是过于强调外部评价（社会的、政府的评价），而忽视内部评价，包括内部评价制度不完善、组织机构和队伍不健全、反馈机制欠效率等。内部评价也是为外部评价服务，即外部评价引导内部评价，如对标某个外部评价指标，比如大学过于看重外部评价指标，追逐"大学排行榜"，忽略了学生的成长，从而使内部评价偏离了评价学生成长价值这一根本宗旨。毋庸讳言，一些大学长期存在重科研轻教学、重学术发展轻人才培养的倾向，其重要原因之一便在于外部评价的不当导向，并通过绩效主义管理方式传导到大学内部评价，最终成为大学和教师的集体选择和群体行动，大学也就逐渐偏离了正确的发展方向，对学生成长和大学发展都是有害无益的。因此，近年来寻求大学内部评价与外部评价的一致性和协同性成为制定有关政策的重要方向，其中学生的成长价值是大学内部评价与外部评价一致性和协同性政策的逻辑起点[1]。

（三）高校办学自主权的落实与扩大

高校办学自主权的落实与扩大一直备受理论界和实践界的高度关注，落实与扩大高校办学自主权与高校增强服务国家和社会的功能、提升育人成效和激发办学活力密切相关。由于我国国情、高等教育管理体制特点等因素，党的十八大以来，对高校办学自主权的落实与扩大改革一直在进行"三性"探索。

1. 推动行政授权与法律赋权的衔接与内洽

高校办学自主权主要来自行政授权与法律赋权，其"三性"首先体现在两者的衔接与内洽。2013年，党的十八届三中全会明确提出"要扩大学校办学自主权，完善学校内部治理结构"。2014年，国家教育体制改革领导小组办公室先后印发《关于进一步扩大省级政府教育统筹权的意见》《关于进一步落实和扩大高校办学自主权完善高校内部治理结构的意见》，在启

---

① 卢晓中：《以教育评价改革为牵引统筹推进高质量大学建设》，载《南方日报》2021年12月21日。

动扩大省级政府教育统筹权和高校办学自主权深化教育综合改革的同时，首次以国家行政文件的形式对扩大高校办学自主权作出全面部署，重点扩大高校在选拔学生、调整优化学科专业、选聘人才、开展科研活动等七个方面的自主权。随后，国家陆续出台了《教育部关于深入推进教育管办评分离促进政府职能转变的若干意见》《教育部等五部门关于深化高等教育领域简政放权放管结合优化服务改革的若干意见》《教育部财政部国家发展改革委关于高等学校加快"双一流"建设的指导意见》等政策，进一步向地方和高校放权。这些政策制度的出台，对扩大高校办学自主权、完善高校办学自主权的行政授权制度体系发挥了重要作用。

在法律赋权上，国家通过制定或修订相关法律法规，对接自主权落实与扩大的行政授权制度，具体体现在《中华人民共和国高等教育法》的修正上。2015年和2018年先后两次修正，除了与时俱进地完善高等教育方针和任务，最重要的修正有以下两个方面：一是下放高校设立审批权限。修正后的《中华人民共和国高等教育法》明确向省、自治区、直辖市人民政府下放实施专科教育的高校和其他高等教育机构的设立审批权限，并对高校设立审批、学术委员会、评价评估、投入机制等制度进行了完善。二是强化高等学校学术委员会的功能与作用。作为落实《国家中长期教育改革和发展规划纲要（2010—2020年）》所提出的"充分发挥学术委员会在学科建设、学术评价、学术发展中的重要作用"的具体举措，教育部于2014年公布了《高等学校学术委员会规程》，规定了学术委员会作为校内最高学术机构，统筹行使学术事务的决策、审议、评定和咨询等职权[1]。相较于原《中华人民共和国高等教育法》，该规程明显提升了高校学术委员会的地位、功能与作用。为此，《中华人民共和国高等教育法》的修正对学术委员会的法律地位进一步予以确认，也就是既突出了其在学术治理的核心地位，又强调了其在高校内部学术治理机构中的最高地位，进而实现学术委员会的职责和权力从高校内部的学术体制向治理体制提升、从咨询功能向决策功能

---

① 《〈中华人民共和国高等教育法〉修改解读》，载《教育导报》2017年4月15日。

转变，从而更有利于发挥学术委员会在教学、学风、学科等方面的决定作用①。推动法律赋权与行政授权的衔接与内洽对进一步理顺高校、政府与社会的关系，依法落实与扩大高校办学自主权无疑具有十分重要的意义。

2. 建立"上""下"协同的高等教育综合改革机制

高等教育要"深入推进管办评分离，扩大省级政府教育统筹权和学校办学自主权，完善学校内部治理结构"，以上政策文件的一个重要旨趣就在于促使政府的权力下放与高校办学自主权的行使之间形成良性互动关系。如果说第一个方面主要涉及政府权力适当下放的"自上而下"改革，那么这一个方面则更多的是在推动高校办学自主权恰当行使的"自下而上"改革，并形成"上""下"协同的高教综合改革机制②，例如，广东省人民政府为深入贯彻落实党的十八大和全国教育工作会议精神，早在2013年就发布了《关于进一步扩大和落实高校办学自主权促进高校加快发展的若干意见》，从扩大高校招生自主权、支持高校加强学科专业建设、支持高校开展教学改革、创新人才培养模式等12个方面提出36条举措；上海市也在2014年选择7所高校作为首批试点建设现代大学制度，从章程管理和治理新机制等方面进行探索等③。此外，十八届三中全会后，国家教育体制改革领导小组办公室批准通过了《清华大学综合改革方案》和《北京大学综合改革方案》，示范引领并带动各地各校的积极探索。通过"上""下"协同的改革，推动自上而下的系统设计、整体布局与自下而上的基层探索、主动而为相结合，尤其是通过落实与扩大高校办学自主权，充分调动基层的积极性和创造性，从而推动改革不断深入。

（原载于《国家教育行政学院学报》2022年第10期，有改动。）

---

① 苏春景、张济洲：《〈高等教育法〉修改亮点和大学治理法治化》，载《中国高等教育》2017年第21期。

② 卢晓中：《国家基础权力视域下的我国大学办学自主权》，载《大学教育科学》2020年第4期。

③ 卢晓中：《深化高教领域综合改革的"自上而下"与"自下而上"》，载《中国高教研究》2016年第6期。

第八章

高校管理改革与办学自主权

第一节　高校效率与自主权

高校效率和自主权是高等教育领域中两个重要且密切相关的理论和实践问题。一方面，高校自主权的落实和扩大是世界高等教育发展的一般趋势，而自主权的落实和扩大又与高等教育系统内部的竞争相伴而生。一所高校如何在竞争中求得更大的生存和发展空间则有赖于其效率的提高；另一方面，高校自主权的落实与扩大的一个重要旨趣就在于提高高校效率。本节试对高校效率与自主权的关系进行探讨，并对完善高校内部治理结构、提高高校效率提出若干思考。

一、效率与高校效率的特殊性

（一）何谓效率

"效率"（efficiency）一词源于物理学，后逐渐引入经济学，并成为经济管理中的重要概念之一。新古典经济学的"效率"强调稀缺资源的配置问题，即如何分配和使用各种资源以最大限度地满足需求。美国经济学家保罗·安·萨缪尔森认为："在一个经济资源和技术既定的条件下，如果该经济组织能够为消费者提供尽可能多的各种物品和劳务的结合，那么这个经济就是有效率的。"[①]可见，当前经济学对效率的界定至少包含两方面含

---

① ［美］保罗·萨缪尔森、［美］威廉·诺德豪斯著，萧琛译：《经济学》，商务印书馆2010年版，第207页。

义：一是配置效率，即在完全竞争的市场中使生产要素在不同行业或部门间自由流动，衡量资源是否分配到最适宜的使用方向上以获得有效产出；二是组织效率，就是在现有资源配置不变的情况下，通过改进管理、技术进步来获得更多的产出，反映的是内部组织状况对产出的影响。无论是对资源利用率的衡量，还是测定内部组织状况对产出的影响，都离不开投入与产出的比值，故而效率的核心成分即投入、产出及其比值关系。简言之，效率是一种比例关系，反映的是单位时间内投入与产出之比。

（二）高校效率的特殊性

随着效率概念在经济领域中的广泛运用，它也开始对包括高等教育领域在内的其他领域产生重要影响。20世纪80年代，联合国教科文组织就明确提出：效率是高等教育发展的核心概念之一。高等教育资源的稀缺性催生了"效率"这一概念由经济领域向高等教育领域的移植。20世纪90年代，随着知识经济时代的到来，世界各国的高等教育需求不断增加，同时受新公共管理理论的"有限政府"思想影响，高等教育面临着资源不足与发展需求不断增长的尖锐矛盾。如何使有限的教育资源得到最优化的配置和最高效的产出成了解决高等教育供需矛盾的突破口。而且，现代高校的资源不足与效率低下往往并存，与其他类似的现代社会组织一样，组织运行的高效率就成为当前高校改革发展中的普遍追求。

从词源意义上讲，"高校效率"顺承了对"效率"的一般解释，是将高等教育作为生产或经济活动而出现的范畴，指高校生产中资源的有效配置和使用，表现为投入到高校中的各种资源与产出成果之比[①]。然而，从教育学角度而言，"高校效率"作为教育领域的研究对象，又不是对经济学意义上"效率"的简单移植而有其特殊性。首先，高校效率是质与量的统一，且具有明显的滞后效应。高校效率中质的规定性集中表现为产出成果自身的品质优劣及其社会影响的良性与否。高校产出包括培养的人才、

---

① 王善迈：《教育投入与产出研究》，河北教育出版社1996年版，第188页。

科研成果和直接为社会服务等，其中，高校培养的人才是最基础、最重要的产出，而这种产出的质的规定性常常是滞后的。此外，质与量的统一不仅体现在产出环节，也贯穿于办学的全过程，如时间和教学设备的有效利用率、师资安排的合理程度等，也就是说，不仅关注教育资源投入数量的多少、质量的优劣，更强调对投入资源的合理配置和充分利用，强调消耗适当的教育资源生产出满足社会需求的高质量的人才、科研成果以及社会服务成果。只有将质与量视为高校效率共生的内涵，才能摒弃有量无质的效率观，实现高校有序、健康、可持续发展。其次，高校效率的衡量具有模糊性，就高校投入与产出的难以量化和教育生产与消费过程的统一性来看，高校效率必然是一个难以精确测量和客观量化的对象。通常高校的投入不仅包括一定量的人、财、物资源，还包括高校内外部的制度、政策等因素，对上述投入要素的多少或程度的测量很难加以量化和统计。同样，高校的产出也并非都是可以直接量化的物质产品，而主要是难以直接用货币计量的人才等精神产品，同时还要综合考量高校培养人才的质量，以及所提供社会服务的优劣等。此外，高校生产过程和消费过程具有同一性，表现为学生作为高等教育服务的主要消费者，直接参与到高校生产的过程中。换言之，高校的投入与产出反映的是生产者与消费者共同的劳动贡献，难以简单分开测量。

高校效率的特殊性还源于大学的文化传统和高等教育的产业属性。所谓文化传统，即大学"闲逸好奇"的原生禀赋，如弗莱克斯纳所言："他们为求了解他们所存在的世界，就像做一件好奇的事情一样。"[1]这种闲逸好奇表明学者是在一种清闲舒适、恬静安逸的环境中，出于浓厚的兴趣而展开对事物的研究、对真理的探寻[2]。"清闲舒适"是对时间和精力的"放纵"，这恰恰与高效率中所要求的低投入相悖，而"浓厚兴趣"则意味着在

① ［美］约翰·S.布鲁贝克著，王承绪等译：《高等教育哲学》，浙江教育出版社2001年版，第14页。
② 王同亿主编：《新现代汉语词典（修订本）》，海南出版社1996年版。

一定程度上忽视外界的需求，这似乎又与讲求效率中要求产出尽量符合社会需求时常格格不入。

高等教育具有非营利性的产业属性。虽然高等教育在占用一定资源的条件下，对文化、精神等无形产品进行生产，存在一定的投入与产出的关系，并联结一定的经济活动，无疑是一种产业，但较之于普通的产业，高等教育产业具有非营利性特征。这种非营利性特征得益于国家行政管理的需要，国家行政管理的目的之一是缓和社会各阶层间的对立和利益冲突，集中反映在缩小各阶层对物质财富和精神财富占有情况的差距[1]。为了实现对精神财富占有的相对自由、平等，国家诉诸教育——将教育视为准公共产品，赋予非营利性的属性。高校作为非营利性机构，既无提高效率的内在动力，也无外在压力。一方面，非营利性意味着高校的盈余不得进行分红或变相分红，只能继续投入以扩大办学规模或改善办学条件，这就使得高校内部人员失去了提高效率的动力，导致一味投入、不管产出；另一方面，社会普遍将教育视为消费和福利而不求利润和回报，容易使得高校缺乏提高效率的外在压力，从而忽视效率。

二、高校自主权与效率

（一）高校自主权的意蕴

自主权是与高校效率密切相关的一个概念，如果说提高高校效率是高校改革发展的内在诉求，那么落实和扩大高校自主权便是实现这一诉求的有效途径。高校自主权也是与高校自治、自我调节等基本同义或近义的概念，主要指高校拥有决定学校专业和学科设置、人事和师资的任免和聘任、课程发展、学位资格的审查认可及授予、学生入学与分配等方面的权力，即大学自主地治理学校、自主地处理学校内部事务，最小限度接受外

---

[1] 戴继强：《入世后，能放弃教育事业的非营利性原则吗?》，载《世界教育信息》2002年第2期。

界的干预和支配①。

高校自主权经历了漫长的历史演变过程。中世纪大学诞生于宗教与世俗力量的博弈之间，为了尽可能争取大学这股新鲜的社会力量，王室与教会纷纷以特许状的形式赋予大学自治权等特权。然而中世纪晚期，由于大学与王室、教会的冲突加剧，王室和教会相继撤销大学所享有的特权，大学自治跌入低谷，并开始进入"冰河期"。直至19世纪初，洪堡以学术自由为核心思想，创办了柏林大学，才再次重振大学自治的价值。洪堡认为大学有其自身的规律，国家的行政干预只会适得其反，扼杀大学的活力，故而主张大学独立于政府管理系统，独立于社会经济生活。此后，大学自治的理念在西方国家得到了普遍传承。现代大学由社会边缘走向社会中心，更加关注与社会政治、经济的关系和对社会承担相应的责任与义务。基于对大学职能的新认识，西方国家在不断加大对教育财政投入的同时，也越来越多地通过各种可能的途径和方式干预高校办学，尤其在市场经济体制下，"高等教育作为国家头等重要的事业，其活动原则必须符合国家需要和广泛接受的社会标准"②。这就意味着高校在追求自治的同时，也要对社会、对国家尽责，特别是强调高校产出对社会政治、经济的推动作用。

我国对高校的自主权问题的重视旨在增强高校活力、提高办学效率。改革开放以来，扩大和落实高校自主权一直是我国高等教育改革的中心议题之一，并通过政府管理体制改革逐步推进。1985年出台的《中共中央关于教育体制改革的决定》将办学效率不高的主要原因归结于高校对政府的依附关系，提出扩大办学自主权是高校体制改革的关键，并将提高办学效率视为基本的政策价值理念。20世纪90年代以后，随着市场经济体制的确立和高等教育国际化，市场机制逐渐引入高等教育领域，更加强调质量和

---

① 戴继强：《入世后，能放弃教育事业的非营利性原则吗？》，载《世界教育信息》2002年第2期。

② 吴松：《大学学术组织的理性思考与改革尝试》，载《中国高等教育》2006年第8期。

效率意识①。1993年《中国教育改革与发展纲要》明确指出，要为高校自主办学提供一个宽松的环境，逐渐形成市场调节和政府宏观调控相结合的资源配置方式，同时进一步明确学校的权利、义务和责任，使高校真正成为面向社会自主办学的法人实体。该纲要特别提出高校要善于行使自己的权力，承担应负的责任，建立起自我发展、自我约束的运行机制。进入21世纪后，伴随着我国现代大学制度建设的不断推进，落实和扩大高校自主权问题再次凸显。尤其是十八届三中全会提出，全面深化改革在高等教育领域主要在于深入推进管办评分离，完善高校内部治理结构，以落实高校自主权。纵观我国高校自主权政策近30年的演进历程，由关注理顺政府与高校间的关系，到着力于完善高校内部治理结构，呈现出由强调政府推进"下放权"，到注重高校"用好权"的变化。

从中西方高校自主权的演进历程及现状来看，高校自主权实际上包含两种意蕴与旨趣：一种是扎根于学术自由传统的高校自治，注重大学精神的坚守和大学品质的追求；另一种是基于市场经济规则的高校自主，讲求效率优先，强调高校主动适应经济社会发展的需要，强化量化的产出与成本的核算。实际上，无论是大学精神的坚守，还是主动回应经济社会发展的需要，都表征了高校的发展，而且高校自主权的两种意蕴与旨趣在高等教育发展的理论与实践中正呈现逐渐趋同的态势。在我国，不可否认的是，当高校与经济社会的关系越来越密切、高校的量化产出大幅度提升时，大学精神却有日渐衰微之势。正如有学者所言："现代大学在轰轰烈烈令人兴奋的包括规模扩大、条件改善的高速发展中，似乎缺失了一种灵魂性的东西，而这种东西正是在以往大学可以感知、可以体悟并让人景仰、神往和激奋的大学精神。"②注重量化产出就意味着高校以效率优先，将有限的教育资源用在能产出成果的地方，并促使高校"快出成果""早出成

---

① 周光礼：《中国大学办学自主权（1952-2012）：政策变迁的制度解释》，载《中国地质大学学报》2012年第3期。
② 眭依凡：《大学何以要倡导和守护理想主义》，载《教育研究》2006年第2期。

果",这样就难免急功近利、重量轻质,更与教育百年树人的宗旨和高校学术自由的情怀相去甚远。

(二)高校自主权与效率的关系

首先,落实和扩大高校自主权是提高高校效率的基础。一方面,高校作为一个特殊的社会组织,有别于一般组织的根本特征在于对高深学问的探究,在于知识的专业性和权威性,故而只有从事高等教育的专业人员才有权力和能力对高校事务做出正确决策,从根本上保证高校效率;另一方面,根据认知距离理论,较之于政府部门,高校作为直接参与办学活动的实体,对社会的办学需求和自身利益诉求反应更灵敏。高校享有自主权就意味着能及时对社会的办学需求和自身利益诉求做出回应,以更好地履行高校职能,追求高校效率。

其次,缺乏自主权或绝对自主均不利于高校效率的提高。自主权过小甚至没有自主权就意味着高校丧失了其作为学术组织所享有的学术独立性,而沦为政府部门的附属物。一旦高校成为政府部门的附属机构,就会处于一种内无动力、外无压力的境遇,自然谈不上讲求效率。反之,当高校走向另一极端,即失去约束而处于绝对自主状态时,其弊端又是显而易见的。缺乏权力约束可能导致高校在市场经济环境下、在自身利益诱使下而盲目追求量化产出和短期效率。譬如高校为尽可能多地争取教育经费而片面追求规模扩张,引发教育规模越大,学校管理效能越低下的问题[1]。此外,片面倚重数量势必造成质量下降,并淡化了高校立足之基的大学精神和大学品质,不利于高校可持续发展。

再次,提高高校效率和落实与扩大自主权都离不开国家宏观调控和社会力量参与。国家宏观调控的范围、方式和力度决定了高校自主权的大小和范围,直接影响到高校效率。国家通过政策引导、经济调控、法律规范等调控手段保证高校基本的办学规模、结构和办学质量,以保障最基本的

---

[1] 吴全华:《教育改革与教育发展关系概论》,载《现代教育论丛》2013年第6期。

效率。同时，社会力量参与高校的运行、管理和决策，有助于促使高校发展与社会需求相契合，即通过为社会发展提供服务以提高高校效率。此外，国家和社会能对高校自主权的行使进行有效监控，既能坚持高等教育的发展方向，又能防止高校权力腐败，还能保证高校在追求效率的同时坚守学术性的价值取向。

三、完善高校内部治理结构与提高效率

通过落实与扩大自主权来提高高校效率主要涉及两个层面[①]：一是政府通过法律、政策文本等法制形式，转变政府管理方式，让渡或下放给高校适度的自主权以形成讲求效率的动力；二是高校进一步调整和完善内部治理结构，增强依法治校、自主治校的能力，提高高校效率。其中政府管理方式的转变，很大程度上取决于社会组织自身在多大程度上拥有自我管理的条件和能力。由此可见，完善高校内部治理结构、促进高校内部治理体系与治理能力现代化是落实与扩大高校自主权、提高办学效率、促使高校"用好权"的关键所在。完善高校内部治理结构以提高办学效率可以从以下四个方面着手。

（一）落实高校独立法人地位

高校法人化有利于理顺政府和高校的关系，为高校内部治理结构改革提供外部制度保障。法人化意味着高校不再是政府的附属机构，而是被众多利益相关者共同影响的独立社会机构。高校可以在法律规定的范围内，多渠道筹集教育投入、自主支配人财物资源，获得由此带来的利益，同时也承担"声誉受损""亏本破产"等风险。一方面，通过落实高校独立法人地位，使高校成为具有一定自主决策权力和独立利益的法人实体，有助于明确高校的权利和责任，形成高校追求效率的内在动力，如通过明确高校

---

① 杨际军：《自为与自律：高等教育扩大办学自主权的关键》，载《现代教育科学》2007年第7期。

的目标、绩效和后果，使得高校自身成为行为的获益者和负责者，进而激发高校成员价值观、行为规范及发展目标的改变，即让每个人都成为自觉的行动者，积极参与高校教育教学活动，激发提高效率、增强竞争力的内在动力；另一方面，落实高校独立法人地位、明确高校所承担的社会职责具有宣示效应，有助于吸纳众多利益相关者共同参与高校管理来推动高校发展。知识经济时代，高校已不再仅是承担学术责任的"象牙塔"，同时也是承担相应社会责任的社会机构，其利益相关者的覆盖面也就不断扩大，涵盖企业、地方政府、合作办学者、教职工、学生、家长、社会组织等。多方利益相关者共同参与高校管理、决策，既体现了高校的民主价值和公益使命，又有助于提高高校管理的效率。

（二）明确高校内部权力边界

明确高校内部权力边界以构建顺畅的权力运行机制，是落实与扩大高校自主权的内部要求。由于权力来源不同，我国高校内部存在着政治、行政和学术三元权力机构，划清三者间的权力界限有助于形成结构合理、决策科学、监督有力、运行顺畅的权力运行机制。首先是进一步明晰、规范党委和行政的权责，防止政治权力或行政权力泛化。我国高校实行的是党委领导下的校长负责制，一方面，党委是高校内部管理体制的核心，负责总揽全局，把握高校的发展方向和目标；另一方面，校长是高校的法人代表和最高行政首长，在党委的集体领导下，全面负责教学、科研管理等行政工作。明确党委权力和行政权力的界限，能有效防止高校内部组织结构臃肿，办事效率低下；防止以党代政，决策缺乏科学、民主；防止党政不分，关系不畅等弊病，从而提高办学效率，降低决策风险[①]。其次，建立保障学术权力的制度规范，防止行政权力侵蚀学术权力。明确学术权力和行政权力的划分，实质上就是通过调整内部治理结构来改善资源配置的体制，实现行政权力和学术权力在资源配置中的均衡地位，能有效提高资源

---

① 任蓓蓓：《我国高校办学自主权探析》，河海大学硕士学位论文，2006年。

利用率。学术委员会是高校学术权力运行的主要组织，其主要成员包括大学教授和专家代表。目前，我国多数高校的学术委员会仅充当行政部门的参谋咨询机构，是学校行政部门的附属物。加强学术权力行使的组织化、制度化，形成以学术委员会为主体，兼有职称评审委员会、教学指导委员会等的多元一体的高校内部学术体制，有助于高校按学术发展的规律提高效率。值得注意的是，高校在处理具体事务时，既要明确各类权力的边界，也要注重不同权力间的协作和耦合，避免一方独揽大权和权力效应相互抵消的局面。

（三）健全自我约束机制

根据权力制衡理论，为了防止权力异化，需要在高校内部建立良好的监督反馈机制，以对自主权的行使进行有效约束，提高权力运行效率。鉴于高校自主权的权威性、广泛性和复杂性等特点，外部力量的约束难以深入高校内部，故而建立专门的内部监督机构是实现对高校权力约束的关键。目前，教代会是我国高校内部的主要监督机构，它既有民主监督的功能，又有一定的审议功能和信息反馈功能，有利于高校管理的科学化、民主化[①]。充分发挥教代会的监督职能的关键在于，通过立法和章程从制度上明确教代会的监督地位，使其依法对校内事务的决策、执行等实施监督，增强其权威性。同时，要合理配置教代会中不同类型人员的比例，以保证行政系统以外的学术力量以及各种基层人员能够参与到高校决策和管理活动中，充分彰显高校自主权运行的民主化。此外，实行校务公开制度能够形成校内外共同监督的约束机制，对于高校改革和发展的重大决策、学校财务收支情况等涉及教职工权益的事项，要及时向教职工公布，广泛听取教职工的建议，接受监督；对于学校的招生计划、收费项目和标准等要向学生、家长和社会公开，接受社会监督。只有建立健全高校自我约束机制，才能有效防止腐败，提高效率。

---

① 毕颖慧：《高校办学自主权探究》，中国政法大学硕士学位论文，2008年。

（四）尊重大学规律

一是按高等教育发展的规律办学，明了高校效率的特殊性。高校不同于追求行政效率最大化的政府机构和追求投资收益最大化的企业实体，其特有的学术属性决定了高校并非单纯追求量化意义上的效率最大化，而必须理性对待高校效率中质与量的问题。比如根据科研产出周期规律鼓励"十年磨一剑"的精品产出，建立教学与科研的互动机制等。二是人才培养是高校的根本任务和中心工作。如前所述，人才培养质量是高校效率中的主要产出，这也决定了高校对效率的评价要坚持以人才培养质量为核心要素，而且对人才培养质量的评价不仅仅着眼于当下或以后一个时期，更应关注学生的持续发展和终身发展，同时，根据人才培养质量的长期和滞后效应，应注重高校效率评价的发展性。

（原载于《江苏高教》2015年第1期，有改动。）

第二节　国家基础权利视域下的我国大学办学自主权

大学办学自主权既是一个中国话语，又是一个具有普遍意义的概念，它与大学自治、学术自治等概念的意蕴相近。自20世纪80年代以来，大学办学自主权问题就一直受到我国高等教育理论和实践领域的高度关注，笔者也曾写过多篇文章对此作过一些探讨①。同时，它是一个历史范畴，在不同时期都有值得探讨的时代命题。本节基于"国家基础权力"的视域，着重从我国的实际出发，对大学办学自主权的有关问题再作进一步思考。

一、权力来源与大学办学自主权

大学办学自主权的核心是权力来源及其配置，而权力这一概念可从多个学科视角来认识，基于大学办学自主权的性质及笔者的重点关切，本节着重从社会权力的角度来认识。作为社会学视角的社会权力，指的是通过支配人们的环境以追逐和达到目标的能力。在追逐自身目标的过程中，人类加入了彼此合作的权力关系②。根据英国社会学家迈克尔·曼在《社会权力的来源》一书中所持的观点，社会是由多重交叠和交错的社会空间的权力网络构成的。社会中"决定性的"，即社会权力的四个来源是：意识形态的、经济的、军事的和政治的（IEMP）。这四个来源是交叠的社会互动网络，而不是单一社会整体的维度、层次或要素，它们也是达到人类目标的组织、制度手段。迈克尔·曼特别提出了一个"国家基础性权力"的概念。所谓"国家基础性权力"，指的是"一个中央集权国家的控制能力"，也就是"一个中央政府渗入其疆域以及在逻辑上实施决策的制度化能力"。在他看来，一个社会不仅需要有道路、公共设施等物质性基础设施，更需要有关于权力等的制度性基础设施。可以说，一个国家的治理能力，主要体现为它提供制度性基础设施的能力。迈克尔·曼的有关观点为解释政府与

---

① 卢晓中：《自由与学术自治——兼论中国高等教育学术权力的提高》，载《现代大学教育》2000年第4期；《大学文化场域下学术与行政的关系———一种关系思维方法论的视角》，载《教育发展研究》2010年第12期；《高校自主权：落实或扩大？——基于国家政策文本的简要分析》，载《苏州大学学报（教育科学版）》2014年第3期；《论高校效率与自主权》，载《江苏高教》2015年第1期；《深化高教领域综合改革的"自上而下"与"自下而上"》，载《中国高教研究》2016年第6期。

② ［英］迈克尔·曼著，刘北成、李少军译：《社会权力的来源：从开端到1760年的权力史（第一卷）》，上海人民出版社2018年版，第8-9页。

大学"彼此合作"的权力关系及大学办学自主权提供了一种值得关注的分析视角。

中世纪欧洲，诞生了被称为人类文化史上"智慧的花朵"的中世纪大学（现代大学也发端于此）。自此，宗教神权和世俗政权对大学领导权的争夺一直伴随着大学的变迁与发展过程。即使在民族国家出现以后，这种争夺依然存在，甚至在一些时期、一些国家还异常激烈。正是在这一变迁与发展过程中，大学权力也随着宗教神权与世俗政权的此消彼长而不断发生变化。值得注意的是，无论是宗教神权占据主导时期，还是世俗政权占据优势时期，其间的不同年代各自对待大学的态度并不一致，由此也使得大学权力拥有情况也不相同。直至现代，随着高等教育在社会经济发展中的地位与作用不断提升，大学开始逐渐走向"社会的中心"，各国政府对大学给予了极大的重视，而且作为一种"国家基础性权力"建设，普遍加强了对大学的控制，同时在大学办学过程中国家力量即政府权力与大学办学自主权之间的博弈也日趋激烈。

现代大学组织权力的获得主要可分为内发和外铄两种来源[①]。所谓内发的权力，即指大学所承载的某些内在、永恒的人类追求，如对高深学问的探求是大学区别于其他社会组织的根本所在，由此大学也便拥有了传统赋予的知识与文化资本和相应的权力；而外铄的权力则意指大学与社会的契约关系，即由于培养接班人和发展生产力的需要，大学从社会和国家获得的权力。这实际上是建立在认识论和政治论两种哲学基础之上的两种权力来源。无论是内发的权力还是外铄的权力，皆来源于人们的集体意志，并通过政府立法赋权、行政授权及大学建章立制等其他确权行为来确立大学在学术、教育和行政方面的合法性权力。

大学组织权力来源与这一权力的获得密切关联，但并不是一回事，也就是说，有了明确的组织权力的来源并不意味着大学就自然而然地获得了

---

① 邓磊、崔延强：《大学组织的权力来源与功能演变》，载《高等教育研究》2012年第8期。

相关权力，这些权力的真正获得需要经历一定的赋权、授权及其他确权的合法化过程。而这又与大学的举办体制是相关联的。在不同的国家，大学的举办体制并不一致，这便决定了论及大学组织权力必须与具体的国家相联系。在我国高等教育系统中，作为主体的公办大学由政府举办（如中央政府或省级政府），大学的办学权力主要来源于政府的法律赋权和行政授权。实际上，这两方面权力来源在我国又具有高度的一致性，并相辅相成。所谓法律赋权，通常是指以法律法规的形式明确权力主体的权力范围并廓清其权力边界。而行政授权则指权力的获取主要通过中央和地方政府出台政策文件来明确权力主体的权力范围并廓清其权力边界。这里还有必要对我国法律赋权与行政授权的关系作进一步分析，这两种权力在相当意义上具有目标与价值取向上的同一性，即政府往往是通过法律手段赋权于大学来体现其意志和实现其目的。而政府给大学的行政授权也常常以法律为依据，至少不得与法律相冲突。实际上，在许多时候行政授权是法律赋权的延伸或可操作化。当然，也有一些行政授权是法律赋权的必要补充，旨在使大学办学权力更具有针对性、时效性及实际效力。至于两种权力的效力大小，同样取决于一个国家的政体。从一般意义而言，在一个法治程度高、法制健全的国家，法律赋权的效力就会比较高。因此，即使获得行政授权的大学办学权力，有的时候还会进一步寻求法律赋权。比如，依法办学已成为我国大学现代治理的一个重要方向和标志，寻求大学办学权力的法治化也成为高等教育界和大学的一种期待和追求，像近些年人们对尽快出台大学法（学校法）就有不小的呼声。

综上所述，无论是法律赋权还是行政授权，作为大学举办者的政府在大学办学的权力资源配置中起着主导作用，这也是大学办学的"国家基础性权力"的相关权力网络建设的关键。政府进行大学办学的权力资源配置的主要依据就包括政府对大学的价值与功能诉求以及满足这些价值与功能诉求的支持条件等因素。如作为新时代我国高等教育改革发展的一项重大战略，"双一流"建设是在中央政府的主导下强力推进的，特别是通过纵横向协同为导向的权力网络的建构或重构，进一步落实大学建设主体责任和办学自主权，其重要旨趣就在于激发大学内生动力，构建充满活力、富有效率、更加开放、动态竞争的体制机制，提升大学治理能力和治理水平，最终达成"双一流"建设目标。

值得特别提及的是，政府在配置大学办学的权力资源时，还有一个重要依据就是大学作为一种特殊的社会组织机构的性质和传统，因为从历史上来看，大学作为一个社会组织机构的存续时间要比任何一种机构（包括政府机构）长久得多，正如哈佛大学前校长洛韦尔所说："大学的存在时间超过了任何形式的政府，任何传统、法律的变革和科学思想，因为它们满足了人们的永恒需要。在人类的种种创造中，没有任何东西比大学更经受得住漫长的吞没一切的时间历程的考验。"[1]而漫长的时间历程又让大学积淀了深厚的办学传统，其中也包括权力传统。这种大学办学的权力传统中的相当一部分几乎是与生俱来的，经历了时间考验，历久弥新，最终具有了超越时空的普遍意义而成为某种通则。如联合国教科文组织强调"学术自由和院校自治"是大学永恒不变的两条基本原则。布鲁贝克则认为学术自治是高等教育最悠久的传统之一[2]。从这一意义上来说，这种大学权力传统更像是一种"天赋校权"，显然它具有内发的组织权力的典型特征。

由此可见，与大学办学有关的权力主要包括两个层面：一个层面是作为高等教育举办者的政府（包括中央政府和地方政府）拥有的权力，这种权力属于"国家基础性权力"；另一个层面是作为"国家基础性权力"延伸和拓展的大学自身所拥有的权力，即大学办学自主权及其内部的权力网络。两个层面的权力涉及大学办学的内外部权力关系，彼此纵横关联，构成了大学办学的"国家基础性权力"的权力网络和权力系统。实际上，这

---

① ［美］约翰·S.布鲁贝克著，王承绪主编，郑继伟等译：《高等教育哲学》，浙江教育出版社1987年版，第27页。

② ［美］约翰·S.布鲁贝克著，王承绪主编，郑继伟等译：《高等教育哲学》，浙江教育出版社1987年版，第28页。

一权力网络和权力系统体现了高等教育宏观领域中行政权力与学术权力的关系，即政府与大学的权力关系。值得关注的是，通过法律赋权或行政授权的方式所获得的大学办学自主权，常常是"因时而赋（授）"的，也就是法律的赋权与行政的授权往往受制于时代环境，这也使大学办学自主权具有了时代性；权力传统尽管是通过"遗传"的方式使大学获得了办学自主权，但往往也需赋予时代的内涵，而且在办学实践中，大学通过权力传统"遗传"获得的办学自主权常常也需要主动寻求获得法律赋权或行政授权的某种"形式认同"，也就是说，大学办学的这种权力传统需要通过政府的法律赋权或行政授权的形式得以确认，以致成为"国家基础性权力"网络和系统的一部分。以上大学办学自主权的现实样态也正是阿什比的"遗传环境论"的一种实际体现。

二、我国大学办学自主权的拥有、扩大与落实

从我国的实际出发，下文从应然与实然相结合的角度对大学办学自主权的拥有、扩大与落实作进一步探讨。

（一）大学办学自主权的拥有

它包括以下两种情形：一种情形是大学办学自主权拥有的应然状况，即要顺利实现大学办学目标，大学需要什么样的办学自主权，比如，大学培养的人才要更好地适应和满足社会经济发展的需要，就需要拥有更多的专业设置与调整的自主权。显然这是与大学办学自主权的扩大相联系的。这里还有一个值得探讨的问题，即存不存在一种普适性的大学办学自主权，或者说超越时空的大学办学自主权的理想模型呢？因为我们过去在论及大学办学自主权的时候经常会把我国的情况与国外的情况进行比较，而这种比较的立足点又往往是把国外的情况当作一种理想模型，以供学习借鉴。在笔者看来，并不存在一种大学办学自主权的理想模型，它是与具体国家的国情、政体、高等教育发展目标及现实水平等时空因素密切相关的，比如，在高等教育大众化时期，多样性成为高等教育发展的重要特

征，也是高等教育发展的一个世界性趋势，但不同的国家高等教育发展的多样性的情形并不一致。在深受市场经济影响的国家，高等教育发展的多样性更多的是市场机制作用的结果，即面对市场的需求，大学自主选择适合自身的发展路径。而长期以来我国高等教育发展的多样性则主要是在政府主导、规划安排下实现的，带有自上而下的色彩。如果说在市场相对不够成熟且变化相对不快、技术水平还不足以精准地把握市场发展的动态与方向的时期，我国高等教育这种发展模式有其一定的合理性，那么，市场经济比较成熟，尤其是高等教育与市场的关系日益密切且比较成熟，大数据、物联网、区块链等现代技术手段高度发达并能精准预测预警市场发展趋势的今天，如何促使大学建立起面向市场自主办学的机制就显得日益重要。因此，在论及大学办学自主权的应然状态时不能脱离一定的时空因素，去简单照搬和移植国外的一些做法，而须结合具体的国情政体、高等教育的发展目标及现状等因素，作出理性的适当选择。

另一种情形是大学办学自主权拥有的实然状况，也就是大学办学自主权的现实样态，主要指依据政府的法律赋权和行政授权而获得的自主权状况。法律赋权的有关法律包括《中华人民共和国高等教育法》《中华人民共和国教育法》等，还有一些同样具有法律效力的国家和地方的法规条例等；行政授权则主要指的是由中央政府及相关部门和省级政府及相关部门发布的有关高等教育的政策文件。目前法律赋权与行政授权这两方面在现实中还存在不太协调甚至不太一致的情况，需作进一步的衔接和内洽。

（二）大学办学自主权的扩大

这主要指的是大学办学自主权存量式的增加。所谓权力存量，既指已存在的与大学办学有关的政府与大学的权力总和，同时又指大学已有的办学自主权。大学办学自主权的存量式增加指的是政府的权力转移到大学，也就是原本属于政府的权力，通过法律赋权或行政授权的方式下放给大学，我们通常也称之为权力下放或放权。与大学办学自主权存量式扩大相对应的是大学办学自主权存量式减少，这也是今天大学办学自主权的一种现实样态。大学办学自主权存量式减少意味着大学原所拥有的自主权从大学收缩而返回到政府。不论是大学办学自主权的扩大抑或是减少，都是基于大学办学需要或针对大学办学存在的问题而作出的某种调适。比如，在大学办学自主权的扩大方面，从办学需要出发，尤其是着眼于增强大学主动适应经济社会发展对人才的多样化需求的能力，2012年教育部发布了《普通高等学校本科专业设置管理规定》，其中"一扩二减三加强"是该规定最显著的特点："一扩"是扩大了高校本科专业设置自主权；"二减"是减少了专业的审批环节和审批数量；"三加强"即加强信息服务与公开、加强专家组织作用的发挥、加强新设专业的质量管理。该规定还强调高校设置和调整专业要主动适应经济社会发展需要，用好专业设置自主权，加强专业内涵建设，按照需求导向、条件保障、规模适度、持续建设的原则制订专业建设规划，提高人才培养质量。2017年教育部、中央编办、发展改革委等5部委又联合印发了《关于深化高等教育领域简政放权放管结合优化服务改革的若干意见》（以下简称《意见》），在学科专业、编制、岗位、进人用人、职称评审、薪酬分配、经费使用等方面，进一步向地方和高校放权，让大学拥有更大办学自主权，如在完善高校学科专业设置机制上，《意见》明确提出对承担国家重大科研任务、符合学位授予标准的高校，新增硕士、博士学位授权可不再要求培养年限。《意见》还进一步明确和支持高校依法自主设置专业，包括除国家控制布点的专业外，高校自主设置《普通高等学校本科专业目录》内的专业，报教育部备案；自主设置高等职业教育（专科）专业，报省级教育行政部门备案；除医学、教育、公安和司法四类国家控制的高职（专科）专业外，原则上不再新增国控专业，高校可根据专业培养实际自行设置高等职业教育（专科）专业方向。在逐步建立招生就业与专业设置联动机制上，《意见》支持高校对接产业行业需求，经学科和产业行业专家充分论证后，按照专业管理规定设置经济社会发展急需的新专业，同时，开展专业设置抽查，对存在问题的专业，责令有关高校限期整改或暂停招生。2018年，在"双一流"建设背景下，教育部、财政部、国家发展改革委印发了《关于高等学校加快"双一流"建设的指导意见》，提出适度扩大高校自主设置学科权限，完善学科新增与退出机制。这有助于大学学科建设主动适应国家社会经济发展需要及遵循学科自身发展逻辑，同时也为对标世界一流大学和一流学科提供了可能，从而更好地体现"双一流"建设的"中国特色、世界一流"的思想原则。此外，从专业设置自主权的扩大到学科设置自主权的扩大，也反映了大学办学自主权扩大作为一个历史范畴的动态发展性。

至于大学办学自主权减少方面，则主要是针对大学办学自主权行使过程中存在的问题而言的。一种情况是大学已有的办学自主权并没有得到恰当的行使，甚至出现权力滥用的现象。这便是人们通常所说的权力"一放就乱，一乱就收"。另一种情况是对下放给大学的自主权，学校接不住或不敢接以致政府不得不收回的状况。还有一种情况是随着形势的变化，有些办学自主权尚未真正下放，或从未行使就已被实际收回。必须指出的是，大学办学自主权的扩大是现代高等教育发展的一个世界性趋势，特别是针对中国大学办学自主权缺失以至学校办学活力不足、面向社会自我发展能力较弱的现实状况，当前更需要关注的是在进一步扩大大学办学自主权的同时如何帮助大学不断完善内部治理结构，使下放或扩大的大学办学自主权能够得到恰当、有效的行使，而不是简单化的"一收了之"，因为这种简单化的"一收了之"不仅不能使这些回收权力运行的情况得到切实改善，反而会影响到这些权力的有效行使，并极有可能进一步加剧高等教育领域行政化倾向，与当时下放这些大学办学自主权的初衷背道而驰。从某种意义上来说，这种"一收了之"也是懒政的一种表现。如果把扩大大学办学自主权看作是一种"试错"改革，那么建立起一种容错纠错机制是非常重要的，而完善大学内部治理机制便是一种重要的容错纠错机制。

值得特别提及的是，大学办学自主权的扩大还包括一种增量式的扩大，即随着社会经济的发展变化，大学组织也在进行相应的变革，政府与大学的关系也在发生变化和调整。在这一变化和调整的过程中，与大学办学相关的权力总量可能会相应增加，即在已有存量基础上的增加，而在这一过程中大学对办学自主权会有存量权力之外的新需求或新诉求，政府在确权后通过法律赋权或行政授权的方式来回应这一新需求、新诉求，使大学获得新的办学自主权。显然，这种大学办学自主权的扩大当属于增量式的扩大。大学办学自主权的这种增量式扩大具有明显的建构性，而在这一建构过程中办学需求是第一位的，特别是要根据办学需求，基于现代大学与政府关系变化发展的新趋势、新特征，紧密结合中国国情，建构和完善新时代具有中国特色的现代大学治理体系。这也是扎根中国大地办中国特色社会主义大学的重要体现。

（三）大学办学自主权的落实

一是大学办学自主权的法律赋权或行政授权的实际获得方面。在实践中，或多或少会出现大学办学自主权的法律赋权或行政授权与大学实际获得的办学自主权不一致的情况，这里可能会有两种情形：一种情形是因为尽管大学办学自主权有法律上的权力赋予，但由于行政阻隔等因素的影响并没有使大学真正拥有这些办学自主权，也就是说规则性的拥有与实际性的拥有出现了不一致的情况；另一种情形是上一级的行政授权被下一级行政截留，使这些原应属于大学的办学自主权并没有让大学真正获得。大学办学自主权这两种落实不到位的情形实际上也是权力下放不到位。大学办学自主权的下放是否到位的表现，涉及"放管服"改革是否到位的问题，尤其是涉及权力赋予或授予是否适当的因素。作为高等教育治理现代化的一个重要举措，近年来从中央到地方都在推动大学权力下放的负面清单改革，这事关权力赋予或授予是否适当的问题。在这一改革过程中，由于涉及扩大和落实大学办学自主权的法律法规和政策文件为数不少，且受"因时而赋（授）"因素影响，要对这些法律法规和政策文件进行全面系统的梳理和清理，适当列出政府的这份改革"清单"并不是一件轻松的事情，而且，这份改革"清单"在相当意义上具有某种"革命"的性质[1]，往往需要"革"政府自己的"命"。如何促使政府"自我革命"则应是这项改革能否成功的关键，这对政府的胸怀、勇气和智慧都是一个重大考验。

二是获得的大学办学自主权的运行方面。大学通过政府的法律赋权或行政授权获得办学自主权，可能有的运行良好，有的运行不一定顺利，也就是说大学拥有了办学自主权，并不意味着这些办学自主权在大学就一定能很好地运行。这除了有办学自主权的法律赋权与行政授权是否适当等因素外，还在于获得办学自主权的大学能否恰当行使这些权力。实际上，大学办学自主权不能恰当行使的情况仍比较普遍，甚至存在一些极端情况，比如权力被滥用、被徇私和有权不敢用。因此，从20世纪80年代开始重视和强调扩大、落实大学办学自主权以来，政府层面也着力从内部治理结构、运行机制、法律制度、评估体制等多方面促使大学恰当行使办学自主权，并力图使大学的自主、尽责、善治高度统一起来。如1985年《中共中央关于教育体制改革的决定》提出"扩大高等学校的办学自主权，加强高等学校同生产、科研和社会其他各方面的联系，使高等学校具有主动适应经济和社会发展需要的积极性和能力""在简政放权的同时，必须加强教育立法工作""国家及其教育管理部门要加强对高等教育的宏观指导和管理。教育管理部门还要组织教育界、知识界和用人部门定期对高等学校的办学水平进行评估，对成绩卓著的学校给予荣誉和物质上的重点支持，办得不好的学校要整顿以至停办"。1993年《中国教育改革和发展纲要》提出"逐步建立政府宏观管理、高校面向社会自主办学的体制。在政府与学校的关系上，要按照政事分开的原则，通过立法，明确高等学校的权利和义务，使高校真正成为面向社会自主办学的法人实体""学校要善于行使自己的权力，承担应负的责任，建立起主动适应经济建设和社会发展需要的自我发展、自我约束的运行机制"。2010年《国家中长期教育改革和发展规划纲要

---

① 邓小平同志谈到改革的性质时曾指出，"我们把改革当作一种革命"。参见邓小平：《邓小平文选（第三卷）》，人民出版社1993年版，第58-82页。

（2010—2020年）》则提出"落实和扩大学校办学自主权。政府及其部门要树立服务意识，改进管理方式，完善监管机制，减少和规范对学校的行政审批事项，依法保障学校充分行使办学自主权和承担相应责任"。2013年《中共中央关于全面深化改革若干重大问题的决定》提出高等教育要"深入推进管办评分离，扩大省级政府教育统筹权和学校办学自主权，完善学校内部治理结构"。以上政策文件的一个重要旨趣就在于力图使政府的权力下放与大学办学自主权的行使之间形成良性的互动关系。如果说大学办学自主权落实的上一个方面主要涉及政府权力适当下放的"自上而下"改革，那么这一个方面则更多的是在推动大学办学自主权恰当行使的"自下而上"改革，并使之与"自上而下"的改革良性互动，形成"上""下"协同的高教综合改革机制。应当说，这种"上""下"协同的综合改革机制是高教改革综合性的重要体现，也是高教改革的深化之途和治本之策，反映了当前高教改革"综合""深化""治本"三者之间的本质联系和高度一致的时代特征，即高教改革的"治本"，有赖于"深化"，而"深化"高教改革，又必须"综合"施策，正如《中共中央关于全面深化改革若干重大问题的决定》所要求的"深化改革的系统性、整体性、协同性"[1]。

大学办学自主权的落实还有一个重要方面，就是对以上两方面的督促检查。2019年6月至9月，为全面了解《中华人民共和国高等教育法》贯彻实施情况，督促法律实施机关采取有效措施，进一步贯彻落实法律各项规定，推动高等教育改革创新，为建设高等教育强国提供良好的法治环境，由全国人大常委会组成执法检查组开展了对《中华人民共和国高等教育法》的执法检查。在对法律第十一条规定的"高等学校应当面向社会，依法自主办学，实行民主管理"和第三十二条至三十八条具体规定的7项办学自主权的执法检查中发现，既有地方政府"放不下"的情况，也有高校"接不住"的现象，如政府部门对地方高校在岗位编制、进人用人、职称评审

---

① 卢晓中：《深化高教领域综合改革的"自上而下"与"自下而上"》，载《中国高教研究》2016年第6期。

等方面管得过多过细，学校缺少自主权，同时也有一些高校因依法自主办学的能力不强和行政化的惯性思维，对学术权力与行政权力的界限认识比较模糊，教师代表大会和学术委员会功能没有得到很好发挥。该执法检查组在2019年10月21日向十三届全国人大常委会第十四次会议报告时提出建议，"落实办学自主权，释放改革发展活力""各级政府要简政放权、放管结合、优化服务，做到该放的真正放下去，该管的真正管起来。进一步转变政府职能和管理方式，依法界定政府及相关部门在教育治理中的职责权限，减少各类检查、评估、评价，减少对学校教育教学事务的干预，发挥学校办学主体作用，让学校安安心心地发展，让教师安安静静地上课""坚持依法办学、自主管理、民主监督、社会参与，提高高校章程建设质量，健全中国特色现代大学制度"[①]。应当说，这些建议还是有相当的针对性，对于大学办学自主权的落实势必会起到积极作用。这是《高等教育法》颁布20年来的首次执法检查，当前亟须建立起从政府到大学依法办学的督促检查的长效机制，这也是现代大学治理的重要制度建设。

（原载于《大学教育科学》2020年第4期，有改动。）

[①] 王比学：《迈向高教强国的法律保障》，载《人民日报》2019年10月11日。

第三节　大学办学自主权视域下的大学评价

2020年，中共中央、国务院印发《深化新时代教育评价改革总体方案》，明确指出教育评价事关教育发展方向，因为有什么样的评价指挥棒，就有什么样的办学导向。该总体方案旨在深入贯彻落实习近平总书记关于教育的重要论述和全国教育大会精神，完善立德树人体制机制，扭转不科学的教育评价导向，坚决克服唯分数、唯升学、唯文凭、唯论文、唯帽子的顽瘴痼疾，提高教育治理能力和水平，加快推进教育现代化、建设教育强国、办好人民满意的教育。对于各级各类教育而言，亟须确立一个正确的评价价值取向，厘清评价中的一些关系。本节围绕教育评价与大学评价的价值取向，依据大学内部评价与外部评价的分类，从高校办学自主权的视角对大学评价中的一些"悖论"现象作些探讨，以为大学评价寻求正确的认识和改革路向。

一、教育评价与大学评价

从一般意义而言，教育评价指的是在一定教育价值观的指导下，依据确立的教育目标，通过使用一定的技术和方法，对已实施的各种教育活动、教育过程和教育结果进行科学判定的过程。教育评价可以有多种的价值取向，不同的价值取向选择的评价路向和得出的评价结果也不一样，甚至差异很大，对教育实践的引导自然也就不同，因此，如何为教育评价寻求一个正确的价值取向就显得十分重要。不管何种教育评价、基于什么样的价值取向，其终极价值无疑都应是促进学生的成长和学校的发展。这也是评判一种教育评价是否科学、是否适当的基本依据和标准。

大学评价作为教育评价的一种层类，同样事关学生的成长和大学的发展。就大学评价自身而言，它可从多角度来分类，这里主要是从评价主体的角度，将大学评价分为外部评价和内部评价。大学外部评价指的是政府和社会对大学办学水平、育人质量的评价，其评价主体主要是政府和社会；而大学内部评价则主要是大学针对自身办学、育人情况所施行的一种评价，它的评价主体自然是大学自身，这实际上是大学的自我评价，可属于大学内部控制制度的一种类型。

（一）大学内部评价

大学内部评价作为旨在提升办学水平和教育教学质量的一种评价活动，一直存在于大学诸多活动之中，成为大学办学的重要活动与环节。同时，它属于大学办学自主权的一种重要权力，即大学评价自主权。我们可从大学办学自主权的权力来源的角度来对大学评价自主权的合法性作一考察。

大学办学自主权的权力来源包括法律赋权和行政授权，它是一种外铄的权力。同时，又有因大学性质、使命、宗旨等而获得的权力传统，这是一种内发的权力，即"天赋校权"。权力传统是通过"遗传"的方式使大学获得的办学自主权，往往也需赋予时代的内涵，而且在办学实践中，大学通过权力传统"遗传"获得的办学自主权常常也需获得法律赋权或行政授权的某种"形式认同"，也就是说大学办学的这种权力传统需通过政府的法律赋权或行政授权的形式得以确认[①]。无论是外铄权力还是内发权力，都是与一个国家高等教育发展的历史和管理体制情况相联系的，所以说，谈大学办学自主权就不能脱离具体的国情和历史。

就我国而言，大学评价自主权具有大学办学自主权的基本特征，既有外铄的权力即法律赋权和行政授权，也有内发的权力，也就是历史形成的

---

① 卢晓中：《国家基础权力视域下的我国大学办学自主权》，载《大学教育科学》2020年第4期。

权力传统。从外铄的法律赋权与行政赋权来说，比如，1993年的《中国教育改革和发展纲要》提出"进一步扩大高等学校的办学自主权。学校要善于行使自己的权力，承担应负的责任，建立起主动适应经济建设和社会发展需要的自我发展、自我约束的运行机制"；2010年的《国家中长期教育改革和发展规划纲要（2010—2020年）》则从完善中国特色现代大学制度的角度要求高校"完善治理结构。充分发挥学术委员会在学科建设、学术评价、学术发展中的重要作用"；2015年修订的《中华人民共和国高等教育法》第四十四条就明确规定"高等学校应当建立本学校办学水平、教育质量的评价制度，及时公开相关信息，接受社会监督"。

作为权力传统的大学内部评价，如同"天赋校权"、与生俱来，历来便是大学自身的权力，包括对大学的教师、学生和学科、专业及大学下属的基层学术组织（如院、系等），从管理的角度大学都可以进行评价，而且大学内部评价从来就是无处不在、无时不有，评价的方式方法可因校而异，可能有的也并未明确冠之以评价，如教师选拔和晋升时的考核选拔、学生奖助学金的评定等。可以说，如同没有考试（实际上考试也是一种评价）就没有教育，没有评价也就没有教育。对于大学自身而言，评价主要有两大功能：一个是遴选功能，如教师荣誉制度中的评价选拔等，这也是评价的管理意义，属于一种工具理性；另一个是成长功能，即通过评价促使师生的成长，这是评价的本体功能，彰显其价值理性。评价的这两大功能实际上也是密切关联的，比如评价选拔除了实现管理意义外，同时还服务于促进师生的成长和发展，如评价选拔标准对师生的价值引导、行为规训作用，而这对教师和学生的成长和发展意义是极其重大的。

（二）大学外部评价

大学的外部评价作为政府管理大学、社会参与大学管理的一种方式，同样需要法律赋权与行政授权，如《中华人民共和国高等教育法》规定"教育行政部门负责组织专家或者委托第三方专业机构对高等学校的办学水平、效益和教育质量进行评估"。1985年《中共中央关于教育体制改革的决定》提出"教育管理部门还要组织教育界、知识界和用人部门定期对高等学校的办学水平进行评估"。《中国教育改革和发展纲要》提出"建立各级各类教育的质量标准和评估指标体系。各地教育部门要把检查评估学校教育质量作为一项经常性的任务。对高等教育，要采取领导、专家和用人部门相结合的办法，通过多种形式进行质量评估和检查"。《国家中长期教育改革和发展规划纲要（2010—2020年）》提出"推进专业评价。鼓励专门机构和社会中介机构对高校学科、专业、课程等水平和质量进行评估。建立科学、规范的评估制度"。《深化新时代教育评价改革总体方案》提出"各级党委和政府要加强组织领导，把深化教育评价改革列入重要议事日程"，并从评价专业化建设的角度提出"构建政府、学校、社会多元参与的评价体系"。由于这种法律赋权或行政授权在我国一直存在，实际它也逐渐成为一种权力传统。

由此可见，作为管理大学的一种重要方式，大学外部评价也体现了政府和社会对大学的期待，不同时期政府和社会对大学的期待并不一致，因而从评价标准与要求，到评价方式方法都会有所不同。

二、大学评价的"悖论"现象

我国现代大学治理的一个重要方向，就是进一步落实和扩大高校办学自主权，完善高校内部治理机制，也就是说通过落实和扩大高校办学自主权，增强高校主动适应社会经济发展的能力，但高校主动适应社会经济发展需要的能力增强，不仅取决于政府给高校放了多少权，还取决于高校能否接得住、接得好这些权，善用这些权，从而达成善治。而这些都有赖于高校内部治理机制的不断完善。高校内部治理机制的一个十分重要的方面就是大学内部评价机制的进一步完善。当前值得注意的是，尽管大学评价受到越来越多的重视，并成为完善现代大学治理的努力方向，但其重视和完善的努力方向更多的是着力于大学的外部评价上，也就是政府和社会评价的改进和完善方面。这就导致了一种"悖论"现象：对落实和扩大大学办学自主权的强调与大学评价自主权的式微并存、对大学评价的强调与大学内部评价被忽视并存，尤其是大学内部评价自主权正遭受来自外部，尤其是外部评价的冲击和侵害，以致这一自主权或被弱化，或被异化，或被外化。

第一，被弱化。近年来大学的外部评价（政府和社会评价）得到多方面、多形式的强化，如政府主导的"双一流"建设中的大学评价，新一轮《普通高等学校本科教育教学审核评估实施方案（2021—2025年）》发布，"双万"计划的实施，第五轮教育部学位中心的学科评估和学位点评估，以及社会上形形色色的大学、学科、专业等排行榜也盛行一时。虽然以上评价中有的评估方案也将大学的自我评估纳入其中，但主要是作为外部评估程序中的一个环节，而不是作为一个独立的评估制度。原有的自我评估制度或转为这一环节，或形式性地存在，或干脆就被废止。当前高校内部教学质量评价与保障体系建设存在制度不完善、组织机构和队伍不健全、覆盖质量活动主体和过程不全面、反馈机制欠效率等多方面问题①。

第二，被异化。不论是作为环节性存在的自我评价，还是作为形式性存在的自我评价制度，它们都是在为外部评价服务，或对标于外部评价，也就是外部评价引导，甚至左右着内部评价，比如内部评价或自我评价在评价指标设立上往往主要依据的是某个外部评价指标，其评价方式也是着眼于在外部评价上取得好的成绩而设计。人们经常看到的一种情形是，不少高校主要是为外部评价指标而办学，为"大学排行榜"而办学，而不是为学生的真正成长和学校的真实发展来办学。一些外部评价（尤其是社会评价）的导向常常迎合社会的一些短期的功利需求，而忽视大学发展的规律和趋势，甚至违背学生成长这一根本宗旨，以致内部评价也就不可避免地同样偏离了评价的学生成长价值这一根本宗旨。如果说当前在高等教育领域存在着重科研轻教学、重学术发展轻人才培养的倾向，其中一个重要原因就在于外部评价的不当导向，并通过绩效主义管理方式，加强型地传

---

① 郑秀英、崔艳娇、任新刚：《高校内部教学质量评价与保障体系的探索与实践》，载《北京教育（高教）》2017年第10期。

导到大学内部评价，最终成为大学和教师、学生的集体选择和群体行动，大学也因此逐渐偏离了正确的发展方向。虽然大学外部评价与内部评价在此情形下也达成了"一致"，但缺乏正确的价值引导的"一致"，实际上对学生成长和大学发展都是有害无益的。

第三，被外化。如前所述，大学内部评价本是大学办学自主权的一种重要权力，或者说是大学办学自主权的题中应有之义。但近些年来，在大学外部评价受到格外重视的同时，大学内部评价却有意无意地被忽视，甚至被外化。这里不妨对教育"管办评"分离这一重要政策作一评析。《国家中长期教育改革和发展规划纲要（2010—2020年）》第一次提出教育"管办评"分离的改革思路和方向。2013年11月，十八届三中全会《关于深化改革的若干重大问题的决定》正式明确了"管办评"分离的教育改革发展战略。2014年1月召开的全国教育工作年会对"管办评"分离作出了原则性阐释，该政策的主旨即"政府宏观管理，学校自主办学，社会广泛参与"。2016年1月召开的全国教育工作年会进一步提出"系统谋划管办评分离路径"。2017年1月，国务院印发的《国家教育事业发展"十三五"规划》把"管办评"分离作为"十三五"教育改革发展的重要目标：到2020年"基本实现管办评分离，形成政府依法管理、学校依法自主办学、社会各界依法参与和监督的格局，教育治理体系和治理能力现代化水平明显提升"。由此可见，当时教育"管办评"分离是作为推动教育治理体系和治理能力现代化的重要抓手和实现目标，而推进和实现教育"管办评"分离改革的初衷之一就在于落实和扩大学校办学自主权，释放学校的办学活力。但由于外部评价尤其是社会评价的"锦标赛"偏好，教育"管办评"分离中的评价实际存在着重选拔与排名意义，而轻成长与发展价值，特别是忽视自我评价（内部评价）的成长价值。教育"管办评"分离政策推行过程中实际出现了重外部评价（社会评价）而轻内部评价的状况，尤其是将办学与评价完全分离的倾向，使大学的内部评价进一步被弱化和被异化，而整个大学评价则在相当程度上被外化，由此也引发一系列诘问：大学究竟还有没有评价权？大学办学自主权里究竟包不包括大学评价自主权？大学评价究竟还是不是大学的一个办学环节？

大学评价之所以出现目前这种窘况，其症结就在于过分追求大学评价的功利意义，大学评价则只用作一种管理工具（工具理性），而不是发展手段，从而忽视了其原生的，也是应有的促进学生成长的价值（价值理性）。其结果就是大学评价自主权被外在于大学办学自主权，在这样一种情形下出现对大学办学自主权的强调与大学评价自主权的式微并存、对大学评价的强调与大学内部评价被忽视的"悖论"现象也就不足为怪了。

三、回归大学评价的本质

要解决大学评价的"悖论"问题，亟须回归大学评价的本质。

（一）寻求大学外部评价与内部评价的一致性

大学评价的学生成长价值，是寻求大学外部评价与内部评价一致性的逻辑起点，理应成为大学评价的核心理念。落实（注意：不是扩大）大学评价自主权，把大学评价的办学自主权还给大学，并不断改进大学内部评价应当是大学评价改革守正创新的正确方向。值得特别指出的是，以学生成长为核心价值的大学内部评价权是大学评价的基础和根本，应受到切实的尊重和保护。近期，教育部领导提出构建政府、教育机构、社会三者新型关系，建立"管办评"相对分离又有机统一的制度[1]。这是针对过去教育"管办评"政策实施过程中实际存在的仅强调"管办评"分离、不重视三者有机统一的状况所作出的明确指引，也是构建政府、学校、社会多元参与的评价体系的重要依据。

（二）推动和深化大学评价改革

21世纪以来我国高等教育经历了两轮全国范围内的教学评估：首轮的高等学校教学水平评估（21世纪第一个10年），这一轮教学评估就确立了

---

[1] 翁铁慧：《加快推进高质量教育体系建设》，载《光明日报》2020年11月16日。

"以评促建、以评促改、以评促管、评建结合、重在建设"的"20字"方针，这轮评估对高校普遍提高办学条件、加强教学建设发挥了重要推动作用，并且对高校普遍建立质量保障意识、规范办学行为产生了重要的促进作用；第二轮评估是以构建"五位一体"的评估体系（高校自我评估、院校评估、专业评估和认证、教学基本状态数据常态监测、国际评估）为重要标志的创新发展阶段，为推动高等教育内涵式发展发挥了重要作用[①]。《深化新时代教育评价改革总体方案》进一步指明了新时代教育评价改革的重大意义、改革方向、改革措施和改革步骤，对于推进大学评价改革具有重要的指导意义。当前，对于大学评价改革应当坚持"学生中心、产出导向、持续改进"的国际先进理念，改进结果评价，注重评价学校人才培养目标的达成度、社会适应度以及学生和社会的满意度[②]；强化过程评价，突出评价的持续改进功能；探索增值评价，推行发展性评价，关注学生和学校的持续进步，增强评价对象的获得感和成就感；健全综合评价体系，实施多元评价，促进学生全面发展、个性发展和学校分类发展、特色发展。

大学评价改革的一个重要方向就是建立健全制度体系，着力解决当前大学评价中"有制度、无体系"的问题。当前，不论是内部评价还是外部评价，都不乏目的多样、功能多种的评价制度，然而这些林林总总的评价制度常有相互之间不衔接、不关联的现象，包括内外部评价制度之间、内外部评价制度、内部各评价制度之间都普遍存在不衔接、不关联和不成体系的问题，以致难以形成评价的一致导向及其实践合力，甚至造成被评价对象无所适从的窘况。比如，教师的荣誉制度体系的不健全，导致教师群体时常出现"荣誉过度与荣誉并存"的现象[③]，从而对教师队伍建设产生

---

① 林蕙青：《加快形成中国特色高等教育评估制度体系》，载《中国高教研究》2020年第9期。

② 同上。

③ 卢晓中、谢静：《大学教师荣誉制度与荣誉体系刍议》，载《江苏高教》2017年第11期。

消极影响。再如教育部学位中心组织的高校学科评估与教育部高校教学评估中心组织的高校教育教学评估，无论是目的、功能、对象，还是方式方法、结果使用等各个方面，都有必要进行一体化的系统改革。

因此，推进大学评价改革必须坚持系统观念，确保评价改革的系统性、整体性、协同性，特别要围绕立德树人这一大学根本任务和大学的社会职能建构大学评价体系，在寻求大学内部评价与外部评价一致性的基础上，促进大学内部评价的分类评价与分类发展相统一、学科评价与专业评价相统一、教学评价与科研评价相统一、教师评价与学生评价相统一，进而推进我国高等教育评价制度体系的现代化，形成更高水平（更加成熟、更加完善、更加定型）的中国特色高等教育评价制度体系[1]。

（三）构建大学质量文化

2009年，联合国教科文组织在第二届世界高等教育大会上发表的《世界高等教育大会公报》中指出，高等教育质量保障不仅要求建立质量保障体系和评价模式，而且要求促进高等教育机构内部质量文化的发展[2]。大学质量文化与大学评价相互关联、相辅相成。一方面，作为质量保障的大学评价，它的一个重要意义就在于持续促使大学质量文化的形成，从这一意义上说，大学评价是构建大学质量文化的重要途径；另一方面，大学质量文化又对大学评价的价值方向起着引领作用，并为大学评价营造一个适宜的文化氛围。具体来说，从大学质量文化与大学评价关系的角度构建大学质量文化，可从以下三个方面着手：

首先，大学质量文化构建的关键在于价值建设。如何寻求大学评价与大学质量文化的核心价值的高度一致性，是大学质量文化构建的关键。如果说大学评价的终极价值是学生的成长价值，那么它理应成为大学质量文

① 林蕙青：《加快形成中国特色高等教育评估制度体系》，载《中国高教研究》2020年第9期。
② 熊建辉：《2009年世界高等教育大会公报：高等教育与研究在促进社会变革和发展中的新动力》，载《世界教育信息》2009年第9期。

化的核心价值。当前存在一种与大学评价相关的"数字化"生存现象：一是大学的"数字化生存"，如大学排行、ESI排行、学科评估排行、自然指数排行等高影响力数字；二是大学教师的"数字化生存"，如项目、发表、出版、获奖等高显示度数字。近年来"双一流"建设等重点建设政策在数字提升上绩效明显，不少有较高知名度的榜单上中国大学和教师进步很快，许多数字指标已接近或达到世界一流大学和一流学科的指标，然而，即便如此，这些数字一流的大学公信力不够也是不争的事实，其中一个重要原因在于一流的数字指标缺乏一流的文化价值承载。一流的数字指标必须有一流的文化价值涵养，如此才能不断丰富数字指标的一流内涵，并使数字指标的一流得以不断提升和持久。唯有文化价值的一流与数字指标的一流统一起来了，这才是真正的一流。需要指出的是，一所大学仅有某些学术数字指标的"一流"，而没有将一流人才培养作为大学建设和发展的核心价值和目标，切实做到以高水平的科研来支撑一流人才培养，这种"一流"只会是"失去灵魂的卓越"①。

其次，大学质量文化构建的要旨在于注重文化的内生性。大学质量文化建设注重质量本身的目的性、质量主体的内在自觉性，改变长期以来大学评价的外在性和技术性，使质量管理和质量保障真正成为国家、社会、大学及师生等每一质量主体的内在成长需要，成为质量提升的内在动力，唤醒每一主体的质量意识、质量责任、质量态度和质量道德②。这也是我们为什么特别强调大学内部评价权内含于大学办学自主权之中的重要缘由所在。

再次，大学质量文化构建的根本在于尊重大学发展规律。这就要求依据大学发展规律选择大学质量建设指标，同时，要十分重视非量化的质量指标建设，如大学精神、理念和体制机制等质量建设。值得提及的是，过于量化的质量指标并不一定符合大学发展规律，如对教师的业绩认定与评

① ［美］哈瑞·刘易斯著，候定凯译：《失去灵魂的卓越：哈佛是如何忘记教育宗旨的》，华东师范大学出版社2007年版。
② 刘振天：《为何要提"高等教育质量文化"》，载《光明日报》2016年6月7日。

价往往侧重于简单的量化数字，从而产生了错误的价值导向。乔治·瑞泽在其《社会的麦当劳化》一书中曾指出："把一名教授终身工作的质量还原为一个简单的数字是完全没有道理的。要对一种思想、一种理论或研究发现的质量进行量化看来是不可能的。"而《深化新时代教育评价改革总体方案》提出"推进高校分类评价，引导不同类型高校科学定位，办出特色和水平"，也体现了现代大学发展的规律和方向。

从以上三个方面寻求大学质量文化与大学评价的契合点，从而使两者高度内洽，最终使大学评价成为构建大学质量文化的一种重要载体和途径。

（原载于《江苏高教》2021年第6期，有改动。）

第四节　现代大学制度构建的人文向度

中国教育现代化已经走过一百多年的历史，早期的中国教育现代化是一种比较典型的后发外生型的现代化。在今天新的历史起点上，中国教育现代化进程如何摆脱历史的负累，实现向先发内生型的深刻转型，使中国教育从过去的跟跑到并跑，再到一定意义上的领跑，这是当下中国教育现代化发展的一个重大现实命题。当前，中国正在实施创新驱动发展战略，创新驱动对于中国教育现代化来说，意味着教育现代化发展方式怎样实现转型，也就是从一个内生的角度来创新教育。而创新教育的关键在于制度的改造与变革，这也是教育现代治理的要旨所在。本节着重从教育创新的角度，探讨现代大学制度构建的人文向度。

一、大学制度的人文性

（一）人文性是教育的本质属性

所谓人文，可从两方面来认识，一是从一般意义上说，它指的是"人类社会的各种文化现象"[①]，也就是说人类社会的任何文化现象都可看作是一种人文现象。显然，这一描述性界定对人文所作的是一种事实判断，而非价值判断，我们这里可称之为"事实人文"。二是从价值意义上讲，人文是人类文化中的先进部分和核心部分，即先进的价值观及其规范，其集中体现为：重视人、尊重人、关心人、爱护人。概而言之，人文即一种重视人的文化[②]。显然，对"人文"的这一认识不仅是一种事实描述，更具有鲜明的价值判断，所以，我们也可称之为"价值人文"。

教育作为一种培养人向善的社会活动，从"价值人文"的意义上说，它无疑有一个重要的本质属性，即人文性，如人们常说"没有爱就没有教育"，表达的正是教育的这种人文性。

（二）大学制度是教育人文性的重要载体

制度泛指以规则或运作模式，规范个体行动的一种社会结构[③]。而学校制度，指的是一个国家各级各类教育机构与组织的体系及其管理规则。它主要包括两方面：一是各级各类教育机构与组织的体系；二是教育机构与组织体系赖以存在与运行的一整套规则，如各种各样的教育法律、规则、条例等[④]。实际上，大学制度既涉及学校的内部关系，如学校与教师、学校与学生、教师与学生、学校与院系、学校与学科等诸多关系；也涉及学校的外部关系，如大学与政府的关系、与社会的关系、与家庭的关系等。

[①] 中国社会科学院语言研究所词典编辑室编：《现代汉语词典》，商务出版社1978年版，第952页。

[②] 李明等著：《艺术人文教育概论》，上海交通大学出版社2016年版，第29页。

[③] 夏征农、陈至立主编，谈敏、丛树海编：《大辞海·经济卷》，上海辞书出版社2015年版，第343页

[④] 全国十二所重点师范大学联合编写：《教育学基础》，教育科学出版社2008年版，第94页。

从制度关系而言，学校制度是教育制度的核心部分。关于制度与人文的关系，社会学制度主义主张在更广泛的意义上界定制度，即制度不仅包括正式规则、程序和规范，而且包括为人的行动提供"意义框架"的象征系统、认知模式和道德模块。这种界定打破了制度与文化概念之间的界限，倾向于将文化本身也界定为制度[①]，因此，从这一意义上说，教育的人文性可以通过教育制度来彰显。而大学制度作为大学教育制度的核心部分，大学教育的人文性也主要是通过大学制度的人文性来体现的，或者可以说大学制度是教育人文性的重要载体。

二、现行大学制度构建的人文缺失

（一）功利性政策制度导向中的人文缺失

在我国，高等教育领域普遍存在着一个突出问题，就是没有真正体现学校"以育人为本"这一根本宗旨，而常常为某些功利目标所左右。高校在为"学术GDP"办学，而所谓的"学术GDP"，大都是一些学术或科研导向的各种评估指标和大学排行榜，却不是在为培养人办学，以至游离了教育作为培养人向善的一种社会活动这一本质。为了应对形形色色、名目繁多的评估、大学排行榜，一些高校常常是有针对性地对标这些评估和大学排行榜的指标，不断强化各种量化评价管理制度，以期在学校内部形成动力和压力，来促推学校各项指标数据的提升。在这种"锦标赛"式的评价管理制度的强力驱动下，许多高校从管理部门、教学机构到教师个人，都花费大量的精力和时间追求和达成这些评估和大学排行榜的指标要求，而对人才培养却疏于关注，更遑论深入进行人才培养模式的研究和改革、持续提升人才培养的质量了，以致高校教学与科研"两张皮"的痼疾长期得不到解决。其结果是，虽然一些高校在排行榜上的名次上去了，指标意义

---

① 杨立青：《上下联动与制度变迁：中国文化管理体制创新研究》，广西师范大学出版社2015年版，第51页。

上的"学术GDP"也卓越了，但是育人的质量却可能下降了。这种所谓的"卓越"更像是一种"失去灵魂的卓越"[①]。值得提及的是，这样一种倾向在国际上正遭受愈来愈多的批评，许多国家也开始纠偏。实际上从20世纪80年代以后，国际上对高等教育质量评价从关注可利用资源、学术声望、科研产出等维度，已转向注重高校人才培养的质量与成效。

诚然，我们不能简单地说这些学术或科研导向型的评估指标对大学不重要而无须作此对标，或可以忽视，因为众所周知，现代大学也有一个发展科学的重要职能，而这些指标也往往表征了一些学术发展的前沿和方向，指标的达成无疑对人类发展是有贡献的，但是我们不能唯这些指标，特别是不能忘却大学的人才培养这一根本任务，所以，我们需要特别考虑的一个重要问题，就是如何将人才培养与发展科学，即教学与科研有机结合起来，破解教学与科研"两张皮"这一难题。具体而言，就是怎么把达成这些学术或科研指标的成效，有效地转化为我们大学育人的导向和资源。解决这一问题的关键在于体制机制的改造和变革，真正构建起现代大学制度，如构建和健全立德树人这一根本任务的落实机制，真正解决培养什么样的人、如何培养人、为谁培养人这样一些大学育人的根本问题；构建和完善科研与教学的内洽机制，切实做到用高水平的科研支撑高质量的人才培养等等。

此外，学校教育制度体系的狭隘功利性还表现在，学校教育更多的是为了学生学会生存，学会一种谋生的手段，而疏于学会生活，如广为人们诟病的大学已沦为"制器"的教育，便反映了这一倾向。值得提及的是，《国家中长期教育改革和发展规划纲要（2010—2020年）》特别提出要使学生"学会生存生活"，这里将生存与生活既分开又联系，一个重要意蕴就在于学校教育不仅仅是为了解决学生谋生就业的问题，更要让他们懂得生活和正确理解幸福生活的真正意义，也就是说教育要为学生的终身幸福奠

---

① ［美］哈瑞·刘易斯著，侯定凯等译：《失去灵魂的卓越：哈佛是如何忘记教育宗旨的》，华东师范出版社2007年版，第1页。

基。这样才能真正体现教育的人文性。

（二）"被平庸"政策制度设计中的人文缺失

长期以来我们的教育政策制度设计有一种倾向，就是突出重点、抓"关键少数"。而这种倾向又通过制度性的方式影响学校的公共认同[①]，也正是在这一公共认同中学校客观上被制度性分优劣，这也是在我们的教育政策制度设计里面人文缺失的一个突出问题，如在高等教育领域，从国家到地方都有名目繁多的政策制度工程计划，诸如"985工程""211工程""双一流"建设等政策制度设计，还有高职教育领域的"双高计划"等。事实上，在这些政策制度设计中，不管以何种方式，能进入这些工程或计划的高校通常都比较优秀甚至卓越，而通过这些政策制度设计又使之获得各方面的资源倾斜，占有资源配置上的绝对优势，不难想象这些高校通常会变得更加卓越。应当说，这些政策制度设计对于提升我国高等教育水平，特别是拉近与世界高等教育先进水平的距离发挥了重要作用，但也必须注意到，这些政策制度所关注的高校在整个政策制度的设计里面，往往是占比较少的一部分，像"985工程""211工程""双一流"建设及"双高计划"都是如此。相对于这少部分"被卓越"的高校，如果没有关注全体的政策制度设计跟进和补充，其他大部分高校则在这种"卓越"政策制度设计中极有可能"被平庸"，这种"被平庸"也包括高校中的教师和学生。如果这些高校，包括学校中的教师和学生，自甘平庸，最终可能就真正地平庸起来了。由于"被平庸"往往是多数，"被卓越"则是少数，也就是说这种政策制度设计客观上容易导致小部分学校或人的成功、大部分学校或人的失败感。这确实是我们现在经常看到的一种值得高度关注的现实样态。这种政策制度显然是存在人文缺失的，也有悖于政策制度设计的初衷，所以，我们如何从政策制度设计上，尤其是政策制度体系构建上，既要关注"卓

---

① 公共认同，实际上指的是一种"被认同"，即来自学校以外的认同，它通常包括政府认同和社会认同等诸方面，并主要通过国家的政策制度和社会氛围等方面来体现和表征。

越"少数，也要顾及全体，以形成完整的政策制度体系，从而去改变这样一种"被平庸"的状况，并使这些"被平庸"的高校及成员，做到不甘平庸、追求卓越，这是当前需要认真考虑的问题。

三、现代大学制度构建的人文追寻

（一）现代教育的逻辑起点与人文价值

面对现行大学制度构建中的人文缺失，如何为现代教育确立一个适宜的逻辑起点，为现代教育制度确定一个人文价值坐标，为现代大学制度寻求一个有人文温度的构建路向，应当是当前值得高度关注的一个重大课题。2015年联合国教科文组织发表了具有里程碑意义的报告书《反思教育：向"全球共同利益"的理念转变？》，该报告书道出了一个核心的思想，或者说为现代教育确定了一个新的逻辑起点，即人文主义。如果我们对此报告书作进一步解读，通篇报告表达的核心思想就是教育要"超越狭隘的功利，将能力生存的多个方面融合起来，采取开放的、灵活的、全方位的学习方法为所有人提供发挥自身潜能与实现天赋的机会，实现可持续化的未来，过上有尊严的生活"。从这里可以看到"潜能""天赋""可持续""尊严"等关键词都体现了人文主义情怀。同年，联合国教科文组织发表的《教育2030行动框架》也是以人文主义为指导，彰显了对人的受教育权利、教育公平、个性发展、可持续发展等人文要素的高度关注和强调，如该行动框架概述了如何在国家、地区和全球层面上，动员所有国家和合作伙伴响应教育的可持续发展目标。其中在"教育2030总原则"中指出，"教育是一项基本人权，是一项可行使的权利。为了实现这一权利，国家必须确保普及全纳、公平的优质教育和学习，不让一个人掉队。教育应以人类个性的全面发展，促进相互理解、宽容、友谊与和平为目标"。而"教育2030总目标"中则提出，"确保全纳、公平的优质教育，使人人可以获得终身学习的机会"。作为对《教育2030行动框架》的回应，《中国教育现代化2035》（当时是《中国教育现代化2030》）所言明的指导思想是：面向2030

的教育，更加重视学生的个性化和多样性，应该是更加适合的教育；面向2030的教育，更加关注学生的心灵和幸福，应该是更加人本的教育；面向2030的教育，让所有孩子都能享受到优质教育资源，应该是更加平等的教育；面向2030的教育，强调学习能力的养成和终身教育，是更加可持续的教育①。这里的"适合""人本""平等""可持续"等关键词，同样也充满了一种人文主义的教育情怀。值得注意的是，当前的技术发展，尤其是人工智能对教育教学的影响（包括可能引发教育制度、学校制度的巨大变革）已受到广泛的关注，而人文在其中的重要性也得到重视，如2019年联合国教科文组织发布的《北京共识——人工智能与教育》报告书提出的"人工智能赋能教学和教师""人工智能促进学习和学习评价"，我们必须深刻认识到"人工智能对于未来工作和技能培养的潜在影响""其在重塑教育、教学和学习的核心基础方面的潜力"。这深刻表明人工智能给教育带来的影响不仅是重大的，而且拥有无限的可能。如何面对这一重大的影响和无限的可能，该报告书特别强调了在人工智能使用方面的人文主义取向，"以期保护人权并确保所有人具备在生活、学习和工作中进行有效人机合作以及可持续发展所需的相应价值观和技能"。

现代教育制度的人文价值可根据人文的价值诉求及其与教育本质的关系，从权利、公平、潜能、主体性、可持续五个方面来认识。

第一，作为现代制度的人文价值，应体现对人的权利的高度尊重。这里，我们可与现行制度作一比较：现行制度一个很重要的立足点，往往更强调规约和刚性，也就是制度规约人的行为，告诉制度内的人，他不可以做什么，做什么可能会受到惩罚。而以现代治理为旨趣的现代制度建设的一个基本立足点，则是更强调或者是更重视人文关怀，也就是说制度不仅要告诉制度内的人不可以做什么，更应告诉制度内的人可以做什么，做什么是他的权利，这是一种真正以人为本、以人文为核心价值的制度建设。

---

① 杜占元：《面向2030的教育改革与发展》，载《教育研究》2016年第11期。

在教育领域，如教师拥有专业自主权，使他们享有应有的专业尊严；学生拥有学习选择权，使他们享有自主发展的更大空间。凡此种种，都是教师和学生非常重要的权利。只有通过制度构建使教师和学生充分享有这样一些权利，才能使教育的人文性真正得以彰显。

第二，社会的发展离不开人的发展，有了公平，社会才能为人们的发展提供平等的权利和机会，每个社会成员的生存和发展才有保障，因此，建立起一个公平的制度，是制度人文性的重要彰显。对于教育而言，教育公平是社会公平的重要基石，而教育机会均等是教育公平的核心，也就是如何使每个人都拥有平等的受教育机会，包括入学机会均等、教育过程均等和教育结果均等。还有，教师发展机会的均等也是当前教育领域颇受关注的公平问题，这实际上是一个对教师群体生态有较大影响的人文问题。

第三，人的潜能是巨大的，教育的意义与价值就在于尽可能地去发掘人的潜能，促使人的自我实现，在笔者看来，这也是最高层次的教育人文性。事实上，目前教育对人的潜能的发掘还十分有限，如果因为教育自身的制度局限而使人的潜能得不到最大限度的发掘，这种制度显然不是人文的。

第四，无论是教育者的主体性，还是受教育者的主体性，都在人文性的意蕴之中。如果扩展到教育机构，实际上也有一个主体性问题，如学术自由和学术自治向来被认为是大学永恒不变的原则，这也反映了大学主体性的价值诉求。因此，需要建立起一种制度，来充分彰显人和教育机构的主体性价值。

第五，可持续是从发展意义上而言的，即可持续发展就是要超越人或组织的某些功利目标，着眼于追求长远目标和终极价值。教育本身是一个百年树人的永恒事业，其终极价值就在于要为学生的终身幸福奠基，无疑这最能体现教育的人文性。不论是教育通过培养人来促进社会的可持续发展，还是教育自身的可持续发展，都表明了可持续在教育上的人文价值。

由此可见，在今天这样一个时代，现代大学制度构建必须充分体现人文主义这一现代教育的基本逻辑起点，从公平、权利、潜能、主体性、可持续等现代人文价值上，来深刻彰显教育的人文性。

（二）现代大学制度构建的人文路向

针对现行大学制度存在的问题，基于现代治理的角度，笔者从以下五个方面来探讨现代大学制度构建的人文路向。

1. 竞争制度中的人文

竞争，可分为个体间竞争与群体间竞争两种。个体间的竞争过去指"每个参与者不惜牺牲他人利益，最大限度地获得个人利益的行为，目的在于追求富有吸引力的目标"[1]。群体间的竞争也可作类似的诠释。由此看来，竞争似乎很难与人文这一概念关联起来，因为在这样一种竞争中，竞争各方都站在自身的利益立场，来进行你上我下的竞争。显然，这种竞争不是人文的，当然也不会是一种良性竞争。那么，什么样的竞争才是一种人文的良性竞争呢？这主要可从两方面来认识。一方面，竞争能使人振奋精神，奋发进取，特别是处于竞争条件下，人们的自尊需要和自我实现的需要更为强烈[2]，那么通过竞争尽可能帮助人们人尽其才，满足自尊需要和自我实现的需要。应当说，成就人或成就一个事业是一种很高境界的人文关怀。另一方面，竞争中的合作也是不可或缺的，这就是所谓的竞合。在一种良性的竞合状态下，竞争与合作相互依赖、相辅相成，缺一不可。"高尚的竞争是一切卓越才能的源泉"[3]。竞争是现实社会中的一种客观样态，关键在于竞争怎样建立，使其"高尚"的一面得到充分体现，"恶"的一面受到限制。而且有实验表明，人们可能更倾向于竞争（"囚犯困境"实验[4]）。

如何构建一种人文的良性竞争制度是现代大学制度构建的一项重大课题。不论是功利性的政策制度导向，还是"被平庸"的政策制度设计，都

---

① 雷开春主编：《社会心理学新编》，复旦大学出版社2016年版，第231页。

② 雷开春主编：《社会心理学新编》，复旦大学出版社2016年版，第218页。

③ 杨俊一等著：《制度哲学导论：制度变迁与社会发展》，上海大学出版社2005年版，第170页。

④ 俞国良：《简明社会心理学》，开明出版社2012年版，第238页。

不利于人文的良性竞争制度的建立，反而容易激发竞争中"恶"的一面。对于高等教育而言，要建立起一种人文的良性竞争制度，可从以下几个方面着手：一是分层类竞争机制，即不同层类的高校设计各自的竞争制度，遵循各自的竞争规则，如研究型大学彼此之间展开竞争，应用型高校也在同类型高校间竞争，这种竞争更能体现竞争的合理性和公平性，也更有助于各层类高校各安其位、特色发展、争创一流。美国有4000多所高校，分为不同层类，尽管激烈的竞争是美国高等教育长期雄霸世界的三大法宝之一[①]，但这种竞争常常发生在同层类的高校，不同层类的高校是不竞争的。对于个体而言也是如此，如教师的职称制度在相当意义上是一种竞争制度，长期以来我们实行的是单一的或主要的以学术为导向的教师职称评聘制度，这也是导致教学与科研"两张皮"的重要原因。近年来，许多高校实施教师分类评聘职称制度，即以教学类职称、教学科研类职称和科研类职称来分类进行职称评聘，这不仅更加科学合理，而且更加公平，更能体现这一竞争制度的人文性。二是竞争中的动态身份机制，不论是对于机构还是个体，其竞争往往是为了获得一种社会身份，因为社会身份是与各种资源配置和流向紧密关联的，所以，高校为获得某种社会身份而展开竞争。而一旦通过竞争获得的身份被固化，又失去了竞争制度原有的激发活力的功能，同时这种固化对于高等教育体系来说也有失公平而导致人文缺失。为此，需要建立竞争中的动态身份机制，比如在"双一流"建设中，与以往高等教育领域的一些重点建设工程所不同的是，它特别强调高校竞争中的动态身份，无疑这有利于人文的良性竞争制度的构建，因为只有动态身份，才能持续地激发高校的活力，才能最大限度地"成就"高校，从而也能更好地体现其公平性。对于个体同样如此，比如当前高校教师的职称评聘制度改革，一个重要方向便是着眼于动态身份，因为只有动态身份，才能不断激活教师群体和最大限度地发掘教师个体的潜能和"成就"

---

① ［美］德里克·博克著，乔佳义编译：《美国高等教育》，北京师范大学出版社1991年版，第8页。

教师个体，由此也体现出最大的人文关怀。三是适当把握竞争的"度"，这是人文的良性竞争制度构建的另一重要因素。当前，在高等教育领域存在着过度竞争与竞争不足并存的状况。一方面，大学组织的性质、使命、职能及成员特点，决定了其偏好于相对宽松的组织环境，即一种"有组织无政府状态"①，所以，过度竞争并不适合于大学组织的人文诉求；另一方面，缺失竞争、安于现状又是中国大学制度的一种历史样态，也常常被认为是大学缺乏活力的根源之一，因此，基于以上两方面，政策制度设计需要着眼于当前过度竞争和竞争不足的状况适当把握好竞争的"度"。值得提及的是，设计一个竞争适度、承载人文的良性竞争制度，同样需要考虑高校的层类情况，需要设计分层类的竞争制度，这样才能体现竞争的公平与合理。

人文的良性竞争制度构建还有一个关键要素，那就是如何处理好竞争与合作的关系，如果说竞争对于高校发展是必不可少的，那么合作也是现代高校的一个重要特征，缺失合作的高校必缺乏人文，特别是竞争与合作的平衡与协调关系对于高校发展至关重要，这也是人文的良性竞争制度的重要表征。当前高校的制度设计往往存在竞争有余、合作不足的现象。如现行高校的科研制度是一个比较强调竞争的制度，其中对科研项目或成果的认定制度，大都是只认定项目或成果的第一主持人或署名人。这种认定制度显然不利于合作，也是存在人文缺失的。尤其是在团队建设在高校发展中日益重要并受到高度重视的今天，更需要建立起利于促进合作，并使竞争与合作能够平衡与协调的体制机制。

2. 民主管理制度中的人文

民主管理是现代治理的一个核心要素和重要表征，它主张符合人们的心理要求或"以人为本"的管理思想，认为管理旨在唤醒人的主体意识，弘扬人的主体精神，发挥人的主体能力，并强调多元参与、共同治理，因

---

① ［美］迈克尔·D. 科恩、［美］詹姆斯·G. 马奇著，郝瑜主译：《大学校长及其领导艺术：美国大学校长研究》，中国海洋大学出版社2006年版，第213页。

此，民主管理的一个重要特性就是人文性。民主管理制度的构建除了能够集思广益、有利于科学决策外，还有一个很重要的功能，就是其人文价值的践行与实现。

从高校内部管理来说，怎样激发教师和学生在学校办学过程中的主体意识、主体精神和主体能力是当前高校制度建设的一个重要问题。应当说，民主管理制度有助于教师和学生获得主人翁感，因为民主管理制度的一个核心，就是教师、学生参与管理和自主管理，体现平等的理念，让教师在民主参与中增强主人翁意识，从而使教师的思想境界得到升华。现在很多高校都有一些民主管理制度，如教职工代表大会制度、学生代表大会制度、学术委员会制度、教授委员会制度等，但不可否认，这些制度在不少高校仅仅是一种虚设的形式，并没有切实体现出民主精神。当然这里有制度设计本身的缺陷，如组织机构职责模糊、角色不清，同时也有人为因素，使得这些制度"有意"虚化或悬置，因此，如何使民主管理制度更加科学合理，特别是切实落实制度中的责、权、利，是民主管理制度更好地发挥其功能和作用、更好地体现制度的人文性的关键所在。

对于整个高等教育系统而言，民主管理及其人文性主要体现在政府的"放管服"改革上，特别是通过扩大和落实高校办学自主权，激发基层高校的积极性、主动性，增强高校的主体意识和责任感，这既是民主管理的要旨所在，同时也能够彰显其人文性。

3. 教师制度中的人文

教师制度主要指的是国家、省（市）等层面和高校内部的专门有关教师发展与管理等方面的政策制度，之所以专门论及这一制度，主要因为这些政策制度直接关涉人（教师），所以其人文性就显得尤其重要。为此，下面选择两个有关教师专门制度的问题来作一考察。

（1）教师荣誉制度的人文性。党的十八大报告提出了一个十分重要的观点，即"增强教师教书育人的荣誉感和责任感"。值得关注的是，与以往只提责任感而少提荣誉感不同，这里将教师的荣誉感与责任感相提并论，这实质上蕴含了教师的荣誉感与责任感两者的密切关联，尤其是教师的荣誉感对其责任感的生成、维持和强化所起到的至关重要的作用。长期以来，我们对教师赋予了更多的责任和使命，但对教师的荣誉感却相对疏忽，尤其在现实中较为虚化。缺乏荣誉感的所谓的教师责任感，那只是在外在规约和压力下形成的"被责任"的责任感，不具有内生性，必然难以真正形成追求职业卓越的责任感和责任行为。教师只有获得职业的荣誉感，才有可能真正产生带有使命感的责任感，并转化为自觉主动、追求卓越的责任行为。

应当说教师的荣誉制度很多，从国家层面到地方层面再到学校层面都有不少，但普遍存在荣誉过度或荣誉不足的现象：一方面，有些教师如学科带头人荣誉过多，从国家的、省的，到学校的，各种荣誉集于一身，而实际上这少数教师对有些荣誉已经是一种无感状态；另一方面，大多数教师，特别是普通教师、年轻教师，他们又缺失能对其职业生涯给予激励的荣誉以致缺乏荣誉感，在这样一种制度状态下这些教师很可能就"被平庸"了，直至真正平庸。很显然，这种荣誉过度与荣誉缺失的制度现象是存在人文缺失的。导致这一制度现象的一个重要原因，就是制度体系的不完善，即荣誉"有制度、无体系"，因此，需要从制度的体系完善着手，使每一位教师在其职业生涯的每一个成长阶段，都能够获得应有的、及时的激励，这对他们的成长和发展是很重要的。毫无疑问，这种制度体系的完善也是制度人文性的重要体现。

（2）教师专业发展制度的人文性。对于教师专业发展问题，更多的时候我们是从利他的角度来考虑的，也就是通过促进教师的专业发展，使他们能更好地履行教书育人的天职，从而提高教育教学质量，而从利己的角度考虑得比较少，如教师专业发展除了有助于提高教育教学质量外，还能够帮助教师克服职业倦怠，增强其岗位的幸福感、事业的成就感、社会的荣誉感等。教师专业发展的利他和利己是相辅相成、不能偏废的，在教师专业发展制度中要充分体现这一点。在我们传统的观念里面，对教师有一个说法，就是"春蚕到死丝方尽，蜡炬成灰泪始干"。这一点如果作为一种教师奉献精神来倡导并无问题，甘于奉献也是当前值得大力弘扬的一种高尚师德，但若设计一种制度以此为理念，且结果也真的如此，显然是不人文的，所以，在教师专业发展制度建设上一定要建立起利他和利己相互联系、良性互动的机制，让点亮学生的前程与激扬教师的生命相辅相成。唯有如此，才是一种真正具有人文情怀的制度。

4. 评价制度中的人文

评价制度对于高校和高校内的人都是高利益相关，它既是一种管理手段，同时也是一种发展导向。过去那种"一把尺子量到底"来评价所有高校和人的"一刀切"的评价方式，不仅不科学、不合理、不公平，而且也不利于高校特色的形成和个体个性的张扬，自然也就不是人文的。而评价制度中的人文，最为重要的就是通过建立和完善高校分类发展的多元评价制度来体现制度的人文性。这里有一个值得深入探讨的问题，就是我们一直在强调要办好人民满意的教育，那么，什么才是人民满意的教育呢？那就是"让每个孩子都成为社会的有用之才"，如果我们的高校，我们的高等教育体系，真正能够使我们每个孩子都成为社会的有用之才，这样的教育必然是让人民满意的。而要使每个孩子都成为社会的有用之才，除了高校自身的努力外，还有一个很重要的方面，那就是需要确立多元的成才观、人才观。如果我们的成才观、人才观，特别是我们对人才的评价还是依据过去那种传统精英型的单一的成才观、人才观，那么"让每个孩子都成为社会的有用之才"实际上是一个难以成立的伪命题，因此，这就必须建立起一种多元评价制度，它的核心价值和导向便是"人人皆可成功，校校皆可卓越"。在这样一种多元评价制度的引导和推动下，不论是何种层级的高校，都可以通过创新人才培养机制，办出特色、争创一流。

5. 课程制度中的人文

课程制度是学校制度的一个基本单元，大学制度的人文性在相当程度上都要落脚在课程制度上，其中选课制的建立是一个与此相关的标志性事件。1869年，埃利奥特（William Eliot）担任哈佛大学校长。他认为，每个学生天生的爱好和特殊的才能，都应当在教育中受到尊重。只有充分发挥学生独特才能的课程，才是最有价值的课程。而选课制能满足学生个人的不同兴趣，激发学生的内在动机，从而能够最大限度地提高学习质量，因此，他主张给学生学习上选择的自由，使学生在所擅长的学科上有施展才能的机会，促使学生的学习从被动的行为转化为自主的行为，从而使学生从对教师的依赖和从属关系中解放出来。正是在埃利奥特的领导和推动下，哈佛大学全面实行选修制①。从这一选课制改革的初衷，到实施过程，都力图体现和反映尊重人的个性、自主性，注重发掘学生的潜能等这些人文特性。正因如此，这一课程制度在世界范围里产生广泛、持久的影响，也为许多国家所借鉴和仿效。在我国，无论是学分制改革还是选课制改革都进行过多年的尝试，但毋庸讳言，在许多高校这一改革及成效并不尽如人意。这除了受制于高等教育整个制度体系，以及文化传统等一些因素外，还有一个重要原因是没有抓住改革中的主要矛盾、真正体现选课制最具人文性的"以生为本"和"以学生为中心"这一根本。选课制的一个重要前提，就是要有足够的课程给学生选修，而如何建设和组织课程便成为关键。这里有两个立足点：一个是以教师的专长为依据来建设和组织选修课程，另一个是以学生的兴趣爱好即学生的个性需求为依据来建设和组织选修课程；在不少高校，现行的选课制往往是从前一个立足点出发，而没有充分考虑学生的兴趣爱好、尊重他们的个性和自主性，因此，如何围绕学生的兴趣爱好即学生的个性需求，建设和组织课程，确立真正能体现"以学生为中心"的选课制，是学分制改革的出路，也是课程制度人文性的发展方向。

值得特别提及的是，现代大学制度的人文彰显，很大程度上取决于政策制度设计的细微之处，而一旦政策制度确立，不折不扣地实施与落实则

---

① 赵长林、董泉增：《哈佛大学的课程改革及其启示》，载《清华大学教育研究》2000年第1期。

尤为关键。至于现代大学制度的人文建设要选择什么样的制度变迁方式，新制度主义的制度变迁理论曾给出了诱致性变迁与强制性变迁两种选择。在笔者看来，就中国的国情、高等教育的体制特征及大学制度的人文现实而言，当前可能更需要一种自上而下的强制性制度变迁。而在这种制度变迁过程中，法治思维是必不可少的，法治是不可缺席的。

（原载于《中国高教研究》2020年第5期，有改动。）

第九章

"双一流"建设

第一节 世界一流大学与一流学科建设孰重孰轻

2015年10月，国务院印发《统筹推进世界一流大学和一流学科建设总体方案》（以下简称《总体方案》），提出在"211工程""985工程"以及"优势学科创新平台"和"特色重点学科项目"等重点建设的基础上，经过若干年努力推动一批高水平大学和学科进入世界一流行列或前列，实现我国从高等教育大国到高等教育强国的历史性跨越。

"双一流"建设的制度设计有两大特点：一是在建设目标上将大学建设分类为大学的一流建设和学科的一流建设；二是建设的体制机制方面更注重建设绩效、激发高校内生动力和发展活力等。应当说，"双一流"建设是新时期我国高等教育分类发展的新形态，也是政府发展高等教育政策的新导向。实际上，"双一流"建设这一新形态和新导向隐喻了这样一个现实命题：大学建设与学科建设既相关联又不相同，其中的"关联"表现在要"坚持以学科为基础"，而"不相同"更多表达的是一种大学分类发展的建设思路，或者准确地说是一种"形而下"的建设方略。这就提出了一个十分重要的问题：世界一流大学与一流学科的关系问题，而这一关系又与"双一流"建设的关系相联系。

众所周知，"一流大学"和"一流学科"是一个比较的概念，也即它们是从大学之间比较得出的。而要"比较"就得有一个比较对象和比较范围，所以也就有了所谓的"世界一流""国内一流"等表述。具体而言，形式意义上的世界一流大学和一流学科源于大学排行榜，即在人为设定的指标体系下排名靠前的大学和学科①，因此从这一意义上说，世界一流大学和一流学科在很大程度上是被形形色色的大学排行榜排出来的。这也是本节选择大学排行榜作为分析世界一流大学和一流学科关系的主要依据。

一、对世界一流大学与一流学科关系的认识

从一般意义来说，大学与学科的关系是比较明晰的，而大学建设与学科建设的关系也具共识，一言以蔽之："学科建设是大学建设发展的龙头。"显然，从这一认识可解读出大学建设与学科建设的高度一致性。对于世界一流大学与一流学科的关系问题的认识，也与一般意义上大学与学科的关系认识并无太大差别。对于什么是世界一流大学这一问题，可选择曾担任过著名大学的校长和世界一流大学研究学者等几个有代表性的认识作一考察。

如牛津大学前校长柯林·卢卡斯认为世界一流大学主要依靠声望、知名学者、学术成就，且在各个领域都能表现卓越，但拥有诺贝尔奖获得者不能代表大学目前的发展的水平②。北京大学前校长陈佳洱认为，美国的哈佛、麻省、斯坦福，英国的牛津、剑桥，日本的京都、东京大学，是世界一流大学，这些大学培养了无数杰出人才，为国家经济社会发展作出了重大贡献③。以上认识虽不尽相同，但至少在以下两方面是比较共同的：一是世界一流大学与学科是密切关联的，除了标明"世界一流的学科"这样的直接关联外，教师、课程、科研成果、学生质量等也都是学科的要素；二是对世界一流大学的认定，跟大学排行榜有较大的关系，如在世界大学排行榜的前多少名才被认定为世界一流大学。

---

① 李志民：《关于建设世界一流大学的"冷"思考》，载《中国高教科技》2016年第Z1期。

② ［英］柯林·卢卡斯：《世界一流大学要保持文理平衡》，载《科技日报》2001年6月2日。

③ 陈佳洱：《创建一流大学，培养创新人才》，载《中国高等教育》1999年第3期。

对于世界一流大学与学科的实然状态，本节选取上海交通大学世界大学学术排行榜（ARWU）、学科领域排行榜（ARWU-FIELD）；《泰晤士高等教育》（THE）世界大学排行榜、学科排行榜；QS世界大学排行榜、学科排行榜，对其发布的前100名的大学及学科进行考察，通过对比分析可得出以下几点结论。

第一，世界一流大学必然有一流学科作为支撑，一流学科建设是世界一流大学建设的基础。

从大学排行榜排出的世界一流大学与一流学科的现实样态来看，不论是何种大学排行榜，虽然大学排名与学科排名的名次，未必是一一对应关系，但总体来说呈正相关趋势发展，换言之，学科排名靠前的大学，大学排名一般来说也相对比较靠前，反之亦然。由此来说，一流学科是世界一流大学的基础。

实际上，从三大排行榜所设计的指标也可看出大学排行与学科排行密切相关：上海交通大学排行榜中诺贝尔奖和菲尔兹奖校友、教师折合数，各学科领域被引用次数最高的科学家数，在《Nature》和《Science》上发表论文的折合数，被科学引文索引（SCIE）和社会科学引文索引（SSCI）收录的论文数量；《泰晤士高等教育》排行榜中论文引用率及工业收入；QS排行榜中教师论文引用率。无论是诺贝尔奖（和平奖除外）还是菲尔兹奖都是授予在某些学科领域中做出杰出贡献的学者；论文数量及引用率，这些指标也都是在特定学科领域中取得的科研成果，也就是说，世界大学排行榜指标中的学科因子在一定程度上影响着世界一流大学的排名位次，学科水平提高了，这些相关指标的得分也会提高，世界排名位次就会随之上升。

前100名的大学，其学科不一定都能进入学科世界排行前100，如在上海交通大学排行榜中，世界前100名的大学中，有20所大学的理科、工科、生命科学、医科、社会科学同时进入学科排行世界前100，其他80所大学却不是所有学科都能进入学科世界排名前100，如洛克菲勒大学、日内瓦大学等，虽然大学排名比较靠前，但都有不少学科排在100名以外。再如，在《泰晤士高等教育》排行榜中，有19所大学的自然科学、工程与技术学科、社会科学、生命科学、艺术和人文、临床—预防—健康学同时进入世界前100名，其他81所大学不是所有学科都能进入世界前100名，即使是排位第一的加州理工学院，其艺术和人文学科、临床—预防—健康学都未能进入前100名。在QS排行榜中，没有任何一所大学的所有学科全部进入世界前100名，例如，有10所大学的艺术与人文学科不是世界一流学科，12所大学的工程与技术学科也不是世界一流学科。

第二，世界一流大学既与一流学科的数量关系密切，也取决于一流学科的质量。

纵观三大排行榜排名前100的大学，有的大学，尽管一流学科的数量不多，但并不影响其进入一流大学的行列。以7所同时进入了三大排行榜前10名的世界顶尖大学为例，其中有5所为综合性大学——哈佛大学、斯坦福大学、剑桥大学、牛津大学、芝加哥大学，2所为理工学院——麻省理工学院与加州理工学院。这些世界顶尖大学的非一流学科都占到了一定的比重，仍然不影响其进入世界顶尖大学的行列。这也在相当程度上说明一流学科的质量（包括学科科类、学科排名等状况）对于大学排名有时起着决定性作用，如在QS排行榜中，加州理工学院的艺术与人文学科不是一流学科（100名以外），社会科学的排位也不靠前（39名），但它的自然科学、工程与技术学科、生命科学分别排在第1、2、5名。在《泰晤士高等教育》排行榜中，有5所进入前100的大学虽然只有一个学科领域进入世界前100名，但是学科排位都比较靠前：伦敦政治经济学院的社会科学排位第12名，卡罗林斯卡学院的临床—预防—健康学排位第13名；荷兰的瓦格宁根大学的生命科学排位第16名；美国的埃默里大学的临床—预防—健康学排位第38名，麦克马斯特大学的临床—预防—健康学排位第27名。

二、中国大学一流大学与一流学科建设的主要路向

如前所述，中国"双一流"建设实际上也涉及世界一流大学与一流学科关系问题，但这是在一种特定的政策话语背景下的关系认识，似乎与一般意义上的认识又有些许别样。这个"别样"主要是对"双一流"的建设对象作出一些策略上的划分，如有些大学要瞄准世界一流大学而建设，而有的大学则主要是致力于一流学科建设。这一策略上的划分也释放出以下信息：世界一流大学建设与一流学科建设还不是一回事，需要区别对待。如果这种"区别对待"仅仅是出于资金资源投入上的"有限目标"及其绩效考核的针对性等策略方面的考量（因为资金资源总是"有限"的，从而决定了一定时期目标的"有限"），可以说无可厚非，甚至是必需的，但若因此把世界一流大学与一流学科及其建设人为地割裂开来，不仅在学理上难以说得通，而且对建设世界一流大学和一流学科的实践也可能产生误导，最终不利于"双一流"建设及其目标的达成。故而，当前亟须从认识层面上进一步明确世界一流大学与一流学科的内在本质联系和"双一流"建设的一体联动关系，避免政策的误读；从实践层面上也要精准把握和正确理解"双一流"建设政策释放出的信息，力求避免由于误读政策而出现的行动误导，始终"坚持以学科为基础"，牢牢抓住学科建设这一龙头，来促进和带动大学的全面建设和发展。

通过对世界一流大学与一流学科关系的实然状态的简要分析，实际上也为如何思考世界一流大学与一流学科建设关系提供了一个基本向度，即以一流学科建设为基础，推进世界一流大学建设。当一流学科的建设成果丰富到"一定程度"时，世界一流大学便成为水到渠成的事。而所谓的"一定程度"，既有数量上的意义，即通过建设，世界一流学科达到一定数量以后，大学便自然可成为世界一流的大学；同时也有非数量上的意义，从对世界一流大学与一流学科关系的状态分析中也可看出，有些大学虽一流学科不多，但仍能跻身于世界一流大学甚至顶尖大学之列。这一非数量意

义的"一定程度",实际上也昭示了建设世界一流大学的不同选择和多样选择,即如何根据各大学的性质与定位来选择重点建设的学科及其路径①,正如《总体方案》所指出的"高校要根据自身实际,合理选择一流大学和一流学科建设路径"。

此外,世界一流大学和一流学科建设需要一个可依据的标准以明确和引导建设方向,而大学排行榜的指标便可以是这样一个标准,但由于各大学排行榜的指标存在一定的差异,大学的排名也不尽相同,如进入《泰晤士高等教育》世界大学排行榜前100名的中国大学有4所,进入QS前100名的中国大学有9所,而在上海交通大学的排行榜中,却没有中国大学进入前100名。应当说,大学排行榜的指标差异,实际上反映了对现代大学建设的认识及其价值理性的不同,因此,在世界一流大学和一流学科建设过程中,选择大学排行榜或指标就显得尤其重要。笔者认为,对大学排行榜的选择,其主要依据在于排行榜所设立的指标是否符合现代大学发展的方向,是否遵循了现代高等教育发展的规律。当前一些大学在选择对标的排行榜时往往依据的是该排行榜是否将其排名靠前、是否有利,这种选择取向对于建设世界一流大学和一流学科显然是无益的。值得提及的是,大学排行榜并不能将一些大学内涵发展状态的因素排位出来,如体制机制、大学文化等内涵因素是难以用量化方式作简单排名的,而这些内涵因素对于一流大学建设又是十分重要的,这也是把大学排行榜作为世界一流大学和一流学科建设的目标方向的缺陷所在,且是需要特别注意的地方。

(原载于《探索与争鸣》2016年第7期,有改动。)

---

① 丁钢、陈先哲:《建设世界一流大学,中国向何处去?——丁钢教授访谈录》,载《现代教育论丛》2014年第4期。

第二节 "双一流"建设亟须探讨的若干问题

"双一流"建设已成为我国高等教育改革发展的一项重大战略。在"双一流"名单正式公布、"双一流"建设掀起新高潮之际，如何从理性的角度进一步审视和探讨"双一流"建设的一些问题，对于"双一流"建设这一重大战略的实施显得尤为重要。

一、建立"双一流"建设的分类体系，以一流学科建设引领健全学科生态体系

"双一流"建设是我国高等教育重点建设政策在新时期的新样态、新导向。如果说这一新政策必将促进入选大学和学科的质量不断提升，尽快达到世界一流水平，那么如何通过"双一流"建设带来高等教育体系的整体优化，真正建立起具有中国特色的良性有序、分类发展、充满生机活力的高等教育生态体系，无疑是当前我国高等教育改革发展面临的一个重大课题。而对具体的大学而言，则需要通过一流学科的建设来引领健全学科生态体系，从而带动学校的整体发展。显然，这也是在高等教育发展领域中一种抓"关键少数"的重要策略。

必须指出的是，从世界范围来看，不同类型的大学建设一流大学的路径并不相同，一流学科建设的策略选择也不一致，因为对于不同类型的大学来说，学科分布是不同的，优势学科、特色学科也有所不同。这便决定了一流大学和一流学科建设呈现出大学及学科类型的多样化、特色化与差

异化发展态势。

中国大学及其学科建设，同样应选择多样化、特色化与差异化建设策略。进入"双一流"建设的不同类型高校，包括高水平研究型大学、新型研究型大学、学科实力较强的高校等，都要把握"双一流"建设的特征与规律，寻求符合各自实际的建设与发展路径。而从国家层面而言，则需构建起"双一流"建设的分类体系，以便引导高校精准定位、分类建设。

还有一个问题，就是厘清高校一流学科与非一流学科建设的关系，促使学科建设协同化。对于一所大学而言，不是所有的学科都是一流学科或都要建成一流学科，除了一流学科外，还有大量的非一流学科，它们如何建设与发展，不仅关系到这些学科自身，而且关系到"双一流"建设乃至整个高等教育系统的建设与发展。当前一些大学在"双一流"建设中组建跨学科的学科群，学科群中既有一流学科，也有非一流学科，这不失为协同高校学科与一流学科建设关系的有效途径，但需要指出的是，这种学科群的组建必须建立在各学科间有着内在学理联系的基础上，并且能真正体现出学科交叉和融合的发展方向与趋势，而不是简单地"拉郎配"、拼凑起一个学科群，更不是为了借此扩大高校的一流学科资源的覆盖面（这种扩大只是形式意义上的扩大，而非实质性的扩大）。如果是后者，显然违背了现代大学的发展规律，最终也建不成"双一流"。

研究表明，世界一流大学既与一流学科的数量多少有关，同时也与一流学科的质量优劣有关。许多情况下，大学与其将一流学科的量做"多"，不如将其质做"优"。那么，如何选择做"优"的学科呢？大学要选择那些既满足和适应国家和社会重大需求、又反映学校发展特色和优势的学科重点建设，同时，大学还应注意从交叉学科、综合学科、新兴学科的角度来寻求学科发展的新生长点。

值得注意的是，当前"双一流"建设主要是研究型的"双一流"建设，而多数非研究型大学实际上也有一个"双一流"建设的问题。如何为这些并非不重要的"多数"研制相应的政策并作出适当的制度安排，特别是在建构"双一流"建设分类体系的同时完善我国高校分类体系，对于良性健全的高等教育生态系统建设是至关重要的。

二、把握高等教育发展的中国"基因"，构建"双一流"建设的"中国模式"

依据中国高等教育现阶段发展状况，如何精准把握高校的中国"基因"，真正扎根中国大地办社会主义大学，是当前"双一流"建设迫切需要解答的问题。由于"双一流"建设定位的"世界性"，且对标的往往是国外世界一流大学和一些国际上有影响的大学排行榜指标，这就难免使人们更多关注其国际性，而相对忽视其应有的本土性。

"在任何国家，大学都是敏锐反映本国历史和特性的一面可靠镜子"。综观现代意义上的高等教育发展史，从中世纪的大学到近现代大学，许多大学通过走特色化道路，从小到大，从弱到强，不少成了世界一流大学。而自民族国家出现以后，一个民族国家的高等教育的强盛也是与其走本国特色化发展道路分不开的。世界高等教育中心和学术中心的转移，以及高校社会职能的变化和发展，无不体现了高等教育发展的这一特征，如洪堡的"教学与科研相结合"的办学模式，使当时的柏林大学取得了极大的成功，成为许多国家效仿的样板，也使德国的高等教育赢得了"现代高等教育的楷模"的美誉，正因如此，世界高等教育的中心和学术中心从英国转移到了德国，而且同时，科学研究也成为大学的一项重要职能。美国作为高等教育的后起之秀，一方面它注意借鉴德国研究型大学的模式并进行符合本国国情的创新；另一方面"莫里尔法案"的颁布促进了美国农工职业技术教育的发展，使大学开始着力于为工农业生产服务。范海斯等创立的"威斯康星理念"则使大学回应和服务国家、地方的社会需求得到充分彰显，从此美国走出了一条有别于其他国家的现代高等教育发展之路，成就了至今美国仍引以为傲的许多世界一流大学，世界高等教育的中心也开始向美国转移，美国逐渐成为世界高等教育第一强国，同时大学直接为社会服务的职能也得以确立。由此可见,一个国家找准高等教育发展的本国"基因",走特色化发展的改革创新之路,最终这个国家的高等教育将迈向辉煌,这是现代高等教育发展的一个重要规律。从这一意义上说,"双一流"建设的中国特色与世界水平不仅不是对立的,而且具有内在的高度一致性。

当前,如何为"双一流"建设寻求和把准高等教育发展的"中国基因",特别是如何将高等教育发展的"中国基因"有效转化为"双一流"建设的"中国模式",从而达成"中国特色、世界水平"的"双一流"建设目标,是高等教育必须面对的重大课题。首先,我们必须回答"什么是高等教育的中国基因"这一问题。概括而言,高等教育发展的"中国基因"应包括政治思想基因、文化传统基因、国家需求基因等。所谓政治思想基因,这是由教育的政治属性和政治功能所决定的,具体体现在大学的立德树人目标上,即立什么德、树什么人。我们办的是中国特色社会主义大学,培养德智体美劳全面发展的社会主义建设者和接班人。要坚持不懈传播马克思主义科学理论,抓好马克思主义理论教育,为学生一生成长奠定科学的思想基础。要坚持不懈培育和弘扬社会主义核心价值观,引导广大师生做社会主义核心价值观的坚定信仰者、积极传播者、模范践行者。

文化传统基因实际上是一种遗传基因,是国家优秀的文化传统,是一个国家得以生生不息的宝贵财富,它时刻影响着国家发展的方方面面,尤其是像大学这样特殊的文化机构。一所大学也有其发展历史,且这个发展历史与国家文化传统是息息相关的。在大学历史的发展长河中,伴随着国家发展、社会变迁,大学制度、大学体系、大学文化等在这个国家落地生根。在"双一流"建设中,我们一方面要倍加珍视我国大学的文化传统,对那些优秀的文化传统,不仅要继承,而且要发扬光大;对一些不合时宜的历史传统,要进行符合时代发展需要的改造,赋予其时代的内涵。

国家需求基因是与时代环境高度关联的,也就是说,不同国家在对大学的需求上是有差异的。一个国家特定的社会需求,决定了大学建设和发展的方向,比如我国行业特色型大学(地质、矿业、石油、电力、钢铁等独立建制的大学）就是应国家特定的社会需求而产生、发展和壮大起来的。我国高等师范教育系统今天仍然坚持独立建制的主体地位，显然是为了适应和满足我国教育现代化发展的重大战略需求，同时又是国情使然。近年来，我们在高等教育改革发展中特别强调大学建设和改革发展要以国家和社会重大战略需求为重，正是重视国家需求这一"中国基因"的重要体现。

应当说，所有这些高等教育发展的"中国基因"，都需要通过大学的培养目标、课程教学、制度环境、师资等各个方面得以承载和彰显。

三、破除"身份"固化，构建充满活力的"双一流"建设的生态机制

身份、注重绩效是出台这一新政策的初衷之一。这就涉及如何看待大学及高校系统的身份问题。

长期以来，我国高等教育发展政策的一个特征，就是根据组织（大学）既有的"身份"来确定拥有什么样的地位及获得相应的资源配置，同时，这种身份往往是相对固化的，没有竞争机制，因而缺乏动态流动。无须讳言，这种"重身份论"甚至"唯身份论"的资源配置方式，加之身份的固化，在一定程度上抑制了高等教育发展的活力。

因此，我们必须革除过往的"身份论"弊端，使"身份"不仅成为给予高等教育"秩序和结构"的不可缺少的重要因素，而且也真正成为大学发展的内在动力。应当说，作为一种新的高等教育改革政策，"双一流"制度设计言明的重要旨趣之一，就是试图破除这种长期的"身份"固化，特别是"唯身份论"，其中的一个重要旨趣就在于"双一流"建设的动态身份机制，即破除身份固化，而不是简单地去"身份化"，同时注重充分发挥"身份"的激励和导向功能。

四、强化"双一流"的价值建设，形成能促使大学持续发展的大学文化

"双一流"建设路径选择既需要一种事实判断，更需要一种价值判断。所谓事实判断，更多着眼于一流大学的量化指标的达成，而价值判断则强调大学的发展方向和终极价值。实际上，大学建设和发展中事实判断与价值判断有着内在的必然联系，而且两者往往也难以分开，也就是说事实判断中有价值引导，而价值判断则常常以事实判断为依据。"双一流"建设须选择反映现代大学的现代价值的指标导向，尤其应注意选择与现代大学发展方向和规律相一致的指标导向，同时，"双一流"建设要十分重视非量化指标性的一流建设，如大学精神、大学文化、现代大学制度等，尤其是通过完善高校内部治理结构形成调动各方积极参与的长效建设机制。

一流大学必须有一流的文化。"双一流"建设必须有文化的承载，有文化的底蕴。建设一流大学涉及的因素很多，要使建设一流大学的"好梦"成真，首先必须珍惜文化。当下许多大学把一流大学建设简单化为一些数字指标的达成，不惜重金四处"挖"能够创造数字指标的人才。能创造数字指标的人才引进固然重要，但如果没有适宜的文化氛围，当其他地方有更优越的条件时，这些人才可能随时离去，数字指标也随之而去。所以，一所大学仅有某些数字指标的"一流"，只会是"失去灵魂的卓越"。数字指标必须有文化的承载，有文化的底蕴，只有如此才能不断提升一流，并使此一流得以持久，这样文化的一流与数字指标的一流就统一起来了，这才是真正的一流。我们办学不能为一流而一流，为数字指标而数字指标。一流也好，数字指标也罢，最终要看其是否真正服务于国家、造福于人类，这是衡量是否真正一流的终极价值。

（原载于《中国高等教育》2017年第21期，有改动。）

第三节 "双一流"建设背景下
高等教育的内涵式发展

党的十九大报告提出,我国高等教育发展要"加快一流大学和一流学科建设,实现高等教育内涵式发展"。这既为"双一流"建设指明了方向,即"双一流"建设的重点是内涵建设,同时也为我国新时代高等教育确立了走内涵式发展之路向。

一、高等教育内涵式发展的动态意蕴

所谓内涵,指的是"一个概念所反映的事物的本质属性的总和,也就是概念的内容"。而内涵式发展则指的是发展结构模式的一种类型,是以事物的内部因素作为动力和资源的发展模式,强调的是结构优化、质量提高、实力增强。对于高等教育内涵式发展而言,既有高等教育体系的内涵式发展,又包括高校的内涵式发展。

尽管"双一流"建设是近年才出现的一个新提法,但高等教育内涵式发展则是已有经年的概念,同时,它又是一个发展的概念,在高等教育的不同发展时期对其内涵的理解和诠释并不尽一致。

比较正式提出内涵式发展是在1993年的《中国教育改革和发展纲要》:"90年代,高等教育要适应加快改革开放和现代化建设的需要,积极探索发展的新路子,使规模有较大发展,结构更加合理,质量和效益明显提高。""高等教育的发展,要坚持走内涵发展为主的道路,努力提高办学效益。"这是官方文件第一次正式使用高等教育"内涵发展"这一概念，而且，这里的高等教育的"内涵发展"是从"提高办学效益"来说的。具体而言，就是"指在原有高等教育规模的基础上，以挖掘高校内部潜力为主，来扩大高等教育容量"。由此可见，"内涵发展"在当时高等教育发展的语境下主要是一个"效率"的意蕴。正是在高等教育"内涵发展"这一意蕴下，我国高等教育规模与容量有了较大幅度的增长，1998年，招收本专科学生突破100万人。

1999年初国务院批转颁布的《面向21世纪教育振兴行动计划》明确提出，"高等教育规模要有较大扩展，到2010年毛入学率达到15%"，从此开启了中国高等教育以扩张为主的外延式发展模式。1999年当年招收普通本专科生约160万人，比1998年增幅高达47.4%。此后几年，在各方合力作用下，高校尤其是地方高校招生规模连年大幅度增长。2002年，普通本专科招收320万人，高等教育毛入学率就已达到15%，比2010年提前8年实现了高等教育大众化的基准目标，但是，由于这种扩张仍然是在传统内涵发展思维模式之下进行的扩张，且主导思想是"增长即发展"，显然在此情形下，"内涵式发展"与"外延式发展"并无多大差异，甚至可以说在本质上是高度一致的。扩张的直接后果便是生均拥有的高等教育资源锐减，高校的办学质量受到质疑。仅以生师比为例，1998年，在校普通本专科学生与专任教师之比为8.4∶1，1999年增长为9.1∶1，到2006年生师比已达16∶1。

实际上，高校扩招带来的质量问题从一开始就引发了社会的质疑，而且这种质疑声音一直伴随着扩招过程。教育部也在高校扩招不久便正式启动了高校本科教学评估的试点，即针对不同层类的高校，分别开展了高校本科教学的合格评估、随机性评估和优秀评估。特别是2006年，国家"十一五"规划制定并颁布，高等教育发展的主导话语开始由"扩招""提高大众化水平"转变为"提高高等教育质量"和"高等教育内涵发展"。2007年，党的十七大报告将"科学发展观"作为国家改革发展的指导思想，并特别强调"提高高等教育质量"。显然，这一次高等教育"内涵式发展"是问题导向的产物，而且，它是与扩张外延式发展相对立的，自然也与20世纪90年代的所谓的高等教育"内涵发展"有了完全不同的内涵，即此时的"内涵式发展"已不再同外延扩张近义甚至同义，而回归其原生含义，即对高等教育发展的本质属性的关注，即强调高等教育"质"的发展。尤其是2012年党的十八大报告明确提出"推动高等教育内涵式发展"，将以提高质量为核心的高等教育内涵式发展作为高等教育发展的核心任务，"内涵式发展"的出发点和归宿点都高度聚焦到高等教育质量上。

二、新时代高等教育内涵式发展的时代内涵

党的十九大报告所提出的"实现高等教育内涵式发展"，将十八大报告的"推动"，改为"实现"，这一方面体现了中国从高等教育大国向高等教育强国目标迈进的坚定信心和决心；另一方面也表明要成为高等教育强国，首要条件便是高等教育内涵获得充分发展。"时代是思想之母"，笔者以为新时代高等教育内涵式发展的时代内涵主要包括以下几方面。

（一）高等教育内涵式发展的核心是人才培养质量

20世纪80年以来，"质量"一直是联合国教科文组织提出的三大核心概念之一，同时，该组织认为高等教育质量是一个多层面的概念，包括高等教育的所有方面和一切功能。而人才培养无疑是高等教育质量的主要方面。如前所述，"双一流"建设重在内涵建设，其核心是人才培养质量。脱离人才培养质量这一核心，没有一流的人才培养质量，就很难称得上是一流大学或一流学科。目前大学办学的一个突出问题就是人才培养事实上并没有成为大学的根本任务，教学与科研"两张皮"的状况还比较普遍，甚至不少大学教学与科研呈现出某种对立状况。如何确立人才培养作为高校内涵式发展的核心地位，解决好教学与科研"两张皮"问题，真正做到以高水平的科研支撑高质量的人才培养，应当是当前"双一流"建设首先必须面对和解决的问题。

（二）高等教育内涵式发展的关键是体制机制创新

首先是创新人才培养机制。这里有以下三个方面的问题值得探讨：一是十八届三中全会就提出"创新人才培养机制，促使高校办出特色、争创一流"，这里蕴含了一个值得高度关注的问题，便是高校办出特色要聚焦在人才培养体制机制的创新上，这也是"双一流"建设亟须破解的难题。二是大力推进"产教融合、校企合作"。实际上"校企合作"并不是一个新提法，它与过去的产学研相结合是近义的概念，不过以往这种合作大多是基于各利益主体，从取长补短的角度，通过合作促使各分主体的利益最大化。而"产教融合、校企合作"的不同在于，通过建立深度融合机制，将各利益主体一体化为共同的利益主体，即"命运共同体"，这个"命运共同体"的最大特征，就是利益的共同体、发展的共同体。三是落实人才培养的协同育人机制，包括高校人才培养与中小学人才培养的相互衔接，一流大学以高水平的科研支撑高质量的人才培养等。

其次是"放管服"改革。要从传统管理，到现代治理，最终达成善治，关键在于建构一个为大学组织成员广为认同并尊重的制度，因为一种制度能否有效实行，主要取决于该制度所制约的大多数人对制度的认同和尊重程度。只有个体的制度认同得以内化，并产生制度期待行动，制度的工具性功能和制度化过程才宣告实现。笔者曾调查不同发展目标定位的高校的学术制度施行状况，分析身在其中的高校青年教师对本校学术制度的认同情况，并与其学术发展行动联系起来加以分析，探究不同类型高校的青年教师对学术制度的认同情况如何影响学术发展。研究表明，当前以少数拔尖人才为目标的学术锦标赛制设计与多数青年教师的利益偏好和价值信念并不相吻合，因此青年教师的制度认同度普遍较低，其学术行动多属于制度压力下的应激行动，不利于长远的学术发展。

再次是从固化身份到动态身份。对于身份，英国学者斯图亚特·霍尔曾提出过一个重要观点，即身份与其说是"我们是谁"或"我们来自何方"，不如说是我们可能会成为什么，我们一直以来怎样表现以及那在我们有可能怎样表现自己上施加了怎样的压力。由上可知，身份作为社会系统中的一种客观的现实存在，实际上是难以"去"掉的，而且它作为一种可能的未来存在所具有的内在动力机制功能，对于组织和个体的发展必不可少，但一旦身份固化，身份带来的内在动力便失去了持续性。当前"双一流"建设的要旨就在于动态身份，而不是去除身份。除了组织（高校）外，对于个体（如教师）来说，动态身份的意义也是如此。近年来，在高教领域里"重岗位、轻身份"的人事制度改革，其旨趣也在于建立动态身份机制，优化师资结构，形成教师的内在动力机制。

从宏观的高等教育体系而言，高等教育内涵式发展还涉及高等教育结构的优化、效益的提高等方面，这也有赖于高等教育体制机制的创新。

（三）高等教育内涵式发展的高度是大学文化的价值建设

真正意义的世界一流大学，无一例外都有一流的大学文化。综观世界一流的大学文化，大致可归纳出以下几个基本的价值特征：一是向学的追求，这是大学文化的本质价值，大学对知识、对真理的执着追求，使大学区别于其他社会机构；二是学术的自由，这是大学文化的永恒价值，也被认为是大学"永恒不变的原则"，历久弥新；三是自我的坚守，这是大学文化的精神价值，也使之成为人类社会的精神高地；四是开放的办学，这是大学文化的现代价值。现代大学应当走出"象牙塔"，主动回应社会经济发展的需求，同时，现代大学要走向国际化，与世界高等教育发展的主流趋势相适应。

如果说以上对一流大学文化的价值认识具有相当的国际化成分，那么本土的优秀传统文化应当成为世界一流大学文化的重要组成部分。我们应当像对待任何文化传统一样，一方面要进一步增强文化自信和文化自觉，倍加珍视我国大学的文化传统，特别是对那些优秀的文化传统继承且发扬光大；另一方面也需要对一些不合时宜的文化传统进行符合时代发展需要的改造，赋予其时代的内涵，这便是"中华优秀传统文化的创造性转化和创新性发展"在一流大学文化建设中的具体体现，也是大学自身文化的传承与创新。

值得特别提及的是，一流大学文化建设的关键是价值建设。在"双一流"建设过程中我们会时常面对要作出事实判断和价值判断的情形，如对"双一流"建设的评价中的事实判断与价值判断。所谓事实判断，更多的是着眼于一流大学和一流学科的量化指标的达成，而价值判断则关注和强调大学的发展方向和终极价值。"双一流"建设必须建立起事实判断与价值判断的内在联系，也就是说事实判断中要有价值引导，而价值判断中则需以事实判断为依据。目前，过于量化的事实判断缺乏价值的引导，如对教师的业绩认定与评价往往侧重于简单的量化数字，并以此作出价值判断，从而产生了错误的价值导向。实际上，"从某种意义上来说，把一名教授终身工作的质量还原为一个简单的数字是完全没有道理的。事实上，要对一种思想、一种理论或研究发现的质量进行量化看来是不可能的"。

因此，"双一流"建设须选择反映现代大学的现代价值的指标导向，尤其应注意选择与现代大学发展方向和规律相一致的指标导向，同时，"双一流"建设要十分重视非量化指标性的一流建设，如大学精神、大学文化、现代大学制度等，尤其是通过完善高校内部治理结构，形成调动各方积极参与的长效建设机制。

（原载于《苏州大学学报（教育科学版）》2018年第1期，有改动。）

第四节 "双一流"建设的中国特色与世界一流

党的十九大报告明确提出"加快一流大学和一流学科建设,实现高等教育内涵式发展"[①]。"双一流"建设作为新时代我国高等教育发展的重大战略,是实现高等教育内涵式发展的关键一环,同时这一重大战略也面临着许多理论和实践上亟待回答的问题,其中"双一流"建设的一个重要主旨和方向"中国特色、世界一流"便是一个值得深入探讨的问题,尤其是如何在理论认识上寻求"中国特色"与"世界一流"的内在一致性,并在实际建设过程中融合两者,是"双一流"建设最具挑战性的问题之一。本节基于对国家特色与世界标准关系的认识,探讨高等教育的"中国基因""中国特色"与"双一流"建设之间的关系,以为中国特色世界一流大学和一流学科建设寻求一个正确的路向。

一、世界标准与国家特色

一切世界标准,寻其出身,都是直接或间接来自某一本土文化,比如公制来自法国,公元纪年来自以色列,阿拉伯数字最初由印度人发明、使用,后经阿拉伯人传入欧洲,但它们最终共同构成了世界通用的度量标准。由此可见,一切世界标准都来源于某种或某些本土化的文明。换言

[①] 习近平:《决胜全面建成小康社会 夺取新时代中国特色社会主义伟大胜利——在中国共产党第十九次全国代表大会上的报告》,载《人民日报》2017年10月28日。

之，只有文明本土化才有可能为文明全球化作贡献①。这便是"越是民族的
就越是世界的"这一命题的本质意蕴所在。实际上这一命题存在以下两种
情形：一种情形是民族国家的民族特色与生俱来就是世界的，只是形成世
界性共识或认同经历了一个过程，这是民族国家的民族特色表征世界性的
一种典型形式；另一种情形是民族国家的民族特色可能在早期只是"民族
的"，后经过自身的不断发展、丰富与完善，尤其是其"普世价值"得到不
断增强而逐步为世界所认识并形成世界性共识或认同，最终演变成为"世
界的"。显然，从这一意义上说，民族性是在定义世界性，而且这种"定
义"经历着一个"从本土到世界"的过程。

值得特别提及的是，民族性定义世界性的首要前提是其"普世价值"
得到不断增强而逐步为世界所认识并形成世界性共识或认同。没有"世界
性共识或认同"的所谓"世界性"只能算是一种"自说自话"，它绝不是真
正意义上的"世界性"，并且，由此而滋长的"夜郎自大"，反而可能使之离
真正意义上的世界性渐行渐远。事实上，这种"自说自话"的世界性，在
人类发展历史上并不鲜见，比如，西方世界的"西方中心主义"的思潮及
其社会影响和中国历史上的"普天之下莫非王土，率土之滨莫非王臣"之
天朝上国思想，实际上也都在不同程度上反映了这种"自说自话"的所谓
的"世界性"。

所谓"世界一流大学"，从其作为目标的角度而言，顾名思义，它本应
是一种具有"世界性"的世界标准，然而这一世界标准至今仍然没有完全
意义上的"世界性"共识，许多时候依然停留在一些概念设计或定性描述
上。世界一流大学目标的世界标准既包括形成世界共识且具有普适性的标
准，即共识意义上的世界标准，同时也包括获得世界认同且又反映本国特
色的标准，即认同意义上的世界标准。这种情形，实质上反映了世界一流
大学目标的世界标准的某种"和而不同"。

---

① 涂又光：《文明本土化与大学》，载《高等教育研究》1998年第6期。

从世界一流大学目标这一世界标准形成的历史过程来看，同样具有典型的"从本土到世界"的特征。现代意义上的大学发轫于中世纪欧洲，最初的原型包括以博洛尼亚大学为代表的学生型大学和以巴黎大学为代表的教师型大学，后者奠定了现代大学的基础性框架。1167年，从巴黎大学回国的英国籍师生创立牛津大学，在英国文化中革新寄宿学院与导师制，从而形成了英国大学独特的博雅教育传统与精英文化气质，并为世界一流大学贡献了英国元素。19世纪初德国创办的柏林大学是一种与牛津、剑桥不同的新生事物，它注重自由独立的研究精神，与德意志思想哲学领域的辉煌相呼应，其渊源甚至可以追溯到马丁·路德的宗教改革，带有深刻的时代特征与文化烙印。美国大学最初源于英国牛津和剑桥的大学模式，直到1876年丹尼尔·C.吉尔曼师法德国大学建立霍普金斯大学，才使得美国大学崭露头角。这源于其富有特色的"本土化改造"——创立研究生院、研究所和研究中心，将科研与教学相结合的大学理念落实到大学的组织结构中去。与"霍普金斯实验"同时出现的还有赠地学院，其兴起是为了回应美国"西进运动"对农业技术劳动力的迫切需求，是地地道道的美国人的大学。它与后来的"威斯康星理念"共同促成了大学的"社会服务"职能，为现代大学发展提供了新的逻辑起点。由此可见，大学的世界标准所经历的"从本土到世界"的独特过程，也形成了一个国家高等教育发展的基本样态，并成就了这个国家的世界一流大学。

从世界一流大学建设过程的角度来考察，无论是共识意义上的世界标准，还是认同意义上的世界标准，一个国家和大学达成世界一流大学的路径和模式选择可以是普适性的，也可以是特色化的，而更多的时候往往是普适性与特色化兼具且相结合的选择，并且，在大学的历史发展过程中，一些国家和大学的特色化路径和模式在成就其世界一流大学后又时常为其他国家和大学所效仿，最终这些发展路径和模式也在相当程度上成为世界一流大学建设的世界标准。进入20世纪五六十年代后，在早期的"西方中心主义"及相关理论的影响下，加之近现代大学源于中世纪欧洲大学，后又为西方所承续并影响到其他地区和国家，西方大学的发展路径和模式自然被认为是现代大学的样板路径和推崇模式而被标准化，因而，在西方一流大学常常被认为是世界一流大学的同时，西方一流大学发展路径和模式也被看作世界一流大学建设的样板或范例，甚至世界标准。由此可见，世界一流大学建设的普适性与特色化是一个具有相对意义的范畴，在普适性的追求过程中有世界一流大学建设的特色化探索，而特色化发展道路的成功又可能转化为世界一流大学建设的普适性。

对于特色化而言，自从民族国家出现以后，一个国家高等教育的强盛也与其遵循本土化逻辑、走本国特色化发展道路分不开，只有结合本国独特的地缘政治与民族的文化传统，自觉地培育高等教育的民族性，才可能成就立足本土的世界一流大学①。任何一所世界一流大学都是立足本土、富有本国特色的创造；任何具有共识意义的世界标准，都需要通过本土文化的转化与中介才能够现实地呈现出来，并真正成为本国世界一流大学建设的目标指引。

由于国情不同，一个国家亦步亦趋完全照搬其他国家的世界一流大学建设路径而成就世界一流大学的案例极为罕见。同时，世界高等教育中心和学术中心的转移以及高等学校职能的发展与变化，无不体现出高等教育发展的本土化逻辑，比如，近代英国大学的寄宿学院与导师制带来英国大学的崛起，17世纪世界科学中心转移至英国，英国成为领导第一次工业革命的国家。以柏林大学的创立为起始，德国大学将教学与科研结合在一起，提出"为科学而生活"，让20世纪的德国柏林成为世界大学的耶路撒冷，它主导欧洲、辐射美国，日本东京大学与北京大学的前身京师大学堂也是其追随者，这也使得德国成为以电气化为代表的第二次技术革命的中心②。为适应美国社会求新求变的诉求，现代美国大学早已超越德、英模

---

① 冯海荣：《从中华优秀传统文化中汲取中国高校特色发展的力量——中国戏曲学院校长巴图访谈录》，载《北京教育（高教）》2015年第5期。

② 金耀基：《大学之理念》，生活·读书·新知三联书店2008年版，第4页。

式而发展出自身的独特性格并成为社会发展的动力站和服务站，形成了多层类的高等教育体系。克拉克·克尔将美国大学形容为：一种是普鲁士型的，另一种是美国型的；一种是英才的，另一种是民主的；一种是纯学术的，另一种则由于与土地和机器的联系而被"玷污"；一种面向康德和黑格尔，另一种面向富兰克林、杰弗逊和林肯①。如今美国成为以自动化为主要特征的第三次技术革命和以电子技术广泛运用为标志的第四次产业革命的策源地，并拥有众多的世界一流大学。可见哪里有本土特色的大学理念创新，哪里就有科学兴旺、世界一流大学的崛起。

对于具体大学而言，许多大学也是通过走特色化道路而从弱到强，最终达成世界一流大学的目标与标准（这既包括共识意义上的世界标准，也包括认同意义上的世界标准）。比如，美国威斯康星大学倡导并发展大学服务社会的思想观念和实践体系，利用自己的资源直接服务于州政府和全州公民乃至整个国家，虽然曾被人讥为"放牛娃大学"，但最终发展成为世界著名大学。再如，滑铁卢大学与加拿大的合作教育相伴而生，并成为其最具品牌和最具标准性的特征，也成就了其世界一流大学②。事实上，特色化的路径选择最终成为世界一流大学的世界标准是在另一种意义上的"和而不同"，其"和"所指的是世界一流大学的世界标准，而"不同"则指达成世界标准的不同路径选择。

二、高等教育的"中国基因"与"中国特色"

所谓基因，原指生物体遗传的基本单位，存在于细胞的染色体上③。显然，其具有原生属性及相对稳定性，同时，一个生物体内的基因在一定

① ［美］克拉克·克尔著，陈学飞等译：《大学的功用》，江西教育出版社1993年版，第7页。
② 林健、王煦章：《特色办学成就一流大学——以滑铁卢大学为例》，载《中国高教研究》2018年第4期。
③ 中国社会科学语言研究所词典编辑室：《现代汉语词典（第3版）》，商务印书馆2002年版，第586页。

条件下有时也会发生自然变异。而从基因工程的角度来看，借助人为的干预，基因会发生改变，即创造新的生物品种。将基因这一概念从自然系统引入社会系统，无疑会更关注其价值意义，而这往往是一个主观判断与选择的过程，也就是说，与自然系统有所不同的是，社会系统更关注基因的人为保留和改变。从价值选择而言，它显然是一个历史过程，在这一历史过程中选择保留的是优秀先进的基因，这种优秀先进的基因往往是历久弥新的。而选择改变的是不良过时的基因，这实质上是基因的改良过程，也反映了基因的一种历时性特征，同时基因也有共时性的一些特征，比如在同一时期，基因可以包括类事物的"共性基因"和殊事物的"个性基因"。由此可见，对于社会系统而言，基因是一个历史范畴，在这一历史范畴中，基因又有类事物的"共性"与殊事物的"个性"之分。而对于高等教育这一社会系统来说，其"共性基因"追求"世界性"知识所必需的公共理性与现代大学发展的价值相契合；"个性基因"则内生于一个国家的政治、经济、文化之中，适应本土的高等教育发展实践。从以上意义来看，阿什比所说的"任何类型的大学都是遗传与环境的产物"[①]，至少包括两层含义：一层是"遗传"代表着优秀先进的基因，而"环境"昭示着一种基因的改良，它们共同影响甚至决定着大学；另一层是从遗传与环境的互动关系而言，即通过遗传与环境的良性互动与磨合内洽，使大学的共性基因得以彰显，而个性基因则更多地蕴含于共性基因之中。所以说，在高等教育系统内部共性基因与个性基因并不是相互排斥的，而是在发展与进化过程中逐渐形成一种良性内洽的关系。

高等教育的"中国基因"显然是一个与历时性相关联的概念，它指的是一个时代中国高等教育的优秀先进的基因和改良过的基因，这种"优秀先进"和"改良"便决定了这个时代中国高等教育的共性基因和个性基因，同时，与其他国家相比较而言，它又具有作为中国这一"殊事物"所

---

① ［英］阿什比著，滕大春、滕大生译：《科技发达时代的大学教育》，人民出版社1983年版，第7页。

特有的"个性基因"。与现代大学中普遍存在的"共性基因"相比，高等教育的"中国基因"更强调国家所特有的内洽于"共性基因"之中的"个性基因"而当高等教育的"中国基因"作为一种发展要素，适当融入中国高等教育改革发展中，这就成为高等教育改革发展的"中国特色"，由此，高等教育的"中国基因"与"中国特色"便可形成高度的内洽和一致。

作为一个历史性范畴，当下高等教育的"中国基因"主要包括以下方面内容。

（一）政治思想基因

政治思想基因是由教育的政治属性与政治功能决定的。而且，在相当意义上它是一个共性基因，并在高等教育发展的历史过程中得到日益彰显。在布鲁贝克看来，大学的合法性主要来自两种哲学基础即认识论哲学和政治论哲学，认识论认为知识追求源自"闲逸的好奇"；政治论则注重深奥知识对国家的深远影响[①]。两种哲学交替影响着大学的发展进程。最初政治论主导着中世纪大学，19世纪德国大学的崛起让钟摆逐渐摆向认识论一方。而随着大学职能的扩大，特别是服务社会职能的出现，政治论哲学重新开始盛行。当前，如何调和政治论与认识论的哲学基础，在政府、社会与高校三者的张力之间寻求恰当的平衡点是现代大学发展必须面临的问题，比如，一些国家通过加强大学运作与国家政治议程之间的联系，以避免高等教育从民主体制走向"否决体制"[②]。对于不同国家，由于政治制度、意识形态等差异，政治思想这一高等教育的共性基因又蕴含明显的"殊象"。

中国高等教育的政治思想基因主要体现在以下几个方面：

首先，体现在立德树人的培养目标上，这是高等教育的"中国基因"中最为典型的个性基因。中国大学以培养德智体美劳全面发展的社会主义

---

① ［美］约翰·S.布鲁贝克著，王承绪等译：《高等教育哲学》，浙江教育出版社2001年版，第13-15页。

② 查强、史静寰、王晓阳等：《是否存在另一个大学模式——关于中国大学模式的讨论》，载《复旦教育论坛》2017年第2期。

建设者和接班人为目标，决定了我国高校要以马克思主义为指导，走中国特色社会主义大学的发展道路，正如习近平总书记在全国高校思想政治工作会议上指出的，高校"必须坚持以马克思主义为指导，全面贯彻党的教育方针。要坚持不懈传播马克思主义科学理论，抓好马克思主义理论教育，为学生一生成长奠定科学的思想基础。要坚持不懈培育和弘扬社会主义核心价值观，引导广大师生做社会主义核心价值观的坚定信仰者、积极传播者、模范践行者"。

其次，体现在高校管理体制上，即我国坚持"党委领导、校长负责、教授治学、民主管理"为核心内容的中国特色现代大学制度。"党委领导"保障了中国特色社会主义大学的政治属性和办学方向，体现了党对高校的全面领导；"校长负责"强调了校长在党委的集体领导和支持下依法行使职权，积极主动地做好教学、科研和行政管理工作；"教授治学"体现了学术自治与学术自由这两条高等教育永恒不变的原则；"民主管理"则顺应了现代大学治理的改革方向，体现了现代治理的核心价值。而在如何建立健全这一制度的协调运行机制，探索教授治学的有效途径、推进民主管理等方面，对于完善高校内部治理结构、促进高校科学发展起着至关重要的作用。

再次，体现在高等教育宏观管理制度上，表现为强有力的国家主导和政策驱动模式，比如，纵观中国世界一流大学建设的历史过程，从中华人民共和国成立后就开始的重点大学建设，到"985工程"和"211工程"建设，再到"双一流"建设，无一不是通过强而有力的政府主导，集中力量办大事，突出重点，并在"试点—总结—改进"的循环过程中不断积累经验，从而形成了自己独特的世界一流大学建设路径。世界银行高等教育专家贾弥尔·萨尔米曾指出："中国世界一流大学建设本身就极具开拓性、示范性和先进性，它在战略规划和建设上强有力的国家路径，使之成为高等教育发展史的独特范例，引领了世界高等教育政策的演变。"[①]

① ［摩洛哥］萨尔米著，孙薇、王琪译：《世界一流大学：挑战与途径》，上海交通大学出版社2009年版，第31页。

（二）文化传统基因

对大学产生影响的文化传统基因可以概括分为两类，一类专指大学自身的文化传统，也就是大学的"遗传"因素，它会对大学产生直接的影响；另一类是指普遍意义上的文化传统，即一个国家优秀的文化传统，它时刻影响着国家发展的方方面面，尤其像大学这样一种特殊的文化机构。不论是哪类文化传统，它又包括普适意义上的文化传统和一个国家独特意义上的文化传统。

世界一流是表征高等教育进步和水平的定性概念，标示着一种高水平的人才培养与学术知识生产，其标准本身便具有普适性和可通约性。西方高等教育在现代化过程中被认为产生了一系列体现现代大学发展方向、符合世界一流大学发展规律的"普适性"价值，诸如学术自由、大学自治、通识教育等，实际上这些价值本质上并不存在东、西方之分，比如，中国古典书院对人文素养和自由精神的追求就与现代大学发展目标相一致，书院的一些基本构成性元素也与学术自由、大学自治、通识教育、教学与科研相结合等现代大学理念高度契合。书院拥有学田、社会资助、店铺，独立的财政收入能保障书院在管理、聘任山长、选择学生等方面独立的自主权；教师们讲学自由、潜心著述；生徒往往择师而从、来去自由，享有高度的学术自由；此外，它注重通识培养与人格修炼，提倡切磋问难、砥砺观摩。胡适曾言，"书院之真正的精神，惟自修与研究"[1]，今日教育界提倡道尔顿制，与书院制不谋而合，而且在中华文化传统的长期浸染中所生发的大学制度、大学文化等具有更强的本土适应性与生命力。正是意识到这一点，民国时期许多教育家在主政大学期间或借书院精神改造大学（如蔡元培、胡适等），或尝试重建已经失落的书院（如章太炎、马一浮）[2]。无论是以北大国学门和清华国学院为代表的研究机构，还是北大宗旨、南开"土货化"政策，都彰显着对中华优秀文化传统的文化自觉与继承发

---

[1] 胡适：《书院制史略》，浙江教育出版社1998年版，第2593页。
[2] 陈平原：《中国大学十讲》，复旦大学出版社2002年版，第71页。

展。近来，中国大学广泛采用通识教育理念改革课程体系，从某种意义上说也更倾向于对古典人文教育传统的继承与发展，而非简单对西方的借鉴，这从许多大学通识教育部门的命名——"书院"可见一斑。

（三）国家需求基因

国家需求与时代环境高度关联，体现为大学的一种责任担当和家国情怀。自民族国家出现以来，回应国家需求就成为各国大学的一项重要职责和使命，如柏林大学的建立是为了实现德国战败后民众复兴国家民族文化的期待；赠地学院的兴起则回应了美国"西进运动"对农业技术劳动力的迫切需求。所以，从这一意义上来说国家需求应属于共性基因。

对于中国而言，正如个性基因蕴含于共性基因之中，回应国家需求是我国高等教育的优秀文化传统，比如，诞生于民族危亡时期的中国共产党创办的新型高等教育一开始便肩负起了救亡图存之重任，为抗日战争培养了大批干部和军事人才。中华人民共和国成立后，我国高等教育秉承"科教兴国""人才强国"的坚定信念和远大抱负，在不同历史时期都彰显出担当责任和胸怀家国的情怀，并形成了富有中国特色的高等教育发展模式，如，我国行业特色型大学（地质、矿业、石油、电力、钢铁、中医等独立建制的大学）及其学科就是因应国家特定的社会需求而产生、发展和壮大起来的，并成为我国高等教育中一种特有的发展样态。我国高等师范教育系统今天仍然坚持独立建制的主体地位，显然也是为了适应和满足我国教育现代化发展的重大战略需求，同时又是国情使然。近年来高等教育改革发展特别强调大学建设和改革发展要以国家和社会重大战略需求为重要导向，也是国家需求这一"中国基因"的重要体现，比如，清华大学在超高压、特高压、智能电网等方面的重点投入，一方面是基于中国幅员辽阔的国情，出于降低能源损耗、促进环保等国家战略的考量；另一方面也源于长期的发展积淀，相关研究已经走在世界的前列。确立"双一流"建设这一高等教育重大战略也是为了响应国家创新驱动发展战略需求和高等教育强国建设的现实考量。高等教育对国家重大需求的主动回应与我国高等教育特有的管理体制、政治文化的互动与内洽，决定并强化了我国高等教育"中国基因"的"中国特色"。

三、高等教育的"中国特色"与"双一流"建设

对于"双一流"建设的主旨和方向即"中国特色、世界一流"而言，如前所述，中国特色与世界一流并不是分而述之的两个关联不大、自说自话的概念，而是具有高度的内在关联。我们可从认识上寻求世界一流与基于中国基因的中国特色的内洽和一致：一方面，无论是目标意义还是过程意义上，世界一流大学的评价标准必定是国际性的，只有将大学发展置于世界高等教育发展的总体进程之中，遵循高等教育发展的共同规律，形成全球领先的教育质量和学术声望，才能在学术共同体中获得尊重和认可；另一方面，高等教育的本土化既是一个国家大学发展的逻辑前提，又是其必然归宿，只有结合本国国情与历史文化传统，走特色化发展之路，才可能拥有与世界先进文明进行交流的基础和优势。如果把世界一流大学建设比作在一个赛跑场里赛跑，大学建设必须遵循国际性的竞技原则，只有沿着自己的跑道才可能达到终点、建成世界一流大学。如果弱化或回避国际性，大学不具备参与国际竞争的能力，那么它充其量只能称为国内的一流大学。反之，如果放弃了中国特色的发展道路，那么建设的只能是"在中国的大学"而非"中国的大学"。对于对标世界一流的新时代中国高等教育"双一流"建设来说，寻求中国特色与世界一流两者的内在一致性，无论是对于建构"双一流"建设理论，还是对推进"双一流"建设实践都是十分重要的。

从高等教育的中国特色与世界一流的内在一致性来考量，它主要包括中国特色表征世界一流和中国特色成就世界一流两个层面。中国特色表征世界一流可从以下两个向度来认识：一个是中国特色符合世界一流的事实特征，也就是说，我国大学的中国特色与当今世界一流大学的一些共同特征高度契合，显然这是一种共识意义上的世界一流；另一个是中国特色符

合世界一流的概念特征，我国大学的中国特色，尽管难以在当今世界一流大学中找到相应的事实对标物，但与世界一流大学这一概念的本质特征是高度一致的，无疑这更多的是一种认同意义上的世界一流。

从中国特色成就世界一流这一层面来说，它主要涉及"双一流"建设的路径选择，即通过走中国特色化发展路径来促进国家高等教育的发展与繁荣，并使一些大学发展成为世界一流大学。从这一意义上看，中国特色既是一种高等教育的发展资源，同时也是一种发展策略。

以上两个层面时常交织在一起，推动着中国高等教育的继承、创新与发展。特别重要的是，这可为"双一流"建设提供一条现实路向，即从中国的历史文化传统、现实国情出发，准确把握高等教育发展的"中国基因"，与时俱进、因地制宜地相融于中国高等教育改革发展之中，从中国特色表征世界一流和成就世界一流两个层面来探索中国特色世界一流大学和一流学科的建设之路。

值得特别指出的是，"双一流"建设的中国特色表征世界一流与中国特色定义世界一流并不是一回事，更不能将世界一流简单化为中国定义，最后演变成为中国的"自话自说"，同时，走中国特色的"双一流"建设之路并不意味着不需要学习借鉴国际先进的世界一流大学与一流学科建设之经验，更不是排斥这些先进经验，而是必须坚持"中国特色与融通中外相结合"，其中关键在"融通"，即对国外经验不是一味依附或简单照搬，以至"食洋不化"，而是需要结合中国国情和历史文化传统进行具有可比性的内化借鉴，使之与中国高等教育发展的实际高度契合。

基于以上认识，从"双一流"建设实际推进的角度，可从以下方面作进一步的探讨。

第一，"双一流"建设的核心是人才培养，脱离人才培养这一核心，没有一流的人才培养质量，就很难称得上是世界一流大学和一流学科。人才培养可以兼容政治思想、文化传统、国家需求三大"中国基因"，并在目标和路径两个层面都能得到适当的体现。"立德树人"作为中国最具典型意义的政治思想基因，规定了培养社会主义建设者和接班人这一人才培养的根本任务；而人才培养的学科专业结构、规模及规格又直接关乎国家需求，特别是对于世界一流大学而言，人才培养在满足国家需求方面无疑需拥有更大的责任担当，因此，如何优化学科专业结构，并处理好教学与科研的关系，特别是用高水平的科研支撑高质量的人才培养，对于"双一流"建设来说显得尤其重要和迫切。一所大学的文化对于育人的重要意义是不言而喻的，这也是许多家长和学子对世界一流大学向往和选择之缘故。他们对世界一流大学的向往和选择很大程度上是对一流大学文化的向往和选择，其中质量文化是大学文化的重要内容，也与人才培养质量高度关联。为此，近年来人们对高校质量文化问题给予了不少关注，并从国际视野与中华优秀传统文化相结合的角度来着力建构中国特色的高校质量文化进行了有益的探索[①]。

第二，"双一流"建设的关键是体制机制创新，即制度创新。一个国家的大学制度是与其政治、文化密切关联的，又是与国家需求相适应的，同时它也是国家历史进程的重要组成部分，因此，高等教育的"中国基因"对中国大学制度的形成无疑具有深刻的影响。"双一流"建设的制度关键可以体现在诸多方面，比如，在人才培养方面，创新人才培养机制，促使高校办出特色、争创一流；建立协同育人机制，包括高校人才培养与中小学人才培养的相互衔接以及建立教学与科研的融合和内洽机制，设立科研评价的"教学因子"，以使高校科研对人才培养形成有力支撑等。在从传统管理到现代治理转变过程中，进一步落实和扩大大学办学自主权，完善高校内部治理结构，建设"党委领导、校长负责、教授治学、民主管理"的中国特色现代大学制度，破除"身份"固化，构建充满活力的"双一流"建设的生态机制，等等。所有这些体制机制创新，都有赖于处理好中国高等教育的共性基因与个性基因之间的关系。

---

① 卢晓中：《质量文化：一种高等教育内涵式发展的价值建设》，载《中国高教研究》2018年第7期。

第三，"双一流"建设的根本是价值建设，尤其是要着力建设与世界一流大学相称、体现现代大学价值、彰显中国特色的一流大学文化。世界一流大学必须有一流的大学文化，一流学科必须有一流的学科文化，因此，"双一流"建设必须有文化建设的向度：一方面要选择反映现代大学价值的大学文化，这与高等教育文化传统的共性基因相关联；另一方面要注重挖掘和吸纳本土的文化传统，通过与时俱进的创造性转化和创新性发展，使之成为建设世界一流大学的优秀文化资源。过去我们经常提及民国时期的大学文化资源，但往往深入挖掘不够，分析更失之表面，且有简单"拿来主义"倾向，同时，对中国古代具有高等教育性质的文化资源关注不多，更未做到创造性转化和创新性发展以使之成为今天建设世界一流大学和高等教育强国的优秀文化资源。正因如此，中国特色世界一流大学的文化建设既要践行社会主义核心价值观来主动辨识优秀的传统文化以更好地传承，又要基于国际视野和未来趋向完成文化的创新与整合，最终铸就具有先进理念、鲜明特色、中国智慧的世界一流大学文化。

（原载于《国家教育行政学院学报》2018年第9期，有改动。）

第五节 "双一流"学科的建设向度
——基于"场域—行动"政策分析的视角

一、引言

世界一流大学和一流学科建设（"双一流"建设）作为新时期我国发展高等教育政策的新导向，是一种"以学科为基础"的建设方略。为保障建设成效，国家在顶层设计上不断丰富政策供给，从2015年颁布的《统筹推进世界一流大学和一流学科建设总体方案》（以下简称《总体方案》）到2022年出台的《关于深入推进世界一流大学和一流学科建设的若干意见》（以下简称《若干意见》），"双一流"建设的政策体系不断丰富完善。党的二十大报告进一步强调，要加快建设中国特色、世界一流的大学和优势学科，因此，在推进"双一流"建设过程中如何充分体现和落实这些文件精神，是保证建设成效的关键。

政策分析是对整个政策制定过程及政策执行各个环节中创造知识的一种活动，而不是用主流的"宣传口号"来替代分析，要在政策主题的完整表达、规则的合适与否、共同塑造的可观察的行为和结果方面形成一致的理解①，涉及事实、价值和行动三种取向②。政策分析范式的选择不仅受

---

① Ostrom E.Understanding Institutional Diversity. Princeton：Princeton Univeisity Press, 2009：181.

② ［美］威廉·N. 邓恩著，谢明等译：《公共政策分析导论（第二版）》，中国人民大学出版社2010年版，第56页。

政策范式的影响，也与政策分析的具体领域、政策分析研究的现实基础有关。总的来看，政策分析范式经历了两次转换，第一次转换将政策分析拉回政治和价值的场域；第二次转换推动了行动取向的政策分析范式的兴起，这种范式是未来政策分析的发展方向[1]。在教育政策领域，政策分析范式的转换滞后于公共政策分析。教育政策学者鲍尔指出，政策是对价值观的可操作性表述，政策分析需要关注"谁的价值观是有效的，谁的是无效的"[2]。一种具有后实证主义特征的批判性教育政策分析逐渐成为主流，这种分析范式强调价值观权威性配置过程的"权力和控制"[3]，可以通过"批判性话语分析"[4]来揭示政策话语意义背后的权力和控制机制。就我国而言，教育政策分析处于一种不成熟的范式阶段，甚至是"前范式阶段"[5]，主要表现为一种弱批判性的价值分析。价值分析是我国教育政策分析中起步最早的领域，也是重要的政策分析维度，因此，根据教育政策分析的现实特殊性与未来发展性，一种强调批判性价值取向和行动取向的教育政策分析就成为两种主要的政策分析范式。

具体来说，价值取向的政策分析是将价值作为政策的核心，如将教育平等和教育公平作为教育政策的基本价值。行动取向的政策分析则是将教育政策理解为"国家及其政府在教育事务上所采取的行动、计划以及工程"[6]。值得注意的是，任何一项教育政策往往同时包含着价值和行动，需

---

① 向玉琼：《走向行动主义：建构风险社会中的政策分析范式》，载《理论与改革》2022年第2期。

② ［英］斯蒂芬·鲍尔著，王玉秋等译：《政治与教育政策制定：政策社会学探索》，华东师范大学出版社2003年版，第1页。

③ Prunty J. Signposts for a Critical Educational Policy Analysis. Australian Journal of Education,1985,29（2）：133-140.

④ Rogers R. An Introduction to Critical Discourse Analysis in Education.London：New York Routledge, 2011：1-20.

⑤ 张烨：《试论我国教育政策分析的可能范式》，载《清华大学教育研究》2006年第2期。

⑥ 曾荣光：《教育政策行动：解释与分析框架》，载《北京大学教育评论》2014年第1期。

要兼顾两种政策分析的范式，但在具体分析的过程中则要结合具体的政策意图选择恰当的政策分析范式。实际上，在某一政策体系的不同阶段，政策意图并不一样，比如在政策的早期阶段，政策的价值取向比较突出，而在政策的后期阶段，政策的行动取向更为明显。应当说，围绕"双一流"建设形成的较为丰富的政策体系，既具有明确的价值取向，又体现出较强的行动取向，尤其是后期的政策更加重视行动取向，正如研究者指出的，"文本形态或政府话语体系下的公共政策转化为现实形态的政策目标的过程并不是一个直线的过程"[①]，这就意味着高质量的政策行动对于政策目标的达成起着至关重要的作用。

不可忽视的是，任何一项行动都不是抽象的，而是特定"场域"中的行动。基于此，本节采用一种综合性的"场域—行动"政策分析范式，同时兼顾价值取向的政策分析。法国社会学家布尔迪厄将"场域"定义为"在各种位置之间存在的客观关系的一个网络或者一个构型"。首先，场域是一种分化的空间，既包括"元场域"，也包括各种类型的"子场域"。其次，场域是一个争夺的空间，每一个子场域都具有自身的逻辑、规则和常规，这意味着"场域"成了各种策略的根本基础和引导力量。最后，场域是具有历史情境性的空间，不存在超越历史因素影响的场域之间关系的法则，这意味着某一领域的不同历史状态之间也存在特定的关系结构，从总体上也可以视为一个场域[②]。

因此，"双一流"政策行动的场域可以界定为政策之间不同关系结构的聚合体，包括高等教育政策场域、高等教育重点建设政策场域及不同阶段"双一流"政策所组成的场域三种类型。在这些不同的场域中，处于不同位置关系的行动者或机构采用多样化策略来保证或改善他们在场域中的

---

① 贺东航、孔繁斌：《公共政策执行的中国经验》，载《中国社会科学》2011年第5期。

② ［法］皮埃尔·布迪厄、［美］罗伊克·华康德著，李猛等译：《反思社会学导引》，商务印书馆2015年版，第122-140页。

位置,并强加一种对他们自身的产物最为有利的等级化原则。高等教育政策场域是由各种类型的高等教育政策聚合而成的,从某种意义上来说,等同于高等教育政策场域的"元场域";相较于其他政策类型,重点建设政策成了该场域具有支配地位的政策类型,建构了一种支配性的关系结构,再生产了非均衡性的高等教育体系。高等教育重点建设政策场域涵盖了各种类型的重点建设政策,如"985工程""211工程"等,是高等教育政策场域的"子场域";不同类型的重点建设政策在该场域中建构了一种对应关系结构,即差异中反映的相似,这些政策再生产了重点建设的身份,产生了"身份固化"。"双一流"政策场域是不同时期关于"双一流"建设的各种政策的聚合体,如"双一流"建设从首轮"统筹推进"到新一轮"深入推进",体现了政策行动的连续性与发展性,建构了一种互补性关系结构,强化了作为一种独立场域的自主性,再生产了该场域。

场域中的行动"是一种局势的产物","以战略的形式被客观组织起来",受到时间"以及其节奏、方向和不可逆性"的支配[1],换句话说,局势意味着行动的情境,以战略为核心的行动模式包含着多样化的具体策略,同时这种策略是具有时效性的。根据场域的类型,"双一流"政策行动可分为三种:一是解决非均衡发展的价值性问题的战略(即整体战略),其着力点是解决"少数"与"多数"的不对称等级关系,实现引领带动整体发展,主要包括为"关键多数"的学科示范带动策略和学科涵盖面扩大策略。二是解决身份固化的现状性问题的战略(即动态战略)。"双一流"建设旨在解决"重点建设存在身份固化、竞争缺失、重复交叉"等问题,可以看作是重点建设的一种实施方式创新,需要从比例和周期两个方面建构起学科身份的动态机制。三是解决深入推进的紧迫性问题的战略(即开放战略),战略的紧迫性。"双一流"建设的时间紧迫性与推进"深度"或"层次"的紧迫性相互叠加,必然要求一种更加开放、自主、多样的学科遴选和建设模式。

---

① [法]皮埃尔·布迪厄著,高振华等译:《实践理论大纲》,中国人民大学出版社2017年版,第231-288页。

二、整体向度:"双一流"学科与学科体系建设

中华人民共和国成立后,我国高等教育一直实施的是重点建设政策,而"双一流"学科建设实际上是我国高等教育重点建设政策的延续。重点建设不仅促进了建设高校的发展,使它们成为我国高等教育水平最高的院校群体,这一群体在我国社会主义现代化建设的人才培养和科学研究等方面发挥了重要作用。从政策行动的连续性来看,高等教育重点建设是一种追求卓越发展的政策,抓"关键少数"是其基本策略,"双一流"学科建设延续了抓"关键少数"策略。从政策行动的发展性来看,"双一流"学科建设确立了"关键多数"的促进整体发展的价值,突出强调了一流学科引领带动整体发展的作用。这种引领带动主要体现在两个层面:一是对高校整体发展的带动,即通过"双一流"建设对高校良性的学科体系构建的引领;二是对高等教育体系的带动,即通过"双一流"建设带来高等教育学科体系的整体优化,真正建立起具有中国特色的分类发展、充满生机活力的高等教育生态体系。

(一)抓"关键少数":"双一流"学科建设的现实策略

本节将"双一流"建设学科入选率作为衡量一流学科现状的指标,计算公式如下:

$$"双一流"建设学科入选率 = \frac{"双一流"建设学科总数}{"双一流"建设高校学科总数}$$

统计结果表明[1],"双一流"学科入选率低、高校间入选率差异大是抓"关键少数"的显著特征。一方面,入选"双一流"学科在现有学科的占

---

[1] "双一流"学科数据来源于各高校官网数据以及国家有关教育统计数据。特别说明:第一,各高校学科数按照"硕士学位授权一级学科"数量来统计。第二,中国地质大学、中国矿业大学、中国石油大学在新一轮"双一流"建设名单中是分开的,需单独计算学科数。第三,北京大学和清华大学未公布建设学科名单,不在统计范围。

比很小。145所"双一流"建设高校共有4334个学科，其中只有433个学科入选，总体约占10%；另一方面，高校入选率差异很大。48所高校入选率高于10%，其中，原"985"高校24所，原"211"高校9所，双非高校15所；53所高校入选率不到5%，其中49所高校只有一个学科入选。现将这49所高校作为一个整体（低入选率高校）与一流学科入选率10%以上的48所高校（高入选率高校）进行对比，可以发现：低入选率高校（平均入选率3.2%）与高入选率高校（平均入选率22%）在入选率上差异巨大，两者相差约6倍，这种巨大差异从某种程度上反映了低入选率高校学科数量多但学科实力不强的现状。

抓"关键少数"的学科建设策略，有利于提高相关学科的建设质量、提升学科的地位和影响力，同时强化了"少数"学科占统治地位的学科结构。布尔迪厄认为，一种社会行动可以人为"制造一种区别，尽管实际上并不存在这种区别。社会魔术可以通过告诉人们他们是与众不同的从而改变他们"[1]。这种"社会魔术"在一流学科建设中也施加了同样的影响。一个学科是否入选"双一流"建设，只是一种学科实力和社会需求的差异，在国家"双一流"政策行动的影响下，通过"社会魔术"的作用，"一流学科"的"机会累积"[2]优势进一步扩大，最终将这种差异演变为一种具有等级地位的类型差别，在一流学科建设的持续加持下，将这种类型不平等稳固化、持久化。从结果来看，学科整体日益被分成"一流学科"和"非一流学科"两个地位截然不同的部分，一种边界清晰、封闭的"强学科—弱学科"二元学科结构日益稳固。这种不平等的学科结构，既不利于一流学科的长期建设，也将危及高质量学科体系建设。根据刘易斯的观点，结构中地位低下的群体拥有对整体发展的一种积极的力量，这种力量被称为

---

① Bourdieu P. Socialogy in Question. London：Sage, 1993：160-161.

② ［美］查尔斯·蒂利著，谢岳译：《身份、边界、与社会联系》，上海人民出版社2008年版，第164页。

"弱者力量"①。可见，在抓"关键少数"的同时，如何促进数量庞大的"非一流学科"的发展，是当前我国高校良性的学科体系建构中亟待解决的重大现实难题。

（二）为"关键多数"："双一流"学科引领带动整体发展策略

与"关键少数"一流学科建设对应的是其他非一流学科建设，这些非一流学科占"双一流"高校学科总数的90%，它们在学科话语权上处于弱势地位，所以是"沉默的大多数"，但是，这些学科是高校学科整体不可或缺的一部分，更是学科体系的重要组成部分和重要支撑。因为，不论世界一流大学还是世界一流学科建设，都需一个由主体学科、主干学科、特色学科和支撑学科组成的学科间互相联系、互为支撑的学科体系。这就赋予数量庞大的非一流学科一种重要的整体发展的地位和价值，即"关键多数"。要实现非一流学科从"沉默多数"向"关键多数"的转变，离不开一流学科的引领带动作用，从这个意义上说，一流学科建设与非一流学科建设具有高度的内在一致性。从"双一流"政策文本和政策行动来看，一流学科建设引领带动整体发展，在不同建设阶段有不同的表现形式。在首轮"双一流"建设周期，这种引领带动主要表现为从少数学科发展转向注重高校学科体系的整体发展；新一轮"双一流"建设则强调区域带动整体发展，即通过带动区域内其他高校发展实现高等教育整体发展，这是与国家区域协调发展战略相适应的。

我国一流学科建设引领带动学科体系的整体发展主要有两种策略，即学科示范带动策略和扩大学科涵盖面策略。

学科示范带动策略，主要是指通过发挥"双一流"学科的示范作用，带动其他学科发展的策略。在目前的学科结构中，一流学科处于学科金字塔的顶端，这些学科建设的经验自然就成为其他非一流学科，尤其是学科实力较强、具有良好发展基础的高原学科借鉴学习的内容。一流学科示范

---

① Lewis I M. Dualism in Somali Notions of Power. The Journal of the Royal Anthropological Insititute of Great Britian and Ireland, 1963, 93（1）：109-116.

作用的发挥往往与学科的类别有紧密关系。根据示范作用的学科类别，可以将示范作用分成三种类型：对同一学科的示范作用、对临近学科的示范作用、对一般学科的示范作用，其中，一流学科对同类学科的示范性最强，对临近学科的示范性次之，对一般学科的示范性最弱。

但不可否认，无论何种类型的示范，这种学科示范作用总是有限的，因为对于一流学科的建设模式来说，其他学科具有相当程度的不可复制性。一是无法复制。一流学科高标准的建设条件、高强度的资源支持、高水平的建设基础是其他学科难以复制的。从"双一流"政策文本可以发现，高水平和不可替代性是一流学科突出的两个标准。高水平意味着一流的学术队伍、一流的科研成果、一流的学生质量和一流的学术声誉等方面的学术性标准；不可替代意味着在满足国家、区域或社会的重大需求方面的社会需求标准。阿什比曾说过，任何类型的大学都是遗传与环境的产物[①]。学科建设同样如此。二是不必复制。不同高校学科有不同的目标任务，这种差异性不仅是学科建设的客观基础，更事关高等教育的意义和目的。有研究者指出，就当今高等教育面临的许多挑战而言，差异性缺失可能就是根源所在[②]。作为"国家队"的一流建设学科在人才培养和科学研究等方面承担着国家赋予的该层次的责任，而其他学科有着不同层次和不同内容的目标任务，需要根据自己的目标任务开展建设，这决定了其他学科在建设过程中可以学习借鉴但不能也不必全盘复制。这也是高校分类发展、特色发展的要义所在。

学科涵盖面扩大策略，是指适当扩大"双一流"学科的涵盖面，破除传统的一级学科界限和壁垒，建立学科集群和交叉学科。重点建设扩大了高等教育体系内部的差别与不平衡，高等教育结构呈现出明显的分层与分

---

① ［英］阿什比著，滕大春、滕大生译：《科技发达时代的大学教育》，人民教育出版社1983年版，第7页。
② ［美］戴维·斯特利著，徐宗玲等译：《重新构想大学》，生活·读书·新知三联书店2021年版，第275−276页。

化现象，而扩大学科涵盖面对于实现高等教育体系的整体优化具有重大意义。扩大学科涵盖面可摆脱空间的限制，在高校内部、高校之间（甚至是跨区域的高校）构建一种"弥散式"的学科空间分布，这种弥散性可以拓展学科关系的广度和深度、增进学科的分化与综合，在更大的地理范围内、更多的学科间建立起一种整体联系，对促进学科体系发展具有重要价值。总之，扩大学科涵盖面对构建良性的学科体系和高等教育系统、破解重点建设路径依赖具有重要的价值和实践的双重意义。

适当扩大"双一流"建设学科的涵盖面还亟须超越一级学科范式，探索跨学科、超学科、交叉学科等新的学科建设范式。这与当代学科发展的学科分化、学科综合的趋势相一致，体现了高等教育未来发展的方向，比如，2022年在西班牙巴塞罗那召开的第三届世界高等教育大会已将"推动跨学科、超学科的开放和交流"作为高等教育未来发展的变革方向之一。尤其是在开放科学语境下，学科建设模式由一种制度化的学科知识生产向以跨学科、应用情境中的知识生产、异质性与组织多样性、社会问责与反思性、质量控制为特征的新模式转变。

从实施策略层面来看，扩大学科涵盖面主要可从学科集群和交叉学科两种模式着手。

一是学科集群模式。在首轮110个"双一流"学科中，一级学科97个；第二轮入选的"双一流"学科则均为一级学科。由此可以看出，一级学科是目前"双一流"建设的学科主体。扩大学科涵盖面，则能打破这种一级学科建设模式，可以由多个一级学科组建学科集群，并成为一流建设学科，或一流建设学科融合相关的其他非一流建设学科的某些领域方向，这也是2022年《若干意见》提出的"不拘泥于一级学科"的要义所在。这种学科集群模式也是与知识生产模式新发展相一致的。"知识集群"是以知识储存和知识流形式出现的共同专业化、相互补充、相互强化的知识资产的聚集，具有自我组织性、学习驱动性、动态适应性。一个知识集群可以跨越不同的地理位置和部门，从而在全球和本地（跨越整个多层次的范围）

运作[①]。从大学作为重要的知识生产机构来说,学科集群与知识集群可视为同一概念。学科集群正在成为学科组织的新形式,能够以一种自下而上的方式,根据学科发展需要和经济社会发展需求,在不同学科之间构建一种开放、动态、跨地域的聚合体。

所以说,学科集群的创新意义在于,一方面表现为高校形成了"相互之间有较强渗透力"[②]的开放动态的新学科体系;另一方面表现为超时空性的学科共同体,形成了校内学科集群、跨校学科集群、综合性学科集群的集群体系。这种集群体系具有鲜明的地理流动性——可以在空间尺度的不同层次上,即校园空间、地方空间、区域空间、国家空间甚至全球空间构建学科集群——以及灵活回应社会需要的特征,这些特征是现代社会"灵活积累"[③]的本质在学科领域的体现,同时,这种集群体系对于高等教育学科体系的整体优化、真正建立起具有中国特色的分类发展、充满生机活力的高质量高等教育生态体系具有积极意义。

具体而言,学科集群包括校内学科集群、跨校学科集群、综合性学科集群三种。校内学科集群,是指在高校内部遴选相关学科自主建设的学科集群,如教育学科集群,需涵盖人工智能+教育,教育学+学科(教育)等学科交叉领域,在此基础上构建教育学科主学科、基础学科、支撑学科、特色学科和交叉学科等有机结合的学科集群。跨校学科集群,是指两个或两个以上高校遴选相关学科共同组成学科集群。根据对德国"卓越集群"的研究发现,卓越集群总数大幅增长,从第一期的37个增加到第三期的57个(其中,校内集群40个,共建集群17个),大学间共建集群的增幅更加明

---

① Carayannis E G, Campbell D F J. "Mode 3" Knowledge Production in Quadruple Helix Innovation Systems. New York:Springer, 2012:1-63.

② [英]托尼·比彻、[英]保罗·特罗勒尔著,唐跃勤等译:《学术部落及其领地:知识探索与学科文化》,北京大学出版社2008年版,第10页。

③ [美]戴维·哈维著,阎嘉译:《后现代的状况:对文化变迁之缘起的探究》,商务印书馆2003年版,第183-220页。

显，从2个增加到17个，增长了7.5倍①。这一方面表明了"共建"模式已成为德国集群建设的显著特点；另一方面，从校内集群与共建集群之间的关系来看，虽然跨校集群数量增长速度较快，但是校内集群仍然是最主要的形式，因此，在学科集群建设过程中，要优先校内集群建设，在有条件的情况下发展跨校集群。需要注意的是，不论校内学科集群还是跨校学科集群，主要强调的是高等教育系统内部的一种学科关系，但高质量的学科建设离不开高校之外的其他多元主体的参与，这就需要一种超越校内、校外学科关系的综合性学科集群模式。综合性学科集群意味着学科与社会情境互动"从隔离走向整合"②，从本质上来说，它是一种"部门集群"，是"知识生产、散播和应用过程中不同大学、企业、科研院所以及其他利益相关组织之间构成的跨部门联合体"③，是学科集群体系的有机组成部分。这既是跨学科性的体现，又与产教融合、科教融汇是一脉相承的，因此，探索构建矩阵式、内嵌式、环绕式等学科组织形态，下放权力增强集群的自主性和灵活性将成为学科集群建设的关键一环。

二是交叉学科模式。交叉学科已成为一流学科建设的重要途径。一方面，在政策价值上，强调了交叉学科作为"学科增长点"的发展价值，指出了交叉学科的重点培育范围，明确了交叉学科的建设路径；另一方面，在政策实践上，交叉学科作为"双一流"学科建设模式已经成型，并在实践中初步运用。以集成电路科学与工程交叉学科为例，复旦大学成为第一个拥有"一流学科"的高校。"集成电路科学与工程"一级学科主要交叉融合了电子科学与技术、信息与通信工程、光学工程、计算机科学与技术、

---

① 陈洪捷、巫锐：《"集群"还是"学科"：德国卓越大学建设的启示》，载《江苏高教》2020年第2期。

② ［瑞士］海尔格·诺沃特尼、［英］彼得·斯科特、［英］迈克尔·吉本斯著，冷民等译：《反思科学：不确定性时代的知识与公众》，上海交通大学出版社2011年版，第107页。

③ 武学超：《模式3知识生产的理论阐释——内涵、情境、特质与大学向度》，载《科学学研究》2014年第9期。

材料科学与工程5个一级学科。在这5个学科中，复旦大学只有材料科学与工程学科进入首轮"双一流"学科建设。以教育部第四轮学科评估结果来看，复旦大学电子科学与技术为A-档、计算机科学与技术为B+档、光学工程为B档、信息与通信工程为C档，学科实力并不突出，因此，如果按照原来的一级学科遴选模式，复旦大学的这4个学科难以同时入选，但是，交叉学科模式下"集成电路科学与工程"的入选，相当于将电子科学与技术等4个学科同时纳入了"双一流"建设范畴，增加了学科覆盖面，尤其对实力较弱的光学工程和信息与通信工程等薄弱学科、边缘学科的建设来说意义重大。

从学科模式的形成方式来看，无论是学科集群模式还是交叉学科模式，通常都包括国家制度安排和学校自主设计两种方式。学科制度作为学科组织运行的规则，是国家制度体系的一个有机组成部分。在学科向学科集群的生成过程中，学科集群也被赋予了国家制度的属性和特点。实际上在交叉学科、跨学科等领域，国家已作出了制度安排，如2022年公布的《研究生教育学科专业目录》，智能科学与技术等更多的交叉学科一级学科和有跨学科性质的一级学科在制度层面得到了确认。学校自主设计的学科集群，常以协同创新中心、学科特区和创新团队建设等较为常见的类型存在，同时，一些新的形式也开始出现，比如，一些大学枢纽、学域等正在取代传统学科学术架构的学院和学系，项目负责人制度（Principal Investigator，PI）广泛流行于高校基层学术组织。值得指出的是，学科涵盖面扩大是一种"适度扩大"，要防范可能出现的"搭便车"现象。搭便车意味着一种机会主义的学科行动，对构建学科集群或交叉学科是一种"无作用"或"弱作用"。从现代学科发展的规律及特征来看，学科集群建设要选择相关性高、关联度大、交叉性强的学科，但仅通过邻近学科来实现学科集群和交叉是不够的，容易导致集群同质化问题，这就需要一种基于学科有机联系的"跨学科性"思维，这既是学科学理逻辑和需求逻辑的体现，也是学科逻辑与社会需求逻辑的内在高度统一。鉴于此，要遵循学理逻辑与需求逻辑，实现学科集群组建从机械的"蔓延式"学科生长向基于学科共同体的可持续的学科生长转变。实际上，相较于国家制度安排，学校自主设计的学科集群具有较强的随机性和弱约束性，因而更容易出现"搭便车"现象，这也是在"双一流"建设中需注意的问题。

三、动态向度："双一流"建设的动态身份与淡化身份

"动态身份"是"双一流"建设的一项重要制度设计。2015年的《总体方案》所言明的"双一流"建设之初衷是针对重点建设存在的"身份固化"等问题，而身份固化与身份动态是对应的。2022年的《若干意见》又提出，"双一流"建设将"淡化身份"色彩，更加强调和聚焦学科发展。应该如何理解政策的前后差异，或者说从身份意义上"双一流"建设究竟是动态身份还是淡化身份，这是"双一流"建设的亟须解决的理论和现实问题。

（一）淡化身份与动态身份

在人类社会，身份是指个体成员交往中识别个体差异的标志和象征，它给予社会以秩序和结构，包括与他人的关系定位、相关身份观念的行为规则以及阶序意识。斯图亚特·霍尔认为："与其说是'我们是谁'或'我们来自何方'，不如说是我们可能会成为什么、我们一直以来怎样表现以及那在我们有可能怎样表现自己上施加了怎样的压力。"[①]这种"压力"将可能转化为人的内在"动力"，即个体通过社会分类将自我纳入一个类别，"对相似的内群体成员有更多的积极评价，对不相似的外群体成员有更多的消极评价"[②]。因此，身份作为社会系统中的一种客观的现实存在和一种可能的未来存在，其所具有的内在动力功能，对于组织和个体的发展还是必不可少的。但是，由于身份的多样性，这种身份功能的发挥与身份凸显性有

---

① ［英］斯图亚特·霍尔著，陈永国译：《文化身份与族裔群散居》，中国社会科学出版社2000年版，第215页。

② Tajfel H E. Social Identity and Intergroup Relations reation. Cambridge： Cambridger University Press, 1982：483-507.

着密切的关系。身份凸显性是指特定身份在社会情境中启动的可能性，身份凸显性受"相关他人对身份的支持、个体自身对身份的承诺、由身份而获得的内部和外部的收益"①影响，某一身份凸显性越高，在情境中就越容易被激活，也越能够发挥身份的动力功能。

毋庸讳言，学科作为一种国家建制（也是一种社会建制），其身份具有一种核心的、持久的和独特的特征，可以说是一种客观存在。"双一流"学科也是一种国家建制和社会建制，其身份意义同样是一种客观存在，不是淡化或去掉就能淡化或去掉的（也曾有过"去身份化"的提法）。尤其需要强调的是，"双一流"不是"双一流"学科的唯一身份，学科身份是高等教育情境中历史的与独特的身份集合，不仅有身份的互补，有时甚至是身份的冲突。可以发现，"双一流"身份的获得和识别是在已有的种类多样的学科身份基础上，将"双一流"这个新的身份类型合法化，并使之成为一种具有广泛识别度的身份，而且占据了学科身份等级系统的最高级。由于新身份的凸显性作用，"双一流"身份的获得与拥有已成为高校竞争的主要动力和重要目标。与此同时，新身份也存在严重的破坏性的副作用，"它变成了冲突的焦点和互不相容的冲突的引爆器，加剧了残酷无情的竞争，而不是产生合作和团结"②。因此，如何发挥"双一流"身份的积极作用、降低破坏性的副作用，成为"双一流"政策行动的重要方向。从首轮"双一流"的建设情况，到新一轮"双一流"建设的改进取向（即淡化身份），实际上身份并没有真正淡化，更遑论去掉了。而且，身份所具有的压力、动力意义及建构意义，对推动"双一流"建设并非坏事。新一轮"双一流"建设不再设立"一流大学"，主要意义在于回到了"坚持以学科建设为基础"的初衷，与"淡化身份"并无多大关系。实际上，继续沿用"双一

---

① ［英］斯图亚特·霍尔著，陈永国译：《文化身份与族裔群散居》，中国社会科学出版社2000年版，第215页。

② ［英］齐格蒙特·鲍曼著，欧阳景根译：《流动的现代性》，中国人民大学出版社2018年版，第158页。

流"这一提法，也表明了一流学科建设与一流大学的关系，即当一所大学的一流学科从数量到质量都达到一定的程度的，自然就成了一流大学。

因此，"双一流"建设既不赞成"身份无关论"又要反对"单一归属论"[①]，其要旨并不在于淡化身份或"去身份化"，而是坚持动态身份，特别是要注意革除以往的"身份论"弊端，使身份不仅成为给予高等教育"秩序和结构"不可缺少的重要因素，而且也真正成为大学发展的一种内在动力，并从建构意义上不断丰富其时代内涵。实际上"双一流"制度设计的重要旨趣，就是试图破除这种长期的身份固化现象，特别是"唯身份论"，建立起动态身份的机制，同时又注意充分发挥"身份"的激励和导向功能。

（二）"双一流"学科身份的动态机制

对"双一流"学科来说，动态身份意味着入选与退出。从首轮"双一流"建设情况来看，学科动态身份意义并不明显，至少是力度不大，基本上是只增不减，比如，16个"双一流"学科只是被公开警示（含撤销），且占比不到3.4%。这与当时政策的"动态身份"初衷还是不太相符的。新一轮建设的政策意图再次强调了学科的"动态调整"问题，意味着这一政策意图必须在政策行动周期内得到落实，因而当前迫切需要建立起"双一流"学科身份的动态机制，否则"双一流"建设的政策效力将大打折扣，也势必影响这一政策的公信力。

构建学科身份的动态机制首先亟须面对和解决动态身份比例与周期的确定问题。

第一，动态身份的比例，即"双一流"建设学科入选与退出的变动比率。

有一种代表性的观点认为，"双一流"学科身份的动态调整机制应采取末位淘汰制。这种制度是一种根据相对名次而展开竞争的锦标赛制，相较于正向激励的晋升锦标赛，它是一种提供负向激励的特殊形式的锦标赛。在学科领域，锦标赛制主要以"学术锦标赛""知识生产锦标赛"等形式出

---

① ［印度］阿马蒂亚·森著，李风华等译：《身份与暴力：命运的幻象》，中国人民大学出版社2012年版，第16-17页。

现，概括起来，主要呈现三个特征：首先，它是一种强力刺激，产生"强激励并推动高速增长"[①]；其次，这种强刺激对于不同层类大学所产生的激励效力具有明显的差异；最后，排名成为关键变量，"层层加码"成为推动锦标赛的基本作用机制[②]。

"双一流"政策的价值取向及学科发展规律决定了学科动态调整机制并不适用于末位淘汰的锦标赛制。从学科发展的现实来看，在末位淘汰的强刺激下，一流学科建设将会以高速增长的方式推进，学科建设对标的各项内容可望得到快速发展，这是一种普遍发展状态，即各一流学科一般都在进步。当然，由于学科努力程度及建设思路等原因，不同学科的进步程度会有差异，但末位淘汰终归有淘汰，这可能出现如下结果，即排在末位即将被淘汰的一流学科，其学科实力和水平仍高于其他同一赛道的"非一流学科"，显然，这种末位淘汰并不合理，也不符合遴选的价值取向及基本规则。从激励产生的差异来看，淘汰对不同类型的高校有着完全不同的效果。在末位淘汰制下，只有一个一流学科的高校容易成为淘汰的牺牲品。通过对《给予公开警示（含撤销）的首轮建设学科名单》的统计分析，发现单一入选学科且学科实力相对较弱的高校面临较高的"被淘汰"并出局"双一流"的风险。根据统计，被公开警示的高校13所，共14个学科，其中10所高校只入选1个学科，9所高校一流学科入选率低于5%（另一所5.9%）。结合教育部第四轮学科评估，可以发现：这14个学科中，8所高校的学科位于A-档以下，其中，4个学科在B档及以下，2个学科未参评。从新一轮"双一流"建设高校整体看，只有一个学科入选且学科竞争力不强的高校（学科排名A-档以下）共33所，这意味着22.4%的"双一流"建设高校将面临"被淘汰"的巨大风险，入选学科多或学科实力相对较强的高校短期内没有被淘汰的风险。从学科评估的实际来看，在学科建设过程中

---

① 陈先哲：《学术锦标赛制：中国学术增长的动力机制与激励逻辑》，载《高等教育研究》2017年第9期。

② 周飞舟：《锦标赛体制》，载《科学学研究》2009年第3期。

科学的评估的确能够起到一定的激励和导向作用，但真正一流的学科绝不是评出来的，而是学科建设长期积淀的自然结果。在学科评估的竞争场域下，高校知识生产投入层层加码，易造成学科间不平衡发展、知识生产与创新走向畸形，甚至学科"动态调整"机制在高校层面很可能会成为学科建设失衡的原因之一。可见，作为锦标赛的末位淘汰制并不是一种理想的学科动态调整机制。

因此，有必要建立起"需求+学科实力"的动态调整机制。因为从整体上来看，一流学科入选是"需求+学科实力"的价值取向，以需求为要，所以淘汰也理应如此。扶优、扶强是"双一流"学科遴选的主要原则，扶特、扶需、扶新同样也是入选的重要依据，这些基于社会需求和学科实力的要素共同推动支撑国家长远发展的一流大学和一流学科体系的形成，尤其是对社会需求的强调，意味着学科建设的国家和区域责任及适切性成为"双一流"建设的重要依据和内容。正如有研究者指出的，大学获得国内和国际地位的途径是扎根于更大的社会经济目标和实践中，通过强调与地方和国家的适切性，以及从政府和私营部门获得支持，从而成为真正具有全球影响力且富有成效的大学[①]。适切性导向的一流学科建设，也给淘汰赋予了标准，即适切性标准。

这里还有一个值得探讨的问题，即如何确定动态调整学科的比例。虽然"双一流"政策提出了建立动态调整的机制问题，但动态调整的比例并未明确。在末位淘汰的管理学语境下，存在10%淘汰率法则，但这种淘汰比例并不适用于高等教育领域或套用于"双一流"建设。在世界范围内，一流大学建设并不必然存在淘汰模式（如澳大利亚就采用非淘汰的长期资助模式），就是在采用淘汰制的国家，淘汰比例也是动态的。如日本"21世纪卓越中心计划"中，共有274个项目，中止3个项目，淘汰率1%。韩国"一流大学建设计划"，2009年对154个项目年度评估，3个不达标项目被淘汰，

① ［美］约翰·奥伯雷·道格拉斯著，徐丹、熊艳青译：《从排行到适切：论旗舰大学的范式转型》，载《大学教育科学》2016年第3期。

淘汰率1.9%；2008年及2009年被选定的35所大学的149个项目中期评估中，12个不达标项目被淘汰，淘汰率8.1%。综上所述，通过"精确的动态比例"来开展"双一流"建设是不现实的，也是没有必要的，根据一流学科建设实际情况，构建一种以需求为要且有利于高校整体发展和高等教育体系优化的良性的动态比例才应是根本遵循。

第二，动态身份的周期，即从固定周期向弹性周期转变。

"双一流"建设的重要价值取向就是着眼于学科创新，而创新"需要相当时间才能揭示其真正特色和最终效果"[①]，但在"社会加速"[②]背景下，时间被制造成稀缺资源，因此，不论是作为一种创新资源，还是作为时钟时间和社会时间双重意义上的周期就成为"双一流"建设的关键因素。《总体方案》明确指出"每五年一个周期"；《若干意见》则在五年一个周期的基础上增加了"实行建设学科长周期评价"的关键性补充。不难发现，"五年"是一种固定化、标准化的时钟时间，"长周期"则表明一种动态、弹性的社会时间。这种时间转向意味着一流学科建设从一种固定周期建设向弹性周期建设的转变。首先，这种转变与时间的社会转向是一致的，即从"自然时间结构经过标准时间结构而成为今天越来越显著的弹性时间结构"[③]。其次，这种转变也与世界其他国家的一流大学建设相类似。如法国的"卓越大学"，试行期一般为4年，经复审合格的，则被正式授予"卓越大学"资格，可无期限每年享受资助。澳大利亚的"卓越中心建设计划"，资助总时限平均为7~8年，8所高水平大学均获得2个批次以上的资助，其中7所高校累计获资助的年限均超过15年。最后，这种转变也是高校分类发展、学科特色建设、国家战略发展特殊需求的必然要求，是"双一流"分

---

① ［美］约瑟夫·熊彼特著，吴良健译：《资本主义、社会主义与民主》，商务印书馆2009年版，第147页。

② ［德］哈尔特穆特·罗萨著，董璐译：《加速：现代社会中时间结构的改变》，北京大学出版社2015年版，第28-40页。

③ 郑作彧：《时间形式的时候化：社会时间形式的改变及其当代现状》，载《学习与探索》2018年第1期。

类建设的题中应有之义。

这里还涉及弹性周期的结构与类型。动态身份的弹性周期制度并不是对"五年周期"的完全否定。"双一流"学科建设弹性周期的出现,意味着"双一流"建设形成了一种固定周期与弹性周期共同发挥作用的一种混合结构,即在五年周期的基础上,根据人才培养、学科发展、科研创新等内在规律和高校特点,探索分类多样、自主选择的学科建设周期。根据高校分类的差异,弹性周期可分为完全弹性周期和部分弹性周期。"双一流"建设突出强调"分类建设",对于学科实力位于国际前沿的学科,可自主确定建设周期;处于国内前列、在国际上居于先进的学科,在五年的基础上有一定的弹性空间。同时,根据学科类型的差异,弹性周期可分为长周期和短周期两种。由于建设学科各有不同、各有特色,同时基础学科与应用学科、文科与理科、传统学科与新兴学科等具有较大差异,需要根据学科发展特点恰当地选择弹性周期的长短,既为基础性、前瞻性研究创造宽松包容环境,也能激发具有重大现实需要、较成熟学科的建设活力,推动学科建设高质量发展,甚至对于有的学科,在目标任务明确、评价机制建立的前提下可考虑实行自主申报确定建设周期,把更多的办学自主权还给高校。值得提及的是,建立一种多样化的弹性周期的动态调整机制也体现了"双一流"分类建设的重要导向。

四、开放向度:"双一流"学科的遴选与建设

"双一流"学科的遴选与建设的开放性,包括中国特色与世界意义模式、揭榜挂帅模式、非一级学科模式、自主选择建设学科模式和分类特色发展模式这五种体现不同开放思想的遴选与建设模式。中国特色与世界意义遴选与建设模式在坚持结合本国国情与历史文化传统的本土化取向的同时,将大学发展置于世界高等教育发展的总坐标之中,并致力寻求"双一流"建设的中国特色与世界一流的高度内洽。揭榜挂帅遴选与建设模式是

"推动开放创新和协同发展的一种新体制、新机制和新模式"[①]。非一级学科遴选与建设模式是学科基础深度开放的体现，从以学科数量作为区分标准的分类建设，到打破一级学科限制的领域方向建设，开放程度不断深化。自主选择建设学科模式则是超越过去那种政府指定性的学科建设方式，给高校更多的学科建设自主选择空间，这也是落实和扩大高校办学自主权的一种重要体现。实际上学科遴选与建设的这种自主选择彰显了一种开放的思想。分类特色发展遴选与建设模式意味着一种开放的建设体系，不同于单一的传统精英型的重点建设模式，各种类型的高校及学科都有可能获得"双一流"建设的机会，不同的高校类型、学科类型在其中获得了同等的价值与地位。

（一）中国特色与世界意义遴选与建设模式：本土化与国际化

"双一流"建设的制度设计及遴选方式力求充分体现"扎根中国大地办中国特色社会主义的世界一流大学和一流学科"这一重要旨趣，即坚持"中国特色、融通中外"思想原则，比如，首轮"双一流"建设的遴选入围学科有两个重要标准与依据：一是学科在教育部学位中心学科评估的全国排名情况，显然这是基于中国学科建制，具有中国特色。二是学科在基本科学指标数据库（ESI）的世界排名状况，这是在世界范围里进行的，并有其自设的学科建制及评价指标，在国际上有较大影响，不少国家将其视为反映一个国家科研实力的重要指标。所以，从这一视角看它主要体现学科制度的世界意义，这无疑是一种开放的思想体现。

值得注意的是，以上两种学科遴选方式是有差异的。比较以上两个学科评估或排名方式，无论是从学科的内部结构来看，还是从评估价值选择及评估方式来看，两者都有较大的不同。即使是内部结构相同或相近的学科，由于评估的价值选择及评估方式的差异，其结果也相去甚远。首轮"双一流"建设465个入选学科中有94个学科是教育部第四轮评估B档及

---

① 张玉强、孙淑秋：《"揭榜挂帅"：内涵阐释、实践探索与创新发展》，载《经济体制改革》2021年第6期。

以下学科。具体到高校，也出现了一些让人大跌眼镜的现象，比如，华南理工大学农学进入一流学科建设，而华南农业大学的农学却没有入选。还有，华南理工大学很有实力的建筑学又没有进入一流学科。这种入选学科与学科水平之间的错位现象在复旦大学、南京大学等高校也存在，并引发人们广泛的争议。这与人们对高校、学科排名的普遍认知产生相当大的反差，完全不同于我们以往基于本国学科制度对学科的认知。这种现象的出现与"双一流"建设的学科遴选方式和两种不同的学科制度及不同的学科评估指标是密切关联的。这实际上涉及本土化与国际化的关系及其协调问题。新一轮"双一流"建设是通过强调国家需求来寻求本土化与国际化协调的，因为国家需求往往是由本土实际与国际因素决定的。

（二）揭榜挂帅遴选与建设模式：既成发展状态与未来建设潜力

"揭榜挂帅"是为解决社会中特定领域的技术难题，由政府组织面向全社会开放的、专门征集科技创新成果的一种非周期性制度安排。可以看出，揭榜挂帅是以面向全社会开放为特征、以特定领域技术难题为对象、以创新为目标的一种组织方式创新。首轮"双一流"学科遴选与建设，更多考虑的是高校既有的办学水平或学科实力，"双一流"身份的确立更像是一种新身份取代旧身份的自动更替过程。如首轮"双一流"建设高校共137所，除涵盖所有的"985工程"和"211工程"大学外，只新入围了25所高校。而"揭榜挂帅"虽也以既有的学科实力作为基础，但更注重如何解决关键核心技术领域和环节的"卡脖子"问题，所以说，揭榜挂帅模式既考虑既成的发展状态，更注重未来的建设潜力，这有助于激发建设高校自身的内在动力。这里还需回答揭榜挂帅模式的一个核心问题，即"榜单"设定问题。服务国家重大战略需求无疑是"榜单"设定的主要依据，即在国际可比学科和方向上瞄准前沿科技领域，针对战略性新兴产业、传承弘扬中华优秀传统文化以及治国理政新领域新方向。显然，揭榜挂帅模式有助于提升"双一流"学科建设快速应对国家和社会需求，"以有效的方式履行在社会的知识需求和大学研究人员的知识生产能力之间进行调解的关键职能"[①]，此外，这种模式也有助于"双一流"学科建设的"动态身份"。

（三）非一级学科遴选与建设模式：向上交叉融合与向下交叉融合

2022年的《若干意见》指出："优化以学科为基础的建设模式，坚持目标导向与问题导向，不拘泥于一级学科，允许部分高校按领域和方向开展学科建设。"从学科结构体系来看，不拘泥于一级学科，涉及向上和向下两个维度。向上维度意味着跨越一级学科边界，走向学科间交叉融合的一种多学科、跨学科、超学科关系。向下维度意味着一级学科内部的结构重构，这种重构同样也是通过交叉融合来实现的，即以一级学科的某个二级学科（领域方向）为建设主体，与其他学科进行交叉融合。值得注意的是，从2011年的《教育部学位授予和人才培养学科目录》调整和颁布后，高校学科建设从二级学科上移到一级学科；2022年颁布的《研究生教育学科专业目录》仍然延续了2011版目录中的以学科门类、一级学科为基本单位的分类体系。一流学科建设主要是在一级学科层面开展，并没有给二级学科（领域方向）留出多少空间。虽然出于学科综合和交叉融合的考虑，一流学科建设主要定位于一级学科有其依据，但是基于问题导向和目标导向及学科分化的发展趋势，学科建设仍然需要相对稳定的二级学科，所以说，"按领域方向"的学科建设意味着二级学科以一种隐性方式从"退场"状态过渡到"返场"，比如，厦门大学教育学新一轮入选"一流学科"，就充分体现了其在高等教育学二级学科（领域方向）的优势与实力和基于问题导向与目标导向的国家需求。

（四）自主选择建设学科遴选与建设模式：完全自主权与部分自主权

自主选择建设学科遴选与建设模式，是高校办学自主权的体现。高校自主选择建设学科，既可充分调动高校及学科的积极性，又能增强高校及学科主动回应国家和社会需求的自觉性。根据设置建设学科、评价周期等自主权范围大小可分成"完全自主权"和"部分自主权"两种类型。前者

---

① Geiger R. Organized Research Units—Their Role in the Development of University Research. The Journal of Higher Education,1990, 61（1）：1-19.

是指若干高水平大学，被全面赋予自主设置建设学科、评价周期等权限，并被鼓励探索办学新模式。目前仅北京大学和清华大学获得学科遴选与建设的"完全自主权"。后者指选择具有鲜明特色和综合优势的建设高校，赋予一定的自主设置、调整建设学科的权限，设置相对宽松的评价周期。不论赋权是完全自主权还是部分自主权，建立健全自主建设高校权责匹配的运行机制十分重要，以确保自主权得以落实和用好。

（五）分类特色发展遴选与建设模式：行业特色与应用特色

与高校分类发展相一致，新一轮"双一流"政策的一个重要导向，就是更强调分类建设、特色建设和质量建设，突出表征有以下两点：一是特色鲜明、行业引领的世界一流单科性大学受到重视。新一轮"双一流"建设学科入选率高于10%的高校48所，其中单科性大学20所。二是加强应用型一流学科建设。"双一流"建设不仅仅是研究型的"双一流"，以"社会视域"为价值取向的"一流的"应用学科建设也是"双一流"建设的题中应有之义，尤其是应用型学科的一流建设，要想在数量庞大的学科群体中处于优势地位，更应该重视特色发展，积极探索创新链、产业链与人才链深度融合的建设模式。通过研究型一流学科建设和应用型一流学科建设，最终形成我国一流学科集群。需要特别指出的是，对于单科性大学和应用型学科的一流建设，质量建设尤其重要。实际上，通过对全球影响力的大学及学科排行榜进行研究发现，世界一流大学既与一流学科的数量关系密切，也取决于一流学科的质量[①]，因此，如何真正以创新价值、能力、贡献为导向，加强学科的内涵发展和特色发展，是世界一流学科乃至世界一流大学建设的关键所在。

（原载于《高等教育研究》2022年第12期，有改动。）

---

① 卢晓中：《世界一流大学与一流学科建设孰重孰轻》，载《探索与争鸣》2016年第7期。